Stephanie Winston

# Organisation im Büro

*Von Ablage bis Zeitplanung*

Aus dem Amerikanischen
von Martina Weinhandl

**Knaur®**

*Für meine Familie*

# Inhalt

## Teil I: Papierarbeit

# Vorwort

Dieses Buch gibt Antworten auf zwei verschiedene Arten von Organisationsfragen. Die eine ist grundlegender Natur: Wie kann ich gleichzeitig den Überblick über meine Arbeit am Schreibtisch behalten, einen hektischen Zeitplan einhalten, mehr Arbeit in kürzerer Zeit erledigen, ein effizientes Ablagesystem einrichten, meinen Computer nützen, um meine Produktivität zu steigern, Aufgaben sinnvoll an meine Mitarbeiter delegieren? Welche innovativen Ideen könnten mir dabei helfen, ein Maximum aus den verfügbaren Ressourcen herauszuholen? Für derartige Fragestellungen ist *Organisation im Büro* ein hervorragendes Nachschlagewerk, eine Quelle von »Wie man am besten …«-Tips.

Die zweite und fundamentalere Frage lautet: »Wie kann ich meinen Berufsalltag so gestalten, daß ich eine maximale Produktivität erziele, und zwar auf eine Weise, die mit meinen langfristigen Zielen in Einklang steht?« Da die Lösung teilweise das Ausüben und Ändern von Gewohnheiten umfaßt, geht es hier auch um persönliche Werte. *Organisation im Büro* erklärt, warum viele Manager das Gefühl haben, daß ihnen die Dinge entglitten sind, und beleuchtet die grundlegenden Einstellungen, die dafür verantwortlich sind. Ebenso wichtig sind die neuen Wege, die dieses Buch für den Umgang mit Zeit, Papier und Menschen aufzeigt, so daß potentielle Produktivität in ein schlüssiges Programm umgesetzt werden kann.

Meine eigenen Erfahrungen als Leiterin der Firma »The Organizing Principle«, die sich mit allen Gebieten beschäftigt, die mit der Produktivität im Management zu tun haben, gestatten mir, herauszuarbeiten, in welchen spezifischen Bereichen Organisation besonders wichtig ist. Ich werde auch für eine Vielzahl von sowohl persönlichen als auch beruflichen Situationen konkrete Schritte zu einem effizienteren Management aufzeigen.

Es würde mich jedoch auch sehr freuen, wenn meine Leser mir über ihre Erfahrungen in Sachen Planung und Organisation berichteten. Hier meine Kontaktadresse, falls Sie mir schreiben möchten: c/o Warner Books, 1271 Avenue of the Americas, New York, N.Y. 10020. Ich freue mich über jede Zuschrift.

New York City,
*Stephanie Winston*

# 1 Das Organisationsprinzip

Es ist leicht möglich – und sogar wahrscheinlich –, daß 1979 der
schwere Störfall in Three Mile Island hätte vermieden werden
können, wenn die Errichter des Atomreaktors ihren Papierkram
besser im Griff gehabt hätten. Laut *New York Times* gaben
Sprecher der Firma zu, es wäre seinerzeit »verabsäumt worden,
Warnungen gebührende Aufmerksamkeit zu schenken, die in von
Assistenten verfaßten Memoranden enthalten waren; die Memos
wurden den falschen Leuten übermittelt, und die erforderlichen
Maßnahmen wurden zugunsten anderer, dringenderer Projekte
zurückgestellt.«

So erschreckend der Gedanke auch sein mag – aufgrund meiner
Erfahrung als Organisationsberaterin bin ich der Meinung, daß es
zu dem Unfall in Three Mile Island kam, weil Memos »unterge-
gangen« waren. Tatsächlich ist dieser Störfall ein Beispiel für ein
erstaunlich weit verbreitetes Problem. Der alltägliche Papierkram
ist oft in ausgesprochen unsicheren Händen. Zum Beispiel:

- Zwei Bedienstete einer Luftfahrtgesellschaft waren in die en-
  gere Wahl für die Besetzung einer leitenden Position gezogen
  worden. Einer war gut, der andere brillant. Aber beim brillanten Manager gab es eine Art schwarzes Loch: Memos,
  Telefonnotizen und ähnliche Dinge verschwanden in seinem
  Büro und kamen nie wieder zum Vorschein. Deshalb machte
  schließlich nicht der brillante, sondern der gute Manager das
  Rennen.
- Eine Marketing-Managerin einer technischen Firma erklärte
  ziemlich stolz, daß sie Telefonanrufe oft einfach nicht erwider-
  te, bis der Anrufer schließlich doch ihre Aufmerksamkeit er-
  regte, indem er drei-, vier- oder fünfmal anrief. Später erfuhr
  sie, daß ihre Firma einen sehr bedeutenden Firmensprecher

verloren hatte, weil sie die beiden Anrufe von dessen Vertreter
nicht erwidert hatte.

- Die Konferenz für Anwaltskanzlei-Management hat festge-
stellt, daß die überwiegende Zahl von Verfahren gegen Anwälte wegen Vernachlässigung ihrer Pflicht aus dem Versäumnis
herrührt, Papiere nach ihren Fälligkeitsdaten abzulegen.

Möglicherweise wissen bis zur Hälfte aller Leute, deren Arbeit
im Umgang mit Zeit, Papier und Menschen besteht, nicht, wie sie
ihre Aktivitäten auch nur auf dem allergrundlegendsten Niveau
organisieren sollen.

Und so geht es zu: Craig Bradley ist ein kluger, vielversprechen-
der Gruppenmanager in einer Marketingfirma. Es ist 15:45 Uhr,
und er durchstöbert hektisch die Papierberge auf seinem Schreibtisch auf der Suche nach den Plänen, die er seinem Klienten für
16:00 Uhr versprochen hat. Währenddessen versucht ein Angestellter, unruhig von einem Bein auf das andere tretend, ihm
klarzumachen, weshalb das Budget noch immer nicht fertiggestellt ist. Der Bericht über das Verkaufsschulungsprogramm, der
für die morgige Sitzung benötigt wird, ist nur halb fertig, weil die
Zeit, die eigentlich dafür vorgesehen war, von einer Flut von
Telefongesprächen, Meetings und dringenden Angelegenheiten
absorbiert wurde. Wie üblich wird Brad heute abend lange im
Büro bleiben müssen, um den Bericht zu beenden – ein Tag wie
jeder andere.

Bradleys Geschichte ist eine Geschichte der Verschwendung von
Zeit, Geld und Fähigkeiten. Craig ist ein Paradebeispiel für die
kostspielige Vergeudung von Ressourcen, die von zwei verschiedenen Seiten betrachtet werden muß: einerseits aus der Perspek-
tive des Unternehmens und andererseits aus der Sicht des Arbeit-
nehmers. Für das Unternehmen schlägt sich die Desorganisation
seiner Manager in Geldverlust durch mangelnde Produktivität
nieder. Wenn Bradley, der 75 000 Dollar pro Jahr verdient, aufgrund mangelhafter Organisation eine Stunde pro Tag verliert

## Produktivitätsverlust bei Managern in Dollar

Ein Manager, der durch mangelnde Organisation eine Stunde pro Tag verliert, kostet:

| *Jahresgehalt* | *Jährlicher Verlust pro Manager* |
|---|---|
| 200.000 $ | 25.000 $ |
| 101.000 $ | 13.125 $ |
| 95.000 $ | 11.875 $ |
| 65.000 $ | 8.125 $ |
| 51.000 $ | 6.874 $ |
| 45.000 $ | 5.625 $ |

Der jährliche Verlust beträgt durchschnittlich gut zehn Prozent des Gehaltes des Managers.

---

(eine sehr bescheidene Schätzung!), so kostet das die Firma mehr als 9000 Dollar jährlich. Multiplizieren Sie Bradley mit 50 oder 100 Managern, und die Zahlen erreichen schwindelerregende Höhen.

Außerdem: Wie bemißt man nicht durchgeführte oder halbfertige Projekte in Geld? Oder nicht geführte Verkaufsgespräche, im Sand verlaufene Initiativen, vergebene Chancen? Unter diesen Gesichtspunkten wird die persönliche Ineffizienz eines Managers rasch zur Behinderung des Unternehmensablaufs. Hier Abhilfe zu schaffen, ist ein Schlüsselfaktor, wenn es darum geht, eine möglichst hohe Produktivität pro eingesetztem Managerdollar zu erzielen.

Die persönliche Seite der Desorganisation ist uns nur allzu vertraut – entweder, weil wir selbst darunter zu leiden haben, oder weil wir von desorganisierten Kollegen oder Mitarbeitern umgeben sind. Die Symptome sind eindeutig: das unangenehme Gefühl, daß die Zeit nicht ausreicht, um alles zu schaffen; das Anhäufen von immer unübersichtlicheren Papierstapeln, permanente Unterbrechungen, offenbar inkompetente Mitarbeiter, ein-

geschränkte Kompetenzen und Vertrauensverlust. Immer wieder
passiert es, daß nicht einmal die einfachsten Dinge klappen, weil
es an der Organisation hapert.

Der Prozeß des Wiedererlangens (oder Erlangens) der Kontrolle
mit Hilfe von Organisationsmaßnahmen beginnt mit einer Definition dessen, was Organisation eigentlich bedeutet (bzw. nicht
bedeutet). Falsche Auffassungen darüber gibt es zuhauf:

- Ordnung ist eine Frage aufgeräumter Schreibtische, sauber
  ausgerichteter Reihen messerscharf gespitzter Bleistifte und
  ordentlich aufgeschichteter Papierstapel.
- Ordnung hat etwas Göttliches. Desorganisation ist ein Zeichen
  von Schwäche und mangelnder moralischer Kraft.
- Schlampig und desorganisiert zu sein, ist ein Zeichen von
  Kreativität.
- Desorganisation ist Schicksal.
- Organisation erfordert ein starres System.
- Organisation ist Bürokratie, hat mit Kleinlichkeit zu tun und
  ist eines großzügig denkenden Menschen einfach unwürdig.
- Es ist Sache Ihrer Sekretärin, die Organisation im Griff zu
  haben.
- Ihr Computer sollte imstande sein, für Ihre Organisation zu
  sorgen.

Nicht genug damit, daß alle obenstehenden Aussagen falsch sind
– diese hartnäckigen Vorurteile stehen einer echten Organisation
darüber hinaus oft im Wege. Und so ist es wirklich:

- Sauberkeit und Organisation gehören nicht unbedingt zusammen – das ist eine Frage des Stils.
- Desorganisation ist weder Schicksal, noch ist sie genetisch
  vorbestimmt. Die Fähigkeit, beliebige Daten und Fakten sinnvoll zu strukturieren und zu verwerten, ist ein grundlegendes
  menschliches Attribut.

- Ob Sie ein guter oder ein schlechter Mensch sind, steht hier nicht zur Debatte, und es geht auch nicht darum, wer die Schuld an der Desorganisation trägt. Die Neigung zur Unordnung ist oft eine Manifestation von Resten kindlicher Rebellion gegen die elterliche Autorität.

- Organisation befreit, sie schränkt keineswegs ein. Das »Fließband«-Vorurteil stammt von alten Zeit/Bewegungsablauf-Studien in Fabriken und einem romantisch verklärten Bild vom »Künstler im Dachkämmerchen«, das suggeriert, daß Chaos ein Markenzeichen der Kreativität ist. Es zeigt sich jedoch, daß für so unterschiedliche, aber in jedem Fall hochgradig kreative Menschen wie Saul Bellow, Martha Stewart und innovative Führungskräfte wie John Sculley bei Apple eine ganz besonders stark ausgeprägte persönliche Disziplin kennzeichnend ist, die jene einer durchschnittlich »organisierten« Person bei weitem übertrifft.

- Persönliche Organisation ist ein Schlüsselmerkmal vieler erfolgreicher Menschen.

- Ihre Sekretärin ist prinzipiell Ihre wichtigste potentielle Organisationshilfe. Nur Sie allein können jedoch Anforderungen definieren und Prioritäten setzen – eine Grundvoraussetzung für jede Form der Organisation.

- Ihr Computer und andere Bürotechnologien können Ihre Produktivität erhöhen, wenn sie in den Dienst einer organisierten Struktur gestellt werden; andernfalls verstärken sie das Chaos oft nur noch.

- Organisieren ist ganz einfach eine erlernbare Fähigkeit – eine Kombination von Methoden und Hilfsmitteln, die einem gemeinsamen Zweck dienen: Ihre Zeit und Ihr Arbeitspensum Ihren Bedürfnissen entsprechend sinnvoll einzuteilen.

Wie erkennen Sie Organisation, wenn Sie darauf stoßen? Sehen wir uns einmal den Tag Jacob Johnsons an, eines gut organisierten Managers.

Johnson arbeitet bei Allied Foods, einer Firma in Michigan, die
Nahrungsmittelkonserven erzeugt und an Restaurants, Hotels und
Firmen verkauft. Johnson und seine Leute sind für die Abfüllung
der Konserven verantwortlich. Und so sieht der Ablauf eines
typischen Arbeitstages aus:

8:45    Post. Johnson sortiert seine geöffnete Post, macht sich
rasch kurze Notizen und ordnet jedes Stück in einen
entsprechenden Behälter ein. Er läßt drei Schriftstücke zur
weiteren Bearbeitung auf dem Tisch liegen.

9:15    Johnson trifft sich mit seiner Sekretärin, May Ritten. Er
gibt ihr seine Anordnungen für den Tag und die Dikta-
phonbänder vom Vortag, und sie sprechen über verschiedene geschäftliche Probleme. Ritten gibt Johnson einen
Ordner, der alle Schriftstücke und Dokumente enthält, die
er für die Meetings und zu erledigenden Arbeiten dieses
Tages brauchen wird.

9:45    Johnson widmet sich einem der Poststücke, die er während
des morgendlichen Sortierens beiseite gelegt hat, und tippt
drei kurze Mailings in seinen Computer.

10:00    Wöchentliches Arbeitsgruppentreffen. Die fünf Manager,
die Johnson unterstellt sind, versammeln sich in seinem
Büro. Fragen und Arbeitszuteilungen vom Meeting der
Vorwoche werden aktualisiert, und man spricht über aktuelle geschäftliche Belange. Dann kommt May Ritten
dazu und macht sich Notizen über Aufgabenverteilung
und Fristen. Unmittelbar nach dem Meeting verfaßt sie ein
»Meeting-Memo«, das sie für das Follow-up in der darauffolgenden Woche allen Teilnehmern per Mail zukommen
läßt.

11:30    Telefon, Besuche, kurze Besprechungen.

12:00    Johnson begrüßt die Mitglieder einer japanischen Handelsdelegation, die zum Mittagessen und zu einer Besich-
tigung des Werksgeländes eingeladen wurden. Der Rund-

gang wird unterbrochen, als ein Mitarbeiter Johnson zuflüstert, daß der Computer mitten im Kostenrechnungsprogramm abgestürzt sei. Johnson übergibt die Führung der Handelsdelegation einem Mitarbeiter und sorgt dafür, daß geeignete Maßnahmen zur Reparatur des Computers getroffen werden. Er ist rechtzeitig zurück, um die Delegation zu verabschieden.

14:30 Johnson zieht sich in einen leeren Konferenzraum zurück, um einige Zeit ungestört an einem großen Projekt arbeiten zu können, nämlich an seinem Vorschlag, wie die Produktivität durch Anschaffung neuer Maschinen gesteigert werden könnte. Er trägt eine Notiz in seinen Kalender ein, die ihn daran erinnern soll, am nächsten Tag seinen Chef anzurufen, damit er ein paar Kostenvoranschläge überprüft.

15:45 »Freie« Zeit. Den Rest des Tages verbringt Johnson damit, Besucher zu empfangen, Anrufe zu tätigen und entgegenzunehmen, Papierarbeiten zu erledigen, Briefe zu diktieren etc. Außerdem bespricht er mit May Ritten ganz kurz die Ereignisse des Tages und den Ablauf des nächsten Tages.

Das hervorstechendste Einzelmerkmal von Johnsons Tagesablauf ist, daß er seine Umgebung kontrolliert. Er ist für andere verfügbar, läßt sich aber nicht in seiner Arbeit stören – es sei denn in Notfällen. Und wenn *wirklich* ein Krisenfall eintritt, dann weiß er, wie er damit umzugehen hat. Die Japaner sind zu Recht davon überzeugt, daß ein gehäuftes Auftreten von Krisensituationen auf Mängel im Management schließen läßt. Und wenn häufige Krisen ein Zeichen für Desorganisation sind, dann ist ein gut organisiertes System durch die Fähigkeit gekennzeichnet, Krisensituationen auf ein Mindestmaß zu beschränken – und wenn sie auftreten, möglichst ohne größere Unterbrechungen damit fertigzuwerden. Kontrolle ist übrigens nicht unbedingt mit Ruhe gleichzusetzen.

Verschiedene Tätigkeiten haben verschiedene »Rhythmen«. Das geschäftige Treiben in einer Zeitungsredaktion oder an der Börse mag einem Laien chaotisch erscheinen; tatsächlich handelt es sich jedoch in beiden Fällen um in hohem Maße organisierte Vorgänge.

Organisiert zu sein, ist kein Selbstzweck – es ist nur ein Vehikel, das Sie von da, wo Sie sind, dorthin bringt, wo Sie sein möchten. Bei einem guten System überträgt sich Ihre innere Organisation auf Ihre Umgebung. Dieses Buch soll Ihnen Werkzeuge und Techniken an die Hand geben, die es Ihnen ermöglichen, Ihre Ziele mit Hilfe geschickten Managements von Zeit, Papier und Menschen zu erreichen. Es soll für den einzelnen Manager das sein, was Managementberater schon seit langem für viele Firmen sind. Spezifische Methoden können in einem hohen Ausmaß an Ihr Temperament und Ihre Bedürfnisse angepaßt werden. Sie müssen damit beginnen herauszufinden, wo Sie derzeit stehen. Ihre Punktezahl bei dem nachstehenden Organisationstest wird Ihnen sagen, wie Sie *Organisation im Büro* am besten verwenden, um maximal davon zu profitieren.

## *Organisationstest*

|  | ja | nein |
|---|---|---|
| 1 Können Sie jedes beliebige Schriftstück auf Ihrem Schreibtisch innerhalb einer Minute finden? |  | X |
| 2 Kann Ihre Sekretärin Papiere in den Büroordnern innerhalb von fünf Minuten finden, wenn Sie sie verlangen? | X |  |
| 3 Wenn Sie morgens ins Büro gehen, wissen Sie dann, welches Ihre zwei oder drei wichtigsten Aufgaben sind? | X |  |
| 4 Erledigen Sie diese Aufgaben üblicherweise dann auch an diesem Tag? |  | X |

| | ja | nein |
|---|---|---|

5 Haben Sie täglich ein Meeting mit Ihrer Sekretärin? Wöchentlich eines mit Ihrem Team?

6 Erteilen Sie Ihren Mitarbeitern üblicherweise klare Anordnungen, deren Prioritäten eindeutig festgelegt sind und deren Zweck und Fälligkeitsdatum klar definiert werden?

7 Kontrollieren Sie Ihre Mitarbeiter kontinuierlich, um sicherzustellen, daß alle Aufgaben zeitgerecht erledigt werden?

8 Liegen auf Ihrem Schreibtisch – abgesehen von Referenzmaterial – Papiere, die Sie schon seit einer Woche oder länger nicht angesehen haben?

9 Haben Sie es während der letzten drei Monate verabsäumt, einen wichtigen Brief zu beantworten, weil er irgendwie auf Ihrem Schreibtisch verlorengegangen ist?

10 Bekommen Sie regelmäßig Briefe oder Telefonanrufe, die so beginnen: »Sie haben sich nicht mehr bei mir gemeldet, nun …«?

11 Haben Sie in den letzten drei Monaten irgendeine Verabredung, ein Meeting oder ein bestimmtes Datum, an das Sie sich erinnern wollten, vergessen?

12 Kommen Sie öfter als einmal pro Woche mit einer vollen Aktentasche nach Hause?

13 Werden Sie von häufigen Unterbrechungen geplagt – egal, ob es sich um Telefonanrufe oder Besucher handelt –, die Ihre Konzentrationsfähigkeit beeinträchtigen?

|  | *ja* | *nein* |
|---|---|---|
| 14 Zögern Sie oft eine Aufgabe so lange hinaus, daß sie zu einem Notfall wird oder in eine Paniksituation ausartet? | X | ____ |
| 15 Bekommen Sie oft lange Berichte, aus denen Sie einige Schlüsselfakten »herausfiltern« müssen? | X | ____ |
| 16 Tendieren Sie dazu, Ihre eigenen Berichte sehr wortreich oder allzu detailliert zu gestalten? | ____ | X |
| 17 Häufen sich bei Ihnen ungelesene Zeitschriften und Zeitungen? | X | ____ |
| 18 Passiert es oft, daß Sie – zusätzlich zu Ihren eigenen – ein paar Aufgaben selbst erledigen, für die eigentlich Ihre Mitarbeiter zuständig wären? | ____ | X |
| 19 Lassen Sie sich so sehr von Details ablenken, daß Sie Gelegenheiten und Chancen für Werbeaktivitäten oder zur Anbahnung neuer Geschäfte verpassen? | X | ____ |

**Punkte**

Fragen 1– 7: Ein Punkt für jedes »Nein«.

Fragen 8–19: Ein Punkt für jedes »Ja«.

4
9
____
14

## Welches Reorganisationsprogramm entspricht Ihren Bedürfnissen?

**1 bis 5 Punkte:** *Spitzenklasse in Sachen Organisation!* Sie sind gut organisiert. Viele der Tips in diesem Buch können jedoch zu einer weiteren Verbesserung Ihrer Effizienz und Produktivität beitragen. Lesen Sie das Buch durch, wählen Sie die hilfreichsten Techniken aus und halten Sie das Buch als Nachschlagewerk immer parat.

**6 bis 8 Punkte:** *Problemlösungsmethode I.* Die gegenwärtige Unordnung ist enervierend, und Verwirrung führt zu Problemen. Suchen Sie sich aus diesem Test die wichtigste »falsche« Antwort heraus. Suchen Sie dann im Inhaltsverzeichnis das entsprechende Kapitel und setzen Sie die dort beschriebenen Lösungsvorschläge um. Nehmen Sie sich dann den zweitwichtigsten »Fehler« vor und fahren Sie so fort, bis alle Probleme gelöst sind.

**9 bis 12 Punkte:** *Problemlösungsmethode II.* Sie fühlen sich in Ihrer Arbeit in einem hohen Maß behindert. Unordnung kostet oft Kraft. Versuchen Sie es mit dem nachstehend beschriebenen Neun-Punkte-Programm:
1 Listen Sie drei oder vier Ihrer Hauptverantwortlichkeiten auf: Mitarbeiterführung, Verkauf, Verbesserung von Produkten usw.
2 Listen Sie die drei wichtigsten Herausforderungen auf, mit denen Ihre Firma konfrontiert ist: zum Beispiel Verbesserung des Cash Flows, Erhöhung von Marktanteilen, Entwicklung neuer Produkte.
3 Entscheiden Sie, welche Verantwortungsbereiche den direktesten Bezug zu den Zielen Ihrer Firma haben. Wenn in Ihrer Firma die Erweiterung von Produktlinien großgeschrieben wird, konzentrieren Sie sich auf Produktverbesserung, Forschung oder Marketingaktivitäten.

4 Listen Sie die täglichen Hindernisse auf, die einer glatten
   Abwicklung dieser Aufgaben im Wege stehen. Zum Beispiel:
   »Ständige Unterbrechungen lassen keine Zeit für Forschungs-
   arbeiten«; »Fortlaufende Zwischenfälle halten mich davon ab,
   endlich die Kunden zu besuchen.«

5 Planen Sie regelmäßig einen bestimmten Zeitblock ein, den Sie
   für »Organisationssitzungen« reservieren. Eine Stunde pro
   Woche, zweimal wöchentlich eine halbe Stunde, fünfzehn
   Minuten jeden Tag – was immer Ihnen am angenehmsten ist.
   Tragen Sie diese Zeiten in Ihren Kalender ein und halten Sie
   sich so strikt daran, als ob es sich dabei um Arzttermine
   handelte.

6 Suchen Sie sich während der ersten »Sitzung« das schwerwie-
   gendste Problem auf Ihrer Schwierigkeitenliste, schlagen Sie
   das entsprechende Kapitel auf und arbeiten Sie es durch. Wenn
   Ihnen alle Ihre Probleme ähnlich schwierig erscheinen, beginnen Sie einfach mit dem ersten.

7 Verwenden Sie auf dieses erste Problem so viele Sitzungen,
   wie Sie für einen Lösungsweg brauchen, und gehen Sie dann
   auf der Liste weiter, bis Sie alles durchgearbeitet haben.

8 Wenden Sie sich nun wieder dem Test zu und halten Sie sich
   bei noch verbliebenen »Falsch«-Antworten an Problemlösungsmethode I.

9 Fixieren Sie einen Termin im Monat, an dem Sie Ihre neuen
   Verfahren überprüfen und sicherstellen, daß Sie nicht in alte
   Gewohnheiten zurückfallen.

**13 bis 19 Punkte:** *Mit voller Kraft auf Reorganisationskurs.* Sie
sind in hohem Maße desorganisiert. Ihre Funktionsfähigkeit ist
stark eingeschränkt. Wenn Sie sich organisieren, könnte das Ihr
Leben verändern. Ziehen Sie sich am eigenen Schopf aus dem
Sumpf – das geht schneller, als Sie denken! Arbeiten Sie am
besten das folgende Organisationsprogramm durch und setzen
Sie es um. Es handelt sich dabei um ein Trainingsprogramm, das

Ihnen dabei helfen kann, die Kontrolle über Ihre Arbeit zu erlangen – vielleicht zum ersten Mal in Ihrem Leben. Sie können davon ausgehen, daß Sie schon nach drei Tagen einen Silberstreif am Horizont sehen werden. Grundlegende Veränderungen auf Ihrem Schreibtisch und in Ihrem Büro werden sich nach etwa einem Monat klar herauskristallisieren. Nach drei Monaten werden sich subtilere Veränderungen in bezug auf Kontrolle und Verläßlichkeit zu zeigen beginnen, und nach acht Monaten, in denen Sie sich konsequent an das Programm gehalten haben, werden Sie sogar schon mit den Feinheiten der Organisationskunst vertraut sein.

Wird Ihr »neues Ich« von Bestand sein? Vielleicht müssen Sie eine Zeitlang die Kräfte der Trägheit bekämpfen, die der ursprüngliche Grund für Ihre Desorganisation waren. Dieses Buch ist jedoch darauf ausgelegt, Ihnen dabei zu helfen, den Übergang zu neuen Systemen in einfachen, bewältigbaren Schritten zu schaffen. Wenn Sie sich dann die Werkzeuge der Organisation einmal zu eigen gemacht haben, liegt die Entscheidung, ob Sie davon Gebrauch machen wollen oder nicht, bei Ihnen.

## *Organisationsprogramm*

### Vorbedingungen

Lesen Sie das ganze Buch durch. Setzen Sie ein Anfangsdatum fest und tragen Sie regelmäßige Organisationssitzungen in Ihren Kalender ein. Schreiben Sie
die »Fünf Schritte zur Vermeidung von Papierwust«
auf Seite 59 ab oder kopieren Sie sie und hängen Sie
das Blatt an einer gut sichtbaren Stelle auf.

### Die ersten beiden Arbeitswochen:
### Wie man das Grundsystem in die Praxis umsetzt

| | |
|---|---|
| Arbeiten Sie an Ihrem ersten Tag die Korrespon-denz dieses Tages mit Hilfe der »fünf Schritte« durch. Machen Sie das drei Tage lang. Verwenden Sie für das Nacharbeiten die Methode »Kalender/Aktuelles«. | Seiten 34–50 |
| Legen Sie am vierten Tag eine Generalliste an. Reservieren Sie zum Beispiel einen Samstag in dieser oder der nächsten Woche für die Auf-arbeitung der Papierberge, die sich im Lauf der Zeit angesammelt haben. (Anmerkung: Arbeiten Sie Ihre täglich einlaufenden Schriftstücke weiterhin systematisch ab. Dies ist die Basis Ihres Organisationssystems.) | Seiten 125–129 |
| Beginnen Sie drei Tage danach auch mit der Tagesliste. Versuchen Sie, umfangreiche Auf-gaben in kleinere Teilbereiche aufzuspalten, sie zu definieren und zu delegieren. | Seiten 129–139 |
| Legen Sie am selben Tag auch ein einfaches Schema für Ihre »besten Arbeitszeiten« fest. Beginnen Sie, sich Unterbrechungen zu notieren. | Seiten 140–142 |

Führen Sie drei Tage lang Buch über Ihre Unterbrechungen. Entwickeln Sie Anti-Unterbrechungs-
strategien. Fangen Sie an, Nein zu sagen.

Seiten
147–159

## Die zweiten drei Arbeitswochen:
## Festigung des Grundsystems

Sie haben nun begonnen, radikale Veränderungen
in Ihrer Arbeitsweise herbeizuführen. Verwenden
sie nun die nächsten drei Wochen darauf, sich an
Ihr neues System zu gewöhnen.
Wenn Sie einen »Rückfall« bekommen, fangen
Sie einfach dort wieder an, wo Sie aufgehört
haben. Bevor Sie zum dritten Abschnitt übergehen, sollten Sie jedoch eine Woche lang
ausschließlich Ihre Papierarbeiten erledigen.
Dies ist ein Aspekt Ihrer Arbeit, den Sie
niemals vernachlässigen sollten.

Sorgen Sie dafür, daß Sie bis zum Ende dieses
Abschnittes zwei »Reorganisations-Samstage«
unter Dach und Fach gebracht haben. Planen Sie
bei Bedarf weitere ein. Lesen Sie während dieser
Zeit auch die Abschnitte über Hinauszögern, Zeit-
sparen und Delegieren in den Kapiteln 7 und 10
nochmals durch. Wenden Sie nur jene Ideen
tatsächlich an, die keinen speziellen Aufwand
erfordern.

Seiten
55–58

Arbeiten Sie regelmäßig mit einem PC? In Kapitel 12 finden Sie Vorschläge, wie Sie Ihr gesamtes
Organisationsprogramm oder Teile davon computerisieren können.

Seiten
312–362

## Die dritte Phase:
## das echte Durchorganisieren

Sehen Sie sich den Abschnitt über Zeitpläne in Kapitel 5 nochmals an und erstellen Sie einen detaillierteren Zeitplan, wenn Sie meinen, daß dies hilfreich sein könnte. Anderenfalls bleiben Sie bei Ihrem alten, einfachen Schema.

Seiten 140–146

Bestimmen Sie am selben Tag einen Samstag (zum Beispiel in dieser oder der nächsten Woche), an dem Sie mit der Reorganisation Ihres Ablagesystems beginnen wollen.

Seiten 100–106

Lesen Sie nochmals sorgfältig die Abschnitte über Hinauszögern und Effizienztechniken in Kapitel 7. Wählen Sie jene Techniken aus, die für Sie geeignet sind, und wenden Sie sie an.

Seiten 177–198

Lesen Sie eine Woche danach auch die Kapitel 10 und 11 über Personalführung und Sekretäre/Sekretärinnen nochmals. Wählen Sie nützliche Techniken aus und wenden Sie sie an.

Seiten 253–311

Lesen Sie eine Woche später Kapitel 2 über tägliche Papierarbeit nochmals. Tragen Sie auf Ihrer Generalliste die Aufgaben oder Techniken ein, die Sie bei der Erstellung Ihres Grundsystems noch nicht berücksichtigt haben. So möchten Sie nun vielleicht beispielsweise eine Wiedervorlagemappe anlegen.

Seiten 29–61

Beginnen Sie eine Woche danach damit, alle Kapitel mit Ausnahme von Kapitel 9 nochmals durchzulesen. Geben Sie sich zumindest eine Woche Zeit, um die jeweiligen Tips und Hinweise

in Ihre übliche Routine einzubauen. Beenden Sie
während dieser Zeit auch die Reorganisation
Ihrer Ordner.

Zögern Sie nicht, die Abschnitte über Papier und
Zeit immer wieder zu lesen. Sie sollen Ihnen als
Anleitung zum konkreten Handeln dienen. Markieren Sie die Stellen, die Sie am häufigsten nachschlagen.

Seiten
34– 54
125–139

Wenn Sie einen effektiveren Weg finden, bestimmte Dinge zu erledigen, als den in diesem Buch beschriebenen, dann bleiben Sie bei Ihrer eigenen
Methode. Trumpf ist, was am besten funktioniert!

### Die vierte Phase:
### langfristige Perspektiven

Organisationstechniken sind einfach ein Vehikel,
um von Punkt A zu Punkt B zu kommen. Aber
wo ist Punkt B? Wohin wollen Sie? Nachdem Sie
sich nun die verschiedenen Organisationswerkzeuge zu eigen gemacht und Ihre täglichen Aufgaben unter Kontrolle gebracht haben, sind Sie an
einem Punkt angelangt, an dem Sie von den Langzeitanalysen und Strategien profitieren können, die
in Kapitel 9 beschrieben werden.

Seiten
224–251

# Teil I: Papierarbeit

## 2 Problemfall Papierarbeit: eine Lösungsstrategie in fünf Schritten

> Der beste Freund des Menschen
> – abgesehen vom Hund –
> ist der Papierkorb.
> *Business Week*

Der Schreibtisch des Architekten war das reinste Desaster. »Die Papierstapel waren zwanzig Zentimeter hoch«, sagte er. »Mein Schreibtisch selbst war schon gar nicht mehr zu sehen. Sogar *ich* verschwand völlig hinter diesen Papierbergen. Ich habe so viel Zeit darauf verwendet, nach Sachen zu suchen, daß praktisch nichts zeitgerecht hinausging. Die Dinge waren völlig außer Kontrolle geraten.«

Ein falscher Umgang mit Papier kann Ihre Funktionsfähigkeit völlig lähmen. Eine Führungskraft, die paradoxerweise stolz darauf ist, daß ihr vollgepflasterter Schreibtisch »so schön nach Arbeit« aussieht, ist sich der Tatsache nicht bewußt, daß dadurch Informationen verlorengehen, Chancen vergeben werden, Aufgaben unerledigt bleiben und Entscheidungen nicht getroffen werden, die durch diese Papiere repräsentiert werden. Andererseits ist es ebenso falsch, eine oberflächliche Ordentlichkeit mit echter Ordnung zu verwechseln: In regelmäßigen Abständen Papiere in Ordner und Mappen zu stopfen, um den Schreibtisch

freizubekommen, hat keinen Sinn. Die oberflächliche Ordentlichkeit ist nicht das, worum es hier geht – diese Erfahrung mußte
auch ein Manager machen, der darauf bestand, daß seine Mitarbeiter nach jedem Arbeitstag ihre Schreibtische abräumten. Sie
fingen an, Papiere einfach in Ordner zu heften und verbrachten
dann am nächsten Morgen Stunden damit, alles wieder auseinan-
derzusortieren – was prompt zu dem zu erwartenden Produktivi-
tätseinbruch führte.

Weder oberflächliche Ordentlichkeit noch Schlampigkeit sind
Patentlösungen für den Umgang mit Papier, und die wahre Ursache für eine nicht zu bändigende Papierflut ist auch nicht in der
Quantität zu suchen. Der eigentliche Grund für eine »Papierkri-
se« liegt in der Entscheidungsfindung: Ein und dasselbe Papier-
stück wird fünfmal zur Hand genommen und wieder weggelegt,
weil man sich nicht entscheiden kann, was man damit tun soll. So
unglaublich es auch klingt – viele Führungskräfte, die daran gewöhnt sind, wichtige Entscheidungen zu treffen, fühlen sich ange-
sichts eines einzelnen Stückes Papier oft förmlich gelähmt.

Der Schlüsselfaktor im Umgang mit Papier heißt *Abarbeiten*, also
sicherstellen, daß jedes einzelne Schriftstück von Ihrer Eingangs-
Box bis zu seiner endgültigen Destination gelangt. Aber wohin
gehören die einzelnen Papierstücke letztendlich? Welche Alternativen gibt es?

## Peter Jenks: eine Fallstudie zum Umgang mit Papier

Peter Jenks ist der Herausgeber eines Magazins der Filmbranche.
Er bekommt jeden Tag etwa fünfzehn Postsendungen, Faxe,
Ausdrucke von Mailings und verschiedene firmeninterne Memos. Mit Hilfe seiner Sekretärin befördert er diese Schriftstücke
jeden Tag von seinem Schreibtisch »an den jeweiligen Ort des
Geschehens«. Wir werden uns diese Technik des Abarbeitens
genau ansehen – wie Entscheidungen getroffen werden, wie man

den endgültigen Bestimmungsort für jedes Schriftstück festlegt –
und diese Prozedur dann in ihre einzelnen Grundbausteine zerlegen, so daß Sie mit Hilfe Ihrer Sekretärin oder auch allein nach
demselben Schema arbeiten können.

Um 9:30 bringt Peter Jenks' Sekretärin, Joan Willis, den Papierstapel, den sie bereits durchgesehen und für eine rasche Entscheidungsfindung vorbereitet hat. Jenks überprüft jedes Schriftstück
und gibt Joan Instruktionen, die sie auf ihrem Block notiert. Der
heutige Papierstapel umfaßt:

– *Fax eines Verkäufers von der Westküste, der sich wegen eines
kleinen Problems mit einem Kunden an Jenks wendet:* Jenks
diktiert eine kurze Antwort und gibt Joan das Fax zurück.

– *Memo von Julie, der stellvertretenden Herausgeberin:* Jenks
sieht das Memo rasch durch, diktiert Joan einige kurze Anmerkungen dazu und bittet sie, das Memo samt den Notizen in Julies
Ordner zu legen, damit sie es beim regelmäßigen Freitagstreffen
besprechen können.

– *Beschwerdebrief eines Abonnenten:* Jenks schreibt den Namen
des PR-Managers auf den Briefumschlag und legt ihn in seine
Ausgangs-Box.

– *Cash-Flow-Bericht der Buchhaltungsabteilung:* Jenks sieht
den Bericht durch und notiert sich die Namen einiger Kunden,
die mit ihren Zahlungen in Verzug geraten sind. Er bittet Joan,
einen Termin mit dem Controller zu vereinbaren, um über das
Cash-Flow-Problem und eine straffere Zahlungspolitik zu diskutieren.

– *Erinnerungsschreiben wegen Abonnementerneuerung für die
Zeitschrift »High Technology«:* Diese Art von Entscheidungen
erledigt sich meist von selbst, nämlich dann, wenn das Abo aus-
läuft. Schlüsselfrage: Ist die Zeitschrift von Nutzen? Wenn ja,
Abo erneuern. Wenn nicht, auslaufen lassen. Jenks bittet Joan,
sich um die routinemäßige Verlängerung zu kümmern.

– *Einladung zu einer Filmvorführung:* Jenks beschließt, daran teilzunehmen, notiert sich Datum und Uhrzeit auf seinem Kalender und legt die Einladungen in seinen Ordner »Aktuelles«.

– *Bitte von Julie um einen Scheck für den Beitritt zu einem Fachverband:* Jenks bewilligt das Ansuchen und legt es für den Buchhalter in die Ausgangs-Box.

– *Brief des Firmenanwalts mit der Bitte um Information zu einer juristischen Frage:* Jenks beauftragt Joan, sie möge seinen Assistenten Sam bitten, die Unterlagen zusammenzustellen. Joan wird eine Liste für Sam tippen und sie mit einem Fälligkeitsdatum versehen, das Jenks auf seinem Kalender notiert. Joan wird auch eine Kopie der Liste als Kontrolle in Sams Weitergabemappe legen.

– *Kopie der Titelgeschichte für die Januarausgabe:* Jenks überfliegt sie rasch und bittet Joan, sie abzulegen.

– *Ankündigung eines Seminars über das Herausgeben von Zeitschriften:* Wichtigste Fragen: Wird der Nutzen des Seminars die Kosten und den Zeitaufwand rechtfertigen? Kollidiert der Termin mit anderen wichtigen Verpflichtungen? Jenks nimmt an, daß er dies etwa Mitte März genauer wissen wird und macht sich eine Notiz auf seinem Kalender, die ihn daran erinnert, das Datum am 15. März noch einmal zu verifizieren, und legt die Ankündigung in den Ordner »Aktuelles«.

– *Memo der Werbeabteilung bezüglich des Verkaufs der Januarausgabe:* Jenks überfliegt das Memo und stellt fest, daß die Verkaufsmannschaft an der Westküste ihr Soll nicht erreicht hat. Bevor er an den Gebietsmanager schreibt, bittet Jenks Joan, für den nächsten Abend ein Treffen mit dem Verkaufsdirektor zu vereinbaren. Er bittet sie auch, alle dafür relevanten Unterlagen herauszusuchen. Jenks ordnet das Memo gemeinsam mit einigen Notizen, die er sich dazu gemacht hat, in den Ordner »Aktuelles« ein.

– *Spielplan des Repertoiretheaters:* Hingehen oder nicht hingehen? Wenn nicht, den Spielplan wegwerfen. Wenn ja, auf den Stapel »Zu erledigen« legen. Falls die Entscheidung nicht sofort getroffen wird, eventuell eine Frist dafür festlegen. Jenks kann nicht ja oder nein sagen, bevor er mit seiner Frau gesprochen hat; diese ist derzeit aber auf einer Geschäftsreise. Deshalb macht er sich zur Erinnerung eine Woche vor Spielbeginn eine kurze Notiz in seinem Kalender.

Wenn die Post sortiert ist, gibt Jenks Joan andere Anweisungen sowie ein Band, auf das er am Vortag ein Diktat gesprochen hat. Joan berichtet ihm über den letzten Stand kürzlich vergebener Projekte und überprüft die Unterlagen, die Jenks bei sich gehabt hat. Dann läßt Joan Jenks allein, damit er in Ruhe an den vier Aufgaben arbeiten kann, die ihm geblieben sind:

– *Vorschlag von der Verkaufsabteilung, einen Ratgeber für Ausrüstungsbelange (Kameras, Videoausrüstungen usw.) für Abonnenten herauszugeben:* Ist die Investition gerechtfertigt? Jenks ruft sowohl den Verkaufsdirektor als auch den Verlagsdirektor zu sich, um sie nach ihrer Meinung zu fragen. Das Fazit: Mehr Daten sind erforderlich. Jenks bittet den Verkaufsdirektor, sich um die Beschaffung der nötigen Informationen zu kümmern, und setzt dann einen Termin für ein »Entscheidungs-Meeting« fest; Datum und genaue Uhrzeit dieses Treffens notiert er sich auf seinem Kalender. Er ordnet den Vorschlag in den Ordner »Aktuelles« ein.

– *Ein abteilungsinternes Memo und Vorschläge für eine geplante Änderung des Designs:* Jenks beschließt, daß er sich für dieses Memo und die Layout-Vorschläge mindestens zwei ganze Stunden Zeit nehmen will. Er schlägt in seinem Kalender nach und trägt für die nächsten beiden Tage zwei jeweils einstündige Arbeitssitzungen ein. Einstweilen notiert er sich nur einige Ideen und legt dann seine Notizen samt dem Memo im Ordner »Aktuelles« ab.

– *Notiz aus dem Ordner »Aktuelles«, die ihn daran erinnert, daß er Zahlen und Fakten für die nachmittägliche Besprechung mit dem Buchhalter vorbereiten muß:* Jenks stellt die Zahlen zusammen und legt sie in eine Mappe, in der sich schon andere Unterlagen befinden, die er für dieses Meeting benötigt.

– *Ein Artikel, den ihm Sam geschickt hat: Trends in der Filmindustrie.* Jenks legt den Artikel auf sein Regal, um ihn später zu lesen.

## Die WEWA-Technik

Am Beispiel von Jenks' Methode zum Abarbeiten von Papieren sehen wir klar, daß es nur viereinhalb Möglichkeiten gibt, wie man mit einem Schriftstück verfahren kann: Man kann es wegwerfen, es sofort erledigen bzw. bearbeiten, es weitergeben, ablegen oder – die »halbe« Möglichkeit – es lesen. Der Trick beim Umgang mit Papier besteht darin, *bei jedem einzelnen Schriftstück*, egal ob wichtig oder nicht, eine Entscheidung zu treffen und eine Handlung zu setzen. Ich stimme hier nicht mit einigen meiner Kollegen überein, die dazu raten, Papiere mit geringerer Priorität einfach so lange beiseite zu legen, bis sie sozusagen an Altersschwäche sterben. Der Zeitaufwand für das Treffen einer Entscheidung ist vernachlässigbar gering, aber schwerwiegende Nachteile können sich ergeben, wenn man die Bearbeitung eines Schriftstückes verschleppt; die Präferenzen sind also eindeutig. Ihre viereinhalb Wahlmöglichkeiten lassen sich in dem einfachen Akronym WEWA zusammenfassen. Wir wollen uns die einzelnen Alternativen etwas genauer ansehen:

**1** *Wegwerfen:* »Des Menschen bester Freund, abgesehen vom Hund«, meint die Business Week, »ist der Papierkorb.« Wenn Sie bei bestimmten Papieren zögern, sie wegzuwerfen, erleichtern Sie sich die Entscheidung, indem Sie sich fragen: Was ist das Schlimmste, was passieren kann, wenn ich dieses Papier jetzt wegwerfe? Könnte irgend jemand es zu einem späteren Zeitpunkt von mir verlangen? Wenn ja, gibt es Kopien davon?

Typische Beispiele für Dinge, die Sie ruhig wegwerfen können: Wöchentliche Informationsrundschreiben, Einladungen zu Seminaren, die Sie nicht besuchen werden, die meisten Werbebroschüren*.

Wenn Sie wirklich im Zweifel sind, was Sie mit einem bestimmten Papier tun sollen, lassen Sie sich von diesen Zweifeln nicht lähmen. Bewahren Sie es bei den anderen abzulegenden Schriftstücken auf.

Manche Papiere müssen nur ein paar Tage lang aufbewahrt werden. Legen Sie für solche »kurzlebigen« Dinge eine eigene Mappe an. Ein Lebensmittelhändler bewahrt die Plakate mit den aktuellen Sonderangeboten in einer Schreibtischschublade auf und wirft jeden Freitag die Plakate der vergangenen Woche weg.

**2** *Erledigen bzw. bearbeiten:* Legen Sie alle Papiere, die irgendeine Aktion Ihrerseits erfordern, in eine Mappe oder Schachtel mit der Aufschrift »Zu erledigen« oder an eine geeignete Stelle auf Ihrem Schreibtisch. Legen Sie auch all die »Ich weiß nicht, was ich damit tun soll«-Dinge dazu, bei denen eine Entscheidung schwerfällt und die Sie am liebsten mit der Entschuldigung »darum kümmere ich mich morgen« beiseite schieben. Entscheidungen müssen getroffen werden, und Entscheidungen bedeuten Handlungen. Markieren Sie Aufgaben höchster Priorität mit einem roten Kontrollzeichen oder Aufkleber. Machen Sie es sich zum Prinzip, »Zu erledigen«-Papiere niemals auf die Pin-Wand zu hängen, um »später darauf zurückzukommen«. Papiere, die erst einmal am Anschlagbrett hängen, werden über kurz oder lang meist zu bloßem Dekor und widerlegen die Theorie, daß Sehen automatisch Tun bedeutet.

---

\* Wenn Werbebroschüren und andere Postwurfsendungen überhandnehmen und sich zur Plage auszuwachsen beginnen, schreiben Sie an die einzelnen Firmen und bitten Sie darum, von der Adressenliste gestrichen zu werden.

**3** *Weitergeben*: Delegieren Sie Papierkram wenn möglich an eine Sekretärin oder einen Mitarbeiter, oder geben Sie einzelne Dinge an einen Kollegen weiter, der über mehr Wissen oder größere Erfahrung auf dem fraglichen Gebiet verfügt. Jenks etwa gab einen Beschwerdebrief an den PR-Manager weiter und eine juristische Angelegenheit an seinen Rechtsassistenten.

Legen Sie Routinesachen zum Weitergeben und »Bitte bearbeiten«-Notizen in Ihre Ausgangs-Box. Legen Sie für die Weitergabe wichtigerer Schriftstücke spezielle Mappen an – eine eigene Mappe für jeden Ihrer Mitarbeiter, je eine für Ihre Sekretärin, für Ihren Chef und für alle Kollegen, mit denen Sie regelmäßig zusammenarbeiten. Legen Sie eine Kopie jeder Vereinbarung, Idee oder Frage, die Sie mit der betreffenden Person besprechen wollen, in die entsprechende persönliche Mappe. Schicken Sie zum Beispiel einem Mitarbeiter eine kurze Notiz, in der Sie ihn bitten, seinen Entwurf für die neue Broschüre zu Ihrem Treffen am Dienstag mitzubringen. Legen sie zur Erinnerung eine Kopie dieser Notiz in seine persönliche Mappe. Sehen Sie etwa einmal pro Woche all diese Mappen durch und bitten Sie um Berichte über den Fortschritt der betreffenden Projekte.

Bewahren Sie die Mappen in einem Ständer oder Gestell auf Ihrem Schreibtisch auf oder auch vorne in einer Ihrer Aktenladen. Legen Sie auch eigene Mappen für regelmäßige Meetings an – das allwöchentliche Mitarbeitertreffen, die monatliche Vorstandssitzung –, und notieren Sie dort zu diskutierende Punkte und Probleme, so daß sich praktisch eine grobe Tagesordnung ergibt.

Eine leitende Angestellte reserviert für jede Person, mit der sie geschäftlich regelmäßig zu tun hat, eine eigene Seite in ihrem Notizbuch. »Ich überlege mir, was ich mit der betreffenden Person besprechen will, und notiere es auf der entsprechenden Seite. Wenn es dann zum persönlichen Gespräch kommt – direkt oder telefonisch –, schlage ich einfach die passende Notizbuchseite auf und kann alle zu besprechenden Punkte auf einmal abhandeln.« Ideen, wie Sie den Weitergabeprozeß computerisieren können, finden Sie auch in Kapitel 12, »Elektronisch unterstützte Organisation«, auf Seite 312.

**4** *Ablegen:* Reservieren Sie für Ihre Schreibtischablage eine Schachtel oder eine eigene Mappe mit der Aufschrift »Ablage«. Legen Sie Papiere, die für die allgemeine Büroablage vorgesehen sind, in Ihre Ausgangs-Box. Wenn Sie sofort wissen, wo ein bestimmtes Schriftstück abgelegt werden soll – gut. Wenn nicht, denken Sie während des Sortierprozesses nicht darüber nach, wo Sie das jeweilige Papier ablegen sollen. Setzen Sie für jedes einzelne Papier, das nur für begrenzte Zeit von Nutzen ist, eine Wegwerffrist – drei Monate, sechs Monate, ein Jahr – fest.

Einige Beispiele für das Ablegen von Schriftstücken: Die Broschüre »Neue Mitglieder« der Organisation, der Sie eben erst beigetreten sind; die kurze Notiz »Ich hoffe, Sie bald wieder einmal zu sehen« von einem Mann, den Sie vor kurzem auf einer Konferenz getroffen haben – der Kontakt zu ihm könnte sich als durchaus wertvoll erweisen; ein Artikel aus der *Harvard Business Review* über ein Thema, zu dem Sie einen Artikel zu schreiben beabsichtigen; eine Zusammenstellung des *Wall Street Journal* von empfehlenswerten Hotels in einer Stadt, in der Sie in Kürze zu tun haben werden. Im Gegensatz dazu ist ein Preisnachlaßgutschein für einen neuen Taschenrechner nichts, was abgelegt werden sollte. Wenn Sie ihn verwenden wollen, fällt er unter »Zu erledigen«. Wenn nicht, werfen Sie ihn weg. Jedes Papier, das eine Aktion erforderlich macht, gehört in die Kategorie »Aktion« und fällt nicht unter »Ablage«.

**4 1/2** *Lesen:* Warum wird das Lesen, das doch eigentlich eine Handlung darstellt, nur als halber Punkt geführt? Weil jedes Papier, für das man mehr als fünf Minuten braucht, um es durchzulesen, separat behandelt werden sollte. Gehen Sie bei kurzen Artikeln nach der WEWA-Methode vor, so wie Sie das bei anderen Papieren auch tun würden, aber reservieren Sie eine

eigene Schachtel oder einen Platz auf einem Regal für längere
Berichte, Fachzeitschriften und andere Publikationen. Schlagen
Sie in Kapitel 3 auf Seite 78 nach, um zu erfahren, wie man rasch
und zügig liest.

> *Aktionsschritt 1:* Sortieren Sie alle hereinkommenden Papiere
> nach dem WEWA-System, das heißt also, befördern Sie sie
> von Ihrem Schreibtisch in den Papierkorb, in die Weitergabe-
> mappe, die »Zu erledigen«-Schachtel, die Ablage-Schachtel,
> oder legen Sie sie auf den Stapel »Zu lesen«.

## Die tägliche Routine: mit und ohne Sekretärin

Um die WEWA-Methode in die Praxis umzusetzen, sorgen
Sie zuerst für die Grundvoraussetzungen: die »Zu erledigen«-
Schachtel, die Ablage-Schachtel, die Ausgangs-Box und die
Weitergabemappe. Im folgenden finden Sie eine Anleitung, wie
Sie dann eine tägliche Routine entwickeln und Ihre Papierarbeit
wieder unter Kontrolle bringen können.

### Mit persönlicher Sekretärin

Die wahrscheinlich wertvollste einzelne Hilfestellung, die Ihre
Sekretärin Ihnen geben kann, besteht darin, daß sie Ihnen beim
Durcharbeiten der täglichen Post zur Hand geht. Die unten beschriebene Paralleltechnik zum sofortigen Erledigen von Papierkram und allfälligen anfallenden Aufgaben hat sich für alle, die
sie bis jetzt ausprobiert haben, als Segen erwiesen. Routineaufgaben werden prompt und effizient erledigt, und im Zuge dieses
Prozesses wird Ihre Sekretärin von Grund auf mit Ihren Zielen
und Anforderungen vertraut gemacht. Veranschlagen Sie dreißig
bis fünfundvierzig Minuten für diese tägliche Routine. Und dies
sind die fünf Schritte des Prozesses:

**1** *Vorbereiten der Post.* Ihre Sekretärin öffnet die Post und sammelt Faxe und Mailings, liest alles und bereitet die Schriftstücke für eine prompte Entscheidungsfindung vor. Wenn ein Brief, Fax oder Mailing die Antwort auf eine Nachricht von Ihnen ist, legt sie Ihre Ablage-Kopie dieser Nachricht und allfällige andere relevante Unterlagen bei. Wenn Informationen angefordert werden, versucht sie, diese wenn möglich im voraus einzuholen. Wenn sie dazu in der Lage ist, schlägt sie auch die zu treffenden Maßnahmen vor, entwirft eine Antwort oder faßt einen langen Bericht kurz zusammen. Sie sollte zur gemeinsamen Erledigung mit der Papierarbeit alle Papiere und Aufgaben zusammentragen, die aktuell geworden sind (zum Beispiel Briefe, die Sie zur späteren Beantwortung beiseite gelegt hatten, weil Sie vorher noch einige Informationen einholen wollten, Notizen über zu tätigende Anrufe oder fällige Erledigungen etc.).

**2** *Vorläufiges Sortieren.* Sie sitzt mit Block und Kalender neben Ihrem Schreibtisch und gibt Ihnen jedes einzelne Poststück mit einem kurzen Kommentar wie zum Beispiel: »Das hier ist ein Fax von Stan Rodner; er hat Schwierigkeiten an der Westküste.« »Dies sind die aktuellen Verkaufszahlen für das Meeting am Freitag.« »Das ist eine Zusammenfassung von Julies Marketingbericht.«

**3** *Entscheidungen fällen.* Werfen Sie einen kurzen Blick auf jedes Stück und geben Sie ihr die meisten Schriftstücke mit einer Anweisung zurück: »Rufen Sie Rodner an und vereinbaren Sie für Montag ein Konferenzgespräch.« »Bitten Sie Sam, diese Zahlen zu überprüfen, und geben Sie mir die Aufstellung morgen wieder zurück.« »Legen Sie diese Zusammenfassung bitte in Julies Weitergabemappe.« Behalten Sie nur jene Schriftstücke zurück, die komplexe Reaktionen oder weitere Überlegungen notwendig machen. Es ist selten nötig, von beispielsweise fünfzehn Schriftstücken mehr als etwa drei oder vier zu behalten –

und manchmal sind es noch nicht einmal so viele. Wenn Sie sich diesen Aufgaben nicht sofort widmen können, reservieren Sie Zeit dafür und tragen Sie die Termine in Ihren Kalender ein. Ihre Sekretärin sollte sich alles notieren, was Sie an Post zurückbehalten, ebenso wie Ihre sämtlichen Anweisungen.

**4** *Zusätzliche Aufgaben.* Geben Sie Ihrer Sekretärin zusätzliche Anweisungen und Bänder mit Diktaten vom Vortag; gehen Sie Ihre Telefongespräche durch und prüfen Sie, ob sie nicht einige davon in Ihrem Namen führen kann; sehen Sie den Inhalt ihrer Weitergabemappe durch und erkundigen Sie sich nach allfälligen Aufgaben, die Sie ihr in letzter Zeit übertragen haben.

**5** *Abschließende Arbeiten.* Ihre Sekretärin sieht ihre Liste der Schriftstücke durch, die Sie in den letzten Tagen zurückbehalten und ihr noch nicht wiedergegeben haben, koordiniert Ihrer beider Terminkalender, vergewissert sich, daß Sie alle nötigen Unterlagen für Meetings oder Besprechungen haben, und bringt allfällige eigene Anliegen vor. Wenn diese Abläufe für Sie beide erst einmal zur Routine geworden sind, können Sie Ihre Sekretärin auffordern, eine aktivere Rolle zu übernehmen, nämlich die gesamte Post vorzusortieren und einen großen Teil davon selbständig zu erledigen. Mehr über diese Partnerschaft erfahren Sie in Kapitel II.

---

*Aktionsschritt 2:* Wenn Sie mit Ihrer Sekretärin die Post durcharbeiten, geben Sie ihr die meisten Papiere mit Instruktionen zurück. Behalten Sie nur diejenigen Schriftstücke, die weitere Überlegungen oder komplexe Aktivitäten erfordern.

---

## Ohne persönliche Sekretärin

Wenn Sie keine eigene Sekretärin haben, die ausschließlich zu Ihrer Verfügung steht, sind Sie dazu gezwungen, den Großteil Ihrer Papierflut selbst zu sortieren und durchzuarbeiten. Reservieren Sie dafür etwa eine Dreiviertelstunde pro Tag, vorzugsweise unmittelbar nach der Postzustellung am Morgen. Halten Sie sich dabei an folgende Vorgangsweise:

*Postvorbereitung.* Ihre Sekretärin bringt Ihnen die geöffnete und grob vorsortierte Post – Postwurfsendungen zuunterst, Korrespondenz und Verträge ganz oben.

*Entscheidungen treffen.* Sehen Sie jedes Stück an und entscheiden Sie, in welche WEWA-Kategorie es fällt. Eine persönlich zu erledigende Aufgabe kommt in die »Aktions-Box«, eine Versicherungspolice in die Ablage, eine Aufgabe für eine/n Mitarbeiter/in in ihre/seine Weitergabemappe. Werfen Sie einen kurzen Blick auf die informative Budgetzusammenfassung des Monats und werfen Sie sie dann weg – dort, wo sie hergekommen ist, gibt es noch genug davon.

*»Sofort-Aktionen«.* Erledigen Sie Routineaufträge und -Aufgaben nach Möglichkeit sofort. Genehmigen Sie die von einer Mitarbeiterin vorgeschlagene neue Frist für einen Lagebericht und schicken Sie das von Ihnen unterschriebene Memo an sie zurück. Legen Sie zur Kontrolle eine Notiz über die neue Frist in die Weitergabemappe der Mitarbeiterin.

Wenn jedes Stück Papier auf Ihrem Schreibtisch seinen Platz gefunden hat, sind Sie für den zweiten Teil der täglichen Papierroutine gerüstet, nämlich zu den unter »Zu erledigen« fallenden Dingen überzugehen.

Beginnen Sie, indem Sie alle Aufgaben, die Sie für diesen Tag eingeplant haben, auf Ihren »Zu erledigen-Stapel« legen. Suchen

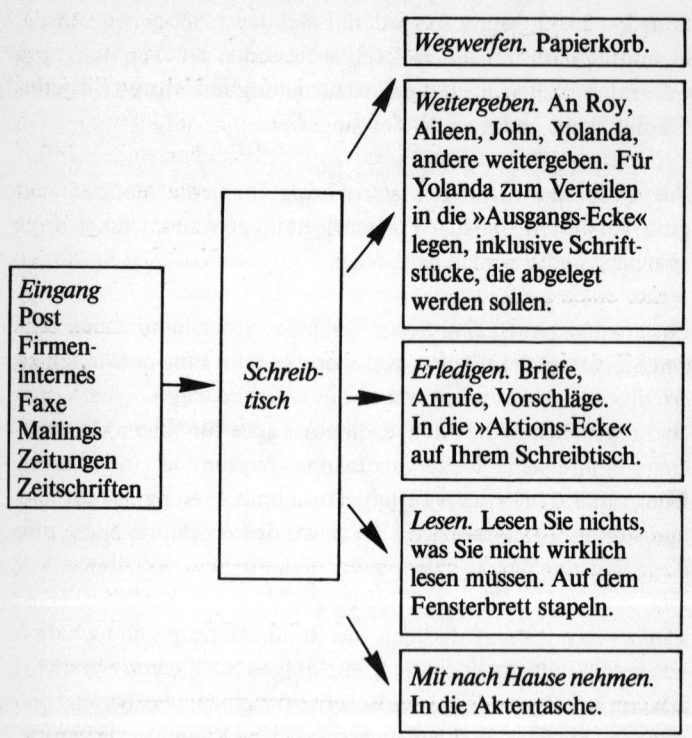

Dies ist das »Papier-Flußdiagramm« eines Finanzanalysten und Beraters, der keine persönliche Sekretärin hat. Vielleicht regt es Sie dazu an, sich Ihr individuelles Flußdiagramm zu entwerfen.

Sie sich dann die zwei oder drei dringendsten Aufgaben heraus. Nachdem Sie diese erledigt haben, *arbeiten Sie sich der Reihe nach durch den Rest des Stapels. Schieben Sie Papiere nicht hin und her.* Erledigen Sie bei jedem Stück alles Nötige, soweit Sie können bzw. bearbeiten Sie es so weit, daß es an einen Kollegen oder Assistenten weitergegeben werden kann. Nehmen Sie jedes Stück nur einmal zur Hand. Wenn Sie eine Aufgabe oder ein Papier nicht sofort absegnen können (Sie brauchen weitere Informationen, Sie müssen darüber mit einem Kollegen sprechen, der gerade auf Dienstreise ist, etc.), nehmen Sie sich vor, einige Tage später nachzufassen. Systeme für effizientes Nachfassen werden weiter unten besprochen.

Nachdem so viele Manager Computer verwenden, haben sich zwei Gedankenschulen herausgebildet, die sich in der Auffassung darüber unterscheiden, ob es für Manager angezeigt ist, ihre Schreibarbeiten selbst zu erledigen, anstatt das Tippen in traditioneller Manier an eine Sekretärin zu delegieren.

Einen Standpunkt hierzu äußerte Dana Peck, eine Wirtschaftsspezialistin, im Inc. Magazine: Sie sagte, daß sie immer eineinhalb Tage damit verschwendet hatte, überarbeitete Versionen von Berichten immer wieder einer Sekretärin zu schicken. Peck sagte: »Ich fahre besser, wenn mich meine Sekretärin gegen Unterbrechungen abschirmt oder mir Material beschafft, das ich brauche, um den nächsten Bericht selbst schreiben zu können.«

Andere wiederum vertreten genau die entgegengesetzte Position; sie sind der Meinung, daß sie die Zeit, die sie aufwenden müssen, wenn sie ihre Berichte selbst erstellen wollen, für andere Aktivitäten sinnvoller nutzen könnten. Diese Führungskräfte neigen eher dazu, ihre Prioritäten im Bereich der Interaktion mit anderen Leuten zu sehen anstatt in der Erstellung von Unterlagen. Dies erklärt wahrscheinlich, weshalb die meisten Topmanager, deren Arbeit hauptsächlich in solchen Interaktionen besteht, kaum Computer benutzen. Sogar eine Führungskraft wie Andrew Grove, Topmanager bei dem Mikroprozessorenhersteller Intel, verwendet selbst keinen Computer, weil er den Großteil seiner Zeit für persönliche Interaktionen aufwendet.

Für beide Standpunkte lassen sich gewichtige Argumente anführen. Um die Entscheidung, welcher Ansatz für Ihre Bedürfnisse am besten geeignet ist, zu erleichtern, sollten Sie sich über Ihr persönliches Temperament im klaren sein. Sind Sie eher »produktionsorientiert« oder eher »interaktionsorientiert«? Welche Position bekleiden Sie derzeit, und welche streben Sie an?

*Treffen Sie für jedes Schriftstück, das Sie zur Hand nehmen, eine Entscheidung.* Wenn trotz Ihrer Entschlossenheit zu handeln eine Entscheidung nicht möglich scheint, fehlen Ihnen vielleicht Informationen. Ein Manager schob beispielsweise eine Kaufentscheidung drei Tage lang vor sich her – um dann festzustellen, daß er ohne eine vergleichende Kostenaufstellung gar keine Entscheidung treffen konnte. Sein erster Schritt bestand also darin, vergleichende Kostenaufstellungen einzuholen und dann die Entscheidung zu fällen. Wenn Sie andererseits mit einem Papier nichts Rechtes anzufangen wissen, markieren Sie es mit einem roten Punkt. Wenn sich auf einem Papier drei solcher roter Punkte befinden, verleiht ihm das höchste Priorität, und es muß sofort bearbeitet werden. Halten Sie auch nach delegierbaren Aufgaben Ausschau, die während des Sortiervorganges in Ihre »Zu erledigen«-Schachtel gerutscht sein könnten. (*Tip:* Legen Sie Ihren geöffneten Aktenkoffer neben Ihren Schreibtisch, damit Sie nächtliche »Hausarbeiten« gleich darin verstauen können. Nehmen Sie am nächsten Morgen alle Papiere heraus und arbeiten Sie sie nach dem WEWA-System ab. Ihre Aktentasche ist ein Transportbehälter, kein Langzeitaufbewahrungsort.)

Vermeiden Sie die »Falle der niedrigen Prioritäten«. Diese Falle öffnet sich, wenn Sie ein Stück Papier auf Ihrem Schreibtisch zur Seite legen, weil es »nicht wichtig ist«. Es ist vielleicht für sich gesehen nicht wichtig, aber es ignorieren heißt, daß man beginnt, einen Papierkäfig um sich aufzubauen. Eine Brombeerrute allein fällt noch nicht weiter ins Gewicht, aber viele davon ergeben ein undurchdringliches Dickicht.

Eine Studie über 25 Top-Manager, die die oberste Stufe der Karriereleiter in ihrem jeweiligen Unternehmen erklommen hatten, ergab, daß jeder einzelne von ihnen ein so starkes Bedürfnis danach hatte, alle seine Schriftstücke abzuarbeiten und seinen Schreibtisch freizubekommen, daß ein Manager diesen Drang sogar als »pathologisch« bezeichnete. Dies ist eine Form von Pathologie, von der wir alle ein kleines Quentchen gebrauchen könnten. Die betreffenden Führungskräfte hatten sich seit Beginn ihrer Karriere an dieses Muster gehalten. Also machen Sie es wie diese Topmanager: Setzen Sie sich mit dem Schriftstück auseinander, was immer es auch sein mag, und gehen Sie erst dann weiter.

Wenn es Zeit ist, hören Sie auf. Es ist kaum möglich, einen ganzen Stapel von Papieren auf einmal durchzuarbeiten. Drehen Sie den Stoß am nächsten Morgen um und fangen Sie mit den untersten Papieren an. Wechseln Sie so jeden Tag, um sicherzugehen, daß Sie keine Papiere ganz unten im Stoß übersehen.

Diese tägliche Arbeitssitzung ist ausschließlich für alltägliche Routine-Papierarbeit reserviert. Anspruchsvolle oder zeitintensive Aufgaben wie lange Berichte, Analysen oder komplizierte Verträge erfordern ein planvolles Vorgehen.

Sie erinnern sich sicher daran, daß Peter Jenks ein Memo und Layouts für eine geplante Designänderung von der Designabteilung bekommen hatte; er meinte, daß es ihn sicher mehr als zwei Stunden kosten würde, sie durchzusehen. Eine gute Methode zur Erledigung einer komplexen Aufgabe dieser Art besteht darin, sich an das folgende fünfstufige Schema zu halten:

1 *Delegieren.* Kann jemand anders als Sie die gesamte Aufgabe oder Teile davon erledigen?
2 *Zeitrahmen oder Priorität.* Bis wann sollte die Aufgabe erledigt werden? (Tip: Wenn kein spezifisches Datum vorgegeben ist, setzen Sie selbst eines fest.)

**3** *Schätzen.* Wie lange werden Sie in etwa brauchen? (Tip: Multiplizieren Sie Ihre erste Schätzung mit 1,5. Die Dinge dauern immer länger, als man denkt.)

**4** *Zeit reservieren.* Reservieren Sie in Ihrem Kalender genug Zeit für die Erledigung der Aufgabe. Treffen Sie eine Vereinbarung oder Vereinbarungen mit sich selbst. Wenn die Aufgabe erst in mehreren Wochen fällig ist, wollen Sie die Arbeit(en) vielleicht einige Wochen hinausschieben, statt sie sofort zu erledigen. Gehen Sie sicher, daß Sie sich genug Zeit und Spielraum geben, so daß Sie Zeitnot und Panik vermeiden, die auftreten, wenn Aufgaben so dicht wie möglich gepackt werden.

**5** *Erinnern.* Markieren Sie die Aufgabe für ein Follow-up (siehe nächster Abschnitt, »Nachfassen und durchziehen«), und sorgen Sie dafür, daß die Aufgabe am Vorabend oder am Morgen des Tages, an dem Sie mit der Arbeit beginnen wollen, auf Ihren Schreibtisch kommt.

---

*Aktionsschritt 3:* Reservieren Sie etwa eine Stunde pro Tag für die Erledigung von Routinepapierarbeiten; teilen Sie diese Zeit je nach Bedarf auf die Durchführung von WEWA-Arbeiten oder konkrete Aktionen auf. Wählen Sie zunächst zwei oder drei besonders wichtige Aufgaben aus und arbeiten Sie sich dann der Reihe nach durch den Rest der »Zu erledigen«-Schachtel. Planen Sie für anspruchsvollere Aufgaben separate Arbeitssitzungen ein.

---

## Nachfassen und durchziehen

Patrick Hayes ist ein Spezialist für die Renovierung und Erhaltung historischer Gebäude. Seine eben erst gegründete Firma setzte sich beinahe selbst schachmatt, bevor das Geschäft überhaupt richtig anlief. »Ich wurde eingeladen, ein Angebot für einen größeren Auftrag zu erstellen – ein historisches Gebäude sollte mit neuen Fenstern ausgestattet werden,« erinnert sich Hayes, »aber ich war nicht sicher, ob die ganze Sache für mich rentabel sein würde. Ich engagierte einen Berater, der sie für mich durchrechnen sollte, und sagte ihm, daß ich die Information in zwei Wochen haben müßte. Einen knappen Monat später, nach einem Gespräch mit dem Denkmalamt, bei dem es um ein anderes Gebäude ging, kam mir plötzlich zu Bewußtsein, daß das Angebot in nur mehr einer Woche einzureichen war – und ich hatte noch nichts von meinem Berater gehört! Als ich seine Berechnungen schließlich in Händen hielt und meine Entscheidung treffen konnte, waren mir nur noch zwei Tage geblieben, um das ganze Paket zu schnüren. Ich schaffte es – ganz knapp –, und seit damals bin ich absolut pedantisch darauf bedacht, jedes kleinste Detail zu dokumentieren.«

Der entscheidende Faktor für den Aktionsprozeß besteht darin, daß Sie, was Ihre eigene Arbeit, aber auch die anderer betrifft, immer auf dem laufenden bleiben müssen. Es gibt keinen anderen Weg, sicherzustellen, daß Vereinbarungen und Termine eingehalten, Anrufe beantwortet und langfristige Projekte über ihre verschiedenen Stadien ordnungsgemäß zu Ende geführt werden. Inkonsequenz in diesem Bereich kann schwerwiegende Folgen haben – von persönlichen Schwierigkeiten über Vorbehalte anderer Ihnen gegenüber und Beeinträchtigung Ihrer professionellen Reputation bis hin zu Katastrophen, die buchstäblich Three-Mile-Island-Dimensionen haben.

Wenn effektives Nachfassen so wichtig ist, warum sollte man dann das Risiko eingehen, sich allein auf das Gedächtnis zu verlassen – wo es noch dazu drei sehr effiziente Methoden gibt, am Ball zu bleiben: eine ist die einfache Technik »Kalender-/Aktuelles-Mappe«, die dann zum Einsatz kommt, wenn nicht mehr als etwa fünf bis sechs Angelegenheiten pro Tag verfolgt werden müssen; die zweite ist die etwas ausgefeiltere Methode der »Fälligkeitsmappe«, die dann von Vorteil ist, wenn eine größere Zahl von Merkzetteln pro Tag anfällt. Die dritte Technik ist für Leute geeignet, die einen Computer oder einen Hand-Organizer für Ihre persönliche Organisation verwenden, und besteht darin, die Nachkontroll-Notiz für den betreffenden Tag einzuspeichern.

Die Methode *Kalender-/Aktuelles-Mappe* erfordert nur einen Tischkalender und einen Ordner mit der Aufschrift »Aktuelles«. Und so funktioniert sie:

Am 9. Februar schreiben Sie an Ihren Berater Richard Ellis und bitten ihn um eine Rentabilitätsschätzung für einen neuen Geschäftszweig. Sie schätzen, daß er etwa zwei Wochen für eine Antwort benötigen wird und notieren sich auf Ihrem Kalender für  den 23. Februar zur Erinnerung »Ellis«; außerdem stecken Sie einen Durchschlag des Briefes in den Ordner »Aktuelles«. So einfach ist das. Hätte Patrick Haynes diese Methode verwendet, um *seinen* Berater zu kontrollieren, hätte er sich eine Menge Streß und Hektik erspart.

Nehmen wir an, daß Sie, statt Ellis zu schreiben, ihn am 9. anrufen und um seinen Rückruf bitten. Wenn Sie ihm dafür drei Tage zubilligen, machen Sie sich auf Ihrem Kalender eine kleine Erinnerungsnotiz für den 12. Februar. Um dem Ganzen eine etwas andere Richtung zu geben, nehmen wir jetzt an, daß Ellis am 12. anruft und Sie um ein paar Tage Aufschub bittet. Tragen Sie nun eine entsprechende Erinnerungsnotiz am 16. ein. Aktualisieren Sie Ihre »Merkzettel« immer, bis Sie schließlich die Rentabilitätsberechnung in Händen halten oder aber Ellis als unverläßlich abgeschrieben haben. Wenn eine Transaktion einmal beendet ist, verfahren Sie mit allen damit in Zusammenhang stehenden Papieren nach dem WEWA-System.

Verwenden Sie diese Methode, um sich an verschiedenste Dinge zu erinnern:

- *Unterlagen für Meetings.* Listen Sie auf Ihrem Kalender oder Computerkalender die Papiere auf, die Sie für ein bestimmtes Meeting brauchen, und bewahren Sie diese Papiere bis zum

Tag des Meetings in Ihrem Ordner »Aktuelles« auf. *Tip:* Bitten
Sie Ihre Sekretärin, alle Unterlagen, die für die Meetings und
Besprechungen dieses Tages benötigt werden, zusammenzu-
stellen und in einer Mappe mit Farbcode und der Aufschrift
»Tägliche Ereignisse« aufzubewahren. Eine maschinege-
schriebene Liste aller Termine dieses Tages kann vorne in die
Mappe gelegt werden.

- *Aufgeschobene Maßnahmen.* Dabei handelt es sich um Aufgaben oder Entscheidungen, wie etwa Patrick Hayes' Kostenvor-
anschlag, die aufgeschoben werden müssen, weil relevante
Informationen fehlen oder weil gerade keine Zeit dafür ist.
Beispiel: Sie müssen Zahlen für ein in drei Wochen stattfin-
dendes Meeting vorbereiten. Sie beschließen, diese Aufgabe
nächste Woche zu erledigen und machen sich eine Notiz auf
Ihrem Kalender.

- *Mitarbeiterkontrolle.* Beispiel: Ihr Chef benötigt Informationen über die Wartungskosten von Computern. Sie geben sein
Memo mit einem Fälligkeitsdatum versehen an Smith weiter,
den firmeninternen Fachmann, und machen sich eine Notiz auf
Ihrem Kalender. Wenn Smith die Informationen nicht rechtzeitig liefert, finden Sie heraus, weshalb das so ist und informieren Sie Ihren Chef entsprechend, anstatt einfach abzuwar-
ten, bis er nachfragt und Sie zugeben müssen, daß Sie (und
Smith) darauf vergessen haben.

- *Fälligkeitstermine.* Tragen Sie Fälligkeitstermine auf Ihrem
Kalender ein und setzen Sie bei langwierigen oder besonders
komplexen Projekten auch ein Anfangsdatum fest, so daß
Ihnen genügend Spielraum bleibt, um auch mit unvorherge-
henen Ereignissen fertig werden zu können.
Tragen Sie auch Daten zwischen den Eckterminen ein.

- *Konsequentes Weiterverfolgen des Papierwegs.* Beispiel: Ihr
Chef hat Sie gebeten, einen technischen Bericht nochmals zu
überarbeiten. Dies erfordert verschiedene Schritte: Geben Sie
Ihren Bericht Ihrer Sekretärin, damit sie ihn neu tippt (Weiter-

gabe), lassen Sie Ihrem Chef den Entwurf zukommen (Weitergabe), vereinbaren Sie eine Besprechung, um den Entwurf zu diskutieren (Zu erledigen), überprüfen Sie ihn nochmals (Zu erledigen), und legen Sie schließlich eine Kopie der Endfassung ab. Wenn Sie nicht den Überblick über diesen ganzen Prozeß haben, können Sie leicht die Kontrolle verlieren. Tragen Sie also zur Kontrolle für jeden Schritt ein Fälligkeitsdatum in Ihren Kalender ein und überprüfen Sie auch die Einhaltung dieser Fristen.

- *Langzeit-Nachkontrolle*. Übernehmen Sie langfristige Termine von Jahr zu Jahr in Ihren neuen Terminkalender. Stellen Sie sich vor, eine wichtige Versicherungspolice muß im Juli 1997 erneuert werden. Tragen Sie sich also für den 31. Dezember dieses Jahres ein: »Versicherungspolice Juli 1997 erneuern.« Tragen Sie dieselbe Notiz auch für den 31. Dezember 1995 und 1996 und schließlich für den 1. Juli 1997 ein.

- *Regelmäßige Routineaufgaben*. Bitten Sie Ihre Sekretärin etwa, für jeden ersten Montag im Monat »Monatlicher Marketingbericht« einzutragen, mit einer kurzen Notiz am letzten Montag des Jahres, die Sie daran erinnert, die Eintragungen auch im Kalender des nächsten Jahres vorzunehmen.

Ein *Fälligkeitsverzeichnis*, das dieselbe Funktion erfüllt wie die Methode Kalender/Aktuelles-Mappe, ist dann von Vorteil, wenn die entsprechenden Aufgaben so zahlreich werden, daß eine Mappe »Aktuelles« unhandlich wird. Zur Etablierung dieses Systems müssen Sie eine Reihe von Mappen von 1 bis 31 durchnumerieren (entsprechend den 31 Tagen eines Monats). Beschriften Sie eine weitere Mappe mit »Nächster Monat«, oder nehmen Sie, wenn es sich um langfristige Aufgaben handelt, zwölf weitere Mappen, die Sie mit »Januar«, »Februar«, »März« und so weiter beschriften. Ihre Sekretärin bewahrt das Fälligkeitsverzeichnis auf ihrem Schreibtisch auf.

Sie schreiben am 9. Februar an Ellis, so wie zuvor. Ihre Sekretärin

### Checkliste Fälligkeitsverzeichnis

Es folgt eine Checkliste von Gedächtnishilfen und Materialien, die Sie mit Hilfe der Kalender/Aktuelles-Methode oder mit dem Fälligkeitsverzeichnis systematisch abrufen können.

☐ Briefe, Memos, Mailings, auf die Sie eine Antwort erwarten

☐ Telefon-Rückrufe

☐ Reaktionen auf Vorschläge oder Ideen von Chef oder Kollegen

☐ Kontrolle von Mitarbeitern

☐ Aufgeschobene Aufgaben (z. B. eine Notiz, die Sie daran erinnert, mit einem Projekt nächste Woche zu beginnen)

☐ Beginn- und Fälligkeitsdaten für Aufgaben und Projekte

☐ Regelmäßige Routineaufgaben (z. B. der monatliche Verkaufsbericht)

☐ Unterlagen und andere Materialien für Meetings

☐ Flugtickets, Theaterkarten, Einladungen

☐ Kontrolle langfristiger Termine

legt Ihr Ablage-Exemplar des Briefes in die mit »23« beschriftete Mappe. Am 23. Februar nimmt sie alle Papiere und Notizzettel aus dieser Mappe; Sie schleusen sie gemeinsam mit den restlichen Papieren dieses Tages durch das WEWA-System und fassen bei

Ellis nach, soweit nötig. Wenn Ellis am 23. verspricht, die Rentabilitätsberechnung binnen vier Tagen zu schicken, legen Sie den Brief in die Mappe mit der Aufschrift »27«.

Jede Erinnerungsnotiz kommt in eine andere der 31 Mappen, je nachdem, wann sie »fällig« ist. Ihre Sekretärin nimmt jeden Tag eine andere Mappe zur Hand und legt deren Inhalt zu Ihrer restlichen täglichen Papierarbeit.

Wenn Sie eine Aufgabe bis zum Monatsende nicht endgültig erledigen können, legen Sie das entsprechende Papier in die mit »Nächster Monat« beschriftete Mappe und setzen Sie ein konkretes Fälligkeitsdatum dafür fest. Zum Beispiel: Sie bekommen am 15. Januar einen Brief mit der Bitte um Übersendung bestimmter Informationen bis zum 25. Februar. Legen Sie ihn in die Mappe »Nächster Monat«, versehen mit einer Notiz »18. Februar«; so haben Sie etwas Spielraum, um die Informationen rechtzeitig zusammenstellen zu können. Leeren Sie am 31. Januar die Mappe »Nächster Monat« und verteilen Sie alle Papiere auf die Mappen der jeweiligen Tage – der Brief kommt also in die Mappe »18«. Stellen Sie an diesem Tag die Informationen zusammen, legen Sie sie dem Brief bei und übergeben Sie beide Papiere Ihrer Sekretärin, damit sie sie in Mappe »25« legt. Möglicherweise wollen Sie die Informationen auch sofort sammeln, nachdem Sie den Brief erhalten haben – dann legen Sie beides in die Mappe »Nächster Monat«, versehen mit einer Notiz »25. Februar«.

Die Mappen für die zwölf Monate können ganz ähnlich verwendet werden. Stellen Sie sich vor, daß Sie im Januar einen Brief erhalten, der Sie daran erinnert, daß eine Versicherungspolice erneuert und bis etwa 15. April abgeschickt werden muß. Legen Sie die entsprechenden Papiere in die April-Mappe und versehen Sie sie mit der Aufschrift »15«.

Menschen, die nicht viel Zeit an ihrem Schreibtisch verbringen, wie etwa Vertreter oder Berater, bedienen sich oft eines wöchentlichen Fälligkeitsverzeichnis-Systems und beschriften die Mappen mit »Erste Woche«, »Zweite Woche« und so weiter. Obwohl diese Variante weniger exakt ist, gestattet sie jenen Menschen, die sich nicht jeden Tag um ihren Papierkram kümmern können, größere Flexibilität.

Die Fälligkeitsverzeichnis-Methode ist relativ vielseitig: Sie können Flugtickets für die Abreise parat halten, Unterlagen für Meetings bis zum Tag des Meetings verwahren oder sich Gedächtnishilfen für regelmäßig zu erledigende Routineaufgaben auf Karteikarten notieren, die Sie dann durch die verschiedenen Mappen schleusen. Nachdem aber Einfachheit der Schlüssel zu einer effizienten Kontrolle ist, ist die Technik Kalender/Aktuelles-Mappe die Methode der Wahl, wenn Sie nicht allzu viele Gedächtnishilfen zu verwalten haben.

---

*Aktionsschritt 4:* Arbeiten Sie mit den Methoden Kalender/ Aktuelles-Mappe oder Fälligkeitsverzeichnis, um bei komplexen, hinausgeschobenen oder weitergegebenen Aufgaben am Ball zu bleiben. Kalender/Aktuelles-Mappe: Machen Sie sich zur Erinnerung eine Notiz auf Ihrem Kalender und legen Sie die entsprechenden Papiere in Ihre »Aktuelles«-Mappe. Fälligkeitsverzeichnis: Legen Sie die Papiere in eine dem jeweiligen Fälligkeitsdatum entsprechend numerierte Mappe.

---

Obwohl man einen Kalender oder ein Fälligkeitsverzeichnis – bzw. Weitergabemappen – verwenden kann, um an Mitarbeiter delegierte Aufgaben nicht aus den Augen zu verlieren, ziehen es viele Manager vor, für Mitarbeiter spezielle Kontrollmethoden einzusetzen. Diese und andere komplexere Projektmonitoring-Techniken werden in Kapitel 8 und 10 näher beschrieben.

Wenn Sie alle Schriftstücke, die während des Tages eingegangen sind, nach der WEWA-Methode abgearbeitet haben, sollten am Abend keine Papiere mehr übrig sein, die sich in irgendeiner abgelegenen Ecke Ihres Schreibtisches verstecken. Aber unsere

Schwächen sind nun einmal meistens hartnäckig – und um dem
Entstehen neuer Stapel vorzubeugen, sollten Sie deshalb am Ende
jedes Arbeitstages diese kurze Schreibtisch-Checkliste durchgehen:

- Sind alle »Aktions-Papiere« in der »Zu erledigen«-Schachtel?
  Legen Sie etwaige »heimatlose« Schriftstücke in diese Schach-
  tel, um am nächsten Tag darüber zu entscheiden?
- Befinden sich alle abzulegenden Papiere in der Ablage-
  Schachtel?
- Liegen alle Papiere, die für Ihre Sekretärin oder für Kollegen
  bestimmt sind, in der Ausgangs-Box oder in den Weitergabe-
  mappen?
- Sind alle Kontrollnotizen und -unterlagen in der »Aktuelles«-
  Mappe oder im Fälligkeitsverzeichnis?

Eines Tages mußte ich mein Büro überraschend zu Mittag verlassen und hinterließ meinen Schreibtisch in ziemlicher Unordnung. Als ich am nächsten Morgen zurückkam, konnte ich auf
meinem Schreibtisch wegen all des Durcheinanders buchstäblich
nichts »sehen«. Obwohl ich noch an den Schriftstücken arbeitete,
die auf dem Tisch lagen, räumte ich deshalb alles weg, als ob es
bereits Zeit zum Heimgehen wäre, und nahm dann diejenigen
Unterlagen wieder heraus, die ich brauchte, um wieder mit der
Arbeit beginnen zu können. Dies ist ein anschauliches Beispiel
dafür, wie optische Konfusion einen aus der Bahn bringen kann,
und gleichzeitig ein entschiedenes Plädoyer für das tägliche
Aufräumen am Ende des Arbeitstages.

*Aktionsschritt 5:* Schreibtisch-Schnellkontrolle. Überprüfen
Sie am Ende eines jeden Arbeitstages Ihren Schreibtisch, um
sicherzugehen, daß Sie alle Schriftstücke richtig in ihre jeweiligen WEWA-Behälter eingeordnet haben.

## Von ganz unten herausgraben

Wenn Sie die tägliche Post und Papierarbeit einmal unter Kontrolle haben, ist es Zeit für eine Reorganisation im großen Maßstab: das Aussortieren all jener Papiere, die sich über Tage, Monate oder sogar Jahre in Ihrem Büro angesammelt haben. Wenn Ihr Rückstand beträchtlich ist, werden Sie wahrscheinlich zumindest zwei oder drei Samstage für diese Arbeit aufwenden müssen – und außerdem viele Müllsäcke brauchen. Ein großzügiger Einsatz des Papierkorbes ist während dieser Arbeit ausgesprochen empfehlenswert. Ebenfalls sehr nützlich ist es, ein Spiralnotizbuch zur Hand zu haben, in dem Sie sich alles mögliche notieren – Ideen, Notizen für Sie selbst, alte »Zu erledigen«-Listen, auf die Sie beim Graben und Wühlen wahrscheinlich stoßen werden.

Und dies sind die vier Schritte der »Ausgrabungs-Aktion«:

**1** *Schreibtischplatte.* Teilen Sie Ihren Schreibtisch im Geiste grob in vier Quadranten ein. Wählen Sie in dem rechten Quadranten, der näher bei Ihnen liegt, einen Stapel aus, mit dem Sie beginnen wollen – entweder einen, der wichtige Unterlagen enthält, oder den, der am nächsten bei Ihnen liegt. Wenn die Papiere nicht in Stapeln, sondern eher durcheinander liegen, wählen Sie sich ein Feld von etwa 30 x 30 cm aus, mit dem Sie beginnen. Schleusen Sie jedes Papier durch das WEWA-System *und tragen Sie dabei den Stapel nach und nach ab, bis Sie auf der Schreibtischoberfläche angelangt sind.* Springen Sie nicht von Stapel zu Stapel. Wenn Sie ein Feld einmal freigeräumt haben, sorgen Sie dafür, daß es auch leer bleibt und so nach und nach ein immer größer werdender freier Raum entsteht. Räumen Sie Mappen und Ordner in den Aktenschrank, tragen Sie Büromaterialien dorthin zurück, von wo Sie sie geholt haben. Übertragen Sie auf losen Zetteln gemachte Notizen in Ihr Notizbuch und werfen Sie die ursprünglichen Zettel weg. Räumen Sie einen Quadranten vollständig auf, bevor Sie zum nächsten übergehen. Schleusen Sie auch alle in Schreibtischablagefächer gestopften Papiere durch das WEWA-System.

**2** *Schreibtischladen*. Teilen Sie Schubladen in »Drittel« ein und arbeiten Sie immer nur an einem Bereich; sortieren Sie, ordnen Sie und werfen Sie Karteikarten mit Eselsohren und vergammelte Zuckerwürfel weg. *Ausnahme:* Lassen Sie Aktenladen vorerst beiseite; damit werden wir uns in Kapitel 4 beschäftigen.

**3** *Sichtbare Oberflächen*. Schleusen Sie alle Papiere, die sich auf Fensterbrettern, Regalen, an Pin-Wänden und auf anderen freien Flächen angesammelt haben, durch das WEWA-System. Nehmen Sie sich einen Stapel nach dem anderen vor, vom obersten Schriftstück bis zum ganz untersten, und arbeiten Sie sich so im Uhrzeigersinn durch das Büro, beginnend mit Ihrem Schreibtisch. Auch Dinge mit sperrigem Format – Kataloge, Computer-Ausdrucke, Fotos, Kalender – werden durch das WEWA-System geschleust, genau wie alle anderen Papiere. Verwahren Sie jene Dinge, die Sie aufheben möchten, in einem Regal oder einem Bücherschrank.

**4** *Integration von »Zu erledigen«-Papieren*. Im Zuge solcher »Ausgrabungsaktionen« fördert man oft eine Unmenge von »Zu erledigen«-Papieren zutage. Was sollten Sie damit machen? Integrieren Sie sie schrittweise in Ihre tägliche Arbeitsroutine. Legen Sie jene Papiere, die Ihre persönliche Aufmerksamkeit verlangen, beiseite und geben Sie den Rest Ihrer Sekretärin. Bitten Sie sie, jeden Tag mindestens drei oder vier davon zu bearbeiten. Teilen Sie Ihren eigenen Stapel in »A« (erste Priorität) und »B« (zweite Priorität) ein. Legen Sie die »A«s zu Ihrem täglichen »Zu erledigen«-Stapel und verlängern Sie Ihre tägliche »Papierkram-Sitzung« um zehn oder fünfzehn Minuten, bis Sie den Überhang aufgearbeitet haben. Nehmen Sie sich auch jeden

Tag einige »B«s vor, oder reservieren Sie zwei oder drei Stunden pro Woche für die »B«s.

Wenn Sie viele Publikationen finden, teilen Sie sie in »Unbedingt lesen« und »Nach Möglichkeit lesen« ein. Eliminieren Sie von letzteren so viele wie möglich – auf jeden Fall alle Zeitschriften, die älter sind als drei Monate. Planen Sie im Lauf der nächsten drei Wochen Zeit für das Lesen der restlichen Dinge ein (siehe auch Kapitel 3).

## Die Einrichtung Ihres Büros: Tips, die Ihnen die Arbeit erleichtern

Papierarbeit ist wahrscheinlich mehr als jede andere Arbeit von einer geeigneten Arbeitsumgebung abhängig: Es ist wichtig, einen bequemen Zugang zu Ordnern und Mappen und anderen Hilfsmitteln zu haben. Wenn sich Ihre Arbeitsflächen noch in einem »Urzustand« befinden, befolgen Sie die folgenden Tips und adaptieren Sie sie so, daß Sie möglichst effizient arbeiten können:

- *Positionierung.* Sind Sie Rechtshänder oder Linkshänder? Drehen Sie sich lieber in die eine Richtung als in die andere? Machen Sie probeweise alle Ihre typischen Bewegungen – greifen Sie nach dem Telefonhörer oder nach einem Ordner, wenden Sie sich zu Ihrem Rechner oder zu Ihrer Computertastatur. So finden Sie heraus, welches Ihre natürlichen Bewegungsabläufe sind. Positionieren Sie dann die Geräte und anderen Gegenstände entsprechend.

  Wenn Sie Rechtshänder sind, stellen Sie Ihr Telefon zu Ihrer Linken auf, damit Sie die Rechte frei haben, um sich während des Telefonierens Notizen machen zu können. Stellen Sie eine kleine Schachtel für Nachrichten neben dem Telefon auf, und vielleicht auch ein kleines Tischregal für zu erledigende Akten.

Ordnen Sie die anderen Ausrüstungsgegenstände – Computer, Rechner, Diktiergerät – zu Ihrer Rechten an und stellen Sie die WEWA-Behälter entlang der Tischkante vor sich auf.

- *Arbeitsraum.* Achten Sie darauf, daß Sie vor sich ein Stück freier Arbeitsfläche behalten – etwa von der Größe einer DIN-A 4-Seite – und daneben etwas Raum für Arbeitspapiere. Wenn Sie auf Ihrem Schreibtisch ein Platzproblem haben, stellen Sie das Telefon, den Computer und andere Gegenstände sowie Ihre am öftesten benötigten Nachschlagewerke auf einen Nebentisch oder eine andere Abstellfläche in Reichweite, so daß Sie sie mit einer Drehung Ihres Sessels erreichen können. (Ein guter Drehstuhl ist wirklich eine ausgesprochen nützliche Hilfe.)

- *Zugänglichkeit.* Reservieren Sie für diejenigen Dinge, die Sie am öftesten brauchen, den besten Platz auf Ihren Abstellflächen – also die am leichtesten zugänglichen Stellen. Verstauen Sie dann die weniger oft benötigten Sachen entsprechend und bewahren Sie Dinge, die gemeinsam verwendet werden, auch gemeinsam auf. Stellen Sie Ziergegenstände und persönliche Andenken so auf, daß Sie Ihnen nicht im Weg sind und Sie nicht ablenken.

- *Büro-Layout.* Rücken Sie Gästestühle vor oder neben Ihren Schreibtisch. Vermeiden Sie Couches oder Clubsessel, die zu niedrig oder zu weich sind.

Wenn Sie mehr über Möbel und Bürobedarf erfahren möchten, sehen Sie in den Checklisten für Bürobedarf und Büroeinrichtung am Ende dieses Buches nach. In der Bibliographie finden Sie außerdem einige Bücher über Büroeinrichtung und -gestaltung.

## Zusammenfassung:
### fünf Schritte zur Vermeidung von Papierwust

**Schritt 1:** Schleusen Sie hereinkommende Papiere durch das WEWA-System.

**Schritt 2:** Wenn Sie die Papierarbeit mit Ihrer Sekretärin durchgehen, geben Sie die meisten Stücke mit entsprechenden Instruktionen an sie weiter; behalten Sie nur diejenigen zurück, die weitere Überlegungen oder komplexe Aktivitäten Ihrerseits erfordern.

**Schritt 3:** Wenn Sie die Papierarbeit allein erledigen müssen, reservieren Sie etwa eine Stunde pro Tag für den täglichen Routine-Papierkram; teilen Sie dabei die Zeit nach Bedarf zwischen »WEWA« und tatsächlichem Erledigen und Bearbeiten auf. Suchen Sie sich zunächst zwei oder drei Aufgaben höchster Priorität heraus und arbeiten Sie sich dann der Reihe nach durch die Papiere des Stapels, so wie sie anfallen. Reservieren Sie für schwierigere Aufgaben separate Arbeitssitzungen.

**Schritt 4:** Verwenden Sie das System Kalender/Aktuelles-Mappe oder das Fälligkeitsverzeichnissystem, um bei komplexen, hinausgeschobenen oder weitergegebenen Angelegenheiten nicht die Übersicht zu verlieren. System Kalender/Aktuelles-Mappe: Machen Sie sich zur Erinnerung eine Notiz auf Ihrem Kalender und legen Sie die entsprechenden Papiere in eine Mappe mit der Aufschrift »Aktuelles«. Fälligkeitsverzeichnissystem: Legen Sie jedes Schriftstück in eine Mappe, die mit der dem Fälligkeitstermin entsprechenden Zahl gekennzeichnet ist.

**Schritt 5:** Schreibtisch-Schnellcheck. Lassen Sie am Ende eines jeden Arbeitstages Ihre Blicke über den Schreibtisch wandern, um sicherzugehen, daß Sie alle Papiere richtig in die entsprechenden WEWA-Behälter eingeordnet haben.

## Kontrolltabelle für einfache Ausführung des WEWA-Prozesses

|  | *Kategorie* | *Behälter* |
|---|---|---|
| Wegwerfen: | Könnte dieses Papier jetzt oder in Zukunft für Sie von Wert sein? Wenn nicht, werfen Sie es weg. | Papierkorb |
| Erledigen: | Ein Schriftstück, das eine Antwort Ihrerseits verlangt – Brief, Analyse, Zusammenfassung etc. | »Zu erledigen«-Schachtel Lesestapel |
| Weitergeben: | Geben Sie Papiere an Ihre Sekretärin oder an Mitarbeiter weiter, wenn diese sie bearbeiten können, oder schicken Sie sie einem Kollegen, in dessen Zuständigkeitsbereich die Angelegenheit fällt. | Weitergabemappen Ausgangs-Box |
| Ablegen: | Ein Papier, das in Zukunft für Sie von Wert sein könnte. Wenn möglich, schreiben Sie ein Wegwerfdatum darauf. | Ablage-Schachtel (Tischordner) Ausgangs-Box (Büro) |

## Das Papier-Spiel

Wenn Sie Ihren Überhang an Papieren einmal aufgearbeitet haben, können Sie mit Hilfe des »Papier-Spiels« auf unterhaltsame Weise die Effizienz kontrollieren, mit der Sie Ihre Papierarbeit erledigen. Überprüfen Sie eine Woche lang jeden Tag vor dem Verlassen des Büros jedes Stück Papier, jede Mappe und jeden Ordner auf Ihrem Schreibtisch bzw. in dessen Nähe und geben Sie jedem Stück eine Punktezahl wie folgt:

Jedes Stück, das »heimatlos« ist, weil Sie einfach nicht
wissen, was Sie damit tun sollen, oder weil Sie es nicht
in den richtigen Behälter gelegt haben:                         + 5

Jedes Stück in Ihrer »Zu erledigen« Schachtel, das
bereits erledigt sein sollte:                                   + 3

Jedes Stück, das Sie an jemand anders hätten weitergeben sollen:                                                   + 2

Jedes zusätzliche Stück in der Ablageschachtel
ab dem 20. Stück:                                               + 1

Jedes Stück in der Ablageschachtel bis zum 20. Stück:          – 1/2

Jedes Stück im Fälligkeitsverzeichnis des nächsten
Tages bzw. jedes auf dem Kalender zum Nachfassen
vermerkte Stück:                                                – 1

Jedes ordnungsgemäß in die »Zu erledigen«-Schachtel
gelegte Stück:                                                  – 1/2

Ermitteln Sie jeden Tag die Tagesgesamtsumme.
Ihr Ziel in der *ersten Runde* ist, eine Woche lang nicht mehr als 30 Punkte zu erreichen.
*Zweite Runde:* eine Woche lang nicht mehr als 15 Punkte pro Tag.
*Dritte Runde:* nicht mehr als 30 Punkte *für die gesamte Woche*.
Jetzt sind Sie perfekt organisiert.

# 3 Rationalisieren der Papierarbeit: Vereinfachungen bei Überlastung

> Geben Sie mir bitte bis heute abend auf
> einer Seite eine vollständige Übersicht über
> unsere im Einsatz befindlichen Panzer ...
> *Winston Churchill*

Sie können Ihr Kopiergerät darauf verwetten, daß die Schreiber der alten Sumerer, wenn sie sich mit ihren Tontafeln und Keilschriftutensilien hinsetzten, um ihre Berichte zu schreiben, davon nicht ein Original plus fünf Kopien für die Abteilung anfertigten. Aber mit der Erfindung des Druckens und in weiterer Folge der bequemen Vervielfältigung ist die Menge an beschriebenem Papier förmlich explodiert – bis zu dem Punkt, an dem die Papierflut zu einer echten Behinderung des Arbeitsprozesses wird. Das »papierlose Büro«, von dem angenommen wurde, daß es sich als Resultat der modernen Bürotechnologien entwickeln würde, stellte sich nicht nur als Mythos, sondern als geradezu lächerliche Idee heraus.

Die im vorigen Kapitel beschriebenen Techniken zur Aufarbeitung von Papierbergen können Ihnen zwar dabei helfen, effizienter mit dem geschriebenen Wort in seinen mannigfaltigen Erscheinungsformen umzugehen; der Strom an verschiedenen Papieren, der in viele Büros hinein- und wieder hinausfließt, bleibt jedoch allein aufgrund seines Volumens ein ernsthaftes Problem. Dieses Kapitel ist darauf ausgerichtet, Sie bei der Verringerung des Volumens dieses Papierstroms zu unterstützen; das erreichen Sie, indem Sie viele Prozesse im Zusammenhang mit dem Umgang mit Papier vereinfachen, rationalisieren und standardisieren.

## Die »Berichteflut«

Eine Abteilungsleiterin einer Firma, die einmal zählte, wie viele periodische Berichte während eines Monats auf ihrem Schreibtisch landeten, kam auf die stattliche Zahl von beinahe zwanzig – mit insgesamt fast hundert Seiten. Und in dieser Rechnung waren die vielen Sonderberichte und allgemeinen Memos noch nicht einmal enthalten! Viele nicht sehr produktive Stunden wurden darauf verwendet, die Goldkörnchen an relevanter Information aus der Masse des tauben Gesteins herauszusieben.

Natürlich ist die zeitgerechte Bereitstellung umfassender Informationen die notwendige Voraussetzung für effizientes Management – jedenfalls bis zu einem gewissen Grad. Wenn man jedoch jede erdenkliche Tatsache ungeachtet ihrer Wichtigkeit oder ihres angemessenen Präsentationsrahmens bis ins kleinste dokumentiert und mit diesen Berichten dann jedermann beglückt, in der Hoffnung, daß irgend etwas davon hängenbleibt, dann ist dies eine kontraproduktive Verschwendung von Zeit und Mühe. Leider ist diese Vorgangsweise jedoch durchaus üblich. Wie soll man nun also mit einer Überfülle an Berichten umgehen? Die Lösung hängt davon ab, ob Sie am produzierenden oder am empfangenden Ende der Kette stehen.

### Hereinkommende Berichte

Wie viele firmeninterne Berichte bekommen Sie routinemäßig, nur weil Sie auf der Empfängerliste stehen? Ihr Name auf dieser Liste ist jedoch nicht in Stein gemeißelt, und es steht Ihnen frei, ihn von dort streichen zu lassen. Der Schlüsselfaktor für eine erfolgreiche Bändigung der Flut von hereinkommenden Berichten liegt darin, die unnötigen zu eliminieren und von den restlichen Exzerpte anzufertigen bzw. sie weiterzugeben. Nehmen Sie sich für den Anfang die Berichte, die sich im Laufe eines Monats angesammelt haben, und analysieren Sie sie anhand der folgenden Kriterien:

**1** *Wegwerfen.* Finden Sie heraus, welche Berichte unnötig oder unwichtig sind, indem Sie fragen: Was könnte schlimmstenfalls passieren, wenn ich diesen Bericht in Zukunft nicht mehr bekäme? Sind die Daten für meine Arbeit relevant? Kann ich diese Informationen auch von anderswo beziehen? Beste Frage: Welche Berichte könnte ich entbehren, wenn ich dafür bezahlen müßte?

Bitten Sie den Verfasser der Berichte, Ihren Namen von der Empfängerliste zu streichen, oder, was vielleicht diplomatischer ist, bitten Sie Ihre Sekretärin, diese Berichte automatisch wegzuwerfen.

**2** *Exzerpieren.* Brauchen Sie das gesamte Schriftstück oder nur einen Teil davon? Können Sie den Verfasser bitten, Ihnen nur den relevanten Teil zukommen zu lassen? Könnte Ihre Sekretärin zweckdienliches Material markieren beziehungsweise zusammenfassen oder diejenigen Seiten herausreißen, die Sie brauchen, und den Rest wegwerfen?

Ein altgedienter Manager, der mit Informationsberichten seiner Mitarbeiter förmlich überschwemmt wurde, sandte den fünf ihm direkt unterstellten Personen das folgende Memo: »Ich meine, daß uns allen besser gedient wäre, wenn ich weniger Zeit damit verbringen müßte, detaillierte Berichte zu lesen. Schicken Sie mir in Zukunft bitte nur eine einseitige Zusammenfassung der wichtigsten Punkte; sollte ich detailliertere Informationen benötigen, werde ich nachfragen. Wenn der Bericht ohnehin eine Zusammenfassung enthält, kopieren Sie diese, oder, wenn Ihnen das lieber ist, kopieren Sie die wichtigsten Seiten. Danke.«

**3** *Delegieren.* Können Sie bestimmte Berichte direkt an Mitarbeiter weitergeben? Ein leitender Angestellter einer Luftfahrtgesellschaft schränkte die Zahl der Berichte, mit denen er sich zu befassen hatte, ein, indem er sie weiterleitete. Revisionsberichte, Berichte über Material und Anlagen, Umsatzberichte und Zusammenfassungen wurden sofort an Mitarbeiter weitergegeben und ihm nur dann zur Kenntnis gebracht, wenn Fragen auftauchten, wenn die Berichte Informationen von besonderer Wichtigkeit enthielten, oder wenn die Zahlen einen bestimmten Grenzwert unter- oder überschritten (»Berichterstattung in Ausnahmefällen«).

## Hinausgehende Berichte: eine Evaluierungsmethode

Ein Bericht sollte nicht einfach eine Aneinanderreihung von Fakten sein, sondern eine Beurteilungs- und Entscheidungshilfe für das Management: einer Präsentation der richtigen Informationen in der richtigen Art und Weise an die richtigen Leute gerichtet. Entsprechen alle Berichte, die Sie und Ihre Mitarbeiter produzieren, diesen Anforderungen? Oder sind manche übertrieben detailliert, zu wortreich, schlecht gegliedert, mit unwesentlichen Fakten beladen oder sogar überhaupt unnötig? Um weniger – und kürzere – Berichte zu produzieren, nehmen Sie sich die Berichte eines Monats vor und analysieren Sie sie anhand des folgenden fünfstufigen Verfahrens im Hinblick auf ihre Notwendigkeit, auf Kürze, Häufigkeit und Format:

*Eliminieren.* Ist dieser Bericht notwendig? Nehmen Sie in einer an die Budgetierung auf Nullbasis* angelehnten Vorgangsweise an, daß alle Berichte vernichtet wurden und Sie die Wiedererstellung jedes einzelnen rechtfertigen müssen. Nach welchem Prinzip entscheidet man, ob eine bestimmte Information weitergeleitet werden soll? Welche Ziele verfolgt der Bericht? Welche Fragen beantwortet er? Welche Konsequenzen hätte eine Einstellung der Berichterstattung? Auf welche Berichte würden Sie verzichten, wenn Sie dafür bezahlen müßten?
Erstellen Sie bestimmte Berichte aus einer bloßen Gewohnheit

---

* Anm. d. Ü.: Amerikanische Budgetierungsmethode, bei der alle Ausgaben jährlich erneut gerechtfertigt werden müssen, bevor sie in den Haushaltsplan aufgenommen werden.

heraus, oder weil Sie glauben, daß sie Ihnen eine Machtbasis liefern? Vierzehn oder fünfzehn Manager einer Firma sagten, daß sie einen bestimmten Bericht brauchten. Als jedoch die Verteilung absichtlich hinausgezögert wurde, fragten nur zwei der Manager nach ihren Exemplaren. Und die Informationen, die sie brauchten, waren auch anderswo erhältlich. Der Bericht wurde abgeschafft.

*Reduzieren.* Wie viele Leute brauchen einen bestimmten Bericht wirklich? Eine religiöse Vereinigung reduzierte die Anzahl ihrer internen Berichte um beinahe ein Drittel, indem sie vor allem die Anzahl der Personen einschränkte, die Berichte erhielten. Sie teilten die Liste der Empfänger in zwei Gruppen ein: solche, die die Liste als Arbeitsunterlage benötigten, und eine Gruppe von »Informationsempfängern«. Manager in der zweiten Gruppe, die ihre Arbeit ohne den Bericht genauso effizient erledigen konnten, wurden von der Liste gestrichen. Ein Exemplar ging *reihum* an die Informationsempfänger-Gruppe. Das Ergebnis war, daß sich bei der Verteilung eines Berichts die Anzahl der Exemplare von zwölf auf fünf reduzierte. Die vier Manager, die den Bericht tatsächlich verwendeten, erhielten je ein eigenes Exemplar, und das fünfte ging reihum an die fünf, für die der Bericht eine reine Information war.

Wenn Unterlagen routinemäßig zwischen denselben Leuten zirkulieren, sollte ein fixer Weitergabeplan festgelegt werden: eine Liste mit allen Namen und einigen freien Zeilen, in die weitere Namen eingefügt werden können, falls nötig. Um zu gewährleisten, daß der Bericht auch tatsächlich die ganze Runde durchläuft, setzen Sie Ihre eigenen Initialen an das Ende der Liste und notieren Sie auf Ihrem Kalender ein Datum, an dem Sie den Bericht wiederhaben wollen. Wenn er dann nicht rechtzeitig einlangt, stellen Sie fest, was los ist.

Manchmal reicht es aus, einfach ein allgemeines Memo an einer Anschlagtafel anzubringen, so daß alle es sehen können.

**P.S.** Es mag verlockend erscheinen, Berichte per Mailing an alle Personen auf der Liste zu schicken, aber lange Berichte in Form von Mailings machen sogar noch mehr Schwierigkeiten als ausgedruckte Exemplare.

*Zusammenfassen.* Gibt es Berichte gleichen Inhalts? Überschneiden sich Informationen? Könnten mehrere Berichte zu einem einzigen, prägnanteren Dokument zusammengefaßt werden?

*Hervorheben.* Gibt es besonders hervorstechende Schlüsselfakten? Formulieren Sie eine Frage oder eine Reihe von Fragen, die der Bericht beantworten soll. Zum Beispiel: Sollen die Verkaufsaktivitäten verstärkt, reduziert oder auf dem bisherigen Niveau gehalten werden? Welche Kriterien sollten entwickelt werden, um uns mit der Konkurrenz vergleichen zu können?
Sind die zur Beantwortung dieser Fragen erforderlichen Informationen zugänglich? Sind die Schlußfolgerungen klar artikuliert? Eine kleine Import-/Export-Firma, die exorbitante Spekulationsgewinne machte, indem sie kolumbianischen Kaffee in die Vereinigten Staaten importierte, kam wegen schlampig verfaßter Berichte dem Bankrott gefährlich nahe. Obwohl die Berichte die Nachricht enthielten, daß die Kaffeeimporte aus anderen Ländern an Boden gewannen, war die wichtigste Information im Text vergraben. Und als dann der kolumbianische Markt plötzlich einen ungeahnten Tiefststand erreichte, traf dieser die Gesellschaft unvorbereitet.

*Vereinfachen.* Sind die Berichte kurz, bündig und prägnant? Ist der Text klar und deutlich formuliert und enthält er keine nichtssagenden und verschwommenen Ausdrücke oder Redewendungen? Widerstehen Sie der Versuchung, den Lesern mehr mitzuteilen, als sie wissen müssen. Sind zu viele Hintergrundinformationen, technische Angaben oder Statistiken in den Bericht verpackt? Könnten dieselben Informationen mit Hilfe eines

kurzen Auszugs, einer Überblicksdarstellung, einer Zusammenfassung, graphischen Darstellung oder Tabellen besser vermittelt
werden als mit einem Bericht?

Im Idealfall sollte ein Bericht allen jenen, die ihn lesen, jene
speziellen Informationen liefern, die sie benötigen. Die Palette
dieser verschiedenen Anforderungen kann von einem einfachen
Überblick bis zu einer ausführlichen Dokumentation reichen. Sie
können dieses Problem dadurch lösen, daß Sie wichtige Fakten
hervorheben, indem Sie Berichte von zwei Seiten Länge oder
mehr nach den folgenden Regeln strukturieren:

**I** *Zusammenfassung:* Eine Darstellung von einer Seite, die den
Zweck des Berichts, einen Überblick oder eine kurze Zusammenfassung der Daten, Schlußfolgerungen und Empfehlungen enthält. Falls Maßnahmen zu ergreifen sind, sollten diese klar und
präzise formuliert sein. Für viele Leute ist eine solche Zusammenfassung alles, was sie benötigen.

**II** *Hauptteil:* Ausführlichere Darstellung der Daten und der Be-
gründung der aus diesen Daten gezogenen Schlußfolgerungen.

**III** *Hintergrundinformationen* (wenn relevant): Rohdaten, Referenzen, Bibliographie.

Um Ihrer Fähigkeit, sich auf den wesentlichen Kern eines Berichts zu konzentrieren, den letzten Schliff zu geben, können Sie
versuchen, einen bereits existierenden Bericht nach den folgenden Richtlinien zu restrukturieren:

*Häufigkeit des Erscheinens.* Wäre die zeitgerechte Entscheidungsfindung beeinträchtigt, wenn der wöchentliche Report nur
zweimal pro Monat verteilt würde? Wenn ein monatlich erschei-
nender Bericht nur alle zwei Monate herauskäme? Andererseits
kann es auch erforderlich sein, die Frequenz eines Berichtes zu
erhöhen.

Beziehen Sie Kollegen und Mitarbeiter in den Prozeß der Berichtevaluierung mit ein. Verwenden Sie das Berichtauswertungsformular auf Seite 71 als Richtlinie, um Ihre eigene Methode zur Bewertung abteilungs- oder firmeninterner Berichtpolitik zu entwickeln.

Hier sind noch einige zusätzliche Tips für das Schreiben von Berichten:

- Wenn möglich, entwickeln Sie ein Standardformat für Berichte. Verwenden Sie Formulare oder eine Checkliste, oder formulieren Sie einige Standardparagraphen und fügen Sie zusammenfassenden oder interpretierenden Text hinzu, soweit nötig.
- Tragen Sie auf Ihrem Kalender oder in einer eigenen Berichtetabelle einen jährlichen Plan inklusive Beginndatum für periodische Berichte ein.
- Arbeiten Sie in Ihrem eigenen Tempo. Verteilen Sie die Arbeit möglichst gleichmäßig auf die ganze Woche. Machen Sie rasch einen Entwurf und überprüfen und überarbeiten Sie ihn später. Versuchen Sie, nach dem Schreiben einen Tag oder zwei vergehen zu lassen, bevor Sie den Bericht überarbeiten.
- Erstellen Sie Kalkulationen, Graphiken und ähnliches separat, nachdem Sie mit dem Schreiben fertig sind.
- Wenn Sie einen Bericht für Ihren Chef zusammenstellen, indem Sie Berichte Ihrer Mitarbeiter zusammenfassen, bitten Sie die Verfasser dieser Berichte, jene Elemente, die Sie für die wichtigsten halten, zu markieren. Lassen Sie Ihre Sekretärin diese Elemente und Fakten zu einem Rohbericht zusammenstellen, den Sie dann zur endgültigen Version umschreiben. Nebennutzen: Sie bekommen ein gutes Bild vom Urteilsvermögen Ihrer Mitarbeiter.

## Formulare und Standardisierungsverfahren

Eine der effizientesten Methoden, Papierkram auf ein erträgliches Maß zu beschränken, ist die Verwendung von Formularen. In einer Forschungsförderungsstiftung wurden im Zuge der Vergabe von Fördergeldern routinemäßig vier oder fünf Seiten lange Berichte über die Bewerber angefertigt. Indem diese Informationen einfach zu einem einseitigen Fragebogen komprimiert wurden, konnten diese Manager ihren monatlichen Papierausstoß um beinahe 25% reduzieren. Obwohl das Wort »Formular« oft sehr negativ besetzt ist und Bilder von unüberschaubaren Papiermassen heraufbeschwört, die in dreifacher Ausfertigung auszufüllen sind, ist ein Formular eigentlich ein effizientes und einfaches Mittel, um zu gewährleisten, daß Routineaufgaben korrekt und möglichst rasch erledigt werden. Eine überraschend große Zahl von im Büro anfallenden Aufgaben kann standardisiert werden. Als konkrete Beispiele seien hier bestimmte Typen von Korrespondenz, Konferenzplanung, Rednereinladungen, Publikations- und Designaktivitäten, Klientenfragebogen sowie Verkaufs- und Bestellinformationen genannt.

### Standardisierte Briefe

Leon Stein, Chef einer Grundstücksmaklerfirma, dachte an die Einstellung einer Teilzeitkraft, weil seine Sekretärin so sehr damit beschäftigt war, Anfragen und Routinebeschwerden von Kunden zu beantworten, daß ihr für andere Arbeiten keine Zeit mehr blieb. Als Stein jedoch ihre Korrespondenz auswertete, stellte sich heraus, daß die meisten ihrer Briefe in etwa denselben Inhalt hatten. Mit einem standardisierten Brief benötigte sie nun für zehn Briefe nicht mehr Zeit, als sie bisher für einen einzigen aufgewendet hatte.

Standardbriefe, die hauptsächlich Standardtext enthalten und bei denen nur Adresse, Datum, Name oder eine spezifische Textpassage eingefügt werden muß, können für einen Großteil der Rou-

# Evaluierung abteilungsinterner Berichte

Die Schwemme an internen Berichten kostet bereits mehr an Zeit, Aufwand und Papier, als sie Nutzen bringt. Bewerten Sie jeden Bericht, den Sie bekommen, nach den folgenden Kriterien. Dies wird Ihnen dabei helfen, die Flut von Berichten einzudämmen:

| Name | Bekommen Sie? | Bericht – oder Teile davon – wichtig? | Würde ein zirkulierendes Exemplar genügen? | Zu detailliert? | Format klar? | Schlüsselinformationen hervorgehoben? | Frequenz: reduzieren, erhöhen oder o.k.? | Kommentare |
|---|---|---|---|---|---|---|---|---|
| Neueinstellungen | | | | | | | | |
| Abgänge | | | | | | | | |
| Anti-Diskriminierungs-Aktionsplan | | | | | | | | |
| Leistungsentgelte | | | | | | | | |
| Arbeitslosigkeit | | | | | | | | |
| Gehälter | | | | | | | | |
| | | | | | | | | |
| | | | | | | | | |
| | | | | | | | | |

tinekorrespondenz verwendet werden, einschließlich Anfragen, Absagebriefe, Zusagen, Auftragswerbung und monatliche Verkaufsberichte.

Um System in die Standardbriefe zu bringen, stellen Sie fest, welche der von Ihnen produzierten Briefe sich für eine Standardisierung eignen; entwerfen Sie dann einen Brief für jeden Typ oder wählen Sie ein geeignetes Exemplar aus Ihrer Ablage. Kleben Sie jeden Brief in ein Notizbuch oder bewahren Sie die Briefe in einer Mappe auf. Geben Sie jedem Brief einen Namen, so wie »Verkaufsbrief 1«, »Dank für Anfrage«, »Bestellte Ware nicht lieferbar« usw. Kopieren Sie alle Briefe für Ihre Sekretärin. Wenn Sie die tägliche Post durcharbeiten, notieren Sie einfach oben auf jedem hereinkommenden Brief den Namen des passenden Antwortstandardbriefes und legen ihn in ihre Ausgangs-Box. Oder bitten Sie Ihre Sekretärin, die Post vorzusortieren und alles, was mit einem Standardbrief beantwortet werden kann, herauszunehmen und selbst zu erledigen.

Eine Variation der Standardbriefe sind »Mischbriefe«, bei denen man standardisierte Passagen mit neuem Material mischt. Um ein Mischbriefsystem zu etablieren, sammeln Sie vier oder fünf erfolgreiche Briefe jüngeren Datums, die zum gleichen Typ gehören: Grundstücksbewertung, Auftragswerbung, Zusagen, Klientenberichte usw. Geben Sie jedem Brief eine Nummer und bezeichnen Sie jeden Absatz mit einem Buchstaben. So könnte das Diktat für einen Mischbrief etwa wie folgt aussehen: »Brief 3, Absatz G«, dann neues, spezifisches Material, dann »Brief 2, Absatz B« und so weiter. Für Mischbriefe läßt sich auch ein Textverarbeitungssystem verwenden.

## »Hausgemachte« Formulare

Viele Profis erstellen ihre eigenen Formulare, um Routineabläufe zu straffen. So entwarf etwa die Karriereberaterin Laura Hass eine »Workshop-Checkliste«, die ihr half, den Überblick über all die verschiedenen Seminare zu behalten, die sie gleichzeitig

## Workshop-Checkliste

Name des Workshops _____     Datum/Daten _____

Vortragender _____     Zimmernummer _____

Adresse _____     Telefonnummer _____

Stadt/Land/PLZ _____     Gebühr _____

### Mittteilung an voraussichtliche Teilnehmer

*Mailing:*     *Werbeeinschaltung:*

An Druckerei _____     An Druckerei _____

Muster retourniert _____     Muster retourniert _____

Abgeschickt _____     In welchen Publikationen _____

_____     An welchen Tagen _____

Anzahl der Antworten _____     Anzahl der Antworten _____

*Plakatierung:*     *Anderes:*

An Druckerei _____     _____

Muster retourniert _____     _____

Anzahl abgeschickt _____     _____

Datum _____     _____

Anzahl Antworten _____     _____

Gesamtanzahl der Teilnehmer _____

### Logistik

*Zimmer:*     *Essen:*

Reservierung getätigt _____     bestellt _____

Kontaktperson _____     Kontaktperson _____

Bestätigung erhalten _____     Rückbestätigung _____

## Formular Vortragseinladungen

Datum_____

Name _____

Adresse _____

Stadt/Land/PLZ _____

Telefon_____

Kontaktperson _____

Art des Forums_____

Typ (Vortrag, Diskussion, Workshop) _____

Thema _____

Wunschdatum/daten _____

**Informationen, die den anfragenden Organisationen gegeben werden müssen:**

Honorar $ 1.750 _____

Vortragender wird von Mitarbeiter begleitet _____

Alle Kosten sind zu übernehmen _____

Flugtickets müssen im voraus an Dr. Taylors Privatadresse geschickt werden

   (500 East 66. Str., New York, N.Y. 10021)_____

Sind die Bedingungen akzeptabel? _____

Wenn ja, wird Dr. Taylor die Einladung annehmen? _____

Wurde die Organisation von Dr. Taylors Antwort in Kenntnis gesetzt? _____

**Bei Annahme**

Wer tätigt die Reise- und Hotelbuchungen? _____

Reservierungen getätigt?_____

In den Kalender Dr. Taylors eingetragen _____

Tickets erhalten? _____

Anfallende Rechnungen für Rückerstattungen nach der Reise? _____

Rückerstattungen erhalten?_____

organisierte. Edward Taylor, ein vielbeschäftigter Arzt, der oft gebeten wurde, vor verschiedenen Gremien Vorträge zu halten, entwarf ein Formular »Vortragseinladungen« für seine Sekretärin, um zu gewährleisten, daß die Abwicklung aller Vereinbarungen glatt und rasch über die Bühne ging.

Um Ihre eigenen, maßgeschneiderten Formulare zu kreieren, müssen Sie diejenigen Aufgaben oder Abläufe identifizieren, die sich für eine Standardisierung eignen. Gehen Sie dann jeden dieser Abläufe im Geist durch; wenn Ihre Sekretärin beteiligt ist, soll sie dabei jeden einzelnen Schritt notieren. Bitten Sie Ihre Sekretärin, die Liste zu tippen und Kästchen oder Linien für das Überprüfen oder Einfügen von relevanten Informationen hinzuzufügen. Kopieren Sie das Original mehrfach, um einen ausreichenden Vorrat anzulegen, *et voilà*, das Formular ist fertig.

Miniformulare – eine halbe Seite lang oder noch weniger – sind besonders für kürzere Abläufe hervorragend geeignet. Eine Mainframe-Informationsspezialistin wurde beispielsweise ständig durch Kollegen, die eine sofortige Überprüfung von Daten vom Mainframe benötigten, von ihren statistischen Analysen abgelenkt. Sie erstellte ein kleines »Mainframe-Reservierungs-Formular«, das Name, Art der Aufgabe und Datum enthielt, und fügte folgenden Text hinzu: »Bitte tragen Sie gewünschte Computerreservierungen mindestens zwei Wochen im voraus ein. In dringenden Fällen kreuzen Sie bitte das nachstehende Feld ›Notfall‹ an.« Sie stellte im folgenden fest, daß ihre Kollegen sich scheuten, das »Notfall«-Feld allzuoft anzukreuzen, und sich das Timing ihrer Aktivitäten fortan besser überlegten.

Eine Checkliste, also eine Liste mit Feldern zum Abhaken, ist ein weiteres einfaches und sinnvolles Formular. Einige Beispiele:

- Erstellen Sie ein einfaches »Vorratsbeschaffungs«-Formular, auf dem alle Vorratsartikel in alphabetischer Reihenfolge verzeichnet sind. Fügen Sie für jeden Artikel ein Kästchen zum

Abhaken hinzu und sehen Sie etwas Platz vor, um die jeweilige Menge eintragen zu können.

- Halten Sie sich an eine Routine. Ein technischer Berater entwickelte eine acht Punkte umfassende Checkliste, die dazu diente, Klientenberichte vom Zeitpunkt der ersten Präsentation bis zum Zahlungseingang zu dokumentieren.

- Verwenden Sie zur Erstellung von Lagerinventaren wöchentliche Checklisten.

- Beantworten Sie schriftliche Anfragen mit einer Variation des folgenden Formulars, das von einer Versandfirma verwendet wird:

  ☐ Ihre Bestellung wird binnen 21 Tagen erledigt.

  ☐ Die von Ihnen gewünschte Farbe ist derzeit leider nicht lieferbar. Bitte wählen Sie zwei Ersatzfarben.

  ☐ Aufgrund äußerst starker Nachfrage können wir vorübergehend nicht liefern. Ihre Bestellung wird jedoch binnen 60 Tagen erledigt.

  ☐ Dieser Artikel ist nicht lieferbar, und wir möchten uns dafür entschuldigen, daß wir Ihre Bestellung daher leider nicht ausführen können.

  ☐ Ein Scheck zur Rückerstattung des von Ihnen bereits eingezahlten Betrages liegt bei.

  ☐ Anderes_____

## Tips zum Zeitsparen

- Drucken Sie Postkarten oder Etiketten für Routinekorrespondenz wie Danksagungen, Hotelreservierungen und Bestätigungen von Vereinbarungen oder Terminen. Beispiele: Wenn Sie oft Informationsunterlagen verschicken, legen Sie eine vorgedruckte Karte mit folgendem Text bei: »Ich dachte, daß dies für Sie vielleicht von Interesse sein könnte. Eine Bestätigung ist nicht erforderlich.« Beantworten Sie häufige Anfragen um

Zusendung von Unterlagen mit einer Standardkarte: »Wunschgemäß sende ich Ihnen diese Unterlagen zu.« Lassen Sie etwas Platz für eine kurze Nachricht.

- Drucken Sie selbstklebende Aufkleber mit Standardinformationen bei Anfragen zu Preisen und Lieferbedingungen und kleben Sie jeweils einen solchen Aufkleber auf jede Antwortpostkarte.

- Drucken oder stempeln Sie Briefumschläge mit den Namen und Adressen all jener Personen, an die Sie oft Material schicken, wie etwa Firmenzweigstellen oder wichtige Lieferanten. Sammeln Sie zu versendende Unterlagen in den jeweiligen Umschlägen, die Sie dann in regelmäßigen Abständen verschließen und absenden.

- Fertigen Sie Weitergabekarten für Ihre Abteilung oder Gruppe an und legen Sie sie – im Unterschied zu Zirkulationslisten – solchen Unterlagen bei, die an nur eine Person gehen sollen. Bereiten Sie solche Karten mit den Namen all jener Personen vor, mit denen Sie regelmäßig zu tun haben, und fügen Sie auch eine Liste von Routineaktivitäten hinzu (»Darüber sollten wir diskutieren«, »Rufen Sie mich bitte an« und so weiter). Lassen Sie auch genug Platz für eine kurze Nachricht. Ein Beispiel finden Sie auf der nächsten Seite.

- Wenn Ihr Büro regelmäßig Memos, Fakturen oder Ankündigungen an dieselben Leute aussendet, schreiben Sie Namen und Adresse jeder einzelnen Person auf eine Karteikarte, positionieren Sie die Karte auf dem entsprechenden Formular und kopieren Sie einen Vorrat an fertig adressierten Formularen. Oder produzieren Sie einen Satz fertiger Etiketten für immer wiederkehrende Postsendungen, indem Sie Namen und Adressen auf Standard-Klebeetiketten drucken. Vervielfältigen Sie diese Etiketten bei Bedarf mit Hilfe des Kopierers.

- Verwenden Sie einen Stempel für solche Memos und Briefe, die keine persönliche Unterschrift erfordern. Entwerfen Sie einen Briefkopfstempel für Routinepost, um teures, mit ge-

---

**AN:**

☐ Ellie Michaels          ☐ Steve Ryder          ☐ George Welsh

☐ Chris Muscat           ☐ Gary Savarin         ☐ Jack Wilson

☐ Jim Petrie             ☐ Lucille Taylor        ☐ Carol Wood

☐ Renee Roberts          ☐ Henry Wagner         ☐ _____

**VON:** N. L. Street          Datum:_____

☐ Zu Ihrer Information

☐ Wir sollten darüber sprechen

☐ Bitte erledigen

☐ Bitte lesen und bis zum _____ zurücksenden

☐ Bitte rufen Sie mich an

☐ _____

---

drucktem Briefkopf versehenes Papier für wichtige Gelegen-
heiten zu sparen.

• Gehen Sie sorgsam mit der Zeit Ihrer Sekretärin um – und
steigern Sie gleichzeitig ihre Effizienz –, indem Sie die nachstehenden Tips befolgen: Verwenden Sie Briefkuverts mit
Fenster, um die Tipparbeit zu reduzieren. Der Tippaufwand
läßt sich weiter verringern, wenn Sie manche Briefe beantworten, indem Sie eine Notiz auf den Brief selbst oder auf ein Blatt
schreiben, dem Sie eine Kopie des ursprünglichen Briefes
beilegen.

## Schnell lesen

Ganz oben auf der Liste der Störfaktoren im Büro steht die
Anhäufung von Magazinen, Zeitungen, Fachjournalen – und die
Gewißheit, daß Sie diese Flut auch dann niemals bewältigen

könnten, wenn Sie eine ganze Woche ausschließlich mit Lesen verbrächten. Sie können jedoch die berufliche Lesearbeit in den Griff bekommen, wenn Sie selektieren, was Sie lesen, wieviel Sie lesen und wann Sie lesen.

Bewerten Sie jede Publikation, die Sie ab nun erhalten, indem Sie sich folgende Fragen stellen: Brauche ich das wirklich? Was würde passieren, wenn ich es nicht erhielte? Wie oft kann ich etwas wirklich Nützliches, Interessantes oder Neues daraus entnehmen? Wäre ich bereit, für das Abo zu bezahlen, wenn ich persönlich dafür aufkommen müßte? Welche Periodika bieten die meisten Informationen oder den höchsten Wert bei geringster Lesezeit?

Behalten Sie die wertvolleren Publikationen und eliminieren Sie den Rest. Wenn Ihre Abonnementliste auch nach dem Durchforsten noch relativ umfangreich ist, können Sie die Abos von zwei oder drei Magazinen jährlich erneuern und die restlichen abwechselnd abonnieren. Machen Sie sich die »*Herausreißen und Lesen*«-Technik zur Gewohnheit: Reißen Sie Artikel, die Sie lesen möchten, heraus und legen Sie sie in eine »Lesemappe«. Werfen Sie den Rest des Heftes weg oder geben Sie es an jemand anders weiter. Eine Mappe mit ungelesenen Artikeln wirkt weit weniger einschüchternd als ein Stapel ungelesener Zeitschriften. Versuchen Sie, jedes Heft kurz zu überfliegen, sobald Sie es bekommen, und reißen Sie interessante Artikel heraus.

Kennzeichnen Sie Artikel, die nicht herausgerissen werden können, weil die Zeitschrift der ganzen Abteilung oder einer Bibliothek gehört, und kopieren Sie diese Artikel. Biegen Sie die Ecken der Seiten um oder reißen Sie sie ab, oder notieren Sie sich die interessanten Seitenzahlen auf dem Titelblatt oder einem Post-it-Zettel. Sie können die Artikel, die Sie interessieren, auch im Inhaltsverzeichnis markieren und dann direkt die Seiten mit den entsprechenden Beiträgen aufschlagen, um der Versuchung zu entgehen, auch alles andere zu lesen. Oder erklären Sie Ihre Selektionskriterien Ihrer Sekretärin oder Ihrem Assistenten und bitten Sie diese Person, die Artikel für Sie zu kopieren oder herauszureißen und in Ihre Lesemappe zu legen.

Schleusen Sie alle Artikel, nachdem Sie sie einmal gelesen haben, durch das WEWA-System, so wie Sie das auch mit jedem anderen Schriftstück tun würden. Setzen Sie für jede Publikation ein vernünftiges Wegwerfdatum fest, vielleicht ein oder zwei Monate nach Erhalt, und werfen Sie das betreffende Stück wirklich an diesem Tag weg, gleichgültig, ob Sie es schon gelesen haben oder nicht. Wenn Sie Gesamtausgaben von Magazinen oder Journalen aufbewahren möchten, notieren Sie auf der Titelseite, welche Beiträge von besonderem Interesse für Sie sind, und verwahren Sie die Hefte dann in Bücherschränken. Für die Aufbewahrung mancher Magazine werden spezielle Mappen oder Schachteln angeboten.

Ein Axiom, das helfen kann, ein beträchtliches Maß an Lesezeit einzusparen, heißt »Lies es nicht, bevor du es brauchst«. Ein Mitglied der Small Business Administration* erhielt beispielsweise ein sechzigseitiges Dokument, das Informationen für eine Konferenz enthielt, die in drei Monaten stattfinden sollte. Normalerweise hätte er den Bericht bei Erhalt gelesen und wäre dann gezwungen gewesen, ihn vor der Konferenz ein zweites Mal zu durchzugehen.

Stattdessen überflog er den Bericht diesmal jedoch nur kurz, um zu überprüfen, ob er bereits jetzt etwas davon brauchte, machte sich einige Notizen auf dem Deckblatt und gab das Dokument dann mit dem Auftrag, es ihm drei Wochen vor der Konferenz wieder auszuhändigen, an seine Sekretärin weiter.

*Zeitungen* stellen ein besonderes Problem dar, weil sie sich so rasch stapelweise ansammeln. Eine Managerin löste dieses Problem, indem sie ihre Sekretärin anwies, ihr jeden Morgen nur die erste Seite und den redaktionellen Teil des *Wall Street Journal* zu

---

* Anm. d. Ü.: SBE = Bundesbehörde zur Pflege der gewerblichen Mittelstandspolitik.

geben. Andere lesen nur die Kurznachrichten und die Inhaltsübersicht, um die interessanten Artikel zu finden. Es gibt auch verschiedene Firmen, die Zusammenfassungen wichtiger geschäftlicher Bücher und Artikel anbieten.

Viele Menschen *planen* fixe Lesezeiten für den späten Nachmittag oder für den frühen Abend ein, also für den »schwächeren« Teil ihres Tages. Andere reservieren dafür jeden Morgen fünfzehn Minuten, entweder beim Kaffeetrinken oder unmittelbar nach der Papierarbeit. Sie können auch ein- oder zweimal pro Woche eine »Lesestunde« einlegen; geben Sie in diesem Fall Ihrer Sekretärin eine Liste der Artikel, die Sie an einem bestimmten Tag lesen möchten. Ein Manager hat zweimal pro Woche eine »Mittagessen-Lese-Einheit« eingeführt, während ein anderer sich einmal pro Monat einen Lesetag in der Bibliothek gönnt.

Stecken Sie Ihre Lesemappe oder einige Artikel in Ihre Aktentasche oder Handtasche, damit Sie während einer Taxifahrt oder im Flugzeug lesen können, oder auch während Sie auf jemand oder etwas warten. Eine Ausbildungsleiterin legte einen Leseordner an, der Wirtschaftsmagazine enthält. Für Reisen oder beim Telefonieren nimmt sie ein oder mehrere Exemplare heraus, überfliegt sie rasch und wirft sie dann weg oder gibt sie an jemand anders weiter. Wenn der Ordner überzuquellen droht, wirft sie die ältesten Hefte weg, gleichgültig, ob sie sie gelesen hat oder nicht.

Versuchen Sie Ihren Leserückstand auch während Ihrer täglichen Fahrt zur Arbeit bzw. nach Hause aufzuholen. Bewahren Sie Ihre Lesemappe in der Nähe Ihres Schreibtisches auf Ihrem Aktenkoffer auf und legen Sie Artikel hinein, die Sie auf dem Heimweg lesen wollen.

Wenn sich ein beträchtlicher Überhang an ungelesenem Material ansammelt und zuviel Regalraum zu beanspruchen beginnt, gibt es leider nur zwei Alternativen: Sie werfen den ganzen Stapel weg und beginnen von vorn, oder Sie werfen die meisten Publikationen weg, die älter als drei Monate sind, und behalten nur diejenigen, die in direkter Beziehung zu Ihrer Arbeit stehen.

## Zusätzliche Tips für größere Effizienz

- Lernen Sie, Texte zu überfliegen. Lesen Sie Überschriften, gehen Sie die Inhaltsübersicht der Zeitung durch und lesen Sie nur solche Artikel vollständig, die von besonderem Interesse für Sie sind. Erfassen Sie die wesentliche Aussage eines Artikels, indem Sie die Überschrift, die ersten paar Absätze und die Schlußfolgerung lesen. Um die Kernaussagen eines Berichtes herauszufiltern, lesen Sie die Überschriften der einzelnen Abschnitte und überfliegen Sie dann die relevanten Passagen auf der Suche nach den Schlüsselaussagen. Streichen Sie Wichtiges mit einem Marker an, während Sie lesen.

- Ziehen Sie in Erwägung, einen Schnellesekurs zu besuchen. Eine Verwaltungsbeamtin fand einen solchen Schnellesekurs äußerst hilfreich für das Identifizieren von Schlüsselaussagen. Schnellesen ist jedoch kein Ersatz für rigoroses Selektieren. Es hat absolut keinen Sinn, Unnötiges zu lesen, auch wenn man es schnell liest.

- Lesen Sie langsam, wenn dies angebracht ist. Es ist ganz klar, daß nicht alles schnell gelesen werden sollte. Bei manchen wichtigen Dokumenten lohnt sich das langsame Lesen. Die Regel ist jedoch eher der Zeitschriftenartikel, der eigentlich in zweieinhalb Minuten überflogen werden könnte – stattdessen widmet man ihm jedoch ungerechtfertigterweise fünfzehn Minuten ungeteilter Aufmerksamkeit.

- Bitten Sie Personen, die Ihnen ein Buch oder einen dicken Bericht zum Lesen schicken, Abschnitte oder Kapitel zu markieren, die für Sie von besonderem Interesse sind.

- Kennzeichnen Sie Artikel, die für Ihre Mitarbeiter interessant sind, und geben Sie sie weiter. Bitten Sie Ihre Kollegen, dasselbe auch für Sie zu tun.

## Zusammenfassung: wie man das Zuviel an Papier los wird

### Richtlinien für die Evaluierung von Berichten

Sammeln Sie die im Laufe eines Monats anfallenden Berichte, sowohl jene, die hereinkommen, als auch jene, die hinausgehen. Bewerten Sie dann jeden einzelnen Bericht anhand der folgenden Checkliste.

### Eintreffende Berichte

*Streichen* Sie sich selbst von der Empfängerliste.
*Abblocken.* Ihre Sekretärin oder Ihre Mitarbeiter werfen die Berichte weg oder geben sie weiter, bevor Sie sie zu Gesicht bekommen.
*Exzerpieren.* Sekretärin oder Mitarbeiter exzerpieren relevante Teile oder erstellen eine Zusammenfassung.
*Delegieren.* Im Ausnahmefall.

### Hinausgehende Berichte

*Eliminieren,* wobei Sie sich an die »Budgetierung auf Nullbasis« halten.
*Reduzieren* Sie die Anzahl der Personen, die den Bericht erhalten, entweder indem Sie Namen von der Empfängerliste streichen, oder indem Sie Berichte zirkulieren lassen oder an allgemein zugänglicher Stelle auflegen.
*Fusionieren* mit anderen Berichten.
*Hervorheben* von Schlüsselfragen, die im Bericht beantwortet werden, und von Schlußfolgerungen.
*Vereinfachen* Sie mit Hilfe von erklärenden Texten, graphischen Darstellungen, Checklisten und Zusammenfassungen.
*Design* Ist eine Bausteinstruktur vorteilhaft?
*Auflage* Ist eine Reduktion möglich?

## Formulare

| *Strategie* | *Beschreibung* |
| --- | --- |
| Standardbriefe | Entwerfen Sie einen »Basisbrief« für jede Art von Korrespondenz, die standardisiert werden kann, geben Sie jedem Brief einen Namen und schreiben Sie diesen Namen auf jeden Brief, den Ihre Sekretärin mit einem Standardbrief beantworten soll. |
| Mischbriefe | Sammeln Sie mehrere erfolgreiche Briefe desselben Grundtyps, geben Sie jedem Brief eine Nummer und weisen Sie jedem Absatz einen Buchstaben zu. Diktieren Sie dann Briefe, indem Sie neues Material mit geeigneten Passagen aus diesen Briefen kombinieren. |
| »Hausgemachte« Formulare | Stellen Sie fest, welche Aufgaben und Abläufe sich für eine Standardisierung eignen und listen Sie alle damit verbundenen Arbeitsschritte auf. Bitten Sie Ihre Sekretärin, diese Liste abzutippen, mit Linien oder Kästchen für Einfügungen und Abhaken zu versehen und zu kopieren. |

## Lesen

| Strategie | Beschreibung |
| --- | --- |
| Eliminieren | Kündigen Sie die Abonnements aller Zeitschriften, die nicht länger nützlich oder nicht mehr interessant genug sind. |
| »Herausreißen/ Lesen« | Reißen Sie Artikel, die Sie zu lesen beabsichtigen, heraus und bewahren Sie sie in einer Lesemappe auf. Werfen Sie den Rest der Zeitschrift weg oder geben Sie sie weiter. Setzen Sie Ihre Sekretärin oder Ihre Mitarbeiter von Ihren Selektionsrichtlinien in Kenntnis und bitten Sie sie, Artikel für Sie zu sammeln. |
| Überfliegen | Überfliegen Sie Überschriften, die ersten paar Absätze und die Schlußfolgerungen neuer Artikel. Sehen Sie das Inhaltsverzeichnis und Zusammenfassungen durch, um Artikel, die für Sie von Interesse sind, zu finden. |
| WEWA | Verhindern Sie, daß sich ein großer Rückstau an noch nicht gelesenem Material ansammelt, indem Sie alle Artikel durch das WEWA-System schleusen: wegwerfen, erledigen, weitergeben oder ablegen, wenn Sie sie gelesen haben. Setzen Sie für jede Zeitschrift einen Wegwerftermin fest und halten Sie diesen auch ein, egal, ob Sie sie schon gelesen haben oder nicht. |

| Strategie | Beschreibung |
|---|---|
| Reservieren Sie separate Lesezeit | Planen Sie ein- oder zweimal pro Woche spezielle Lesezeiten ein. Stecken Sie Mappe oder Artikel in Ihre Aktentasche und lesen Sie auf dem Weg zur Arbeit oder auf dem Heimweg, auf Reisen oder während längerer Wartezeiten. |

# 4 Die hohe Kunst der Ablage

Bis vor kurzem hätte Lee Johnson – so wie die meisten Manager –
der Aussage beigepflichtet, daß das Ablegen von Schriftstücken
uninteressante Büroarbeit sei. Nachdem er jedoch aufgrund eines
»kleinen« Fehlers in der Ablage nur knapp einer Katastrophe ent-
gangen war, veränderte sich seine Sicht der Dinge. Johnson
berichtet: »Ich bereitete gerade einen Bericht vor, in dem die
Implementierung einer Direct Marketing-Kampagne für eines
unserer Produkte empfohlen wurde, und bat meine Sekretärin,
mir die Studie eines Beraters herauszusuchen, die ich einige
Monate zuvor in Auftrag gegeben hatte. Sie durchsuchte alle in
Frage kommenden Ordner – Post, Marketing, Produktinforma-
tion; sogar unter dem Namen des Beraters sah sie nach, aber alles
vergebens. Einen Tag, bevor mein Bericht fertig sein mußte, fand
sie die Studie schließlich: unter »D«, wegen des Titels »Studie
über die Durchführbarkeit von Telemarketingmethoden«. Ihre
Detektivarbeit rettete mir buchstäblich das Leben, weil die Studie
einige Thesen, die ich in meinen Bericht aufgenommen hatte, klar
widerlegte. Ich verbrachte die ganze Nacht damit, meinen Bericht
zu überarbeiten, und am nächsten Tag machte ich mich gemeinsam mit meiner Sekretärin an eine gründliche Reorganisation
unseres Ablagesystems. Ich werde nie wieder die Wichtigkeit
eines funktionierenden Ablagesystems unterschätzen oder die
Tatsache aus den Augen verlieren, daß ich dafür verantwortlich
bin, brauchbare Richtlinien für die Ablage zu definieren.«

Bei einem Ablagesystem ist die leichte Zugänglichkeit aller
Informationen das ausschlaggebende Kriterium. Wenn Sie nicht
wissen, wo ein bestimmtes Schriftstück zu finden ist, dann ist das
gerade so, als ob es überhaupt nicht existierte. In Ihrer Ablage
verbergen sich wertvolle Materialien, Ideen, Konzepte, Informa-

tionen und Chancen auf potentielle neue Geschäfte. Wenn Sie
wissen, wo das alles zu finden ist, haben Sie wichtige Ressourcen
an der Hand.

In vielen Büros wird jedoch mehr oder weniger nach dem Zufallsprinzip abgelegt, und das Wiederfinden bestimmter Schriftstücke
gleicht am ehesten einem Ratespiel. Der Grund dafür ist nicht,
wie ein Manager einmal formulierte, »einfach viel zuviel Papier
und viel zu wenige Leute, die wissen, wie man es richtig ablegt.«
Die Ursache des Übels liegt vielmehr meist in einem undurch-
sichtigen oder nicht klar definierten Klassifikationssystem. Wie
– das heißt unter welcher Überschrift – ein Schriftstück abgelegt
wird, hängt davon ab, wie und wann Sie es zu verwenden beabsichtigen und mit welchen anderen Dingen es in Zusammenhang
steht – Entscheidungen, die zu treffen Sie die besten Vorausset-
zungen haben. Was uns zum Kern eines im Management weit
verbreiteten Mißverständnisses führt: der Gleichsetzung des physischen Aktes des Ablegens von Papieren in Mappen mit der
intellektuellen Leistung der Einteilung von Informationen in
praktikable, brauchbare Kategorien. Ersteres ist, das kann man
ruhig sagen, bloßer Bürokram, letzteres erfordert dagegen ein
Urteilsvermögen, für das in letzter Konsequenz ein Manager
verantwortlich ist. Tatsächlich ist die Entwicklung eines effizienten Systems eine Angelegenheit, die am besten in Teamarbeit
erledigt wird. Je genauere Richtlinien Sie vorgeben können, desto
besser wird es Ihrer Sekretärin gelingen, das System effizient zu
beherrschen.

Wodurch ist die Effektivität eines Systems definiert? Etliche
erfolgreiche Manager erklommen die erste Stufe der Karriereleiter, indem sie diese Frage beantworteten. Als der frühere Vorsit-
zende der Securities Exchange Commission, Roderick Hills,
noch Student war, nahm er einen Sommerjob an, bei dem er im
Personalbüro eines Luftfahrtunternehmens für die Ablage zuständig war. »Das System war so konzipiert, daß das Ablegen *jedwe-
der* Information leicht gemacht wurde – mit dem Ergebnis, daß

es beinahe unmöglich war, irgend etwas davon wiederzufinden. Hills stellte fest, welche Daten für alltägliche Managemententscheidungen von Belang sein würden und reorganisierte das System in einer Weise, die es ermöglichte, diese *spezifischen* Informationen sofort aufzufinden ...« Mit anderen Worten: Der *Verwendungszweck*, nicht die Aufbewahrung war bestimmend dafür, wie die Informationen kategorisiert wurden. Und als Hills im nächsten Sommer wiederkam, machte man ihn zum stellvertretenden Personalmanager.

Konkret sollte ein effizientes Ablagesystem (1) Informationen in klare und einfache Kategorien einteilen, die Ihren Bedürfnissen entsprechen, (2) das Auffinden jedes Schriftstückes in längstens drei Minuten ermöglichen, (3) ein leichtes Eingliedern neuer Ordner gestatten und (4) eine einfache, konsequente Methode für das Eliminieren überflüssig gewordener Ordner bieten. Wie können Ihre Ablagegewohnheiten im Vergleich mit dieser Definition bestehen? Das folgende Quiz wird es Ihnen ermöglichen, Ihr System zu bewerten und eventuelle konkrete neuralgische Punkte zu identifizieren.

## Ablagetest

1 Können Sie jedes beliebige Schriftstück in den Ordnern um Ihren Schreibtisch innerhalb von drei Minuten finden?

2 Kann Ihre Sekretärin oder Bürokraft Papiere in den Ordnern innerhalb von fünf Minuten nach Ihrer Anfrage finden?

3 Wird Referenzmaterial für einen Bericht üblicherweise gemeinsam in einer oder einigen wenigen Mappen verwahrt, oder wird es über viele Mappen verstreut aufbewahrt?

4 Waren Sie jemals dazu gezwungen, einen Bericht zu »improvisieren«, weil das Referenzmaterial irgendwo in den Ablageordnern verschwunden war?

5 Kommt es oft vor, daß Sie Schriftstücke länger als zwei Jahre

aufbewahren, nur für den Fall, daß Sie sie eines Tages brauchen könnten?

6 Beginnen die Namen mancher Ordner anstatt mit einem aussagekräftigen Substantiv mit einem Datum oder einem Adjektiv (Beispiele: »1997 Berichte« oder »Alte Pläne«)?

7 Kommt es – abgesehen von Querverweisblättern – öfters vor, daß sich Kopien ein und desselben Dokumentes in mehreren verschiedenen Ordnern finden?

8 Würden Sie mehr als eine halbe Stunde dafür benötigen, die Papiere in Ihrer »Ablage«-Schachtel oder -Mappe korrekt abzulegen?

9 Werden grobe Kategorien (zum Beispiel Reisen) in mehrere kleinere Subkategorien unterteilt (Reisebüros, Hotels, Restaurants, Klientenadressen, Autovermietung, etc.)?

*Auswertung*
Fragen 1–3: 7 Punkte für jedes »Nein«.
Fragen 4–9: 5 Punkte für jedes »Ja«.

*Wenn Sie*
**0-10 Punkte** erreicht haben, ist Ihr System bereits effizient; die zahlreichen Tips in diesem Kapitel könnten jedoch dazu beitragen, ihm den letzten Schliff zu geben.

**11-25 Punkte:** Sie sind wahrscheinlich bereits öfter als einmal ins Schwitzen gekommen, weil Sie irgendein wichtiges Schriftstück nicht finden konnten. Eine Überprüfung und Reorganisation Ihres Ablagesystems dürfte ratsam sein. Der Abschnitt über »Ablagelogik« sollte besonders hilfreich sein, wenn Sie versuchen, die Häufigkeit falscher Ablagevorgänge so weit wie möglich zu reduzieren.

**26-51 Punkte:** Ihr System ist chaotisch. Reorganisation hat höchste Priorität, und dieses Kapitel ist darauf ausgelegt, Sie und/oder Ihre Helfer mit der Technik einer großangelegten »Generalüberholung« vertraut zu machen.

## Ablagelogik: der Klassifizierungsprozeß

Der Schlüssel zu einer raschen Auffindbarkeit ist die richtige Bezeichnung der Ordner; das heißt, daß jedes Schild mit einem geeigneten Namen versehen werden muß. Die einfachste Methode besteht natürlich darin, in strenger alphabetischer Reihenfolge abzulegen, geordnet nach dem Namen des Absenders bzw. Empfängers oder der Firmenzweigstelle. Ein Brief von John Jones von Avebury & Art kommt in den Ordner »J«, wenn Jones selbst im Mittelpunkt Ihres Interesses steht, oder in den Ordner »A«, wenn Avebury & Art für Sie wichtiger ist. Als Alternative können Sie auch einen eigenen Ordner »Jones« oder »Avebury« anlegen, wenn Sie in regem Korrespondenzaustausch mit ihm stehen.

Die strikte alphabetische Einteilung nach »Wer« oder »Was« stößt jedoch auf Grenzen, wie anhand des Beispiels von Lee Johnsons Durchführbarkeitsstudie gezeigt wurde. Tatsächlich ist genau diese übergroße Genauigkeit der Grund dafür, daß sich bei sehr vielen Ablagesystemen das Wiederfinden bestimmter Schriftstücke so kompliziert gestaltet. Oft ist eine Überschrift, die sich zu spezifisch am Titel oder am Inhalt eines Dokuments orientiert, einfach zu schwierig im Gedächtnis zu behalten. Wie soll man dann aber die Unmengen an Berichten, Memos und Broschüren klassifizieren, bei denen entweder kein direkter Bezug zu einem Individuum oder einer Firma herstellbar ist, oder bei denen ein solcher Bezug zwar besteht, das Wiederauffinden aber trotzdem nicht gerade leicht ist? Der Schlüssel liegt darin, Zweck und Funktion jedes einzelnen Stückes zu definieren: wozu ein bestimmtes Papier in Beziehung steht und wie es verwendet werden könnte. Die Regeln, nach denen die Klassifizierung erfolgt, sind nachstehend aufgelistet:

**1** *Verwenden Sie allgemein gehaltene Überschriften.* Wäre Lee Johnsons Studie nach ihrer Funktion abgelegt worden – also unter »Direktverkauf«, »Marketing« oder »Telemarketing« –, so wäre sie augenblicklich wiederzufinden gewesen. Anders ausgedrückt besteht die Idee also darin, allzu spezifische, schwierig zu behaltende Überschriften durch breiter gefaßte, integrative Bezeichnungen zu ersetzen. Was soll mit der kurzen Notiz »Wir sollten uns bald treffen« (neue Geschäftsbekanntschaft) geschehen? Fragen Sie sich selbst, warum Sie diese Notiz aufbewahren. Wenn der Verfasser ein potentieller Kunde oder Klient ist, legen Sie sie unter »Potentielle Kunden« ab. Ansonsten heften Sie die Notiz in einen Ordner oder eine Mappe mit der Aufschrift »Kontakte«.

Andere Beispiele: Ersetzen Sie »Zeitmanagement«, »Tips für die Papierarbeit« und »Effizienz« durch einen allgemeinen Ordner »Organisation«. Vereinigen Sie »Risikokapital«, »Kreditbeschaffung« und »Börsengang« in einem leicht auffindbaren Ordner »Kapitalisierung« oder »Finanzen«. Fusionieren Sie »Schimpansen«, »Zellteilung« und »Fermentation« zu einem gemeinsamen Ordner »Forschung«. Sammeln Sie Informationen über Managementseminare und technische Instruktionen in einem Ordner »Weiterbildung«. Das Ergebnis: Ihre Wiederauffindungsrate boomt! Andere typische Kategoriebezeichnungen sind zum Beispiel »Konkurrenz«, »Marketing«, »Personal«, »Verkauf« und »Reisen«.

Als allgemeine Daumenregel kann gelten, daß jedermann, der einen Ordner verwendet, einen sinnvollen Bezug zwischen der Bezeichnung dieses Ordners und seinem Inhalt herzustellen imstande sein muß. Wenn Sie die einzige Person sind, die einen Ordner benutzt, haben Sie jedoch größeren Spielraum und können »farbigere« oder charakteristischere Bezeichnungen wählen. Der Schriftsteller Ralph Keyes etwa sammelte Material für einen Artikel über das öffentliche Zeigen von Emotionen von Politikern in einem mit »Muskie« betitelten Ordner, weil er das Projekt mit dem Vorfall aus dem Jahr 1972 assoziierte, als Edmund Muskie in der Öffentlichkeit weinte. Obwohl nur wenige Schriftstücke sich auf Muskie persönlich bezogen, war die Bezeichnung des

Ordners dennoch gerechtfertigt, weil sie für Keyes eine spezielle Bedeutung hatte. Für eine Geschäftsfrau war »Andenken« das passende Etikett für eine Mappe, die Erinnerungsstücke enthielt wie das Flugticket nach Pittsburgh aus dem Jahr 1987, das sie an ihre erste Geschäftsreise erinnerte, die ein Kunde bezahlt hatte.

**2** *Verwenden Sie Bezeichnungen, die umfassend genug sind, um auf eine große Anzahl von Schriftstücken zu passen.* Eine Aktenlade, die zahlreiche dünne Ordner enthält, bedeutet fast unweigerlich zu viele Überschriften, um den Überblick behalten zu können. Eine Hausbesitzerin unterteilte beispielsweise ihre Papiere nach Ort, Vertragspartner, Rechtsanwalt und so weiter, und sie verschwendete immer viel Zeit damit, verschiedene Ordner zu durchsuchen, wenn sie ein bestimmtes Schriftstück benötigte. Als sie dieses Problem mit mir diskutierte, erwähnte sie immer wieder das Wort »Immobilien« – und dieses Wort war natürlich der passende Überbegriff für *all* dieses Material. Etwas in einem umfangreichen Ordner zu finden, kann eine zusätzliche Minute oder auch zwei in Anspruch nehmen, aber Sie wissen wenigstens, daß sie es auch finden werden. Die Grundidee besteht also darin, ähnliche Unterlagen in relativ wenige »fette« Ordner zu packen und weitere Unterteilungen nur dann vorzunehmen, wenn der Ordner zu schwer handzuhaben wird, wenn er also fünf Zentimeter oder mehr dick ist. Einige Beispiele:

- *Post von Ihrem Fachverband.* Legen Sie einen separaten Ordner für die Organisation nur dann an, wenn Sie viel von diesem Material aufbewahren. Andernfalls sollten Sie solche Postsendungen gemeinsam mit anderen berufsbezogenen Unterlagen wie Artikeln aus Magazinen und Zeitungsausschnitten in einem mit »Brancheninformationen« oder »Trends in der Halbleitertechnik« bezeichneten Ordner verwahren.
- *Ein Artikel aus der* Harvard Business Review, *der in Beziehung zu einem Bericht steht, an dem Sie gerade arbeiten.* Wenn Sie

aktiv Informationen für diesen Bericht sammeln, legen Sie
einen eigenen Ordner mit der Aufschrift »Industrieaufschwung
im Nordwesten« oder »REIT, Pro & Contra« an, je nachdem,
worum es geht. Wenn jedoch das Projekt nur Zukunftsmusik
ist, sollten Sie das Material gemeinsam mit anderen Projektideen in einem Ordner mit der Aufschrift »Zukünftige Projekte« oder »Ideen« verwahren.

- *Prospekt des Fotogeschäfts*. »Fotografie« ist die logische Bezeichnung, wenn es genug anderes Material derselben Kategorie gibt. Ordnen Sie den Prospekt ansonsten unter »Läden«
oder »Hobbies« ein.

- *Brief Ihres Chefs, der helfen soll, Sie von Ihrer Geschworenen-
pflicht zu entbinden*. Ordnen Sie ihn gemeinsam mit anderen
persönlichen berufsbezogenen Dokumenten in einen Ordner
mit der Bezeichnung »Persönliches«, »Büro-Persönlich« oder
»Vergünstigungen« ein. Auch hier muß die konkrete Bezeichnung des Ordners, die Sie wählen, nicht präzise seinen Inhalt
wiedergeben, solange sie nur für Sie bedeutungsvoll und ver-
ständlich ist.

**3** *Das erste Wort der Bezeichnung eines Ordners sollte ein
Substantiv sein. Setzen Sie Adjektive, Adverbien, Daten oder
Zahlen möglichst selten an die erste Stelle (außer wenn es sich
um einen Eigennamen oder einen Spitznamen handelt)*. Eine
Versandfirma legte einige aktuelle Adressenlisten unter »Neue
Listen« ab. Drei Wochen später vergaßen die Leute das Wort
»Neu«, und die Adressen blieben für über drei Jahre unauffindbar
in den Ordnern vergraben. Die Firma ließ es sich gesagt sein. Nun
werden alle Listen unter »Listen« abgelegt; diesem ersten Wort
*folgt* dann die nähere Erläuterung, beispielsweise »Neu«, »1996«,
»Werbung«, »Regional« etc. Ändern Sie in gleicher Weise »Alte
Pläne« in »Pläne-Alt« und »1996 Berichte« in »Berichte-1996«
um.

Bezeichnungen für Subunterteilungen, die das Wiederauffinden von Unterlagen leicht machen, sind besonders dann wichtig, wenn ein zu umfangreich gewordener Ordner geteilt wird. Wenn sich der Gesamtschwerpunkt des Materials nicht ändert, behalten Sie die gegenwärtige Überschrift bei und fügen nur eine zweite Bezeichnung hinzu. So könnte zum Beispiel ein mit »Reisen« betitelter Ordner folgendermaßen aufgeteilt werden: »Reisen-Alte Bundesländer«, »Reisen-Ausland«, »Reisen-Neue Bundesländer« und vielleicht »Reisen-Hotels«, wenn Beherbergungsbetriebe von besonderem Interesse für Sie sind. Als Alternative können Sie diesen letzteren Ordner auch »Hotels-Auswärts« benennen. Für welche Bezeichnung sollten Sie sich entscheiden? Bleiben Sie einfach bei derjenigen, die Sie am leichtesten behalten. Um Verwirrung zu vermeiden, können Sie auch eine Querverweismappe in anderen Ordnern anlegen. Wenn also Informationen über Hotels unter »H« abgelegt werden, legen Sie eine Mappe »Reisen-Hotels« im Abschnitt »R« an und heften Sie hier ein Blatt mit dem Querverweis »Siehe H« ein.

Bei einer Unterteilung, die den Schwerpunkt oder die Funktion einer Ablageeinheit ändert, sollte man auch den Namen ändern. So teilte etwa ein Produktionsbetrieb eines großen Kosmetikkonzerns einen aus allen Nähten platzenden Ordner namens »Lieferanten« in »Chemikalien«, »Verpackungsmaterial« und »Produktionsstätten« auf. Diese neuen Einheiten wurden entsprechend unter »C«, »V« und »P« eingeordnet. Um eine leichte Auffindbarkeit der Unterlagen zu gewährleisten, wurde eine Liste der neuen Ordner auf den Rücken des ehemaligen »Lieferanten«-Ordners geklebt.

## Ablagetips

Wenn Sie alle Ordner erst einmal richtig benannt haben, brauchen Sie nur noch alle Unterlagen, die Sie ablegen wollen, mit »A« zu kennzeichnen, eine passende Bezeichnung dafür zu finden und sie in Ihre Ausgangs-Box oder Ihre »Ablage«-Mappe zu legen. Je nach der Menge sollte Ihre Sekretärin einmal oder zweimal pro

Woche fünfzehn bis dreißig Minuten darauf verwenden, diese Papiere abzulegen. Obwohl ich Ihnen empfehlen würde, das Ablegen von Papieren in unmittelbar um oder in Ihrem Schreibtisch befindlichen Ordnern selbst zu erledigen, können Sie auch diese Aufgabe an Ihre Sekretärin delegieren, wenn Sie möchten. Bitten Sie sie jedoch, Sie erst zu fragen, wenn irgendein Ordner unterteilt oder ein neuer angelegt werden soll.

Machen Sie sich die folgenden praktischen Ablagetips zunutze:

- *Alphabetische Ordnung.* Es ist üblich, Ordner in kontinuierlicher Abfolge alphabetisch anzuordnen: Einem allgemeinen »A«-Ordner folgen etwa Ordner oder Mappen namens »Paul Aller«, »Akquisition«, »Amerikanische Industrie« und »Avebury & Art«. Manche Leute bevorzugen es, eine kleine Gruppe von besonders häufig verwendeten Ordnern gesondert ganz vorn in der Aktenlade aufzubewahren. Das Ablegen nach Datum ist bei Rechnungen oder anderem datumsbezogenem Material angezeigt.

- *Artikel werden entsprechend ihrem Inhalt abgelegt.* Legen Sie Artikel und Ausschnitte aus Magazinen und Zeitungen nicht unter »Artikel« oder »Ausschnitte« ab, sondern nach dem jeweils behandelten Thema, da ihr Inhalt zählt und nicht die äußere Form.

- *Querverweise.* Wenn ein Schriftstück einen Bezug zu mehr als einer Kategorie hat, legen Sie entweder eine Kopie in den zweiten Ordner oder ein Blatt mit dem Hinweis »Siehe so und so« in einen der Ordner. Wenn sich beispielsweise Joe Smiths Pensionsunterlagen im »Pensionsfonds«-Ordner befinden, machen Sie sich eine Notiz im »Joe Smith«-Ordner: Joe Smiths Pensionsunterlagen siehe »Pensionsfonds«.

- *Leichte Zugänglichkeit.* Heften Sie die jeweils neuesten Papiere vorne in die Ordner ein. Vermeiden Sie Büroklammern, die leicht verlorengehen oder an anderen Papieren hängenbleiben. Verwenden Sie stattdessen Heftklammern. Falten Sie Briefe immer auseinander, bevor Sie sie ablegen. Lassen Sie in jeder Aktenlade mehrere Zentimeter Freiraum. Wenn der Platz in einer Lade knapp wird, misten Sie aus.

- *Geplantes »Ablaufdatum«.* Wo immer dies möglich ist, kennzeichnen Sie jedes Schriftstück mit einem »Ablaufdatum«, also dem Zeitpunkt, wann es weggeworfen werden soll. Jedesmal, wenn Sie oder Ihre Sekretärin einen Ordner durchsehen, werfen Sie diese »abgelaufenen« Papiere weg, gemeinsam mit anderen alten oder unnötigen Unterlagen.

- *Massenablage.* Wenn Sie große Mengen von Papieren abzulegen haben, sortieren Sie sie mit Hilfe einer aufklappbaren Mappe, die mit Buchstaben bezeichnete einzelne Fächer besitzt, vor. Wenn im Zuge einer Reorganisation von Schreibtisch oder Büro eine beträchtliche Menge an abzulegenden Schriftstücken anfällt, legen Sie jeweils ein paar davon – zehn bis zwanzig Stück pro Woche – auf den Stapel von aktuellen Papieren, die Ihre Sekretärin gerade abzulegen hat, bis der Überhang aufgearbeitet ist.

- *Schnelles Auffinden besonders wichtiger Papiere.* Verwahren Sie in Ihrem Schreibtisch eine Liste, auf der die Aufbewahrungsorte aller Verträge, Urkunden, Versicherungspolicen, Steuererklärungen und anderer wichtiger geschäftsbezogener Dokumente verzeichnet sind. Weitere Informationen zu dem Thema »Liste hochwichtiger Dokumente« finden Sie auf Seite 98.

- *Bewahren Sie Material, das Sie gerade verwenden, gesondert auf.* Halten Sie sich an die allgemeine Regel, daß Unterlagen der Kategorie »Zu erledigen«, also solche, mit denen Sie gerade arbeiten, getrennt von der reinen Ablage verwahrt werden sollten. Bewahren Sie die »Aktionsunterlagen« in einer separaten Lade oder in einem eigenen Schreibtisch-Aktengestell auf.

**Ihre Checkliste für besonders wichtige Firmenpapiere**

Wenn Sie eine führende Stellung in Ihrer Firma einnehmen, verwahren Sie alle rechtlichen Dokumente, sicherheitsbezogenen Unterlagen, Versicherungspolicen und ähnliches, also alle Papiere, deren Verlust sich sehr negativ auswirken würde, in einem feuerfesten Safe oder einem Schließfach. Eine Schlüsselfrage bei der Entscheidung, was Sie auf diese sichere Weise aufbewahren wollen, lautet: Wenn es zu einem Brand in der Firma käme – bei welchen Dokumenten würde mich ein Verlust am schlimmsten treffen? Listen Sie diese Dokumente und ihren ungefähren Aufbewahrungsort auf, behalten Sie eine Kopie dieser Liste für sich und geben Sie anderen leitenden Angestellten oder Führungskräften ebenfalls ein Exemplar. Schicken Sie schließlich eine weitere Kopie an Ihren Rechtsanwalt. Diese Liste sollte umfassen:

– *Information über Bankkonten*. Führen Sie für jedes Konto den Namen, die Nummer, den/die Zeichnungsberechtigten und die Bank an.
– *Versicherungspolicen*. Listen Sie für jede Police Typ (Feuer, Haftpflicht, usw.), Versicherungsgesellschaft, Agenten oder Kontaktperson, Nummer und Datum, die wichtigsten Bedingungen (nicht unbedingt nötig, aber ratsam), und, falls vorhanden, Ablauf- oder Erneuerungsdatum an.
– *Rechtliche Dokumente*. Beispiele hierfür sind Unterlagen über Übernahmen oder Partnerschaften, Zertifikate, Lizenzen, Mietverträge und andere Dokumente und Unterlagen.
– *Forderungen*. Bewahren Sie ein Duplikat der Liste mit Außenständen und Forderungen an einem sicheren Ort auf.

– *Sicherheitsschließfach.* Notieren Sie für Notfälle auch andere Personen (so wie Ihren Partner oder Ehegatten), die Zugang zu dem Fach haben.

– *Wertpapiere* wie Dokumente und Informationsmaterial über Dienstverträge und Pensionspläne.

– *Steuererklärungen und dazugehörige Unterlagen.* Die Steuererklärungen sollten sieben Jahre lang aufbewahrt werden. Werfen Sie sie danach weg oder heben Sie sie weiterhin auf, ganz wie Sie wollen. Sorgen Sie dafür, daß bis zu drei Jahre alte Belege (Rechnungen, Kontoauszüge usw.) leicht zugänglich sind. Packen Sie sie dann noch für weitere vier Jahre weg; danach können Sie sie in der Regel wegwerfen. Sprechen Sie sich diesbezüglich mit Ihrem Rechtsanwalt oder Berater ab.

– *Garantien* und Kaufbelege für größere Anschaffungen wie Büroausrüstung, Computer und Büromaschinen.

– *Berater.* Listen Sie Namen und Adressen von Rechtsanwälten, Wirtschaftsprüfern, Börsenmaklern, Versicherungsagenten, Bankern usw. auf.

– *Persönliche wichtige geschäftsbezogene Papiere* (wenn Sie Großaktionär, Partner oder Alleineigentümer sind), wie etwa Ihr Testament. Hinterlegen Sie das Original bei Ihrem Rechtsanwalt und bewahren Sie eine Kopie zu Hause auf. Legen Sie das Original nicht in ein Schließfach.

– *Tip:* Es ist empfehlenswert, auch eine Checkliste für wichtige persönliche Dokumente anzulegen. Fügen Sie auch die Kreditkartennummern hinzu. Bewahren Sie eine Kopie zu Hause auf, eine im Büro und eine bei Ihrem Rechtsanwalt.

## Die Reorganisation eines Ablagesystems

Wenn der Platz in Ihren Aktenschränken knapp wird und sich dies zu der größten Bedrohung für den geregelten Ablauf Ihrer Geschäftstätigkeit auszuwachsen beginnt, und wenn Sie, um ein bestimmtes Papier wiederzufinden, raten müssen, in welchem von vielen in Frage kommenden Ordnern es sich befindet, dann scheint eine gründliche Reorganisation Ihres Systems unumgänglich. Warum nicht einfach neue Aktenschränke kaufen? Weil, wenn Ihr Ablagesystem einmal in Unordnung geraten ist, neue Aktenschränke nur mehr Platz bedeuten und sich damit die Wahrscheinlichkeit, daß Dinge unauffindbar bleiben, noch weiter erhöht. Es ist eine Tatsache, daß die meisten Leute feststellen, daß nach einer grundlegenden Reorganisation der Platz kein Problem mehr darstellt. Wenn Sie jedoch Ihre Büroeinrichtung erweitern oder aktualisieren wollen oder müssen, finden Sie einige Richtlinien und Tips im Glossar Ablageausrüstung auf Seite 117ff.

Bevor Sie mit der eigentlichen Reorganisation beginnen, sollten Sie die folgenden Hilfsmittel bereitstellen:

– Mappen (bei den meisten Systemen für das Format DIN A 4). Verwenden Sie Drittelformat, wenn Sie keine Hängeordner verwenden, und Ganzformat, wenn Sie Hängeordner verwenden.
– Hängeordner (Pendaflex), wenn Sie sie verwenden.
– Selbstklebende Etiketten.
– Pendaflex Plastiketiketten und Schilder.
– Kartons oder tragbare Pappordnerschachteln, wenn Sie damit rechnen, Papiere und Ordner ins Lager transportieren zu müssen.
– Eine Kopie der Seiten 91 bis 97 dieses Buches (Ablagelogik).
– *Wahlweise:* ein kleiner Wagen für mobile Ordnerschachteln.

### Stufe eins: aussortieren
Wählen Sie einen Platz, an dem Sie beginnen wollen: die Aktenlade, die es am nötigsten hat, diejenige, die Sie am öftesten

benutzen, oder die oberste rechte Lade des Aktenschrankes. Arbeiten Sie sich dann wie folgt durch die einzelnen Ordner:

**1** *Was kann weggeworfen werden?* Kann der ganze Ordner eliminiert werden? Warum nicht? Geben Sie sich Rechenschaft darüber, warum Ordner, die älter als ein oder zwei Jahre sind, *nicht* ausgemustert werden sollten. Durchforsten Sie das Material zumindest ein bißchen. Bewahren Sie lieber nur zwei oder drei Kopien eines Dokumentes auf anstatt fünfzehn. Behalten Sie nur die wichtigsten Unterlagen, die im Zuge eines großen Projektes anfallen, und werfen Sie damit zusammenhängende Korrespondenz nach einem Jahr weg oder packen Sie sie weg. Ist die in selten verwendeten Dokumenten enthaltene Information auch anderswo verfügbar? Wenn ja – wegwerfen. Geraten Sie nicht in Panik, wenn Ihr Aktenschrank plötzlich zur Hälfte leer ist. Das ist zwar nicht immer der Fall, aber es ist durchaus nichts Ungewöhnliches; es kommt darauf an, wie lang sich die Papiere ungestört angesammelt haben, und auch auf die »Veraltungsrate«. *Tip:* Ein Vermögensberater trägt jedesmal, wenn er für längere Zeit verreist, einem seiner Mitarbeiter auf: »Durchforsten Sie während meiner Abwesenheit die Listen aller uns empfohlener potentieller Kunden und werfen Sie weg, was Sie für richtig halten – was ich nicht weiß, macht mich nicht heiß.«

**2** *Benennen Sie den Ordner.* Ist der Name allgemein und deutlich gehalten, ein einfaches Substantiv, dessen Bedeutung für alle Benutzer offensichtlich ist? Spiegelt es die Bedeutung oder Funktion des Inhalts wider? Ist der Name für alltägliche Managemententscheidungen relevant?

**3** *Sind Querverweise erforderlich?* Würden in einem Ordner befindliche Papiere auch in eine andere Kategorie passen? Wenn ja, legen Sie eine Kopie in dem anderen Ordner ab oder heften Sie eine Notiz »Siehe auch« in einen der Ordner.

**4** *Ist der Ordner gegenwärtig in oder außer Gebrauch (»aktiv«
oder »inaktiv«) oder gänzlich inaktuell?* Gegenwärtig in Gebrauch befindliche – »aktive« – Ordner, also solche, die Sie
regelmäßig verwenden, sollten im Hauptablagebereich verwahrt
werden. Wenn möglich, versehen Sie die ganzen Ordner mit
einem Wegwerf- oder einem »Wegpack«-Datum.

Ordner, die Sie ein Jahr oder länger nicht mehr benutzt haben, die
aber aus historischer oder rechtlicher Sicht von Belang sind,
können als *inaktiv* bezeichnet werden. Bewahren Sie sie in einem
gesonderten Bereich bzw. in einer weniger gut zugänglichen
Aktenlade auf. Um das Wiederfinden dieser Unterlagen zu er-
leichtern, fertigen Sie eine Liste aller in einem Karton verpackten
Ordner an und geben jedem Karton eine Nummer. Zum Beispiel:
»Karton 1 – Personalakten A–Z«; »Karton 2 – Versicherung,
Werbeberichte, Müller Realitäten«. Kleben Sie eine Kopie der
Liste auf den Karton und bewahren Sie eine weitere in Ihrem
Schreibtisch auf. Wenn die Kartons zu ihren endgültigen Aufbe-
wahrungsplätzen wandern, notieren Sie sich diese – Kartonnum-
mer, Regal und so weiter – auf Ihrer Kopie der Liste und legen
Sie sie ab.

Entfernen Sie *gänzlich inaktuelle* Ordner, also solche, die nicht
mehr relevant für Sie sind, ganz aus Ihrem Büro. Vielleicht haben
Sie ein Projekt an jemand anders delegiert; übergeben Sie in
diesem Fall dieser Person auch alle zugehörigen Unterlagen.

**Einige wichtige Tips:**

• Arbeiten Sie einen Ordner immer in einem Arbeitsgang durch.
  Legen Sie Dokumente, die in verschiedene Ordner gehören,
  beiseite, bis Sie zu diesen Ordnern kommen. In gleicher Weise
  sollten Sie es auch vermeiden, Ordner, die noch nicht an der
  Reihe waren, zu durchsuchen, um Papiere aufzustöbern, die in
  den Ordner gehören, den Sie gerade in Arbeit haben. Das Hin-
  und Herwechseln zwischen bereits durchgearbeiteten und noch
  nicht durchforsteten Ordnern sabotiert den gesamten Reorga-

nisationsprozeß. Ordnen Sie Material dann ein, wenn es an der Reihe ist, oder nachdem Sie alle Ordner überprüft haben.

- Wenn Sie auf diese Weise eine ganze Aktenlade durchforstet haben, reihen Sie die Ordner alphabetisch, wie oben beschrieben. »A«, »Ab- und Erlebensversicherung«, »Paul Aller« und so weiter. Erweitern Sie im Laufe der Arbeit Ihr alphabetisches System, bis es schließlich alle Laden umfaßt: A-E in der obersten Lade, F-K in der nächsten und so weiter. Beschriften Sie die Laden entsprechend.

- Vergewissern Sie sich immer, daß die untersten Laden schwer genug sind, um zu verhindern, daß der ganze Kasten das Übergewicht bekommt.

**Stufe zwei: Erfassen »losen« Materials**

Sammeln Sie in gleicher Weise alle »losen« Ordner, also alle, die in Schachteln herumliegen oder auf Bücherregalen, Fensterbrettern oder Abstelltischen, und integrieren Sie sie in Ihr System. Gehen Sie dann die losen Papiere durch, die sich während des Ausmistens angesammelt haben und werfen Sie sie entweder weg oder heften Sie sie in die passenden alten oder neu angelegten Ordner ein.

**Stufe drei: logische Einteilung des Systems**

Analysieren Sie nun das gesamte System nach den folgenden Kriterien:

**1** *Spezielle Kategorien.* Im allgemeinen sollten Sie versuchen, ein einheitliches alphabetisches System einzurichten. Bestimmte Dinge erfordern jedoch entweder aufgrund ihrer physischen Beschaffenheit (Fotos, Ausdrucke, Kataloge, Muster) oder weil sie eine eigene Kategorie bilden, eine spezielle, gesonderte Aufbewahrung. Der Direktor einer PR-Firma etwa reservierte einen halben Ordner für die Reden des Präsidenten der Firma, geordnet nach Themenbereichen. Andere logische »Spezialkategorien«

könnten Ordner für Klienten, Zeitungsausschnitte, Spezialprojekte, Finanzunterlagen und Formulare sein. Ein solcher Spezialordner sollte so viel Material enthalten, daß er zumindest zur Hälfte gefüllt ist. Wenn das nicht der Fall ist, haben Sie wahrscheinlich zu sehr spezialisierte Unterkategorien geschaffen.

**2** *Räumliche Anordnung.* Ordner, die von mehreren Personen benutzt werden, sollten zentral verwahrt werden – in der Nähe des Schreibtisches Ihrer Sekretärin, in einer Nische oder einem Gang oder im Großraumbüro. Bewahren Sie in und um Ihren Schreibtisch solche Unterlagen auf, die Sie entweder häufig verwenden oder die von persönlichem Interesse oder vertraulich sind. Die Ordner zu Ihrem persönlichen Gebrauch sollten nicht mehr als zwei Schreibtischladen in Anspruch nehmen; in der Regel findet man auch mit einer das Auslangen. Wenn Ihre Laden aus allen Nähten platzen, dann fast sicher deswegen, weil Sie einfach zu viele Dinge aufbewahren.

Eine Büroberaterin schlägt folgende schrittweise Vorgangsweise vor: Bewahren Sie Ordner, die Sie jede Woche brauchen, in Ihrem unmittelbaren Arbeitsbereich auf, Ordner, die Sie etwa allmonatlich benutzen, im selben Stock, und solche, die Sie nur etwa alle zwei oder drei Monate verwenden, in einem allgemeinen Ablageraum oder -bereich, der nicht weiter als ein paar Gehminuten von Ihrem Büro entfernt ist.

Bewahren Sie »aktive« Ordner nicht automatisch in den obersten Laden auf. Wenn Schränke normalerweise von einer sitzenden Person benutzt werden, dann sollten Sie aktives Material in Bodennähe unterbringen. Verwenden Sie die anderen Laden für inaktive Ordner, Steuerbelege oder Büromaterial. Drehen Sie die weiter außen stehenden Ordner so, daß sie den Benutzern zugewandt sind.

**3** *Schilder und Verzeichnis.* Bitten Sie Ihre Sekretärin, neue Schilder für alle Ordner und Laden zu schreiben und erstellen Sie ein Ordnerverzeichnis – eine Liste aller Ordner oder Kategorien von Unterlagen, die in einem bestimmten Aktenschrank verwahrt werden. Speichern Sie dieses Verzeichnis in Ihrem Computer-Ablageverzeichnis ab, so daß Sie es bei Bedarf leicht aktualisieren und überarbeiten können. Ein einfacher *Aktenladenplan* reicht für Laden aus, die breitgefaßte, allgemein gehaltene Kategorien enthalten. Für den Fall der Personalabteilung einer Firma würde dies etwa so aussehen:

**Verzeichnis (fünf Laden):**

Lade 1    Vertrauliches und Erfindungen
          Interviews bei Austritten
Lade 2    Personalakten A–M
Lade 3    Personalakten N–Z
Lade 4    Kündigungen A–L
Lade 5    Kündigungen M–Z

Ein ausführlicheres Verzeichnis – eine Liste aller einzelnen Ordner und, falls vorhanden, Querverweise – ist für die gesamte Ablage zu einem Thema empfehlenswert. Ein Beispiel aus derselben Abteilung finden Sie auf der nächsten Seite.
Kleben Sie das Verzeichnis auf den Kasten oder bewahren Sie es in einem Umschlag oben auf dem Kasten auf. Übertragen Sie einer Person die Verantwortung für die laufende Durchführung der nötigen Erweiterungen oder Streichungen; diese Person sollte auch dafür sorgen, daß die Liste erneuert wird, wenn sie aufgrund zu vieler Änderungen unübersichtlich wird. Ein solches ständig aktualisiertes Verzeichnis ist ein wertvolles Hilfsmittel, selbst wenn man über ein gut organisiertes System verfügt. Und wenn das System einige organisatorische Mängel aufweist, ist ein solches Verzeichnis buchstäblich lebensrettend. Hätte diese Ver-

**Verzeichnis (zwei Laden):**

Lade 1    Abwesenheiten, voraussichtliche
Akquisition
Tätigkeitsberichte
Budgets
   Budget-Allgemein
   Vergleiche, monatliche
   Langzeitpläne
Bedarf prüfen
Komitees
Kontakte
Kreditgenossenschaft
Finanzplanung
   (siehe auch: Budgets)
Niveauvergleichsstudie
Richtlinien
   (siehe auch: Vertreter-Richtlinien)
Projekte-alte
Projekte-potentielle
Vertreter-Richtlinien
Entlassungsabfindungen
Unfallversicherung

Lade 2    Formulare & Handbücher
(Formulare sind gelb gekennzeichnet)
(Handbücher sind grün gekennzeichnet)

sandfirma über eines verfügt, wäre ihr »Neue Listen«-Ordner praktisch sofort auffindbar gewesen.

**4** *Überprüfung der Ausrüstung.* Wird Ihre gegenwärtige Büroeinrichtung allen Ihren Ansprüchen bezüglich Ablage gerecht? Überprüfen Sie sie mit Hilfe des Anhanges Ablage-Ausrüstung.

## Laufende Überprüfung und Aktualisierung von Ordnern

80 % der in Aktenschränken abgelegten Schriftstücke werden nie wieder gebraucht. Leider ist es jedoch praktisch unmöglich, im voraus zu wissen, welche 80 % das sein werden, so daß Sie dazu gezwungen sind, viele Papiere aufzubewahren, die Sie wahrscheinlich nie wieder hervorholen werden. Wie soll man dann aber den Überblick über sein Ablagesystem behalten und dafür sorgen, daß es einigermaßen aktuell bleibt? Die Aktuellhaltung erfordert zwei verschiedene Aktivitäten, nämlich die tägliche Überprüfung und die langfristige Aktualisierung. Eine *Überprüfung*, die mittels einer speziell mit der Ablage beauftragten Person bewältigt werden sollte, umfaßt folgende Maßnahmen:

1  Ablegen. Papiere sollten einmal wöchentlich abgelegt werden; bei sehr aktiven Systemen kann auch ein häufigeres Ablegen angezeigt sein. Vier oder fünf gut organisierte Ablagedepots können mit einem Aufwand von etwa fünfzehn Minuten pro Tag instandgehalten werden. Stellen Sie eine Schachtel auf die jeweiligen Schränke, in die Sie die abzulegenden Schriftstücke legen. Eine Theateragentur verwendet eine Schachtel für die allgemeine Ablage und eine andere für Fotos und PR-Material.

2  Schreiben neuer Schilder.

3  Überprüfen und, wenn nötig, Neuschreiben des Ordnerverzeichnisses.

4  Behalten Sie Ordner im Auge, die sich Mitarbeiter »ausgeborgt« haben. Es folgen drei einfache Methoden, wie diese Kontrolle durchgeführt werden kann:

   **a)** Bewahren Sie oben auf dem Schrank einen Vorrat an großen, bunten Markern auf. Wenn jemand einen Ordner von seinem Platz nimmt, legt er oder sie einen solchen Marker an den Platz dieses Ordners. Wenn nicht mehr als drei oder vier Personen die Ordner benutzen, können Sie jedem einzelnen Mitarbeiter eine eigene Farbe zuteilen.

**b)** Einmal pro Woche macht der Ablage-Prüfer eine Runde durch alle Büros und sammelt alle Ordner wieder ein, die nicht mehr gebraucht werden.

**c)** Wenn Sie genug Platz haben, können Sie in der Nähe der Aktenschränke einen Tisch aufstellen, so daß die Mitarbeiter gleich dort in den Ordnern nachschlagen können.

Zusätzlich zur täglichen Instandhaltung ist auch irgendeine Form von periodischer *Aktualisierung* erforderlich, damit die Ablage nicht aus allen Nähten zu platzen beginnt und einigermaßen auf dem letzten Stand bleibt. Außerdem muß man der weit verbreiteten Tendenz entgegenwirken, Papiere »nur für den Fall, daß« unbeschränkt aufzubewahren. Versuchen Sie es mit einer einzelnen oder mit einer Kombination der folgenden Methoden:

*Fortlaufende Aktualisierung.* Wie schon erwähnt, sollten Sie alle Dokumente und alle Ordner, deren »Regallebenszeit« von beschränkter Dauer ist, mit einem konkreten Wegwerf- oder »Wegpack«-Datum versehen. Diese Methode macht eine gründliche, großangelegte Durchforstung aller Ordner nach etwaigem veraltetem Material überflüssig. Verwenden Sie für allgemeine Korrespondenz die fortlaufende Aktualisierung oder die nachstehend beschriebene Ordnerrevisionsmethode.

*Ordnerrevision.* Wann immer ein Ordner einen bestimmten Umfang erreicht – eine Dicke von 5 cm oder mehr –, sollten Sie ihn automatisch durchforsten und nur »aktive« Papiere behalten; werfen Sie Unnötiges weg und bewahren Sie inaktive Schriftstücke anderswo auf.

Oxford Pendaflex schlägt eine formellere, jährliche Überprüfung vor, die ich ein wenig modifiziert habe: Nehmen Sie aus Ihren aktuellen Ordnern jedes Stück Papier, das älter ist als ein Jahr, und aus den Einjahres-Ordnern jedes über zwei Jahre alte Papier heraus. Stellen Sie die aktiven Ordner (Schriftstücke, die weniger als ein Jahr alt sind) vorne in Ihren Schrank, und inaktives Material (ein oder zwei Jahre alte Papiere) separat hinten in denselben Schrank oder in eine andere Lade; alle Unterlagen, die mehr als zwei Jahre alt sind, sollten Sie wegpacken. *Tip*: Wenn Sie bei der Überprüfung älterer Ordner ein Schriftstück finden, das Sie auch jetzt noch oft benötigen, heften Sie es in einen aktiven Ordner.

*Begrenzung von Kategorien.* Setzen Sie für alle größeren Kategorien »Ablaufdaten« fest: Verkaufs- und Promotionmaterial, Jahresberichte, Ausgabenbelege und Kataloge. Ihre Sekretärin sollte jeweils in der ersten Woche des Jahres alle abgelaufenen Schriftstücke wegwerfen. Die Kriterien variieren bei verschiedenen Organisationen:

Die Einkaufsabteilung einer Firma wirft Kataloge für Ausrüstungsgegenstände nach drei Jahren weg; Preislisten werden dagegen sieben Jahre lang aufbewahrt. Ein Wertpapieranalyst behält die Jahresberichte der fünf Firmen, die seine Hauptkunden sind, für unbeschränkte Zeit, während er alle anderen nach drei Jahren wegwirft.

In einem Rechtsanwaltsbüro werden die Klientenunterlagen in zwei Kategorien aufgeteilt: Dokumente (Verträge, Gerichtsunterlagen etc.) und Korrespondenz (alles übrige). Nach fünf Jahren werden Dokumente – außer solche, die speziell gekennzeichnet sind – in ein Lager gebracht. Korrespondenz wird auf Mikrofilmen aufgezeichnet, und die Originale – mit Ausnahme gekennzeichneter – werden weggeworfen.

## Spezielle Probleme der Ablage

Bestimmte Anforderungen und Erfordernisse der Ablage bedürfen spezieller Lösungen. Es folgt eine Anzahl praktischer Methoden.

*Schachteln.* Herkömmliche Mappen sind für viele Projekte, in deren Rahmen eine große Menge an Papieren oder anderem Material anfällt, ungeeignet. Eine vielbeschäftigte Geschäftsfrau stellte eine »Wand« aus Schachteln auf einem Bücherregal auf, eine Schachtel für jedes Projekt, und bezeichnete jede Schachtel mit einem Buchstabencode. Dann kennzeichnete sie alle Papiere, die in dieses System eingeordnet wurden, mit diesem Code, so daß ihre Sekretärin imstande war, innerhalb weniger Minuten große Mengen an Schriftstücken abzulegen. Diese Methode empfiehlt sich besonders für Fotografen, Verleger, Künstler und Leute, die in der Produktion arbeiten und mit Materialien in Übergröße zu tun haben.

*Die chronologische Ablagemethode.* Bei der »Chrono-Ablage« handelt es sich um Kopien jedes in Ihrem Büro produzierten Papiers, die eher nach dem Datum als nach dem Inhalt geordnet werden. Legen Sie sich für ein solches System zwölf Ordner zu, jeweils einen für jeden Monat. Werfen Sie am Ende eines jeden Jahres das Material vom letzten Januar weg und beginnen Sie einen neuen »Januar«-Ordner – und so weiter über das ganze Jahr. *Tip*: Heften Sie nur die erste Seite eines längeren Berichtes in den »Chrono-Ordner« und schreiben Sie darauf: »Vollständiger Bericht in Ordner so und so«. Denken Sie daran, daß ein Chrono-System nur als Zusatz-und Hilfssystem gedacht ist. Wenn Sie es zu oft zu Rate ziehen müssen, stimmt wahrscheinlich etwas mit Ihrem Haupt-Ablagesystem nicht.

*Farbcodierung.* Farbcodes können sehr nützlich sein; sie erleichtern das Auseinanderhalten der einzelnen Kategorien. Ein Non-Profit-Forschungszentrum versah die Ordner der unterstützenden Mitglieder mit Farbcodes, die nach der Höhe der Zuwendungen vergeben wurden. Eine andere Organisation legte alle zu einem bestimmten Projekt gehörigen Unterlagen innerhalb des Haupt-ablagesystems in auffällige grüne Mappen. Sie können auch verschiedenfarbige Schilder für verschiedene Kategorien verwenden. Nach Farbcodes organisierte Schränke können sehr vorteilhaft sein: Beige für die allgemeine Ablage, Rot für Unterlagen über Angestellte. Ein Herausgeber dreier Magazine legte fertige Beiträge und Artikel in eine rote, eine grüne oder eine blaue Schachtel, je nach Magazin. Eine Firma versah die Regale für ihren Bürobedarfsvorrat mit einem Farbcode: Formulare wurden in blau gekennzeichneten Regalen aufbewahrt, Briefpapier mit Briefkopf und Umschläge auf weißen Regalen, und kleinere Artikel in Schachteln wurden auf rot markierte Regale gestellt. Seien Sie bei der Verwendung von Farbcodes jedoch sparsam; ein ganzes Regenbogenspektrum an Farben ist nicht zielführend.

*Gemeinschaftliche Ablage.* Wenn aktive Ordner regelmäßig von mehreren Personen gleichzeitig benutzt werden, bieten sich einige innovative Lösungen an. Eine soziale Hilfsorganisation etwa bewahrte die Klienten betreffende Unterlagen auf einem großen, drehbaren Gestell auf, um das herum die Schreibtische der Mitarbeiter angeordnet waren. Ein Unternehmensberater erfand für jedes Projekt einen eigenen »Job-Umschlag«, in den alle projektbezogenen Unterlagen hineinkamen – Gutachten, Korrespondenz, Computerausdrucke, Kostenvoranschläge und so weiter. Ein »Job-Formular«, auf dem die verschiedenen Stufen des Projekts verzeichnet waren, wurde vorne auf jede dieser Mappen geklebt. Jeder Mitarbeiter hakte die einzelnen Aufgaben oder Arbeiten auf dem Formular ab, nachdem er sie erledigt hatte. Dies ermöglichte nicht nur eine einfache Überprüfung der Fortschritte, die das Projekt machte, sondern es lieferte der Abteilungsleitung auch eine vollständige Dokumentation des Ablaufs eines jeden Projekts in seiner Gesamtheit.

*Verwendung von Loseblatt-Notizbüchern.* Einige Informationen bezieht man besser aus Notizbüchern als aus Ordnern. Einige Beispiele: Eine Direct Mail-Firma klebte ein Exemplar jeder ihrer

Postwurfsendungen in ein Notizbuch ein, geordnet nach Datum, und konnte so Ideen von älteren Sendungen übernehmen und gleichzeitig vermeiden, daß sich Mailings wiederholten.

*Mikrofilm.* Die Mikroverfilmung – das Fotografieren von Dokumenten zum Zweck der Langzeitaufbewahrung – empfiehlt sich nur bei Dokumenten, die von rechtlichem oder historischem Interesse sind.

*Mikrofiche (Mikrofilmkarten).* Diese Methode, die auf der Verwendung von Film-»Karten« basiert, ist am besten für die Speicherung von statistischem oder Referenzmaterial geeignet, also etwa für Verkaufsberichte. Eine regelmäßige Aktualisierung ist hier möglich. Da jedoch die erforderliche Ausrüstung sehr kostspielig ist, ist diese Methode prinzipiell nur für spezielle Anwendungen zu empfehlen.

*Numerisches Ablagesystem.* Das in Kapitel 2 beschriebene Kontrollmappen-System ist ein klassisches Beispiel für ein numerisches Ablagesystem, in dem die Papiere nach Nummer oder Datum geordnet werden. Ein numerisches System ist für datumsbezogenes Material wie Rechnungen, Fakturen und Bestellungen geeignet. Andere Anwendungsmöglichkeiten: Eine Firma numerierte ihre zahlreichen Formulare durch – Formular 1, Formular 2 usw. – und legte sie entsprechend ab. Eine Computerfirma ordnete ihre Werbebroschüren und ähnliches Material in »Besuchs-Ordner«: »Erster Besuch« enthielt Material, das für potentielle neue Kunden interessant war, im Ordner »Zweiter Besuch« waren bereits spezifischere Informationen enthalten, und so weiter.

*Kurzübersicht.* Darunter versteht man ein auf den Deckel eines aktiven Ordners geheftetes oder geklebtes Formular, auf dem der Inhalt des Ordners und/oder jede durchgeführte Aktion verzeichnet sind. So bringt etwa eine Stiftung auf den Ordnern aller größeren Geldgeber eine solche Kurzübersicht an, auf der das Resultat jedes einzelnen Telefongespräches oder anderweitigen Kontakts verzeichnet ist. Jede geplante Aktion – Brief, Anruf, Nachfassen – wird rot unterstrichen und abgehakt, wenn sie erledigt ist. Eine Theaterkartenagentur unterhält für jede größere Stadt, die sie betreut, einen eigenen Ordner und klebt jeweils eine Liste mit den vielversprechendsten Kunden in der Stadt darauf. Wenn ein Agent eine Reise in eine dieser Städte plant, erlaubt ihm ein kurzer Blick auf dieses Blatt, die geschäftlichen Telefonate rasch und effizient abzuwickeln. Das bereits erwähnte »Job-Formular« eignet sich hier ebenfalls ausgezeichnet.

*Progressive Ablage*. Dieses System ist für Papiere, die in Zusammenhang mit einem aktiven Projekt stehen, oder für Material, das einen Bezug zu mehr als einer Kategorie oder Aufgabe hat, geeignet. Es erlaubt Ihnen, Schriftstücke physisch durch jede Kategorie oder durch alle Stadien eines Projektes zu schleusen. So legte beispielsweise ein Vertreter nach seinem ersten Besuch bei einem potentiellen Kunden dessen Visitenkarte in den Ordner »Zweiter Besuch«, und so weiter. Ein Historiker, der an einem Buch über Gewerkschaften arbeitete und erkannte, daß viel von dem Material, das er recherchiert hatte, einen Bezug zu mehr als nur einem einzigen Kapitel hatte, legte für jedes Kapitel eine Mappe an und schleuste dann Notizen aus seinen Recherchen durch alle Mappen. Wenn er ein Kapitel beendet hatte, verteilte er mehrfach verwendbares Material auf die nächsten passenden Mappen. Manche Papiere gingen so durch fünf oder mehr Kapitel.

## Zusammenfassung: ein Ablageprogramm in vier Schritten

### Schritt 1
Etikettieren Sie jeden Ordner entsprechend seiner Funktion oder seinem Zweck. Jede Bezeichnung sollte:
- breitgefaßt und allgemein gehalten sein
- integrativ genug sein, um auf eine beträchtliche Menge an Material zu passen
- mit einem einfachen Substantiv beginnen, dessen Bedeutung allen Benutzern klar ist

### Schritt 2
Reorganisieren Sie ein System, indem Sie jede Mappe und jeden Ordner wie folgt durcharbeiten:
- Werfen Sie unnötiges oder obsolet gewordenes Material weg.
- Benennen Sie jede Mappe und jeden Ordner unter Beachtung der oben angeführten Kriterien.
- Machen Sie Querverweise, wenn nötig, indem Sie eine Extrakopie anfertigen oder eine »Siehe auch«-Notiz in einen der beiden Ordner heften.
- Entscheiden Sie, inwieweit Material aktiv, inaktiv oder gänzlich veraltet ist und verwahren Sie es entsprechend.
- Notieren Sie ein Ablauf- oder »Wegpack«-Datum auf jedem Schriftstück oder auf jeder Mappe, wo immer dies möglich ist.

Wenn der Inhalt aller Schränke überprüft und alphabetisch geordnet wurde, gehen Sie die losen Papiere und Mappen durch und integrieren Sie sie in das System.

### Schritt 3
Strukturieren Sie das ganze System wie folgt:
- Bringen Sie spezielle Kategorien in gesonderten Laden oder Abteilen unter.

- Stellen Sie Ordner dort auf, wo dies für alle Benutzer am vorteilhaftesten ist.
- Tippen Sie neue Etiketten und ein neues Verzeichnis.
- Überprüfen Sie, ob Sie neue Einrichtungselemente benötigen.

**Schritt 4**

Instandhaltung:

- *Überprüfung und Aufrechterhaltung.* Beauftragen sie eine Person mit der Abwicklung der gesamten Ablage, der Aktualisierung der Verzeichnisse und mit Nachforschungen über den Verbleib »ausgeborgter« Ordner.
- *Aktualisierung.* Notieren Sie für eine informelle Aktualisierung auf möglichst vielen Schriftstücken ein Wegwerf- oder Wegpack-Datum; überprüfen Sie Ihre Ordner einmal jährlich; etablieren Sie Lagerungsrichtlinien für die Hauptablagekategorien.

**MAPPEN**

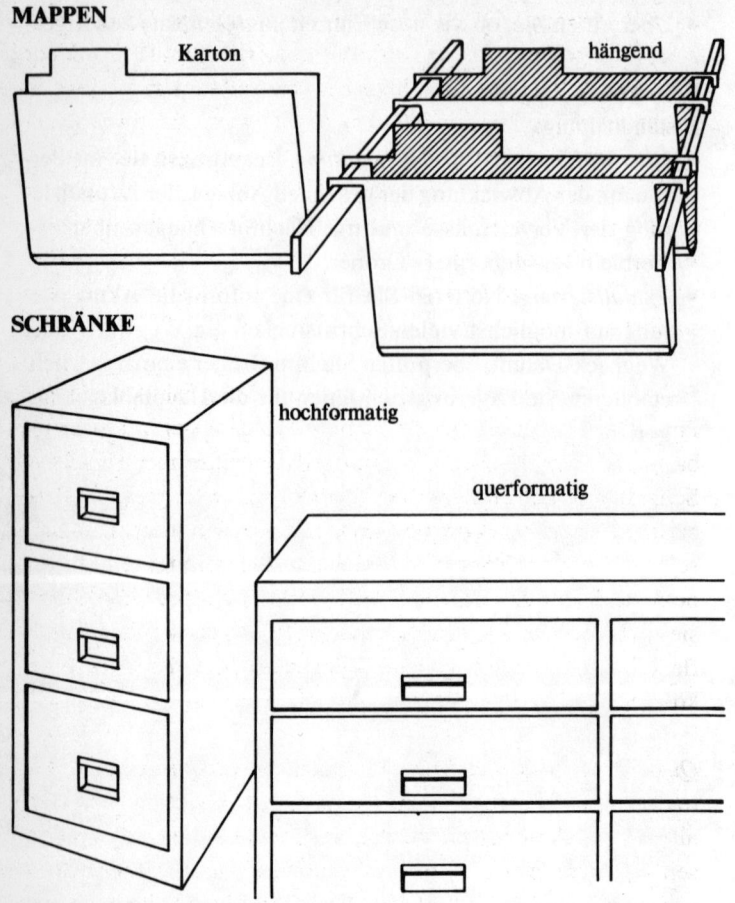

Karton

hängend

**SCHRÄNKE**

hochformatig

querformatig

## Glossar Ablageausrüstung

*Mappen* sind in verschiedenen Größen erhältlich. Zwischenblätter für Mappen sind ebenfalls in verschiedenen Größen und Ausführungen erhältlich. Drittelformat-Zwischenblätter, deren Höhe ein Drittel jener der Mappe beträgt, sind für konventionelle (nicht hängende) Systeme am besten geeignet. Sie können versetzt angeordnet werden, so daß jedes einzelne gut sichtbar ist. (*Tip:* Ihre Sekretärin sollte immer dafür sorgen, daß ein ausreichender Vorrat an solchen Zwischenblättern vorhanden ist, damit sie bei Bedarf sofort zur Verfügung stehen.) Für Hängesysteme verwenden Sie am besten vollformatige Zwischenblätter, also solche, die ebenso hoch sind wie die Mappe.

*Hängemappen*, die nach dem meistverwendeten Fabrikat auch oft Pendaflex-Mappen genannt werden, sind widerstandsfähige, biegsame Mappen, die an in normalen Aktenladen angebrachten Schienen aufgehängt werden. Obwohl sie sehr populär sind, haben sie nicht nur Vorteile. *Nachteile:* sie sind teuer, glatt und schwer aus der Halterung zu nehmen. Sie nehmen gegenüber normalen Mappen ein Drittel mehr Platz in Anspruch. *Vorteile:* sie sind übersichtlich, innerhalb der Lade leicht beweglich und so flexibel, daß sie auch größere Mengen an Material aufnehmen können.

*Querformatige Schränke im Vergleich zu hochformatigen.* Attraktive querformatige Aktenschränke haben sich in praktisch allen Büros durchgesetzt, die den Anspruch erheben, en vogue zu sein. Aber sie haben auch ihre Schattenseiten: Mit ihrer relativ geringen Tiefe (im Vergleich zu hochformatigen Schränken) für die Aufstellung in Gängen und engen Räumen ausgelegt, nehmen sie beträchtlich mehr Bodenfläche in Anspruch als hochformatige Schränke, und sie sind daher für ein umfangreiches, aus mehreren Einheiten bestehendes Ablagesystem definitiv ungeeignet. Wenn

Sie in längs der Wand ausgerichteten, nebeneinanderstehenden querformatigen Schränken etwas suchen, müssen Sie sich neben die geöffnete Lade stellen und blockieren damit den angrenzenden Schrank oder den Gang. Von der Front her zugängliche, im rechten Winkel zur Wand aufgestellte querformatige Schränke sind hier vorteilhafter, doch haben sie mitunter eine so geringe Tiefe, daß bei einem aktiven System eine oftmalige Neuordnung erforderlich ist. Außerdem können sie nur in Verbindung mit Hängeordnern verwendet werden. Im allgemeinen sind querformatige Schränke am besten für enge Räume geeignet, obwohl ein querformatiger, zweiseitiger Schrank auch als Raumteiler eingesetzt werden kann und auch gleichzeitig zusätzliche Ablagefläche bietet.

Die eher üblichen hochformatigen Schränke mit zwei, drei, vier, fünf oder sechs Laden sind immer noch die beste Lösung für hochaktive Systeme. Sie sind leicht zugänglich und können sowohl in Verbindung mit herkömmlichen als auch mit Hängemappen verwendet werden. Wenn Sie mehr Ablagekapazität rund um Ihren Schreibtisch brauchen oder einen neuen Schreibtisch anschaffen möchten, legen Sie eine Holz- oder Kunststoffplatte über zwei hochformatige Zweiladen-Schränke und schaffen Sie so einen einfachen »Selbstbau«-Schreibtisch.

Für welchen Schranktyp Sie sich auch entscheiden, es ist immer empfehlenswert, bei alteingesessenen, bewährten Marken zu bleiben. Die Laden billiger Fabrikate klemmen leicht und geraten dann aus ihren Schienen oder fallen ganz heraus. Sie können auch gefährlich sein, weil sie oft scharfe Ecken und Kanten haben und zum Kippen tendieren. Gute Schränke sind teuer, aber in Geschäften für Second-Hand-Büroeinrichtung findet man oft günstige Angebote.

*Mobile und flexible Einheiten.* Flexible Einheiten können aus auf Rädern gelagerten, offenen Laden bestehen oder drehbar sein. Beide Systeme sind in Büros, in denen mehrere Personen regelmäßig dieselben Ordner benützen, von Vorteil. Tragbare Elemente reichen von leichten, bequem tragbaren Schachteln bis zu etwa der Größe einer herkömmlichen Aktenlade.

*Alternativen zu Aktenschränken.* Schaffen Sie zusätzlichen Raum, indem Sie freistehende Gestelle für Hängeordner auf Regale oder auf Aktenschränke stellen. Als Alternative können Sie auch normale Mappen in der Mitte einmal biegen, so daß zwei Kniffe entstehen, die sozusagen ein steifes Rückgrat bilden, so daß Sie die Mappen wie Bücher auf Regale stellen können.

*Spezialausrüstung.* Spezielle Einheiten sind für Künstlerbedarf (Schablonen, Architekturzeichnungen, Zeichenmappen, etc.), Kassetten, Karteikarten, Computerausdrucke, Disketten, Landkarten, Zeitungen, Magazine und Dias erhältlich. Es gibt auch feuer- und/oder einbruchssichere Schränke für Wertpapiere und andere Wertsachen und spezielle Regale für Proben und Muster und andere sperrige Dinge.

## 5 Die Gestaltung des Arbeitstages: Krisenmanagement oder souveräne Kontrolle?

Ich übte mich in der Kunst, möglichst viele Dinge zu erledigen, anstatt die wirklich wichtigen Dinge möglichst gut zu machen.
*R. Alec Mackenzie*

Zeit ist ein knappes Gut, und sie wird immer kostbarer. Fragen Sie irgendeine Gruppe von Managern, welches ihr größtes arbeitsbezogenes Problem ist, und Sie werden sicher etwas wie »der Tag hat einfach nicht genug Stunden« oder »viel zuviel Arbeit, aber viel zuwenig Zeit« zu hören bekommen. In Anbetracht der immensen Anforderungen, vor die uns der Büroalltag in der heutigen Zeit stellt, ist es auch nicht verwunderlich, daß so vielen Managern die Zeit durch die Finger rinnt und sie über dem Wust an alltäglichen Problemen und Schwierigkeiten das Gesamtkonzept aus den Augen verlieren. Ihnen steht jedoch die Option offen, in die Offensive zu gehen und Ihren Arbeitstag aktiv zu gestalten. Der Schlüsselfaktor hierbei heißt *selektive Kontrolle*: konzentrieren Sie sich wieder auf das Wesentliche, nutzen Sie die Zeit, über die Sie die Kontrolle haben, aktiv und agieren Sie defensiv, um die störenden Auswirkungen von Anforderungen und Ereignissen, die sich Ihrer Kontrolle entziehen, möglichst zu minimieren.

Wenn Sie bisher defensiv agierten und gewohnt waren, immer nur auf Ereignisse zu reagieren – ein wichtiges Projekt zu verschieben, um schnell noch ein paar Telefonanrufe zu erledigen, sich mit vier verschiedenen Aufgaben zugleich herumzuschlagen, aus einer Problemsituation direkt in eine Krise zu schlittern –, wie sollen Sie es dann anstellen, wieder die Kontrolle zu erlangen? Der Prozeß des Zeitmanagements kann, wie die folgende Abbildung zeigt, in Form dreier konzentrischer Kreise dargestellt werden, die das Was/Wann, das Wie und das Warum der Planung symbolisieren:

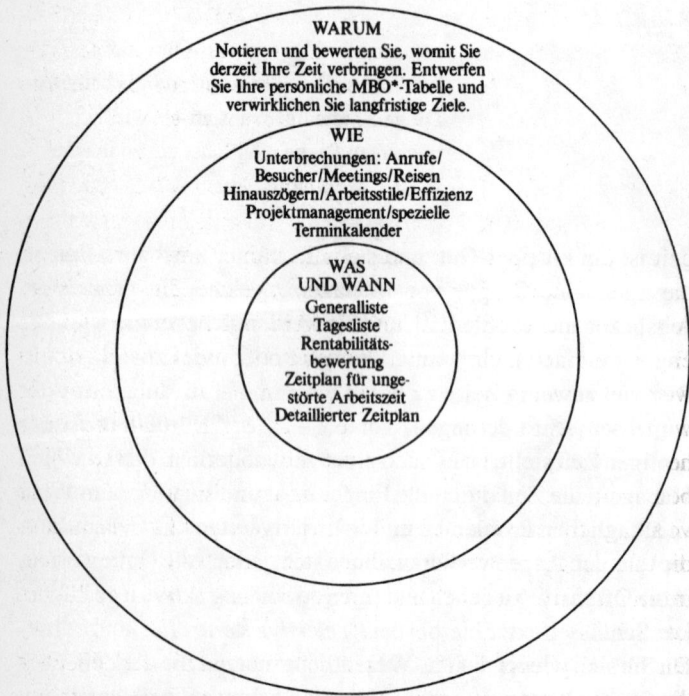

Die konzentrischen Kreise des Zeitmanagements
* MBO = Management by Objectives (Management nach Zielen)

*Was und wann:* Dies ist der innerste Kreis der Planung, mit Hilfe dessen Sie definieren, was Sie zu tun haben und wann Sie es tun sollten. Siehe Kapitel 5.

*Wie:* Der mittlere Kreis der Abschirmung und Kontrolle umfaßt Strategien, die Ihnen dabei helfen, Ihren Zeitplan vor Unterbrechungen, zeitverschwendenden Aufgaben und Hinauszögern zu schützen, und die Sie auch dabei unterstützen, Mittel und Wege zu finden, wie Sie die Arbeit, die Sie zu erledigen haben, möglichst effizient bewältigen können. Siehe Kapitel 6, 7 und 8.

*Warum:* Der äußere Kreis des »Wertes« erlaubt Ihnen eine Evaluierung Ihrer täglichen Aktivitäten in bezug auf allgemeine Ziele und ermöglicht es Ihnen, Ihre Zeit so zu organisieren, daß Sie Ihre langfristigen Ziele erreichen können. Siehe Kapitel 9.

Es erhebt sich die Frage, aus welchem Grund »Warum« nach »Was«, »Wann« und »Wie« kommt. Zunächst muß darauf hingewiesen werden, daß der Streß, den Desorganisation erzeugt, oft das klare Denken in bezug auf allgemeinere Ziele blockiert. Außerdem müssen praktische Maßnahmen getroffen werden, um ein bestimmtes Ziel zu verwirklichen: Briefe müssen geschrieben werden, Papiere sind zu bearbeiten, Anrufe zu tätigen und so weiter. Ohne die geordneten Bahnen der Organisation, die Ihnen helfen, Ihre Ziele und Vorsätze in die Realität umzusetzen, bleiben Ihre Pläne bloße Phantasien. Zu lernen, wie Sie die Unmenge von Angriffen auf Ihre Zeit in der Praxis managen können, ist also die unabdingbare Bedingung dafür, daß Sie einen Schritt zurücktreten und sich wieder Ihre langfristigen Ziele vor Augen führen können.

Die fünf Kapitel in Teil II beschäftigen sich mit diesen kritischen Aspekten des Zeitmanagements. Der folgende Zeitquotienten-Selbsttest erlaubt Ihnen, objektiv zu bewerten, wo Sie selbst auf der Skala des Zeitmanagements stehen.

# Zeitquotienten-Selbsttest

| | Häufigkeit | | | | Punkte |
|---|---|---|---|---|---|
| | Fast immer | Meistens | Manchmal | Selten | Fast nie |

**1** Wenn ich am Morgen zur Arbeit gehe, weiß ich, worin meine zwei oder drei Hauptaufgaben für diesen Tag bestehen ......

**2** Ich erledige meine zwei oder drei Hauptaufgaben ............

**3** Ich stelle Projekte innerhalb der vorgesehenen Frist fertig ..

**4** Ich kontrolliere meine Mitarbeiter, um sicherzugehen, daß sie ihre Aufgaben innerhalb der vorgesehenen Frist erledigen ..

**5** Ich reserviere die Zeit, in der ich persönlich in Bestform bin, für die schwierigsten Aufgaben ................

**6** Ich delegiere alle Arbeiten, die auch einer meiner Mitarbeiter erledigen kann ................

**7** Ich toleriere höchstens drei ungeplante Unterbrechungen pro Tag ................

**8** Ich verdränge schwierige Aufgaben nicht und schiebe sie nicht vor mir her ................

**9** Ich rufe immer zurück, wenn ich das versprochen habe .....

**10** Im allgemeinen sind meine alltäglichen Aktivitäten auf meine langfristigen Ziele abgestimmt und unterstützen sie ................

## Bewertung:

2 Punkte für jedes »Fast immer«
4 Punkte für jedes »Meistens«
6 Punkte für jedes »Manchmal«
8 Punkte für jedes »Selten«
10 Punkte für jedes »Fast nie«

## Wenn Sie:

**Gesamtpunktezahl** _____

**20–46 Punkte** erreicht haben, haben Sie im großen und ganzen alles unter Kontrolle. Die Zeitmanagementtechniken, die in diesem Abschnitt beschrieben werden, können jedoch dazu beitragen, Ihre Effizienz und Produktivität zu steigern.

**47–79 Punkte** erreicht haben, stehen Sie in ständigem Wettlauf mit der Uhr. Mehr Kontrolle ist ratsam.

**80–100 Punkte** erreicht haben, stecken Sie in einer Tretmühle. Eine Reorganisation Ihrer Zeit und Ihrer Arbeitsgewohnheiten ist essentiell für Ihre Produktivität.

## Was Sie konkret tun müssen: definieren Sie Aufgaben und Prioritäten

»Gestern«, sagt der Forschungsdirektor Mark Jarvis, »habe ich vier Listen angelegt: eine Ideenliste, eine Zu-Erledigen-Liste, eine Nächste-Woche-Liste und eine Liste mit Langzeitprojekten. Jetzt kann ich die Listen aber nicht mehr finden, und ich weiß ganz genau, daß ich etwas Wichtiges vergessen habe. Es muß hier doch eine bessere Lösung geben!«

Die Planung Ihrer Arbeitsaktivitäten ist ein Schlüsselfaktor für die effiziente Nutzung von Zeit – und für die meisten Manager bedeutet Planung das Schreiben von Listen. Leider ist der Umgang mit Listen, den Herr Jarvis praktiziert, durchaus allgemein üblich. Merkzettel und Notizen finden sich auf den Rückseiten von Briefumschlägen oder auf kleinen Zetteln, die dann in die Tasche oder in eine Lade gesteckt werden und verlorengehen. Eine unvergleichlich effizientere Methode zur Bändigung der Flut von Listen ist das Anlegen *zweier* Grundlisten – einer groben Generalliste und einer spezifischen Tagesliste –, in die dann alle Informationen, die in den bisherigen Bergen von kleinen Zetteln enthalten waren, integriert werden.

### Die Generalliste

Die Generalliste ist eine einzelne, kontinuierliche Liste, die in einem spiralgebundenen oder in einem Loseblattnotizbuch geführt wird (oder im Computer oder in einem Hand-Organizer – Diskussion der Möglichkeiten zur Adaption der Time-Management-Techniken für den Computer siehe Kapitel 12 »Elektronisch unterstützte Organisation«) und in der Sie alles verzeichnen, was Sie zu tun haben. Nehmen wir an, Sie diktieren gerade einen Brief, und währenddessen ruft ein Klient an, der bis zum nächsten Mittwoch ein Gutachten haben möchte. Dann kommt ein Anruf Ihres Chefs: »Bitte denken Sie daran, die Entwurfsmappe von Steele zum Meeting nächsten Freitag mitzubringen.« Der Anruf

Ihres Chefs bringt Sie auf die Idee, daß Sie Steele bitten könnten, noch zwei zusätzliche Entwürfe für dieses Meeting vorzubereiten. Sie greifen nach dem Notizbuch, das Sie immer bei sich tragen, und notieren sich diese Dinge. Dies wird Ihre Generalliste.

> *Aktionsschritt 1:* Tragen Sie alle Ideen, Aufgaben, Anrufe, Vorhaben und Aufträge, egal ob unbedeutend oder wichtig, sofort, wenn sie auftauchen, in ein Notizbuch ein. Dieses Notizbuch ist Ihre Generalliste.

Abgesehen von ganz offensichtlichen und selbstverständlichen Prioritäten sollten Sie sich an dieser Stelle noch nicht mit der Kategorisierung oder der Reihung von Prioritäten beschäftigen. Das gilt auch für »Eines Tages möchte ich«-Aktivitäten, für die Sie offenbar nie Zeit erübrigen können (das Schreiben eines Artikels für ein Wirtschaftsmagazin, das Absolvieren eines Computerkurses usw.). Weil die Generalliste nicht als tägliche Aufgabenliste konzipiert ist, gibt es keinerlei Beschränkungen hinsichtlich der Anzahl der Eintragungen. Eine Person kann fünfzehn Dinge pro Tag eintragen, jemand anders dagegen nur drei oder vier. Verwenden Sie das Buch als Sammelpool für alle Notizen, von der Bestellung von Champagner für die Büroweihnachtsfeier bis hin zu der brillanten Marketingstrategie, die Ihnen neulich mitten in der Nacht eingefallen ist. Manche Leute tragen auch Persönliches in die Generalliste ein; andere wiederum verwenden dafür lieber ein eigenes Notizbuch oder einen getrennten Abschnitt in ihrem Büronotizbuch.

*Eine typische Generalliste könnte so aussehen:*
– Die Außenstände vom letzten Jahr überprüfen.
– Herbstkollektion planen.
– Jim wegen des Mittagessens anrufen.
– Steele-Mappe für das Meeting am nächsten Freitag besorgen.

- Steele wegen zusätzlicher Entwürfe anrufen.
- Memo über Saisontrends entwerfen.
- Frank wegen der Kostenvoranschläge anrufen.
- Neuen Termin für die Sanford-Präsentation vereinbaren.

Der frühere New Yorker Bürgermeister John Lindsay verwendet eine interessante Variante der Generalliste. »In der Innentasche meines Sakkos«, sagt Lindsay, »habe ich einen speziellen ›Aktionsblock‹, auf dem ich mir Notizen mache, und sobald ich zu einem Telefon komme, rufe ich meine Sekretärin an, damit sie die Dinge in die Wege leitet. Ich warte nie, bis sich diese Notizen ansammeln.« Der Herausgeber von *Boardroom Inc.*, Martin Edelston, trägt immer ein Diktiergerät bei sich, um neue Ideen oder Pläne sofort festhalten zu können. Seine Sekretärin tippt diese »Bandnotizen« später auf speziellem grünem Papier, das ausschließlich für diesen Zweck reserviert ist. Es gibt hier viele mögliche Variationen, wichtig ist nur, daß alle Informationen in einem einzigen System vereint werden.

Betrachten Sie die Generalliste als eine kontinuierliche Liste von Pflichten, die Ihr Arbeitspensum für heute, morgen, für die nächste Woche, den nächsten Monat oder vielleicht sogar das nächste Jahr definiert. Sie quantifiziert also den Umfang Ihrer verschiedenen Verpflichtungen. Ein Manager sagte: »Bevor ich begann, eine Generalliste zu führen, schien mir immer, ich hätte eine unüberschaubare Menge an Dingen zu erledigen. Jetzt, wo ich einfach alles schriftlich und an einer einzigen Stelle festhalte, weiß ich, daß es sich um eine begrenzte Zahl von Aufgaben handelt, und daß ich sie alle rechtzeitig erledigen kann.«

Ein anderer Manager verwendet folgende anschauliche Analogie: »Ich betrachte die Generalliste als mein ›Projektlager‹, eine Einrichtung, in der ich alle meine Aufgaben verwahren und sie mir merken kann, bis ich dazu komme, sie zu erledigen. Jeden Tag hole ich bestimmte Aufgaben aus dem Lager, delegiere einige davon an meine Mitarbeiter und schreibe andere auf meine eigene

tägliche ›Zu erledigen‹-Liste.« Verteilung und Planung sind in
der Tat die Schlüsselfaktoren bei der Verwendung der Generalliste als praktisches Planungswerkzeug. Eine Notiz zur Erinnerung
daran, daß man ein Memo entwerfen sollte, wird Ihnen nicht viel
helfen, wenn sie nur auf der Liste dahinvegetiert. Daher ist eine
tägliche Überprüfung der Liste erforderlich:

1 *Streichen* Sie alle Aufgaben oder Ideen, die sich bei genauerer
   Betrachtung als unnötig oder als Fleißaufgabe herausstel-
   len.

2 *Unterteilen* Sie umfangreiche und komplexe Aufgaben in kleinere Teilbereiche oder Unteraufgaben. Die Eintragung
   »Herbstkollektion planen« könnte etwa zahlreiche solche Unteraufgaben umfassen (siehe Tabelle auf Seite 131), von denen
   jede in die Generalliste eingetragen werden sollte.
   »Indem Sie die Aufgaben aufsplitten«, erklärt Edwin Bliss in
   *Getting Things Done*, »können Sie sich jene ausgesprochen
   vorteilhafte Gewohnheit aneignen, die als *Fertigstellungs-
   zwang* bekannt ist. Sie wird Ihnen jeden Tag helfen, Zeit zu
   sparen.«
   Setzen Sie für jede Unteraufgabe ein Anfangsdatum und auch
   eine Frist für die Fertigstellung fest; gehen Sie dabei vom
   Fälligkeitstermin des Projekts aus. Wenn es einen solchen
   nicht gibt, setzen Sie selbst einen fest.

3 *Verteilen* Sie alle delegierbaren Aufgaben *neu* – machen Sie
   sich eine Notiz in Ihrer Ausgangs-Box oder in Ihrer Mitarbei-
   termappe – und streichen Sie diese Aufgaben von Ihrer Liste.
   Wenn ein Nachfassen oder weitere Kontrolle nötig ist (etwa
   für eine in einem Monat fällige Aufgabe), so verwenden Sie
   Ihren Kalender oder Ihr Notizbuch in der üblichen Weise.

4 *Planen* Sie Anfangsdaten für langfristige oder terminbezogene
   Projekte, übertragen Sie sie in Ihren Kalender und streichen Sie
   sie von der Generalliste. Wenn die Zahlen für die Debitoren-
   buchhaltung bis 15. März fertig sein müssen, setzen Sie ein

realistisches Anfangsdatum fest – vielleicht den 25. Februar –
und tragen Sie für diesen Tag »Debitoren beginnen« in Ihrem
Kalender ein.

5 *Wählen* Sie jene Punkte *aus,* die sofortige Aufmerksamkeit
verlangen: fünf Telefongespräche, die am nächsten Tag erledigt werden müssen, oder das Fertigstellen des Entwurfs für
die vierteljährliche Verkaufsanalyse. Streichen Sie diese von
der Generalliste und schreiben Sie sie auf einem separaten Blatt
Papier neu, das dann zum Grundstock Ihrer täglichen »Zu
erledigen«-Liste wird.

> *Aktionsschritt 2:* Überprüfen Sie die Generalliste täglich. Un-
> terteilen Sie umfangreiche Projekte in bewältigbare Abschnit-
> te. Eliminieren und delegieren Sie Aufgaben, bei denen dies
> möglich ist; tragen Sie längerfristige Aufgaben in Ihren Ka-
> lender und aktuelle Aufgaben in die Tagesliste ein. Streichen
> Sie diese übertragenen Notizen von Ihrer Generalliste.

Wenn alle Eintragungen auf einer Seite ausgestrichen sind,
schneiden Sie eine Ecke der Seite ab oder kennzeichnen Sie sie
mit einer roten Markierung. Wenn eine Seite nur einige wenige
besonders wichtige Aufgaben enthält, übertragen Sie diese auf
eine neue Seite und kennzeichnen Sie die alte als erledigt. Bewahren Sie alte Notizbücher zum Nachschlagen noch ein oder
zwei Monate lang auf.

## Die Tagesliste

Wenn die Generalliste Ihr »Projektlager« ist, dann könnte man
die Tagesliste mit einer Vertriebsstelle oder einem Auslieferungs-
lager vergleichen. Erstellen Sie am Ende jedes Arbeitstages,
nachdem Sie die Generalliste durchgegangen sind, die Tagesliste
für den nächsten Tag, wobei Sie sich der folgenden drei Quellen
bedienen:

*Dringende Aufgaben*, die sich im Laufe des Tages ergeben haben (die überarbeitete Version eines Berichtes muß bis zum nächsten Nachmittag fertig sein).

*Kalendereintragungen*. Dies sind bereits zu einem früheren Zeitpunkt geplante Aktivitäten, die jetzt aktuell geworden sind (etwa das oben erwähnte, für den 25. Februar notierte Projekt »Debitoren«).

*Eintragungen aus der Generalliste*. Stocken Sie die Tagesliste mit Punkten aus Ihrer Generalliste, die sofort erledigt werden sollten oder können, auf zehn Eintragungen auf. Wenn Sie einen doppelseitigen Kalender verwenden, legen Sie die Tagesliste auf einer Seite an. So haben Sie immer einen Überblick über die Dinge, die Sie am jeweiligen Tag erledigt haben. Andernfalls können Sie auch einen Block oder ein anderes Notizbuch verwenden, jedoch *nicht* das Generallistenbuch.

Die Anzahl der Eintragungen auf der Tagesliste sollte auf etwa zehn Aufgaben begrenzt werden, die Sie aller Voraussicht nach auch an einem Tag erledigen können. Fassen Sie mehrere kleinere Aufgaben – so wie einige kurze Telefonate, kurze Memos oder Besorgungen – in einer Eintragung zusammen. Splitten Sie eine komplexe Aufgabe in mehrere kleinere auf, wie oben beschrieben. Es sind dann die einzelnen *Teilaufgaben*, die Sie in Ihre Liste eintragen. Ein Schlüsselfaktor im Aufgabenmanagement besteht darin, daß Sie selektiv entweder (1) unterteilen und erledigen oder (2) zusammenfassen und kontrollieren. Konkreter ausgedrückt heißt das, daß die Beschränkung des Umfangs der Tagesliste auf zehn »Eintagesaufgaben« Sie vor »Lähmung durch Überlastung« bewahrt, die auftreten kann, wenn Ihnen Ihr Arbeitspensum unbewältigbar erscheint, oder wenn ein bestimmtes Projekt mehr Unteraufgaben enthält, als an einem einzigen Arbeitstag erledigt werden können.

## Komplexe Aufgaben: Von der Generalliste zur Tagesliste

Die drei nachstehend aufgelisteten Generallistenaufgaben stammen von einem Bekleidungshersteller, einem Wertpapieranalysten und einem Verleger. Die einzelnen Teilaufgaben werden, nachdem Sie sie in Ihre Generalliste eingetragen haben, nach und nach in Ihre Tagesliste integriert.

| *Ursprüngliche Generallisten- eintragung* | *Komponenten* |
|---|---|
| **Konfektions- produzent:** Entwerfen der neuen Herbst- kollektion | Die Kollektion vom Vorjahr nochmals durchsehen. Gründe für Erfolg oder Mißerfolg bestimmter Stücke analysieren. Verfügbarkeit der Materialien überprüfen. Finanzierungsmöglichkeiten überprüfen. Designer auswählen. (Anmerkung: Um den Umfang der Tages- liste nicht zu sprengen, kann es eventuell nötig sein, einige Eintragungen weiter auf- zusplitten. »Verfügbarkeit der Materialien überprüfen« könnte einige Anrufe, einen Brief an den Lieferanten und ähnliches um- fassen.) |
| **Wertpapier- analyst:** Studie über Jahres- ergebnisse der agrochemischen Industrie durch- führen | Verkaufszahlen für Januar bis Juni zusam- menstellen. EPA-Pestizid-Report lesen. Struktur der Studie festlegen: nach Themen- bereichen (Finanzen, Marketing) oder chronologisch? Rohfassung des ersten Abschnitts schreiben. Rohfassung des zweiten Abschnitts schrei- ben ... |

| *Ursprüngliche Generallisten- eintragung* | *Komponenten* |
|---|---|
| **Verleger:** Entscheiden, ob das Programm zur Zeitschriften- akquisition mit der- selben Intensität wie bisher fortge- führt oder aber ausgeweitet oder eingeschränkt werden soll. | Ausschußbericht über Geschäftssparten, für die es bisher keine oder kaum Zeit- schriften gibt. Von den Zeitschriftenberatern einen Bericht über die Marktpotentiale in diesen Berei- chen anfordern. Martin um eine Liste mit wichtigen Adressen in diesen Sparten fragen. Finanzspezialisten bitten, für die letzten drei Jahre den Wert eines für das Buchprogramm ausgegebenen Dollars mit dem eines in das Journalprogramm investierten zu vergleichen |

---

**Aufgabenschnelltest**

Wenn bestimmte Aufgaben einen beträchtlichen Aufwand an Zeit und Energie erfordern, ohne andererseits auch entspre- chende Resultate zu zeitigen, nehmen Sie sich 30 Sekunden Zeit und stellen Sie sich die folgenden vier Fragen:

1 Muß diese Arbeit überhaupt erledigt werden? Was würde geschehen, wenn man sie einfach unter den Tisch fallen ließe?

2 Kann die Aufgabe delegiert werden? Als Ganzes? Teile davon? An wen?

3 Steht der Zeitaufwand – Ihr eigener und der anderer – in Einklang mit der Wichtigkeit des Projekts?

4 Wenn der Zeitaufwand überhöht scheint, kann die Aufgabe erleichtert werden (vereinfacht, per Computer abgewickelt, weniger detailliert oder weniger anstrengend gestaltet, etc.)?

An dieser Stelle scheint es angebracht, einige Worte über Kalender zu verlieren. Ihr Kalender ist das Nervenzentrum Ihres Zeitmanagementprogramms. Ich werde oft gefragt, welchen Kalender/Planer ich empfehlen würde. Ich habe jedoch damit aufgehört, Empfehlungen abzugeben, als ich erkannte, daß der bevorzugte Kalender/Planer des einen für den nächsten eine Plage darstellen kann und umgekehrt. Für welchen Kalender man sich entscheidet, ist eine Frage des persönlichen Geschmacks.

Die Optionen reichen von der Verwendung eines einfachen Blattes Papier (auf dem die Sekretärin des Managers die Termine und den Tagesplan für den betreffenden Tag ausgedruckt hat) anstatt eines Kalenders über solche Kalender, bei denen man jeweils eine Woche auf einmal überblicken kann, und die Legionen von immer einsatzbereiten Day Timern bis zu umfangreichen und komplexen Kalendern/Planern.

Für Leute, die gern mit leichtem Gepäck reisen, ist ein dicker Planer einfach zu umständlich; andere dagegen, die auf ihre Filofaxe, Day Runners, Time Designers und Franklin Planners schwören, können sich ein Leben ohne diese Planungshilfen gar nicht mehr vorstellen. Was die Frage der Kalender und Planer betrifft, bin ich daher der Meinung, daß man es bei dem Prinzip »jedem das Seine« belassen sollte.

Wenn Sie sowohl Tisch- als auch Taschenkalender verwenden, koordinieren Sie sie jeweils zu Jahresanfang und tragen Sie dabei wiederkehrende Meetings, Geschäftskonferenzen und andere langfristige Aktivitäten ein. Überprüfen Sie gemeinsam mit Ihrer Sekretärin täglich beide Kalender im Rahmen Ihrer Papierarbeitssitzung, um sicherzugehen, daß sie wirklich übereinstimmen. (Es gibt kaum etwas, was peinlicher ist, als ein Meeting zu verpassen, weil man verabsäumt hat, eine Notiz vom Tisch- in den Taschenkalender zu übertragen.) Ebenso müssen Notizen und Gedächtnishilfen vom Taschenkalender zur zukünftigen Erledigung auf Ihre Generalliste oder den Tischkalender übertragen werden. Tragen Sie Rechnungen und Zahlungsbelege täglich auf einem eigenen Ausgabenblatt ein, oder delegieren Sie diese Aufgabe an Ihre Sekretärin.

Für die langfristige Planung (monatlich, vierteljährlich etc.) sollten Sie einen Wandkalender mit großen Feldern für die einzelnen Tage verwenden. Tragen Sie hier Zeitpläne für Projekte, Mitarbeitertreffen, Urlaubstage und so weiter ein. Notieren Sie auch die Fälligkeitsdaten von Aufgaben, die Sie an Ihre Mitarbeiter delegiert haben (verwenden Sie für jede Person einen andersfarbigen Stift); setzen Sie Anfangstermine für Ihre eigenen Langzeitprojekte fest und tragen Sie diese ebenfalls ein. Bei vielen Projekten, in die zahlreiche Personen involviert sind, kann man mit Hilfe einer Wandtabelle mit verschiebbaren Magnetstickern den Überblick bewahren.

## Prioritäten setzen: Die 25 000-$-Übung

Weil nicht alle Aufgaben gleichwertig sind, muß die organisierte Führungskraft Prioritäten setzen: Sie muß die Aufgaben zunächst nach ihrer Wichtigkeit ordnen und dann den jeweiligen Aufwand an Zeit und Ressourcen für ihre Erledigung darauf abstimmen.

Einen überzeugenden, praktischen Rat, wie man Prioritäten setzt, gab vor etwa sechzig Jahren Ivy Lee, der oft als der Begründer der Managementberatung bezeichnet wird, dem damaligen Präsidenten von Bethlehem Steel, Charles Schwab:

»Numerieren Sie die Dinge [die Sie am nächsten Tag zu erledigen haben] in der Reihenfolge ihrer tatsächlichen Wichtigkeit durch. Nehmen Sie sich am nächsten Morgen als erstes gleich Nummer eins vor und erledigen Sie diese Aufgabe konsequent. Wenden Sie sich danach Nummer zwei zu und gehen Sie zu nichts anderem über, bevor Sie diese Arbeit nicht ebenfalls beendet haben. Dann geht es mit Nummer drei weiter, und so fort. Wenn Sie nicht alle Punkte auf Ihrem Plan erledigen können, machen Sie sich keine Sorgen: Sie haben auf jeden Fall die wichtigsten Dinge unter Dach und Fach gebracht, ohne daß Sie sich dabei von weniger Wichtigem ablenken ließen.«

Lee bat Schwab, sein System zunächst zu testen und ihm dann einen Scheck über eine Summe seiner Wahl zu senden – je nachdem, für wie wertvoll Schwab die Methode befinden würde. Nach einigen Wochen erhielt Lee einen Scheck über $ 25 000! Das war in den 30er Jahren eine wahrhaft märchenhafte Summe.

Hier finden Sie nun – zu einem wesentlich günstigeren Preis – eine Variation von Lees wertvollem Rat. Weisen Sie jedem Punkt auf Ihrer Liste anhand der folgenden Kriterien eine bestimmte Priorität zu (1, 2 oder 3):

1 *Dringende oder wichtige* Arbeiten, wie etwa die Fertigstellung einer Budgetanalyse für die Vorstandssitzung am folgenden Tag.
Eine Aufgabe, die einen besonders großen Aufwand an *Konzentration* erfordert, wie beispielsweise die Entwicklung einer neuen Marketingstrategie.
Eine besonders *stressige* Angelegenheit wie das Kritisieren der Arbeit eines Untergebenen. Wenn Ihnen die Erledigung der Routinepapierarbeit angst macht, sollte auch sie zu den Aufgaben erster Priorität gezählt werden.
2 Mittelfristige *grundlegende Aufgaben*, so wie das Schreiben von kurzen Zusammenfassungen oder Berichten.
3 Arbeiten niedriger Priorität oder *Routinearbeiten* wie das Lesen von Zeitschriften oder die Überprüfung von Standardverträgen.

Indem man darauf verzichtet, die Priorität der einzelnen Eintragungen auf der Tagesliste präziser mit Zahlen von eins bis zehn zu bewerten, vermeidet man, unnütz Zeit damit zu vergeuden, daß man sich den Kopf darüber zerbricht, ob ein bestimmter Punkt nun als Nummer fünf oder Nummer sechs einzustufen sei. Die Einteilung in drei Prioritätsklassen läßt Ihnen ausreichende Flexibilität.

> *Aktionsschritt 3:* Erstellen Sie die Tagesliste für den nächsten
> Tag – zehn Aufgaben, von denen Sie realistischerweise an-
> nehmen können, daß Sie sie innerhalb eines Tages erledigen
> können – unter Verwendung Ihres Kalenders sowie der Gene-
> ralliste und unter Berücksichtigung der Aufgaben, die sich im
> Laufe des Tages ergeben haben. Weisen Sie ihnen entweder
> Priorität 1, 2 oder 3 zu, je nach der Wichtigkeit und dem damit
> für Sie verbundenen Aufwand.

Planen Sie pro Tag nicht mehr als drei oder vier Aufgaben erster
Priorität ein; der Rest sollte aus einer Mischung von zweit- und
drittrangigen Aufgaben bestehen (siehe auch die Tagesliste des
Bekleidungsherstellers). Ein Manager, der dazu tendierte, sich
jeden Tag sechs oder mehr Einsen auf seine Liste zu packen, ging
von diesem System bald frustriert ab, als er feststellen mußte, daß
er nach zwei Stunden konzentrierter Arbeit nur die ersten drei
Aufgaben erledigt hatte. Es ist einfach nicht möglich, jenes
Ausmaß an Zeit und mentaler Energie aufzubringen, das nötig
wäre, um mehr als nur einige wenige Arbeiten erster Priorität pro
Tag zu bewältigen. Akzeptieren Sie also vernünftige Grenzen und
konzentrieren Sie sich darauf, die zwei oder drei Aufgaben, die
Ihnen den größten Nutzen bringen, so gut wie möglich zu erledi-
gen.
Einige zusätzliche Tips für die Tagesliste:

• Beenden Sie jede Aufgabe – oder arbeiten Sie bis zu einem sich
  logisch ergebenden Punkt –, bevor Sie zur nächsten übergehen.
• Übertragen Sie gegebenenfalls unvollendete Projekte auf die
  Tagesliste für den nächsten Tag. Erweitern Sie diese Liste jedoch nicht auf dreizehn Punkte, um die drei übriggebliebenen
  Punkte vom Vortag unterbringen zu können. Die Tagesliste ist
  ein prinzipieller Arbeitsplan, aber kein moralischer Imperativ.

- Wenn eine Aufgabe auf mehreren Tageslisten aufscheint, sollten Sie in Erwägung ziehen, sie entweder ganz fallenzulassen oder aber zu delegieren oder zu verschieben.

## Das Verhältnis Nutzen/Priorität

Gewöhnen Sie sich an, Aufgaben nach ihrem Nutzen zu bewerten. Betrachten Sie Zeit als Kapitalrendite. Es wäre unsinnig, drei Stunden darauf zu verwenden, durch die Inanspruchnahme eines besonderen Sonderangebots 30 Dollar zu sparen und dann innerhalb von zehn Minuten eine Investitionsentscheidung über 25 000 Dollar zu treffen. Warum sollten Sie dann eine Stunde für eine Aufgabe aufwenden, die Ihnen in bezug auf Ihre Ziele und Pflichten wenig oder gar keine Vorteile bringt, während Sie diese Zeit doch viel nutzbringender in ein Projekt investieren könnten, das vielleicht den Abschluß eines großen Geschäfts nach sich ziehen könnte?

Um den Nutzen/Prioritätsquotienten beurteilen zu können, müssen Sie die Eintragungen in Ihrer Tagesliste einer Rentabilitätsanalyse unterziehen:

**1** Aufgaben mit *hoher Rentabilität* sind jene, die substantielle oder besonders massive Verbesserungen versprechen: die Erschließung neuer Märkte, die Ausarbeitung einer überzeugenden Verkaufskampagne, der Abschluß eines wichtigen Vertrages, eine entscheidende Steigerung der Produktivität.

Typischerweise initiieren sich Projekte mit hoher Rentabilität selbst, sie haben selbst festgesetzte Fristen, sind mit beträchtlichen Risiken oder Unsicherheiten verbunden und nehmen oft relativ viel Zeit in Anspruch, bevor sie ein Ergebnis zeitigen. Da diese kreativen, hochrentablen Projekte nicht zu den unmittelbaren Notwendigkeiten gehören, verabsäumen es viele Manager, Zeit dafür zu veranschlagen. Es ist jedoch wichtig, daß man versucht, täglich zumindest eine dieser hochrentablen Aufgaben in die Tagesliste zu integrieren.

## Evaluierung von Rentabilität und Priorität

| | Charakteristika | Beispiele | Priorität |
|---|---|---|---|
| **Aufgaben mit hoher Rentabilität** | Versprechen maßgeblichen Nutzen. Oft selbst initiiert. Frist oft selbst gesetzt. Größere Zeitspanne zwischen Initiierung und Resultaten ist typisch. | Entwerfen einer preisgekrönten Werbekampagne. Entwicklung eines neuen Buchführungssystems, das der Firma Geld spart. Erschließen neuer Märkte. | Typischerweise 1, gelegentlich 2. |
| **Aufgaben mit negativer Rentabilität** | Nichterledigung könnte fatale Folgen haben. Unmittelbar bevorstehende Frist. Manchmal mit Streß verbunden oder unangenehm. Troubleshooting ist erforderlich. | Der am nächsten Tag fällige Verkaufsbericht. Dringende Mitarbeitersitzung zur Korrektur eines schwerwiegenden Fehlers in einem Klientenbericht. In letzter Minute vom Chef erhaltene Aufträge. | Typischerweise 1 oder 2, gelegentlich 3. |
| **Aufgaben mit mittlerer Rentabilität** | Meist sind grundlegende Aspekte Ihrer Arbeit betroffen. Meist gewisser Ermessensspielraum hinsichtlich des Zeitpunktes der Erledigung. Können oft delegiert werden, ganz oder teilweise. | Routinemeeting mit Klienten. Buchhalter: Vorbereitung der Steuererklärung. Rechtsanwalt: Schriftsatz erstellen. | Typischerweise 2 oder 3, gelegentlich 1. |
| **Aufgaben mit niedriger Rentabilität** | Weisen keine nennenswerte Rentabilität auf (weder negativ noch positiv). | Vermischtes. Neuschreiben eines unwichtigen Briefes oder Memos. Einen Bericht oder Artikel von minderer Bedeutung Wort für Wort lesen. | 3 oder unnötig. |

*Prioritätenschlüssel:* 1 = Dringend, anspruchsvoll, streßauslösende Aufgaben, Aufgaben, die Konzentration erfordern. 2 = Grundlegende Aufgaben mittlerer Priorität. 3 = Aufgaben mit niedriger Priorität und Routineaufgaben.

**2** Aufgaben mit *negativer Rentabilität* sind Notwendigkeiten – entweder mit Priorität 1 oder 2 –, weil die Konsequenzen, die sich bei einer Vernachlässigung oder Hinauszögerung ergeben, verheerend sein können. Beispiele: Papierarbeit erledigen, sich um »Notfälle« kümmern, Aufträge des Chefs erledigen.

**3** Aufgaben mit *mittlerer Rentabilität* machen das »tägliche Brot« Ihrer Arbeit aus. Normalerweise handelt es sich dabei um Aufgaben zweiter Priorität, manchmal auch um Arbeiten mit erster Priorität, die zwar erledigt werden müssen, die Ihnen aber hinsichtlich des Zeitpunkts, zu dem Sie sie erledigen, einen relativ großen Spielraum lassen. Beispiele: die Vorbereitung einer juristischen Sachverhaltsdarstellung oder die Steuererklärung eines Klienten.

**4** Aufgaben mit *niedriger (oder ohne) Rentabilität*. Beispiele: Erstellen von Protokollen, die selten durchgesehen werden, mehrfaches Überprüfen von Bestellungen, Ausfeilen eines Briefes in einem Ausmaß, das seine Wichtigkeit übersteigt. Solche Dinge sollten sich selten auf Ihrer Tagesliste finden, und ganz gewiß sollten sie nicht mit Priorität 1 oder 2 bewertet werden. Überlegen Sie, welche dieser Arbeiten Sie eliminieren und welche Sie vereinfachen oder delegieren können.

---

*Aktionsschritt 4:* Bewerten Sie die Rentabilität Ihrer Aufgaben auf der Tagesliste: hoch, negativ (negative Konsequenzen, wenn nicht erledigt), mittel oder niedrig. Versuchen Sie, pro Tag mindestens eine Aufgabe mit hoher Priorität auf Ihre Tagesliste zu setzen, und diejenigen mit niedriger Priorität möglichst einzuschränken.

---

## Wann man die Dinge erledigt: Planen und Reservieren von Zeit

Für die stellvertretende Personalchefin Nancy Darcy war es absolut kein Problem, eine Tagesliste zu erstellen; es bestand vielmehr darin, die nötige Zeit zu finden, um die Aufgaben auch tatsächlich erledigen zu können. Da ihr Job von ihr verlangte, ständig in Kontakt mit anderen Menschen zu stehen – Interviews, Meetings, Termine –, geriet sie mit den weniger wichtigen Aufgaben oft in Rückstand. »An den meisten Tagen bin ich schon froh, wenn ich drei Punkte meiner Tagesliste erledigen kann, ganz zu schweigen von Papierarbeit, Lesen oder der routinemäßigen Mitarbeiterbewertung.«

Zu welcher Tageszeit Sie in Ihrer persönlichen Höchstform sind, ist für die Planung Ihres Tages ausschlaggebend. Wann sind Sie am muntersten, wann können Sie am besten klar und konzentriert denken? Ganz früh am Morgen? Am frühen Vormittag? Am späten Nachmittag? So wie ein Tennisracket in der Mitte einen bestimmten optimalen Punkt aufweist, der Ihrem Schlag die größte Kraft und Präzision verleiht, hat auch Ihr Tag einen solchen optimalen Punkt: ein stoffwechseldeterminiertes »Hoch«, eine Phase, in der Sie voller Energie und an Ihrem kreativen Höhepunkt sind. Aufgaben erster Priorität auf diese Zeiten zu verlegen, ist der Schlüssel zu qualitativ wirklich hochwertigen Leistungen. Sehen wir uns beispielsweise den Fall eines Managers an, der es sich zur Gewohnheit gemacht hatte, jeden Morgen zur Zeit seines persönlichen Hochs seine Eingangs-Box zu leeren und Routineanrufe zu tätigen. Als er etwa gegen elf Uhr schließlich die Zeit fand, sich auf anspruchsvolle Aufgaben erster Priorität zu konzentrieren, hatte er bereits seinen Schwung verloren. Erst indem er schließlich die für »Haushaltsarbeiten« und die für kreative Aufgaben reservierten Zeitblöcke miteinander vertauschte, begann er wirklich professionell zu arbeiten.

Versuchen Sie, Ihre persönliche Bestzeit herauszufinden, indem

Sie die Hälfte eines Kreuzworträtsels am Morgen und die andere Hälfte am späten Nachmittag lösen. Während einer dieser beiden Arbeitssitzungen werden Sie bei sich eine deutlich erhöhte Fähigkeit zum Erkennen von Zusammenhängen feststellen können. Sie könnten auch eine grobe Tabelle erstellen, in der Sie Ihre konkreten Hochs und Tiefs verzeichnen. Das folgende Muster ist ziemlich typisch:

| | |
|---|---|
| 9 Uhr morgens bis Mittag: | »hochtourig« |
| Mittag bis 16 Uhr: | einigermaßen munter |
| 16 Uhr bis 18 Uhr: | »niedertourig« |
| 18 Uhr bis 22 Uhr: | einigermaßen munter |
| Nach 22 Uhr: | Ruhephase |

Experimentieren Sie mit Zeitschemata. Leute, die später am Tag am aktivsten sind, beschließen beispielsweise, erst um elf Uhr ins Büro zu kommen und dafür bis 19 oder 20 Uhr zu arbeiten. Wenn dies nicht möglich ist, könnten Sie die Zeit des morgendlichen Tiefs mit Routinearbeiten verplanen, während die Erledigung von Aufgaben erster Priorität auf den Nachmittag oder auf die frühen Abendstunden verlegt wird.

Reservieren Sie für Aufgaben erster Priorität *nicht mehr als* drei oder vier Stunden pro Tag (oft sind unter Anbetracht der vielfältigen anderweitigen »Angriffe« auf Ihren Zeitplan eineinhalb oder zwei Stunden eher realistisch). Wenn Ihr mentales Energieniveau sinkt, sind Sie nicht mehr in der Lage, die Konzentration aufrechtzuerhalten. Dieser Block an »Spitzenzeit« und Ihre tägliche Papierarbeitssitzung und/oder die Arbeit mit Ihrer Sekretärin bilden die Fixpunkte in Ihrem täglichen Zeitplan. Wie Sie den Rest Ihres Tages einteilen, hängt von Ihrem persönlichen Temperament und von der Art Ihrer Arbeit ab.

Viele Manager ziehen ein flexibles Schema für Aufgaben zweiter und dritter Priorität vor und erledigen diese Dinge außerhalb ihrer Spitzenzeiten nach Maßgabe der Umstände. In jedem Fall ist es nicht empfehlenswert, sich vor Routinearbeiten zu drücken. Ein Projekt, das Ihnen bevorsteht, auf unbestimmte Zeit auf die lange Bank zu schieben, löst nur Unruhe aus. Für die Organisatorins-expertin Mary Laurens ist »Rückwärtsplanung« die Methode der Wahl. Sie legt fest, zu welcher Zeit sie ihr Büro verlassen muß, und überlegt dann, was sie an diesem Tag zu erledigen hat. »Ich passe [Aufgaben] in meinen Tagesplan ein und gehe dabei von dem Zeitpunkt aus, zu dem ich das Büro verlassen muß. Dies zwingt mich dazu, Prioritäten zu setzen.«

Dieser flexible Ansatz eignet sich sehr gut für Börsenmakler, für Personen, die in beratenden Funktionen tätig sind, für Leute aus kreativen Berufen, für Vertreter und für Geschäftsleute, die rasch auf aktuelle Ereignisse reagieren müssen. Im Gegensatz dazu ziehen Verwaltungsbeamte, Planungsfachleute und andere Manager es vor, ihre Zeit minutiöser einzuteilen und jede Stunde und/oder jeden Tag im voraus zu planen. Dies ist besonders für Manager, deren administrative Pflichten immer wieder mit den »persönlichen Kontakten« kollidieren, sehr wichtig.

## Erstellen eines Zeitprogramms

Als Nancy Darcy ihren Tagesablauf analysierte, stellte sich klar heraus, daß ihr Problem in der Zerstückelung ihrer Zeit bestand. Sie hatte kaum mit dem Schreiben eines wichtigen Berichtes beginnen wollen, als ein Mitarbeiter hereinplatzte und eine im-provisierte Konferenz abhalten wollte. Zwanzig Minuten später, als sie sich endlich wieder dem Bericht zuwendete, wurde sie durch einen Anruf unterbrochen, und so ging es den ganzen Tag lang. Die Lösung für Darcy war ein Zeitprogramm, das auf *Zusammenfassen und Vereinheitlichen* basierte: ähnlich geartete Aktivitäten – Termine, Papierarbeit, Meetings, Telefonanrufe – wurden in eigenen Zeitblocks zusammengefaßt, und parallel dazu wurde auch flexibel verwendbare Zeit vorgesehen. (Nancy Dar-cys vollständiger Zeitplan ist im Anhang »Wochenpläne« zu finden.)

**1** Teilen Sie Ihren Arbeitstag in »öffentliche« Aktivitäten, also solche, in die auch andere Leute involviert sind, und »private« Aktivitäten ein, bei denen Sie ungestört sein wollen. Eine typische Liste könnte wie folgt aussehen:

| Öffentliche Aktivitäten | Private Aktivitäten |
|---|---|
| Unangemeldete Besucher und ungeplante Meetings | Papierarbeit |
| Geplante Meetings und Termine | Nachforschungen |
| Telefonanrufe | Korrespondenz und Berichte |
| Unvorhergesehene Ereignisse | Planung |
| | Lesen |

**2** Wählen Sie die anspruchsvollsten Aktivitäten aus und planen Sie deren Erledigung während Ihres morgendlichen oder nachmittäglichen *Spitzenzeit-Blocks*. Bei den meisten Menschen handelt es sich hier um »private« Aktivitäten wie Schreiben oder Planen. Andere Leute wiederum – etwa Gewerkschaftsfunktionäre oder Vertreter – werden Verhandlungen, Telefonanrufe, Verkaufsgespräche und andere »offizielle« Aktivitäten als Spitzenzeit-Aufgaben einstufen.

**3** Planen Sie die Erledigung weniger anspruchsvoller Aufgaben während *Zeitblöcken »niedrigerer Aktivität«* ein. Meetings, Termine und Anrufe sollten in einen »offiziellen« Block gruppiert werden, entweder am Morgen oder am Nachmittag. Verbringen Sie während eines »Aktivitätslochs« um etwa 16 Uhr eine halbe Stunde mit Lesen.

Sie können Ihre Aktivitäten auch in ein wöchentliches Schema einpassen: Reservieren Sie beispielsweise Montag und Dienstag für Schreib- und Planungsarbeiten und verwenden Sie den Rest der Woche auf öffentliche Kontakte. Fassen Sie regelmäßige

Mitarbeitermeetings an einem einzigen Tag zusammen, anstatt
sie über die ganze Woche zu verteilen. Wochenweise Planung ist
oft für Leute vorteilhaft, die bei ihrer Arbeit auf das Telefon
angewiesen sind. Ein Wertpapieranalyst mußte beispielsweise
den Großteil seiner Anrufe selbst entgegennehmen – sie waren
sein heißer Draht zur Information. Gleichzeitig benötigte er aber
auch Zeit für Papierarbeit und zum Nachdenken. Nachdem er also
zwei Wochen lang alle hereinkommenden Gespräche notiert
hatte, stellte er fest, daß an Donnerstag- und Freitagnachmittagen
relativ wenig los war; von nun an verbrachte er diese Nachmittage
in einem Konferenzraum, wo er ungestört an Auswertungen und
Berichten arbeiten konnte.

**4** Starten Sie das Programm, indem Sie das leere Planungsfor-
mular auf der nächsten Seite kopieren und bestimmte Fixpunkte
eintragen: den Spitzenzeit-Block, das wöchentliche 16-Uhr-Mit-
arbeitermeeting, Aufgaben, für die Infrastruktur oder auch Personen nötig sind, die nur zu gewissen Zeiten zur Verfügung
stehen, Ihre tägliche Papierarbeitssitzung mit Ihrer Sekretärin.
Planen Sie rund um diese Fixpunkte die Zeiten für die restlichen
Blocks ein.

*Aktionsschritt 5:* Finden Sie heraus, wann Sie Ihre persönlichen Spitzenzeiten haben. Planen Sie für diese Phasen Aufgaben erster Priorität von der Tagesliste und andere anspruchsvolle Aktivitäten. Erledigen Sie Aufgaben niedrigerer
Priorität nach Möglichkeit außerhalb Ihrer Spitzenzeiten, oder
erstellen Sie ein präziseres Zeitprogramm, indem Sie »öffentliche« und »private« Aktivitäten zu Blöcken zusammenfassen.

**Wochengrundschema**

| | MONTAG | DIENSTAG | MITTWOCH | DONNERSTAG | FREITAG |
|---|---|---|---|---|---|
| Vormittag | | | | | |
| Mittag | | | | | |
| Nachmittag | | | | | |

## Zusammenfassung: fünf Aktionsschritte zu erhöhter Produktivität

**Schritt 1:** Verzeichnen Sie in einem Notizbuch *alle* Ideen, Aufgaben, Anrufe, Projekte, Vereinbarungen oder Besorgungen, so wie sie sich ergeben, egal ob groß, klein, wichtig oder unbedeutend. Das ist Ihre Generalliste.

**Schritt 2:** Überprüfen Sie Ihre Generalliste täglich. Unterteilen Sie umfangreiche Projekte in kleinere, bewältigbare Einheiten. Eliminieren und delegieren Sie Aufgaben, wo immer dies möglich ist, tragen Sie Arbeiten, die Sie anderen übertragen haben, in Ihren Kalender ein und dringende Aufgaben in Ihre Tagesliste. Streichen Sie weitergegebene Aufgaben von der Generalliste.

**Schritt 3:** Stellen Sie unter Zuhilfenahme Ihres Kalenders und der Generalliste sowie unter Einbeziehung jener Aufgaben, die sich im Laufe des Tages ergeben haben, die Liste für den nächsten Tag zusammen – zehn Aufgaben, die Sie aller Voraussicht nach an einem Tag erledigen können. Weisen Sie ihnen entweder Priorität 1, 2 oder 3 zu, je nach Wichtigkeit und Schwierigkeit.

**Schritt 4:** Bewerten Sie die Tageslistenaufgaben nach ihrem Nutzen: hoch, negativ (ungünstige Konsequenzen, falls nicht erledigt), mittel oder niedrig. Versuchen Sie, zumindest eine Aufgabe mit hohem Nutzen pro Tag in Ihre Tagesliste aufzunehmen, und schränken Sie die Arbeiten mit geringem Nutzen nach Möglichkeit ein.

**Schritt 5:** Stellen Sie fest, wann Sie Ihre persönlichen Spitzenzeiten haben. Füllen Sie diese Zeitblöcke mit Aufgaben erster Priorität von der Tagesliste und anderen anspruchsvollen Aktivitäten. Verlegen Sie weniger Anspruchsvolles entweder auf Phasen, die außerhalb Ihrer Spitzenzeiten liegen, wenn die Umstände dies zulassen, oder erstellen Sie ein präziseres Zeitprogramm, indem Sie »öffentliche« und »private« Aktivitäten zu Blöcken zusammenfassen.

# 6 Wie Sie mit den Zeitfressern fertig werden

Scheitern Sie mit Ihren Plänen oft oder andauernd, auch wenn sie noch so ausgetüftelt sind? Wenn Sie den unmittelbaren Anforderungen des Bürolebens – Unterbrechungen, Meetings, Reisen – einfach ihren Lauf lassen, so ist dies der sicherste Weg dazu, all Ihre Anstrengungen in Richtung Planung und Strukturierung zunichte zu machen. Die Lösung: Verteidigen Sie Ihren Zeitplan, indem Sie in Ihre tägliche Routine eine Anzahl einfacher Techniken einbauen, die Ihnen dabei helfen werden, die Zeitfresser zu bändigen, die Sie aus der Bahn zu werfen drohen. Sie *können* bessere Kontrolle erlangen – ohne dabei grob zu sein oder sich den Bedürfnissen anderer zu verschließen.

## *Anti-Unterbrechungsstrategien: Ihre erste Verteidigungslinie*

Die weitgehende Einschränkung externer Unterbrechungen ist ein Schlüsselfaktor für jedes Zeitmanagementprogramm. Natürlich hat jedes Büro seinen eigenen Rhythmus, ein Tempo, das nicht gänzlich steuerbar ist. In manchen Geschäftssparten, die in hohem Maß auf Telefonkontakte und Meetings angewiesen sind – Verkauf, Aktienhandel, Immobiliengeschäfte –, ist es so gut wie unmöglich, während der Bürozeiten ungestörte Zeit zu ergattern. Die unvermeidlichen Störfälle, die etwa so beginnen: »Ich müßte unbedingt sofort mit Ihnen sprechen«, sind jedoch allen Sparten und Branchen gemeinsam. Deshalb ist es für die meisten Leute einfach unmöglich (oder jedenfalls unklug), den ganzen Tag lang alle Unterbrechungen abzublocken oder sich gänzlich abzuschotten. Tatsächlich könnte sich ein umfassendes Netzwerk von Kontakten als eine Ihrer wichtigsten Ressourcen erweisen. Eine Person, die sich also mit größter Akribie sozusagen einmauert, riskiert damit, ernster Probleme nicht eher gewahr zu werden, als bis sie sich zu akuten Krisen ausgewachsen haben. Ein realistischerer Ansatz besteht deshalb darin, Ihre Kontrolle auf spezifische Zeitperioden zu *begrenzen* – Spitzenzeiten, gelegentliche Perioden »privater« Arbeit, geplante Unterredungen – und den Rest des Tages flexibler zu gestalten.

Bitten Sie Ihre Mitarbeiter, Sie während festgesetzter störungsfreier Zeiten nicht zu stören (ausgenommen in Notfällen). Wenn nötig, halten Sie diese Forderung in schriftlicher Form fest.

Ein Rechtsanwalt ließ folgendes Memo in seinem Büro herumgehen: »Nach eingehender Überlegung und einer Reihe unproduktiver Tage bin ich zu dem Schluß gekommen, daß es für meine Arbeit unumgänglich ist, eine ›Ruheperiode‹ einzuführen, während deren ich wichtige Arbeiten erledigen kann, ohne von Telefonanrufen, Besuchern, Meetings und anderen Ablenkungen unterbrochen zu werden. Konsequenterweise möchte ich also zwischen 9:00 Uhr und 10:30 Uhr eine unterbrechungsfreie Zeit einführen, die mir eine bessere und produktivere Nutzung meiner Zeit ermöglicht. Zur Erreichung dieses Ziels brauche ich Ihrer aller Unterstützung, Einsatz und Intelligenz. Ich danke Ihnen.«

Einige Türen zu schließen bedeutet jedoch gleichzeitig, einige andere zu öffnen. Lassen Sie Ihre Mitarbeiter und Kollegen wissen, daß Sie für den Rest des Tages für Fragen, Troubleshooting und Beratung zur Verfügung stehen. Dennoch müssen Richtlinien festgesetzt werden. Wie oft erledigen Sie selbst einen Anruf, um den sich eigentlich Ihre Sekretärin hätte kümmern können, wie oft treffen Sie einen Klienten, um eine Routineangelegenheit mit ihm zu besprechen, für die auch einer Ihrer Assistenten kompetent genug gewesen wäre? Im Rahmen Ihrer ersten Verteidigungslinie müssen Sie also lernen, vermeidbare Störungen auszuschalten – und die Zeit zu reduzieren, die Sie für unvermeidbare aufwenden.

## Telefontaktik

Ein klingelndes Telefon ist der charakteristische Klang des modernen Lebens, und die Entscheidung, den Hörer nicht abzunehmen, erfordert Standhaftigkeit. Die folgenden Techniken werden Ihnen dabei helfen, mehr Kontrolle über Ihre Telefonzeit zu erlangen.

*Übernahme von Gesprächen durch Ihre Sekretärin.* Bitten Sie Ihre Sekretärin, Ihre unterbrechungsfreien Zeiten unter Aufbietung all ihrer diplomatischen Künste zu verteidigen – wenn nötig auch mit Zähnen und Klauen. Geben Sie ihr eine Liste von Anrufern, die zu jeder Zeit durchgestellt werden sollen (Chef, ein wichtiger Kunde), und mit den Namen jener Personen, deren Anrufe Sie nur zu gewissen Zeiten oder unter bestimmten Umständen entgegennehmen wollen. Sie sollte den Grund des Anrufs mit Hilfe einer kurzen Frage erkunden: »Darf ich Herrn/Frau Jones kurz mitteilen, worum es geht?« Wenn Sie es verabsäumen, Ihrer Sekretärin solche Anweisungen zu geben, kann dies zu unnötigem Zeitaufwand führen. So versuchte zum Beispiel ein Herausgeber eines Magazins vier Tage lang, einen Wirtschaftsfachmann zu erreichen, der gerade einen Artikel für sein Magazin geschrieben hatte. Als er ihn endlich am anderen Ende der Leitung hatte, stellte sich heraus, daß er nichts anderes brauchte als die Sozialversicherungsnummer des Mannes – diese hätte ihm sicherlich auch die Sekretärin mitteilen können, hätte sie nur gewußt, worum es bei dem Anruf überhaupt ging. Vorinformationen ermöglichen es Ihrer Sekretärin auch, notwendige Papiere oder Informationen zusammenzustellen, bevor Sie einen Anruf tätigen. Oft wird sie auch Anrufe selbständig erledigen oder an jemand anders weiterleiten können. *Tip:* Sie sollte alle Anrufe, die sie erledigt oder weiterleitet, notieren und Sie irgendwann im Laufe des Tages davon in Kenntnis setzen.

*Wenn Sie keine Sekretärin haben, vereinbaren Sie ein »Tausch-geschäft« mit einem Ihrer Kollegen*: Übernehmen Sie während bestimmter Zeiten gegenseitig Ihre Anrufe.

*Voice Mail:* Achten Sie darauf, Ihr Voice Mail (das praktisch einen büroweiten Anrufbeantworter darstellt) nicht über Gebühr einzusetzen. Eine Diskussion dieser Systeme findet sich auf Seite 331.

*Setzen Sie Mitarbeiter als Verbindungsglieder zu regelmäßigen Anrufern oder Klienten ein.* Ein Mitarbeiter kann für einen oder mehrere häufige Anrufer als Ihr »persönlicher Vertreter« eingesetzt werden, indem er alle Routineangelegenheiten abwickelt und die Anrufer nur dann an Sie weiterleitet, wenn Probleme auftreten. Fordern Sie die Klienten dazu auf, sich direkt an ihren »persönlichen Vertreter« zu wenden. Der Vorteil für die Klienten besteht darin, daß sie sofortige und unmittelbare Aufmerksamkeit erhalten.

*Halten Sie Anrufe kurz.* Entwickeln Sie spezielle Strategien für langatmige Anrufer: »Vereinbaren wir einen Gesprächstermin für später. Ich habe um 16 Uhr zehn Minuten Pause.« Ein Mann, der häufig auf Reisen ist, erledigt Anrufe oft auf Flughäfen von Telefonzellen aus. »Wenn ich den Leuten sage, daß meine Maschine in fünf Minuten abfliegt, kommen sie doch meistens rascher auf den Punkt.« Ein anderer Manager hat sich für den Umgang mit Langatmigen folgende Technik einfallen lassen: »Ich habe eine Liste von ›Plaudertaschen‹ im Kopf, und wo immer dies möglich ist, kommuniziere ich mit diesen Leuten per Memo oder Mail. Ich fordere sie dazu auf, dasselbe zu tun. Das hat mir schon viel Zeit erspart.«

*Fassen Sie Rückrufe zusammen.* Erledigen Sie alle Rückrufe auf einmal; beginnen Sie dabei mit wichtigeren Anrufen. Versuchen Sie, eine maximale Rückruffrist von zwei Tagen einzuhalten.

| Datum | Anrufer | Zeit des Anrufes | Zweck des Anrufes | Telefon-nummer des Anrufers |
|-------|---------|------------------|-------------------|------------------------------|
| | | | | |
| | | | | |
| | | | | |
| | | | | |
| | | | | |

*Wählen Sie die Zeit, zu der Sie Rückrufe erledigen, bewußt:* Rufen Sie zu Zeiten zurück, zu denen die Leute nicht so stark zum Tratschen neigen: kurz vor der Mittagspause oder vor dem Nachhausegehen. Seien Sie freundlich, aber bestimmt: »Hallo, Martin, ich brauche rasch ein paar Auskünfte, hättest du eine Minute Zeit für mich?«

*Entwickeln Sie ein einheitliches System, um bei Rückrufen den Überblick zu behalten.* Ein Manager sagt: »Ich verschwende mehr Zeit damit, nach Nachrichten zu suchen und zu versuchen, mich daran zu erinnern, wen ich anrufen muß, als ich dann für die eigentlichen Telefonate brauche.« Wenn Sie dazu neigen, Nachrichten und Notizen zu verlegen, versuchen Sie, sich mit einem altmodischen Metallspieß zu überlisten, auf den Sie Ihre Nachrichten stecken, oder verwenden Sie eine Schachtel. Vermeiden Sie es, sie *unter* etwas aufzubewahren, also etwa unter einem Briefbeschwerer, wo sie sozusagen begraben werden könnten. Manche Leute notieren sich zu erledigende und zu erwartende Rückrufe auf ihrem Kalender.

Wenn Sie es mit sehr vielen Anrufen – sowohl zu tätigenden als auch hereinkommenden – zu tun haben und Sie die Übersicht

nicht verlieren wollen, könnte sich eine formelle Telefonkontroll-
liste als nützlich erweisen. Entwerfen Sie eine Ihren Vorstellun-
gen entsprechende Liste (ein Beispiel wird auf Seite 151 gegeben), oder kaufen Sie dafür geeignete Formblätter in einem
Bürobedarfsgeschäft.

## Wie man mit unangemeldeten Besuchern umgeht

In einem bestimmten Umfang fördern firmeninterne Besuche ein
harmonisches Arbeitsklima. Wenn sich die kurzen Besuche jedoch zu zahlreichen langwierigen Sitzungen auszuwachsen beginnen, sollten Sie es mit einer oder mehreren der folgenden
Kontrollmethoden versuchen:

*»Gehen Sie in Deckung.«* Wenn möglich, stellen Sie den Schreibtisch Ihrer Sekretärin so, daß sie alle Besucher verläßlich »abfan-
gen« kann. Ein höfliches »Helen ist derzeit beschäftigt. Möchten
Sie, daß ich sie störe?« sollte eigentlich alle mit Ausnahme der
Allerkühnsten abschrecken. Bitten Sie Ihre Sekretärin, einen
Termin mit dem Besucher zu vereinbaren oder ihm vorzuschla-
gen, daß er zu einem anderen, vorher festgelegten Zeitpunkt
wiederkommen soll.

Wenn Sie keine Sekretärin haben oder wenn ihr Schreibtisch sich
nicht in Ihrer Nähe befindet, halten Sie während »privater« Arbeitssitzungen die Tür Ihres Büros geschlossen. Was sogar noch
besser wirkt: Bringen Sie ein Schild an der Tür an, auf dem
geschrieben steht: »Private Arbeitszeit zwischen 9:00 Uhr und
10:30 Uhr. Bitte kommen Sie später wieder.« Eine Managerin
ging sogar noch einen Schritt weiter: Sie installierte ein kleines
rotes Lämpchen an ihrer Bürotür, ähnlich wie dies in Aufnahme-
studios üblich ist, und schaltete es ein, wenn sie nicht gestört
werden wollte. Wenn Sie einen freistehenden Schreibtisch haben,
sollten Sie ihn so stellen, daß Sie nicht automatisch in Blickkon-
takt mit Vorbeigehenden kommen – ansonsten ist es schwer, *nicht*
stehenzubleiben und sich zu unterhalten.

Versuchen Sie auch, Ihre Arbeit anderswohin mitzunehmen. Arbeiten Sie einen oder zwei Vormittage pro Woche zu Hause, schlagen Sie Ihre Zelte in einer Bibliothek oder einem leeren Konferenzraum auf, halten Sie Sitzungen für Langzeitplanung oder Brainstormings mit Ihren Mitarbeitern in einem Hotel ab.

*Fassen Sie Besuche in einer bestimmten Zeitspanne zusammen*, das heißt, verlegen Sie Termine und Meetings in einen bestimmten Zeitraum. Die praktischste Methode besteht darin, jeden Tag oder mehrmals pro Woche spezifische »offene« Stunden einzuführen und die Leute dazu anzuhalten, den Zeitpunkt für ihre Besuche entsprechend anzusetzen. Wenn Ihre häufigsten Besucher Ihre Sekretärin und Ihre Mitarbeiter sind, setzen Sie regelmäßige Meetings fest – täglich, zweimal pro Woche oder wöchentlich, je nach Notwendigkeit –, um alle Probleme und Fragen auf einmal behandeln zu können.

*Setzen Sie Grenzen.* Spontane Sitzungen zu beenden, ohne grob zu erscheinen, erfordert viel Geschick und Taktgefühl. Wenn jemand seinen Kopf zur Tür hereinsteckt und fragt: »Hätten Sie eine Minute Zeit?«, könnten Sie etwa antworten: »Hat es nicht Zeit bis heute nachmittag? Ich bin derzeit bis über beide Ohren mit Arbeit eingedeckt.« Wenn Sie sich dafür entscheiden, den Besucher hereinzubitten, sollten Sie zumindest hinzufügen, daß Sie »nur ein paar Minuten Zeit« haben, »weil ...«. Wenn der Besucher ein Untergebener ist, fragen Sie, ob die Sache nicht bis zum nächsten Mitarbeitermeeting Zeit hat. Wenn Ihr Chef der Besucher ist, versuchen Sie taktvoll herauszufinden, ob die Sache dringend ist, denn »Ich stecke gerade mitten in einem Projekt«. Die meisten Chefs werden Ihren Sinn für Prioritäten respektieren. Ein Manager empfiehlt die Verwendung eines »Zeitvertrages« sowohl für vereinbarte als auch für spontane Treffen. »Ich beginne diese Konversationen mit einem höflichen, aber bestimmten ›versuchen wir, die Sache bis dann und dann über die Bühne zu bringen‹. Damit stecke ich einerseits ein klares Ziel, andererseits mache ich von vornherein Tempo. Natürlich wird es dadurch auch einfacher, die Diskussion zum festgesetzten Zeitpunkt zu beenden.«

*Konferieren Sie in Büros von Kollegen.* Wenn Kollegen Sie um eine Unterredung bitten, versuchen Sie diese Unterhaltungen eher in deren Büros als in Ihrem eigenen abzuhalten. Es ist viel einfacher, sich zu empfehlen, als jemand anders hinauszukomplimentieren.

Wenn eine Unterbrechung sich nicht vermeiden läßt – egal, ob Telefonanruf oder Besuch –, verwenden Sie eine *Erinnerungsstütze*, um leichter wieder in den Arbeitsfluß hineinzufinden. Einige Leute finden es hilfreich, mitten im Satz mit dem Schreiben aufzuhören, weil sie dadurch, daß sie den Satz später folgerichtig beenden, sozusagen gleich wieder in die richtigen Geleise kommen. Andere notieren sich lieber einige Schlüsselwörter, die ihnen später dabei helfen, dort fortzusetzen, wo sie aufgehört haben.

## Wenn Sie der Unterbrecher sind

Und wie oft unterbrechen Sie sich selbst oder andere? Wann immer Sie sich versucht fühlen, sich mit einer Frage oder einem Problem an jemand anders zu wenden, fragen Sie sich: »Was kann schlimmstenfalls passieren, wenn ich damit warte?« Überprüfen Sie sich selbst, indem Sie eine Woche lang über Ihre Anrufe und spontanen Besuche Buch führen und sie danach bewerten, ob ihr Zweck die Unterbrechungen tatsächlich gerechtfertigt hat.

Nehmen Sie sich auch vor einer anderen weitverbreiteten – und störenden – Gewohnheit in acht: Leute in Ihrem Büro warten zu lassen, während Sie andere Dinge erledigen. Ein Kaffeemaschinenhersteller aus New Jersey sagte: »Die Leute stellten sich morgens an, um ihre Anweisungen entgegenzunehmen, und ich ließ sie endlos warten, während ich Telefongespräche führte. Das

war nicht gerade dazu angetan, das Arbeitsklima zu verbessern.«
Konzentrieren Sie sich immer nur auf eine Person oder Aufgabe
auf einmal.

Die Zerstückelung Ihrer eigenen Zeit ist gleichermaßen kraftrau-
bend. Ein junger Verkaufsmanager, der über häufige Unterbrechungen klagte, war selbst die schuldige Partei. Er begann den
Arbeitstag damit, daß er nicht mehr als zwei oder drei Briefe
öffnete und las, um dann plötzlich zu beschließen, daß er jetzt
sofort ein Memo des Lagerleiters beantworten müsse. Kaum war
er mit dem Memo halb fertig, als er aufstand, um seine Ordner
durchzusehen, wobei er auf eine Notiz stieß, die ihn daran erinnerte, daß er sofort mit einem seiner Kollegen sprechen mußte.
Und dann waren da noch die häufigen Ausflüge zur Kaffeemaschine, zum Kühlschrank …
Um sich selbst bei der Stange zu halten, sollten Sie jede Aufgabe
beenden, bevor Sie mit einer neuen beginnen. Notieren Sie alle
spontanen Ideen auf Ihrer Generalliste, um *später* darauf zurückzukommen. Und versuchen Sie wenigstens, nicht auch andere mit
Ihrer Zerstreutheit zu stören.

## *Das Diagnostizieren von Unterbrechungen: Ihre zweite Verteidigungslinie*

Die oben beschriebenen Techniken basieren auf der Annahme,
daß die meisten Besucher und Anrufer auf später vertröstet oder
weitergeleitet werden *können*. Natürlich wird es immer auch
Unterbrechungen geben, die Ihre sofortige Aufmerksamkeit erfordern: etwa eine Kaufentscheidung bezüglich einer LKW-La-
dung von Waren, die innerhalb einer Stunde getroffen werden
muß. Wenn jedoch Unterbrechungen, auf die Sie reagieren *müssen*, überhand zu nehmen drohen und Anti-Unterbrechungsstra-
tegien ohne Wirkung bleiben, könnten die Gründe tiefergehend
sein. Ebenso wie ein leichtes Kratzen im Hals das erste Anzeichen

einer beginnenden Erkältung ist, so ist ein beständiger Strom von Unterbrechungen ein Symptom für eine versteckte Krankheit: eine Fehlfunktion des Arbeitssystems oder ein Problem mit Ihrem eigenen Managementstil. Das richtige Heilmittel zu finden beginnt mit der Diagnose der Ursache des Übels.

Führen Sie zumindest eine, besser jedoch zwei Wochen lang Buch über jeden Telefonanruf und jeden unerwarteten Besucher. Notieren Sie auch den Zweck des Besuchs oder Anrufes und seine Dauer. Sie können dabei ganz informell vorgehen, indem Sie einfach jeden Anruf oder Besuch auf einem Stück Papier notieren; wenn Sie jedoch einen etwas systematischeren Ansatz bevorzugen, können Sie ein Unterbrechungsverzeichnis erstellen (siehe unten).

Streichen Sie am Ende dieser Kontrollperiode alle *legitimen* Unterbrechungen aus: die wirklich kritischen Fälle, die weder vorhersehbar noch zu verhindern waren. Haken Sie als nächstes alle Anrufe und Anfragen ab, die Ihre Sekretärin oder andere Mitarbeiter erledigen hätten können (Überprüfung von Lieferterminen, Klienten, die Routineinformationen benötigten, etc.). Dies sind die *delegierbaren* Unterbrechungen, die eigentlich nicht zu Ihnen hätten vordringen dürfen. Um diese Störungen in Zukunft zu vermeiden, sollten Sie Richtlinien für Ihre Sekretärin und alle Mitarbeiter aufstellen, die klar definieren, welche Art von Anrufen zu Ihnen durchgestellt werden sollte.

Haken Sie dann alle Routine- oder *kunterbunten* Unterbrechungen ab – ein Mitarbeiter, der kurz vorbeischaute und Sie mit einer Frage störte, die auch bis zum Meeting am Freitag hätte warten können, ein Klient, der nur anrief, um ein bißchen mit Ihnen zu plaudern, und so weiter. Dies sind die Anrufe und Besuche, die warten oder weitergeleitet werden können. Wenn sie auch weiterhin ein Problem darstellen, sehen Sie sich nochmals die Taktiken zum Limitieren, zeitlichen Begrenzen und planvollen Organisieren dieser Störungen an, die weiter vorn in diesem Kapitel beschrieben wurden.

**Unterbrechungsliste**                                                      Woche _____

| Wer? | Anruf? | Besuch? | Dauer | Zweck | Kategorie* |
|------|--------|---------|-------|-------|------------|
|      |        |         |       |       |            |
|      |        |         |       |       |            |
|      |        |         |       |       |            |
|      |        |         |       |       |            |
|      |        |         |       |       |            |
|      |        |         |       |       |            |
|      |        |         |       |       |            |
|      |        |         |       |       |            |
|      |        |         |       |       |            |
|      |        |         |       |       |            |

\* Legitim, delegierbar, kunterbunt, nachfassen, Mitarbeiteranfrage, ablaufbezogen. Lassen Sie die Spalte »Kategorie« bis zum Ende der Kontrollperiode frei.

Die verbleibenden, »problematischen« Unterbrechungen sind symptomatisch für einen Fehler oder Mangel in den Arbeitsabläufen oder Managementmethoden. Sie lassen sich grob in die drei folgenden Kategorien einteilen:

*Nachfassen seitens anderer*: Wenn ein Anruf mit »Wo bleibt das …, das Sie mir versprochen haben« oder mit »Ich dachte ja, Sie würden bereits vorige Woche von sich hören lassen« beginnt, dann liegt das Problem nicht am Telefon, sondern an schlechten Nachfaßmethoden.
*Lösung:* Der Papierarbeit oder der Abwicklung von Aufgaben mehr Aufmerksamkeit widmen, effektivere Kontrollsysteme. Siehe Kapitel 2, 5 und 8.

*Mitarbeiteranfragen:* Wenn Untergebene Sie ständig aufsuchen, um Fälligkeitstermine oder Entscheidungen mit Ihnen abzuklären oder um Ratschläge, Unterstützung oder Informationen von Ihnen zu bekommen, dann können Sie ziemlich sicher sein, daß Sie den Zweck und die Natur eines Auftrags sowie die verschiedenen Verantwortlichkeiten und Autoritätsverhältnisse nicht wirklich klar vermittelt haben.
*Lösung:* Umreißen Sie jedem Mitarbeiter kurz, aber klar das Warum und Wie jeder ihm übertragenen Aufgabe. Stellen Sie sicher, daß die Mitarbeiter verstehen, wieviel Autorität und welche Befugnisse sie haben. Siehe Kapitel 10.

*Ablaufbedingte/strukturelle Mängel:* Anrufe zur Schadensbegrenzung oder Troubleshooting-Aktionen sind oft die Folge mangelhafter Planung oder ungeeigneter interner Systeme.
*Lösung:* Identifizieren Sie die Fehlerstelle und entwickeln Sie eine Methode, sie zu umgehen: vielleicht bessere Nachfaßmethoden, regelmäßige Planungssitzungen oder ein Handbuch über Arbeitsabläufe des Büroalltags. Siehe Kapitel 2 und 8.
*Beispiele:* Der Eigentümer einer Textilfirma wurde zehn oder

fünfzehnmal pro Tag von seinen Angestellten aus der Einkaufsabteilung unterbrochen, die keine andere Quelle für die komplexen internationalen Handelsinformationen hatten, die sie benötigten. Seine Lösung: eine Tabelle für die Angestellten, die die
meisten dieser Informationen abdeckte. In ähnlicher Weise gelang
es einer Personalabteilung, die sich mit einer wahren Flut von
Anrufen verschiedenster Stellenbewerber konfrontiert sah, diese
Anrufe um zwei Drittel zu reduzieren, indem sie jedem Kandidaten eine Karte sandte, auf der stand: »Wir werden Sie über den
Erfolg Ihrer Bewerbung binnen drei Wochen in Kenntnis setzen.
Wir bitten Sie, uns in der Zwischenzeit nicht anzurufen.«

Füllen Sie nun die letzte Spalte des Unterbrechungsverzeichnis-
ses aus, indem Sie jede Eintragung entweder als legitim, delegierbar, kunterbunt, Nachfaßaktivität oder ablaufbedingt kategorisie-
ren. Welchen Prozentsatz der gesamten Unterbrechungen
machen die legitimen Störungen aus? Fünfzehn Prozent? Fünfzig
Prozent? Siebzig Prozent? Wenn in Ihrer Branche nicht kurzfristig auf spontane und plötzliche Ereignisse reagiert werden muß,
sollten die problematischen Unterbrechungen (also alle anderen
Kategorien gemeinsam) nicht mehr als etwa 20% aller unvorhergesehenen Störungen der Routine ausmachen. Ein signifikantes
Übergewicht der problematischen Unterbrechungen ist ein Indikator dafür, daß ein nochmaliges Lesen und die Einführung der
beschriebenen Lösungen vonnöten ist.

## Durchorganisierte Meetings

Laut einer von der Managementberatungsfirma Booz, Allen &
Hamilton durchgeführten Studie verbrachten 299 Manager die
Hälfte ihrer Arbeitszeit in Meetings. Einen Gutteil dieser Zeit
nahmen weitschweifige Diskussionen, politische Manöver, über-
triebene Geselligkeit und Konflikte von sehr beschränktem Inter-

esse in Anspruch. Und die Zeit ist nicht der einzige Verlustposten. Fünf 70 000 Dollar schwere Leute, die pro Woche zehn nutzlose Stunden in Meetings verbringen, können Ihre Firma gut und gerne mehr als tausend Dollar pro Woche kosten. Der Eigentümer einer kleinen Fluggesellschaft sagte: »Wir gaben Tausende Dollar für Meetings aus, deren einziger Zweck es war, Hundert-Dollar-Probleme zu lösen. Jetzt halten wir kein Meeting ab, wenn es der Firma nicht zweimal soviel einzubringen verspricht, als es sie kostet.«

Es ist nicht möglich, eine generelle Aussage bezüglich der allgemeinen Zeiterfordernisse für Meetings zu treffen, weil Zahl und Dauer der notwendigen Meetings von Ihrer Arbeit abhängig sind. Ein leitender Angestellter kann beispielsweise 75% seiner Zeit für Meetings aufwenden, während für einen Technikexperten eventuell auch 20% bereits sehr viel sein können. Sie können jedoch für jedes einzelne Meeting feststellen, ob es notwendig ist, und wenn ja, ob es seinen Zweck erfüllt.

Zu unnötigen Meetings kommt es manchmal, weil zwei Leute in dem Bestreben, einer haarigen Angelegenheit zu entkommen, die nur sie allein betrifft, ein allgemeines Meeting einberufen. Ein Manager einer technischen Firma sagte einmal: »Daß individuelle Probleme in allgemeine Meetings hineingetragen werden, ist ein großes Problem in der Arbeitswelt.« Kann die Frage auch per Memo, telefonisch oder im Rahmen einer informellen Konferenz gelöst werden? Die vier Gebietsmanager einer Produktionsfirma hielten monatliche Meetings in New York oder Chicago ab, eine Vorgangsweise, die sehr viel an Vorbereitungs- und Reisezeit kostete. Heute treffen sie sich nur zweimal pro Jahr zu längeren Planungssitzungen und wickeln ihre laufenden geschäftlichen Angelegenheiten über Konferenzschaltungen ab. Die Telekonferenz, also das Abhalten von Meetings via Bildschirm, stellt eine weitere Option dar.

Es folgen noch einige zusätzliche Tips für das Vermeiden unnötiger Meetings:

- *Etablieren Sie einen Kontrollprozeß.* Oft überleben sich Komitees, die eingerichtet wurden, um etwas Bestimmtes zu überprüfen, selbst. Wenn möglich, versuchen Sie bei der Einsetzung eines Komitees gleich festzusetzen, wie lange es bestehen soll. Oder überprüfen Sie periodisch seine Erfolge und lösen Sie Komitees auf, deren Arbeit nicht mehr zufriedenstellend ist.

- *Zusammenfassen.* Die Produktionsleiterin einer Kosmetikfirma verbrachte jeden Monat viele Stunden in Meetings mit verschiedenen Abteilungsleitern, und bei all diesen Meetings ging es im Grunde um dieselben Dinge. Nun hält sie einmal pro Monat ein generelles Meeting ab; diese Vorgangsweise trägt gleichzeitig auch dazu bei, daß die einzelnen Mitarbeiter einen besseren Kontakt zueinander haben und das Entstehen eines Teamgeistes gefördert wird.

- *Teilnehmerauswahl.* Meetings beanspruchen die Zeit hochbezahlter, wertvoller Mitarbeiter. Beschränken Sie die Teilnahme deshalb auf jenen Personenkreis, der direkt involviert ist. Stellen Sie gleichzeitig aber auch sicher, daß die Schlüsselpersonen anwesend *sind*.
Müssen Sie unbedingt an dem gesamten Meeting teilnehmen? Ein Analyst nimmt regelmäßig an Meetings teil, jedoch unter der Bedingung, daß er nur kurze Zeit bleiben wird, wenn das Meeting nicht von speziellem Interesse für ihn ist.

Wenn ein Meeting abgehalten werden soll, dann gibt es aller Wahrscheinlichkeit nach auch einen Grund dafür. Die Ziele und Tagesordnungspunkte werden jedoch nur selten einigermaßen präzise definiert. Erfüllt das Meeting seinen Zweck? Die erste Voraussetzung für ein produktives Meeting ist die Aufstellung einer *Tagesordnung,* das heißt einer schriftlichen Liste spezifischer Fragen oder Diskussionsthemen. Diese Tagesordnung sollte zumindest einen Tag vor dem Meeting an die Teilnehmer verteilt werden und Auskunft über das gewünschte Ziel des

Meetings (Entscheidung, Empfehlung, Aktualisierung etc.), über Unterlagen oder Informationen, die die Teilnehmer mitbringen sollen, und über gegebenenfalls notwendige Vorbereitungen (Lesen oder Studieren bestimmter Dokumente) geben. (Ein Mustertagesplan einer Anwaltskanzlei ist unten abgedruckt.)

Für wichtige Tagesordnungspunkte sollten Hintergrundinformationen bereitgestellt werden, einschließlich eines kurzen Überblicks, einer Liste mit Alternativvorschlägen und einer Empfehlung, welche Alternative weshalb am vorteilhaftesten erscheint.

Wenn möglich, lassen Sie jeden Teilnehmer kurz die Probleme und möglichen Lösungen darstellen und einen Vorschlag bezüglich der weiteren Vorgangsweise machen. Wenn Sie die Tagesordnung für eine große Konferenz oder ein umfangreiches Seminar erstellen, senden Sie eine Liste der vorläufigen Themen mit der Bitte um eine Stellungnahme an die Teilnehmer, um sicherzugehen, daß Sie alle wichtigen Themen berücksichtigt haben. Bei spontanen Meetings sollten Sie Ihre Zielvorstellung sofort klarlegen: »Ich würde gern Ihre Meinung zu unserer neuen Kampagne erfahren, die nächsten Monat anlaufen soll. Wir schwanken noch zwischen zwei Alternativen, und ich möchte Sie bitten, darüber abzustimmen.«

Zusätzlich dazu können Sie sich die folgenden Tips für »produktive Meetings« zunutze machen:

• *Setzen Sie Limits.* Um bei Meetings die nötige Effizienz zu gewährleisten, sollten Sie sich ein spezifisches Zeitlimit setzen und sich auch daran halten. Die Mittagspause oder der Büroschluß stellen praktisch vorgegebene Limits dar. In einem Verlag beginnt die wöchentliche Redaktionssitzung beispielsweise um 16:00 Uhr, und bis 17:00 Uhr oder 17:30 Uhr ist für gewöhnlich alles erledigt. In einem anderen Verlag beginnt das Meeting um 15:00 Uhr und endet ebenfalls um 17:00 Uhr. Um alle wichtigen Punkte durchzubekommen und das Meeting zur geplanten Zeit beenden zu können, werden unerledigte Angelegenheiten bis zum nächsten Meeting aufgeschoben.

* *Verwenden Sie Listen.* Für informelle oder improvisierte Mitarbeitermeetings sowie für Unterredungen unter vier Augen und Telefongespräche sollten Sie sich eine Liste aller Dinge zusammenstellen, die Sie besprechen müssen. Verwenden Sie Ihre »Meetings«- oder »Weitergabe«- Ordner, um sich laufend Ideen, Fragen oder zu diskutierende Probleme zu notieren.

---

**Tagesordnung für das wöchentliche Meeting
der Partner des Rechtsanwaltsbüros
Smith, Hertz & Smith**

1 Sollen wir unseren Stab an juristischen Assistenten vergrößern? Henry Bingham hat anhand der Erfahrungen anderer Firmen Statistiken über die Rolle, die Aufgaben und den Nutzen von Assistenten zusammengestellt.
   *Ziel:* Zu einer Entscheidung kommen, und wenn diese positiv ausfällt, die nächsten Schritte festlegen.

2 Ein sehr beträchtlicher Prozentsatz der Ressourcen unserer Firma ist durch die Betreuung von drei großen Unternehmenskunden gebunden. Dies könnte uns in eine äußerst kritische Lage bringen, wenn wir auch nur einen dieser Kunden verlieren sollten. Diskutieren wir diese Möglichkeit und machen wir uns auch Gedanken darüber, welche Schritte wir unternehmen könnten, um unsere Basis zu verbreitern. *Ziel:* Diskussion und Empfehlungen für weitere Schritte und Maßnahmen.

3 Abschiedsfest für einen in den Ruhestand tretenden Partner. *Ziel:* Entscheiden, wer die Planung und Organisation des Festes übernehmen wird, welches Geschenk besorgt werden soll usw.

---

Die zweite Bedingung für ein effizientes Meeting ist ein *Nach-faßsystem*. Ein Manager erklärt: »Vor einigen Monaten hat der Vizepräsident ein Werbemeeting mit den vagen Worten geschlossen: ›Werfen wir einmal einen Blick in die Entwurfsmappe dieser brandheißen neuen Werbeagentur.‹ Tja, jeder hat angenommen, daß das schon jemand anders erledigen würde. Natürlich hat es aber niemand getan, und zwei Monate später mußten wir erfahren, daß die Agentur bereits die Betreuung eines Konkurrenten übernommen hatte. Jetzt fassen wir *überall* nach.«

Versuchen Sie, bei jedem Punkt zu einer Entscheidung oder zu einem »Zwischenstopp« zu kommen; legen Sie dafür nötige Schritte und Fälligkeitstermine für die Umsetzung von Beschlüssen fest, und zwar vorzugsweise schriftlich. Sehr hilfreich ist auch die Verwendung eines traditionellen Stenoblocks, um allgemeine Notizen von Aufgaben und Aufträgen unterscheiden zu können: Man verwendet die eine Spalte für Notizen und die andere für spezifische Dinge. Lassen Sie die Aufgaben abtippen und am selben oder am nächsten Tag verteilen. Wenn ein Meeting mit einer vagen Versicherung wie »Jill wird sich um dieses Problem kümmern« endet, bestehen Sie darauf, daß Details spezifiziert werden – wer was bis wann zu erledigen hat –, damit es keine Unklarheiten gibt. Um bei regelmäßigen Meetings up to date zu bleiben, aktualisieren Sie einfach jede Woche dieselbe Grundtagesordnung. In der Schulungsabteilung einer Gesellschaft notierte sich die Sekretärin der Abteilung bei einem Meeting einfach die Tagesordnung, tippte diese dann sauber ab und verteilte sie an die Teilnehmer des Meetings. Danach genügte es, wenn einer der Teilnehmer neue Punkte auf einem Exemplar der alten Tagesordnung notierte und dieses wieder der Sekretärin gab, die es neu tippte. Hier noch einige weitere praktische *Tips:*

- Beginnen Sie jedes Meeting damit, »alte« Fragen zu klären – also den gegenwärtigen Stand oder die Ergebnisse von früher erteilten Aufträgen zu überprüfen.

- Fassen Sie die besprochenen Punkte und die Ergebnisse des Meetings fünf Minuten vor dem Ende der Sitzung kurz zusammen: Formulieren Sie Entscheidungen nochmals und überprüfen Sie erteilte Aufträge und die zugehörigen Fristen und Fälligkeitstermine.
- Für improvisierte Meetings sollten Sie sich Ihre eigenen Aufgaben und die anderer Personen auf Ihrer Generalliste notieren. Verwenden Sie dann Ihren Kalender, Ihr Notizbuch oder die Weitergabemappe, um nichts davon aus den Augen zu verlieren.

Schließlich und endlich hängt die Produktivität von Meetings auch von der Person ab, die die Sitzungen *leitet*. Unstrukturierte Meetings sind meist unproduktiv. Irgend jemand – entweder der in der Rangordnung am höchsten stehende Teilnehmer oder der in bezug auf das jeweilige Thema kompetenteste – sollte als Moderator fungieren und sicherstellen, daß die Diskussion fokussiert bleibt und nicht zu weit vom eigentlichen Thema abschweift. Um abteilungs- oder firmeninterne Meetings zu bewerten, können Sie sich ein oder zwei Wochen lang über alle Meetings, an denen Sie teilnehmen (und zwar sowohl über planmäßige als auch über spontane), informelle Notizen machen und auch deren jeweilige Dauer festhalten. Die Beantwortung der folgenden Fragen sollte Ihnen dabei helfen, den Wert jedes Meetings zu bestimmen und spezielle Probleme zu identifizieren.

1  Waren Sie ein aktiver Teilnehmer oder hauptsächlich Zuschauer?
2  Was wurde bei diesem Meeting speziell erreicht?
3  War seine Dauer den Ergebnissen angemessen?
4  Unterbrachen bestimmte Personen (eventuell auch Sie selbst) den Fluß der Diskussion, indem sie Fragen von eher peripherem Interesse oder sehr spezielle Probleme aufs Tapet brachten?
5  Wurden alle Aufträge, Empfehlungen und ähnliches geklärt und die Fortschritte überprüft?

## Unterwegs: Geschäftsreisen

Gründliche Vorbereitung ist ein Muß für alle, die häufig reisen. Viele Führungskräfte haben dafür einen separaten, stets gepackten Toilettenbeutel und alles andere, was sie für eine Übernachtung außer Haus benötigen, immer parat: Nachthemd oder Pyjama, Bademantel, Unterwäsche und Dinge wie Radio, Wecker oder Kamera. Dieses Set sollte nach jeder Verwendung überprüft und wenn nötig aufgefüllt werden, so daß es dann reisefertig ist, wenn Sie es auch sind. Ich empfehle auch die Verwendung von fixen Packlisten – eine, wenn sie nur eine Nacht auswärts verbringen, eine, wenn Sie eine Woche lang an einen bestimmten Ort verreisen, eine für eine einwöchige Reise in zwei oder drei Städte. Diese Listen können das Packen praktisch automatisieren und ermöglichen es Ihnen, alles Nötige in nur fünfzehn oder zwanzig Minuten zusammenzupacken.

Ebenfalls nützlich ist eine stets reisefertige Aktentasche, ausgestattet mit Adreßbuch, Schreibutensilien, Diktiergerät plus Kassetten und vorfrankierten Briefumschlägen. Überprüfen Sie alles nach jeder Reise und füllen Sie auf, was fehlt. Eine Diskussion darüber, wie man das Optimum aus Reisen mit einem tragbaren Computer macht, finden Sie auf Seite 316.

»Man muß sich einfach die Zeit nehmen, seine Arbeit zu organisieren, *bevor* man abreist«, sagt ein Manager, der seine Aktentasche systematisch packt, um für alle Eventualitäten während der verschiedenen Etappen seiner Reise gerüstet zu sein: Arbeit, die während des Fluges »A« erledigt werden kann, in das erste Fach, Arbeit für Flug »B« in das zweite Fach und so weiter. Notieren Sie sich die Unterlagen, die Sie brauchen werden, für den Vortag auf Ihrem Kalender und legen Sie eine »Reisemappe« an, in der Sie alle Papiere und Unterlagen in der Reihenfolge, in der sie hereinkommen, ablegen.

Fertigen Sie einen »Reisewegweiser« in vier Exemplaren an: eines für Sie selbst, eines für Ihre Sekretärin, eines für Ihren

Ehepartner, und das letzte hinterlegen Sie an der Rezeption des
Hotels an Ihrem Zielort. Führen Sie Hotels und Termine sowie
die Namen, Geschäftsadressen und Bürotelefonnummern (wenn
möglich, auch die Privatnummern) der Personen an, die Sie treffen werden. Als Ergänzung kann auch eine Reise-Checkliste, also
eine kurze Liste mit allen zweckdienlichen Informationen, von
großem Wert sein. Das Beispiel auf den Seiten 168 und 169 wurde
von Catherine Lee zusammengestellt, die Vizedirektorin einer
Public-Relations-Firma ist. Ihre Sekretärin füllt für jede Reise
eines dieser Formulare aus.
Hier noch einige zusätzliche praktische Tips für eine gut vorbe-
reitete Reise:

- *Ortswechsel:* Sorgen Sie dafür, daß Sie genug Transferzeit
  zwischen den einzelnen Terminen eingeplant haben; das gilt
  vor allem für große Städte. Eventuell ist es angenehmer, ein
  Taxi zu nehmen, anstatt einen Leihwagen zu mieten. Rufen Sie
  sich von Ihrem Hotel aus ein Taxi und behalten Sie es für den
  ganzen Tag. Das ist zwar teuer, aber die Beruhigung, die es
  Ihnen gibt, ist den hohen Preis oft wert.

- *Bleiben Sie bei Ihrer Papierarbeit auf dem laufenden:* Um
  einem »Papierstau« vorzubeugen, sollten Sie über so viele
  Schriftstücke wie möglich per Telefonat mit Ihrer Sekretärin
  disponieren. Diktieren Sie kurze Antwortbriefe, geben Sie
  Aufgaben an Kollegen weiter. Bitten Sie Ihre Sekretärin, einen
  möglichst großen Teil der Routinepost selbständig zu erledigen und nur die wirklich wichtigen Angelegenheiten mit Ihnen
  zu besprechen, wobei sie jeweils Absender, den Inhalt in
  groben Zügen und die ergriffenen Maßnahmen notieren sollte,
  damit Sie sich bei Ihrer Rückkunft einen raschen Überblick
  verschaffen können. Bestimmen Sie eine Person, an die sie sich
  während Ihrer Abwesenheit wenden kann, wenn irgend etwas
  auftaucht, was sie nicht selbständig zu erledigen imstande ist.
  Tun Sie Ihrerseits ebenfalls alles, um die Dinge am Laufen zu

## Reisecheckliste
*Catherine Lee, Vizedirektorin, Public Relations*

### Fluginfo

Abreise                                      Rückkunft

_____ Reservierungen        _____

_____ Welcher Flughafen?    _____

_____ Transfer              _____

_____ Sitzplatz             _____

_____ 1. Wahl – Fensterplatz _____

_____ 2. Wahl – Gangsitz    _____

_____ Essen                 _____

_____ 1. Wahl – vegetarisch _____

_____ 2. Wahl – Fisch       _____

_____ Tickets erhalten      _____

### Am Zielort

Hotel_____

Einzelzimmer _____

Ermäßigung für Geschäftsreisende? _____

Bestätigung erhalten? _____

Leihwagenbuchung _____

   Leihwagenfirma _____

   Gebühren, $ _____

Wegbeschreibung zum Zielort _____

### Persönliches

Benötigte Summe in bar _____

Andere Zahlungsmittel (Travellerschecks)_____

## Reiserouten- und Zeitplancheckliste

Drucken Sie die folgenden Informationen auf einem Blatt Papier aus, das Frau Lee mitnimmt:

☐ Fluginformationen
☐ Transfer
☐ Informationen über den Leihwagen
☐ Hotel (Adresse und Telefon)
☐ Hotelkosten
☐ Name der Kontaktperson im Hotel
☐ Reservierungsnummer
☐ Rückbestätigung der Reiseroute beigelegt?
☐ Zeitplan am Zielort
  (incl. Adressen, Telefonnummern etc.)
☐ Namen, Adressen sowie Telefon- und Faxnummern der Personen, die Frau Lee kontaktieren will

## Frau Lees »Mitnahmeset«

☐ Tickets
☐ Reiseroute und Zeitplan
☐ Bargeld
☐ Hotelprospekt
☐ Firmenverzeichnis
☐ Reiseaktentasche (enthält Diktiergerät plus Kassetten, Papier, Taschenrechner, Notebook-Computer, Schreibblock, Schreibutensilien, Terminkalender, Visitenkarten)

halten: Sprechen Sie Briefe, Anweisungen für Transaktionen und Zusammenfassungen von Meetings während Ihrer Reise auf Band und schicken Sie die Bänder in vorfrankierten und adressierten Umschlägen an Ihr Büro oder mailen Sie die Informationen.

Wenn Norma Fox, Chefredakteurin von Insight Books, für längere Zeit verreist, bittet sie ihre Sekretärin, die inzwischen einlaufende Post in fünf Kategorien einzuteilen: Dringendes, gewöhnliche Post, firmeninterne Memos, Manuskripte und Zeitschriften. Fox sieht am ersten Tag nach ihrer Rückkehr die dringenden Sendungen und die Memos durch und erledigt alles Nötige; von den anderen Stapeln wird dann jeden Tag eine bestimmte Anzahl von Schriftstücken bearbeitet. Sie schafft es immer, den Rückstand innerhalb von ein oder zwei Wochen aufzuarbeiten.

- *Ausgaben:* Viele Reisende ziehen es vor, Belege für alle Ausgaben aufzubewahren. Das Sammeln von Rechnungen erleichtert es, rückerstattbare Spesen sowie steuerlich absetzbare und nicht absetzbare private Auslagen auseinanderzuhalten. Wenn möglich, verwenden Sie eine Kreditkarte für alle geschäftlichen Ausgaben und eine andere für persönliche Aufwendungen. Bewahren Sie die Zahlungsbelege an *einem einzigen* Ort auf, vorzugsweise einem Fach in Ihrer Geldbörse oder Ihrem Taschenkalender. Ein Geschäftsmann, der häufig auf Reisen geht, führt immer ein Ausgabenformular mit sich, in das er alle Auslagen einträgt und das er nach seiner Rückkehr seiner Sekretärin übergibt, damit sie eine Reinschrift davon anfertigt.
- *Planen Sie Ihre Rückkehr*: Versuchen Sie Ihre Rückkunft für den späten Nachmittag oder frühen Abend zu planen, so daß Sie im Rahmen eines normalen Arbeitstages bleiben. Oder Sie kommen am frühen Morgen an und beginnen den Arbeitstag wie jeden anderen. Wenn Sie nämlich mitten untertags zurück-

kommen, ist es oft schwierig, wieder in den Büroalltag hineinzufinden, besonders dann, wenn Sie unter dem Jetlag leiden. Um sich die Wiedereingewöhnung zu erleichtern, können Sie ein einfaches Projekt auf Ihrem Schreibtisch liegenlassen, an dem Sie gleich nach Ihrer Rückkehr ohne Verzögerung zu arbeiten beginnen können.

## Zusammenfassung:
## Zeitfresser und geeignete Abhilfestrategien

### Erste Verteidigungslinie: Anti-Unterbrechungsstrategien

| | |
|---|---|
| Anrufe | Schalten Sie Ihre Sekretärin dazwischen. |
| | Leiten Sie die Anrufe an Kollegen weiter. |
| | Ernennen Sie Mitarbeiter zu »persönlichen Ansprechpartnern« für regelmäßige Anrufer. |
| | Erstellen Sie eine Liste von Techniken zur Beendigung zu langer Telefongespräche. |
| | Blocken Sie nötige Rückrufe. |
| | Versuchen Sie, eine Rückruffrist von zwei Tagen einzuhalten. |
| | Verlegen Sie Telefonate auf die Zeit vor der Mittagspause oder telefonieren Sie gegen Ende des Tages. |
| Besucher | Schalten Sie Ihre Sekretärin dazwischen. |
| | Bringen Sie ein »Ruhezeit«-Schild auf der Tür an. |
| | Stellen Sie den Schreibtisch so auf, daß Sie Augenkontakt vermeiden. |
| | Erledigen Sie »private« Arbeiten anderswo. |
| | Fassen Sie Besucher möglichst in einem bestimmten Zeitblock zusammen. |
| | Setzen Sie »Zeitverträge« auf. |
| | Konferieren Sie eher im Büro eines Kollegen als in Ihrem eigenen. |

## Zweite Verteidigungslinie: »problematische« Unterbrechungen definieren und analysieren

| *Problem* | *Lösung* |
| --- | --- |
| Routineanrufe oder Besuche, die Sie weiterleiten können. | Geben Sie Ihrer Sekretärin/Ihren Mitarbeitern spezielle Richtlinien für das korrekte Weiterleiten von Anrufen und Anfragen vor. Bestimmen Sie Mitarbeiter zu »persönlichen Ansprechpartnern für häufige Anrufer und Besucher. |
| Personen, die bei Ihnen nachfassen. | Erledigen Sie Papierarbeit und andere Aufgaben zügiger; verwenden Sie effizientere Kontrollsysteme. Siehe Kapitel 2, 5 und 8. Halten Sie Ihre Partner über die Fortschritte auf dem laufenden. |
| Häufige Anfragen von Mitarbeitern. | Informieren Sie Mitarbeiter kurz, aber umfassend; klären Sie sie über den Zweck aller ihnen übertragenen Aufgaben auf und definieren Sie ihre Kompetenzen und Verantwortlichkeiten klar. Siehe Kapitel 10. |
| Rückfragen oder Verwirrung aufgrund ungeeigneter Arbeitsabläufe oder Systeme im Büro. | Identifizieren Sie Systemmängel und versuchen Sie, sie zu umgehen; experimentieren Sie mit effizienteren Nachfaßtechniken, halten Sie regelmäßige Planungssitzungen ab, versuchen Sie es mit einem Handbuch für Büroabläufe, lassen Sie Ihre Mitarbeiter an Trainingsseminaren teilnehmen. Siehe Kapitel 2 und 8. |

## Straffen von Meetings

| | |
|---|---|
| Eliminieren Sie unnötige Meetings | Versuchen Sie es mit einer Alternative: Memo, Telefon, Konferenzschaltung. Setzen Sie Überprüfungs- und Beendigungsfristen für Komitees fest. Nehmen Sie nicht teil, wenn Ihre Anwesenheit nicht unbedingt erforderlich ist, oder bleiben Sie nur so lange, wie die Diskussion für Sie relevant ist. |
| Maßnahmenplan | Verteilen Sie vor formellen Meetings eine getippte Liste der wichtigsten Themen; halten Sie fest, welche Papiere/Informationen die Teilnehmer mitbringen sollen; definieren Sie die Ziele des Meetings (Entscheidungsfindung, weitere Untersuchung, Aktualisierung, Aktionsschritte usw.). Übermitteln Sie für informelle Meetings dieselben Informationen mündlich. Bitten Sie jemanden, für periodische Meetings jeweils eine Grundtagesordnung zu aktualisieren. |
| Setzen Sie Zeitlimits | Setzen Sie ein bestimmtes Limit und beginnen Sie zeitgerecht. Rekapitulieren Sie fünf Minuten vor Schluß nochmals die getroffenen Entscheidungen und die erteilten Aufträge. Mittagspause und Büroschluß bieten sich als automatische Limits an. |
| Nachfassen | Klären Sie schriftlich alle Aufträge und Empfehlungen und verteilen Sie diese Aufstellung so bald wie möglich an alle Teilnehmer. Überprüfen Sie die Fort- |

schritte, die die delegierten Aufgaben machen, beim nächsten Meeting oder während regelmäßiger Besprechungen mit den betreffenden Personen.

Kontrolle über-
nehmen

Das Meeting sollte moderiert werden – und zwar entweder vom ranghöchsten Teilnehmer oder von der sachlich am besten qualifizierten Person –, um sicherzustellen, daß die Diskussion nicht vom Thema abschweift.

## Unterwegs: Geschäftsreisen

Vorausplanen

Halten Sie stets ein vorgepacktes »Übernachtungsset« bereit. Automatisieren Sie das Packen für längere Reisen durch die Verwendung von standardisierten Listen für Kleidung, Accessoires etc.

Vorbereitungen
im Büro

Sie sollten immer eine fertig gepackte Reiseaktentasche bereit halten. Überprüfen Sie sie nach jedem Gebrauch und füllen Sie sie auf, wenn nötig. Erstellen Sie einen schriftlichen »Reisewegweiser« und stellen Sie – ebenfalls schriftlich – relevante Reiseinformationen zusammen. Notieren Sie sich für den Tag vor der Abreise auf Ihrem Kalender alle Akten und Papiere, die Sie benötigen werden, sowie die Anmerkung »Reisemappe nicht vergessen«.

| Papierarbeit erledigen | Halten Sie die tägliche Papierarbeits-sitzung mit Ihrer Sekretärin per Telefon ab. Diktieren Sie reisebezogene Briefe, Aufträge u. ä., während Sie unterwegs sind, und schicken Sie sie per Post an Ihre Sekretärin. Bewahren Sie Zahlungs-belege an *einem* Ort auf. Kommunizieren Sie per Mail und Fax, wenn Sie einen tragbaren Computer verwenden. |

# 7 Effizienz und Ihr Arbeitsprofil

> Wir haben den Feind erkannt –
> wir sind es selbst.
> *Pogo*

Steve Williamson und Alan Drew sind die Besitzer einer kleinen Firma für Technisches Consulting. Beide absolvieren einen vollen Acht- oder Neunstunden-Arbeitstag, aber wenn Drew das Büro verläßt, dann für gewöhnlich mit einer vollen Aktentasche. Es ist durchaus nichts Ungewöhnliches, daß er zwei Stunden damit verbringt, einen Bericht zu perfektionieren, der eigentlich auch in einer Dreiviertelstunde fertiggestellt werden könnte. Wenn es um Zeit geht, dann ist er selbst sein schlimmster Feind, ein Opfer des »Aber ich habe es doch immer schon so gemacht«-Syndroms. Williamson dagegen nimmt kaum jemals Arbeit mit nach Hause. Er erledigt während seiner achtstündigen Arbeitszeit Aufgaben, für die Drew wahrscheinlich doppelt soviel Zeit benötigen würde. Der Unterschied zwischen den beiden Männern: Drew ist effizient – er erledigt wichtige Arbeiten zuerst –, während Williamson sowohl effektiv als auch effizient arbeitet. Effektivität besteht nach der Definition des Managementberaters Peter Drucker darin, das Richtige zu tun – zu wissen, was man zu tun hat und wann man es tun muß, seine Zeit also möglichst nutzbringend zu investieren. Die Effektivität ist jedoch ernsthaft beeinträchtigt, wenn der zweite für die produktive Nutzung von Zeit ausschlaggebende Faktor fehlt: Effizienz, die als *das Richtige auf die richtige Art tun* definiert wird. Die Kombination aus diesen beiden Elementen bildet den Schlüssel für den Prozeß des Zeitmanagements.

Wie Sie Ihre Zeit nützen, spiegelt oft langpraktizierte Gewohnheiten wider. So wie Alan Drew verlieren die meisten Manager die meiste Zeit nicht so sehr durch externe Einflüsse wie Unterbrechungen, sondern sie sabotieren sich buchstäblich selbst, sei es durch Hinauszögern, durch Perfektionismus oder durch einen ineffizienten Arbeitsstil. Sie bleiben in ein und demselben Muster gefangen, weil sie es »immer schon so gemacht« haben. Um dieses Problem lösen zu können, müssen Sie die Art und Weise, wie Sie Ihre Zeit verwenden, neu überdenken: Arbeiten Sie an sich, legen Sie kontraproduktive Gewohnheiten ab, entwickeln Sie einen persönlichen Arbeitsstil, der komfortabel und funktionell ist, und finden Sie heraus, auf welche Weise Sie Ihre Arbeit am einfachsten und ökonomischsten bewältigen können.

## Hinauszögern: ein Ansatz zur Problemlösung

Für das Hinauszögern von Arbeiten finden die Leute zahllose Gründe: Manche Menschen tun es, weil ihnen die Aufgabe, die gerade zu erledigen wäre, unangenehm ist oder nicht bewältigbar scheint, andere neigen dazu, weil sie nicht wissen, wo sie anfangen oder wie sie das Problem anpacken sollen. Wieder andere Leute schieben Dinge vor sich her, weil der Endspurt, der dann nötig ist, um eine Frist doch noch einhalten zu können, ihnen zu einer Art »High« verhilft: Wenn der Adrenalinspiegel in die Höhe schnellt und das Gehirn auf Hochtouren läuft, können diese letzten, entscheidenden Stunden Spannung in die sonst so einförmige Arbeitsroutine bringen.

Wenn das Hinauszögern jedoch die Qualität Ihrer Arbeit zu beeinträchtigen beginnt, wird es zu einer Form der Selbstsabotage, die Sie nicht länger dulden können. Sie haben den absoluten Tiefpunkt erreicht, wenn Sie ein Projekt hinausschieben, um stattdessen Bleistifte en gros zu spitzen, wenn Sie mit der Erledigung eines 50-Stunden-Jobs so lange warten, bis Sie wirklich 50 Stunden Zeit haben, oder wenn Sie sich vornehmen, mit einer Arbeit zu beginnen, »sobald ...« (Sie können hier etwas Beliebi-

ges einsetzen). Das Zurechtlegen kunstvoll konstruierter Ent-
schuldigungen oder das Vorschützen von zu vielArbeit als Recht-
fertigung dafür, daß man eine bestimmte Aufgabe nicht erledigt,
verstärkt die Gewohnheit nur. Um sich neue, produktivere Ar-
beitsroutinen anzugewöhnen, müssen Sie als ersten Schritt jene
Art Situationen identifizieren, die bei Ihnen die »Verzögerungs-
Alarmglocken« schrillen lassen. Die Probleme, die nachstehend
aufgelistet sind, umfassen die meisten Ursachen für das Hinauszögern. Wählen Sie jene Lösungen aus, die Ihnen für Ihre persönliche Situation am besten geeignet scheinen. Das Entscheidende
ist, daß Sie einen bequemeren und effizienteren Weg finden, wie
Sie all jene Arbeiten erledigen können, die Sie normalerweise
»auf morgen verschieben« – einen Weg, der es Ihnen erlaubt, Ihre
Energien ganz auf die konkreten Aktionen zu konzentrieren.

**Problem: eine stumpfsinnige oder unangenehme Aufgabe.**
*Lösung 1: Delegieren.* Wann immer dies möglich ist, lassen Sie
jemand anders diese Arbeit erledigen: Beauftragen Sie einen
Mitarbeiter mit dem Projekt (oder mit einem Teil davon). Mieten
Sie zusätzliche Arbeitskräfte an. Oder tauschen Sie die Arbeit mit
einem Kollegen. Die Herausgeberin eines Magazins schreibt
Schlagzeilen für eine Kollegin; diese übernimmt dafür das Lek-
torieren, eine Arbeit, die die Herausgeberin haßt. Vermeiden Sie
es, in die Rolle des Märtyrers zu schlüpfen, indem Sie fragen: »Ist
es wichtig, daß *gerade ich* diesen Job erledige, oder kommt es nur
darauf an, daß er überhaupt erledigt wird?«
*Lösung 2: Belohnung.* Entwickeln Sie Ihr individuelles Bonussystem. Versprechen Sie sich eine bestimmte Belohnung, wenn
Sie eine Arbeit fertigstellen – das kann alles mögliche sein, von
einem neuen Taschenbuch bis zu einem Tag beim Pferderennen.
Halten Sie einen besonderen Leckerbissen in Reichweite bereit.
Oder hören Sie Musik, wenn Sie sich davon inspiriert fühlen.

*Problem:* **ein unüberwindlich scheinendes oder besonders komplexes Projekt.**

*Lösung 1: Unterteilen Sie die Aufgabe in bewältigbare Einheiten.* Wenn Sie sich nicht dazu aufraffen können, mit einer Arbeit zu beginnen, die endlos oder unüberwindlich scheint, unterteilen Sie sie in einfachere Teilaufgaben und setzen Sie jeden Tag eine davon auf Ihre Tagesliste, bis Sie das Projekt beendet haben. Um langfristige, sich wiederholende Projekte »zum Schmelzen zu bringen«, schlägt der Psychologe Robert Tyson vor, »handliche Pakete« für jeweils einen Tag zu schnüren, also etwa drei Aktenmappen pro Tag neu zu ordnen, vier Telefonate zu erledigen oder fünf liegengebliebene Briefe zu beantworten.

Versuchen Sie es mit Alan Lakeins »Schweizer-Käse-Technik«: Bohren Sie sozusagen kleine Löcher in besonders umfangreiche Aufgaben, indem Sie kleine Teile davon, die lediglich fünf Minuten oder noch kürzere Zeit in Anspruch nehmen, sofort erledigen. Wenn Sie einen umfangreichen Forschungsbericht schreiben wollen, beginnen Sie zunächst mit einem Telefonat, um sich einige Vorinformationen zu verschaffen; beginnen Sie mit der Planung und Vorbereitung der alljährlichen Verkaufskonferenz, indem Sie Hotelprospekte anfordern. Wenn Sie mit solchen winzigen Schritten beginnen, ist die Wahrscheinlichkeit hoch, daß Sie recht schnell auf Touren kommen.

*Lösung 2: Unterteilen Sie umfangreiche Aufgaben nach Maßgabe der Zeit, die Sie zur Verfügung haben.* Eine Unternehmerin stellte jeden zweiten Sonntag morgen zwischen sechs und acht Uhr Unterlagen und Informationen für einen Bankkredit zusammen – das war ihre einzige »freie« Zeit. Die *New York Times*-Reporterin Jane Brody verfaßte ein 500-Seiten-Buch, indem sie an Wochentagen von fünf Uhr bis sechs Uhr dreißig morgens daran arbeitete. Versuchen Sie es auch mit der Variante, die der Verhandlungsspezialist Gerard Nierenberg vorschlägt: Wählen Sie solche Aufgaben, die genausoviel Zeit in Anspruch nehmen, wie Sie zur Verfügung haben. Nehmen Sie während einer dreistündigen freien Zeitspanne lieber eine größere Arbeit in Angriff als mehrere kleinere.

*Lösung 3: Erledigen Sie größere Arbeiten in »Runden«.* Beginnen Sie beim Allgemeineren und arbeiten Sie sich schrittweise zu den Details vor. Sortieren Sie einen Stapel von Papieren in einige wenige, grobe Kategorien vor, wie dies in Kapitel 2 beschrieben wird. Entscheiden Sie dann individuell, was Sie mit den einzelnen Stücken machen wollen. Legen Sie zuerst die grobe Struktur eines Berichts fest, erstellen Sie dann einen ersten Entwurf und beginnen Sie erst danach mit dem eigentlichen Schreiben.

**Problem: keine Aussicht auf sofortige Ergebnisse oder unmittelbare Vorteile.**

*Lösung: Bauen Sie »Mini-Ziele« ein.* Es ist gut möglich, daß Sie es schwierig finden werden, sich zur Inangriffnahme eines Projekts zu motivieren, bei dem Sie wochen- oder monatelang nicht mit Ergebnissen rechnen können. Sorgen Sie dafür, daß Sie immer wieder Erfolgserlebnisse haben, indem Sie sich Zwischenziele stecken. Holen Sie sich Feedback, wenn Sie den ersten Entwurf eines neuen Strategiepapiers fertiggestellt haben. Veröffentlichen Sie einen Abschnitt aus einem langen Bericht in der Firmenzeitung.

**Problem: Sie sind lahmgelegt. Sie wissen nicht, wie Sie an ein Projekt herangehen sollen oder womit Sie beginnen sollen.**

*Lösung 1: Definieren Sie Aktionsschritte.* Die Ausführung eines jeden Projektes muß mit einem von sieben spezifischen Schritten beginnen: Informationen sammeln, einen Brief oder ein Memo schreiben, jemanden anrufen, jemanden treffen, einen Auftrag erteilen, ein Meeting abhalten oder lesen (Berichte, Dokumente, etc.). Listen Sie – egal in welcher Reihenfolge – so viele spezifische Aufgaben auf, wie Ihnen einfallen: zwei Anrufe, die Sie erledigen müssen, Literatursuche, einen Entwurf für eine Empfehlung zusammenstellen und so weiter. Legen Sie dann eine

Handlungsabfolge fest: Definieren Sie, in welcher Reihenfolge die Aufgaben erledigt werden sollen. Setzen Sie schließlich Fristen, delegieren Sie soviel Sie können, setzen Sie Dinge, die Sie selbst erledigen wollen, auf Ihre Generalliste, übertragen Sie sie in die Tagesliste, wenn der Zeitpunkt dafür gekommen ist, und fassen Sie nach wie gewohnt.

*Lösung 2: Fangen Sie einfach irgendwo an.* Wenn Sie sich partout nicht für einen bestimmten »Eröffnungsschritt« entscheiden können, wählen Sie einfach irgendeinen Anfangsschritt. Die umfassende Neuorganisation des Schreibtisches etwa, die in Kapitel 2 beschrieben wurde, begann mit dem Stapel von Papieren zu Ihrer Rechten, einfach um einen Startpunkt festzusetzen. Oder nehmen wir an, Sie können sich nicht entscheiden, ob Sie einen Bericht in zwei separaten Teilen abfassen sollen oder nicht. *Gehen Sie von einer Annahme aus* – wie zum Beispiel, daß der Bericht aus nur einem Teil bestehen wird – und fangen Sie an. Wenn es der falsche Ansatz ist, werden Sie bald dahinterkommen, und Sie können die nötigen Änderungen vornehmen. Seien Sie immer darauf vorbereitet, einen Kurswechsel durchzuführen, wenn Sie erkennen, daß Sie an einem toten Punkt angelangt sind.

*Lösung 3: Erstellen Sie eine Tabelle zur Aufgabenaufschlüsselung.* Zerlegen Sie eine umfangreiche, aber »amorphe« Arbeit in konkrete Aufgaben, indem Sie sich ausgehend von der allgemeinen Erfassung und Definition des Problems bis zu den Details vorarbeiten; nehmen Sie hierfür die unten aufgeführte Aufgabenaufschlüsselungstabelle zur Hilfe.

**Problem: ein Projekt, das kontinuierliche Überprüfung oder Überwachung erfordert.**

*Lösung: Setzen Sie Kontrollpunkte.* Die Aussicht, sich bei einem Projekt zu verzetteln, kann so einschüchternd sein, daß sie ausreicht, um das Projekt auf die lange Bank zu schieben. Um den Aufwand für die Überwachung zu minimieren, definieren Sie Kontrollpunkte für alle Arbeiten, die multiple Prozesse oder

## Aufgabenaufschlüsselungstabelle – ein Beispiel

*Ziel: Die Abteilung effizienter machen, ohne den Büroraum zu vergrößern oder die Anzahl der Mitarbeiter zu erhöhen.*

| Problemdefinition | Was zu tun ist | Implementierungsstrategien |
|---|---|---|
| Bargeldknappheit – Rechnungslegung oder Bearbeitung von Forderungen zu langsam. | Mehr Platz für die Ausrüstung und Einrichtung vorsehen, die für die Abwicklung dieser Angelegenheiten erforderlich ist. Derzeit nur Platz für einen einzigen Terminal, einen Aktenschrank usw. | Beecher anrufen, der eine Firma empfehlen kann. Firma anrufen, Kostenvoranschlag für die Umwandlung von Lagerraum in Büroraum anfordern. Mitarbeiter der Abteilung befragen, um die Erfordernisse bezüglich Ausrüstung und Raum zu definieren (Jim damit beauftragen). Tauglichkeit der Ausrüstung, Service, Training mit Kosten in Beziehung setzen (Helen damit beauftragen). |
| Projektunterlagen irgendwo in der Ablage verschwunden. Ablage bereits so umfangreich, daß teilweise Auslagerung in Pappkartons erforderlich wird. | System zum Wiederauffinden von Informationen verbessern. | Ablage reorganisieren; Berater hinzuziehen. »Aktenaufbewahrungsprogramm«. Was behalten wir, für wie lang? Damit bis zum Besuch des Beraters warten. Neue Schränke erforderlich? Bis zum Besuch des Beraters warten. Eventuelle Mikrofilme verwenden (Helen damit beauftragen). |

... et cetera. Wenn Sie erst einmal begonnen haben, spezifische Details aufzulisten, wird Ihnen rasch noch mehr in den Sinn kommen, und der Bann der Inaktivität ist gebrochen. Übertragen Sie die Eintragungen in der Spalte »Implementierungsstrategien« in Ihre Generalliste und gehen Sie vor wie üblich.

umfangreiches Material erfordern. Gruppieren Sie beispielsweise lange Listen von Zahlen in Blocks von jeweils etwa dreißig und kontrollieren Sie jeden Block einzeln. Wenn Sie eine Diskrepanz feststellen, können Sie den Bereich, in dem Sie nach dem Fehler suchen müssen, wenigstens auf nur einen einzigen Block begrenzen.

Die folgenden Tips könnten Ihnen ebenfalls dabei behilflich sein, die Gewohnheit des Hinauszögerns zu bekämpfen:

- *Planen Sie ein Ereignis.* Sechs Monate nach der Übersiedelung in ein neues Bürogebäude waren die Angestellten einer Firma noch immer von unausgepackten Kisten umgeben. Daraufhin sandten sie Einladungen zu einer Büroeinweihungsfeier im darauffolgenden Monat aus, so daß sie sich praktisch selbst dazu zwangen, endlich Ordnung zu schaffen.
- *»Kapitulieren« Sie vor dem Hinauszögern.* Tun Sie fünfzehn Minuten lang *nichts*. Laut dem Zeitmanagementexperten Alan Lakein »sollten Sie danach sehr unruhig werden ... nach zehn Minuten Untätigkeit muß ich mich einfach wieder ins Rennen werfen«. Oder versuchen Sie es mit der folgenden Variante, die von einem vielbeschäftigten Rechtsanwalt vorgeschlagen wird: Sehen Sie Ihre Papiere an, verbieten Sie sich jedoch fünfzehn oder zwanzig Minuten lang, sie zu berühren. »Bis dahin«, sagt er, »sollten Sie schon förmlich darauf brennen, endlich mit der Arbeit zu beginnen.«
- *Wenden Sie die »Na gut, wenn ich nun schon einmal ...«-Technik an.* »Wenn ich diese Mappe nun schon einmal geöffnet habe, dann kann ich sie ebensogut gleich neu ordnen.« »Wenn ich dieses Papier schon in der Hand halte, kann ich es auch gleich richtig einordnen.«
- *Schaffen Sie eine förderliche physische Umgebung.* Sind die Dinge, die Sie für die Arbeit benötigen, praktisch angeordnet? Obwohl viele Leute inmitten von (geordneten!) Stapeln von

Papieren effizient arbeiten, gibt es doch viele Menschen, die all diesen sichtbaren Krimskrams störend und ablenkend finden. Wenn Sie zu dieser letzteren Gruppe gehören, räumen Sie alles von Ihrem Schreibtisch, was Sie nicht unmittelbar zur Erledigung der Aufgabe benötigen, mit der Sie gerade beschäftigt sind, und konzentrieren Sie sich für mindestens eine Stunde ausschließlich auf diese Aufgabe.

Wenn Ihre Umgebung eine depressive Atmosphäre ausstrahlt, könnte Ihre Arbeit darunter leiden. Gestalten Sie also alles so freundlich, wie es Ihnen nur möglich ist, um eine angenehme und bequeme Arbeitsumgebung zu schaffen.

Wenn Sie keinen spezifischen Grund für Ihr Hinauszögern von Arbeiten ausmachen können, liegen die Ursachen dafür eventuell tiefer. Schieben Sie ein Projekt hinaus, weil Sie seinen Wert in Frage stellen oder sich nicht sicher sind, ob Sie es auf die richtige Art und Weise anpacken? Führen Sie bestimmte Aufträge nicht aus, weil Sie das Gefühl haben, dafür nicht den Respekt oder das Gehalt zu bekommen, das Ihnen eigentlich zusteht? Hält die Angst vor einem Versagen Sie vom Handeln ab? Unterminieren persönliche Probleme Ihre Konzentrationsfähigkeit am Arbeitsplatz? Wenn Sie in etwa wissen, wo der Grund für Ihre Neigung zum Hinauszögern der Dinge zu suchen ist, ist bereits ein erster Schritt in Richtung Bewältigung des Problems getan.

### Das Streben nach Perfektion

Ein Finanzanalyst, der gebeten wurde, eine kurze Übersicht über die Handelsbeziehungen zwischen den Vereinigten Staaten und Saudi-Arabien zusammenzustellen, produzierte stattdessen eine ausführliche, peinlich genau recherchierte Studie – was ihm nicht nur keinen Dank einbrachte, sondern stattdessen sogar eine Rüge von seinen Vorgesetzten, weil er seine Zeit nutzbringender für etwas anderes hätte einsetzen können. Ein Stadtplaner verbrachte Stunden damit, eine Serie von komplizierten, kunstvoll ausgeführten Flußdiagrammen zu entwerfen, obwohl der Abteilung – und seinem Zeitplan – mit einer einfacheren, informelleren Methode besser gedient gewesen wäre. Dies sind klassische Beispiele für Perfektionismus: der Zwang, einem Ideal in bezug auf Qualität oder »Organisation« nachzujagen, das weit jenseits dessen liegt, was als tatsächlich sinnvoll oder nützlich bezeichnet werden kann.

Sogar noch typischer ist die perfekte Arbeit, die niemals abgeschlossen wird. Der Leiter der Personalentwicklungsabteilung eines großen Konzerns sprach jahrelang von dem Buch, das er schreiben würde – wenn er einmal Zeit dafür hätte. Es sollte ein Standardnachschlagewerk in Sachen Aus- und Weiterbildung werden. Weil seine Erwartungen jedoch dermaßen hochgeschraubt waren, überrascht es nicht weiter, daß er die Zeit dafür nie erübrigen konnte, und während dieses ganzen Zeitraums mußten sich seine Mitarbeiter notdürftig ohne schriftliche Richtlinien behelfen. Eine Werbemanagerin, der von einem befreundeten Künstler ein Vorschlag unterbreitet wurde, beschloß eine perfekte Präsentation auszuarbeiten, bevor sie die Sache an ihren Vorgesetzten weiterleiten würde. Aber sie fand einfach nicht die Zeit, alles genau so zu machen, wie sie es sich vorgestellt hatte. Wochen später, als ihre Präsentation dann tatsächlich stattfand, war es zu spät; der Künstler hatte inzwischen ein anderes Angebot erhalten, und ihre Firma hatte die Chance vertan, mit einem Profi ersten Ranges zusammenzuarbeiten.

Überlegen Sie, ob Sie für eine bestimmte Aufgabe überdimensionalen Aufwand treiben (oder ob die Gefahr besteht, daß Sie das tun). Sind die Mittel dem Zweck angemessen? Stellen Sie sich der Herausforderung der folgenden Fragen:

– Lohnt der Nutzen, den diese Aufgabe bringt, den Aufwand, den Sie dafür treiben? Wo liegt der Punkt, an dem der Nutzen nicht mehr direkt proportional zum investierten Aufwand steigt?

– Gibt es eine einfachere, weniger anspruchsvolle Methode, wie diese Arbeit erledigt werden kann? Welche positiven und negativen Konsequenzen ergeben sich, wenn man einen weniger arbeitsintensiven Ansatz wählt?

– Werden Sie mit anderen wichtigen Projekten kurzen Prozeß machen, nur weil Sie auf dieses eine so viel Zeit verwenden? Wird Ihr Perfektionismus dazu führen, daß Sie eine Frist versäumen oder in Verzug geraten?

Eine andere Form, in der sich Perfektionismus manifestieren kann, ist der unangebrachte Versuch, *alles* perfekt zu machen, ungeachtet der relativen Wichtigkeit der Aufgabe. Eine Zeitungs-redakteurin beschäftigte sich mit jeder Idee, die sich zufällig auf ihren Schreibtisch verirrte, dermaßen eingehend, daß sie kaum jemals ihre Fristen einzuhalten imstande war. Als sie ihre Zeit realistischer einzuteilen begann, erledigte sie weniger wichtige Aufgaben mit einem Minimum an Aufwand. Sie fing an, jedes Projekt entweder als *absolut* von Interesse, *wahrscheinlich* von Interesse, *eventuell* von Interesse oder *nicht* von Interesse zu klassifizieren. »Absolute« wanderten in ihre »Zu erledigen«-Schachtel, und zu jedem »Wahrscheinlich« wurden noch weitere Meinungen eingeholt; inzwischen wurde eine Notiz als Gedächt-nishilfe auf dem Kalender vermerkt. Jedes »Eventuell« wurde zunächst nur zur Kenntnis genommen, dann für einige Monate beiseite gelegt und schließlich wieder zur Hand genommen und nochmals geprüft. Die als nicht interessant eingestuften Projekte wurden unter Verwendung eines passenden Standardbriefes so-fort abgelehnt. Der springende Punkt besteht darin, den minima-len Aufwand abzuschätzen, der nötig ist, um zu dem gewünschten Ergebnis zu kommen – zu lernen, wann man es genug sein lassen muß.

## *Entwickeln Sie Ihren optimalen Arbeitsstil*

Fred Evans, der einen Produktionsbetrieb einer großen Firma leitet, muß einen monatlichen Lagebericht für die Zentrale verfassen, der Mitarbeiterbewertungen und ein Produktionsprotokoll enthält. Da er die Bewertungen, die den ersten Teil des Berichts ausmachen, so ungern erstellt, schiebt er das Schreiben des Berichtes meist bis zur letzten Minute hinaus. Andererseits machen ihm die statistischen Analysen, die im zweiten Abschnitt durchgeführt werden müssen, Spaß. Ich fragte ihn, wieso er nicht mit diesem Teil begänne, um sich dadurch so weit in Schwung zu bringen, daß er sich dann auch an die Bewertungen wagte? Er lachte. »Um ehrlich zu sein, habe ich daran noch gar nicht gedacht. Von Kindesbeinen an ist mir immer gesagt worden: ›Erledige das Erste zuerst‹, und es scheint, als ob diese Botschaft bei mir nachhaltig wirkt. Dabei wäre in meinem Fall ›das Letzte zuerst‹ wohl der bessere Ansatz.« Im darauffolgenden Monat setzte er diesen simplen Plan in die Tat um. Das Ergebnis: Er bekam den Bericht in kurzer Zeit und noch vor der Abgabefrist fertig.

Bei jedem Projekt hängt das »Wie« weitgehend von Ihrer Persönlichkeit und Ihrem Temperament ab. Möglicherweise schließen Sie sich der Erkenntnis von Fred Evans an, daß »das Erste zuerst« für Sie nicht der Weisheit letzter Schluß ist. Steht Ihre typische »Angriffsstrategie« in Einklang mit Ihrem Temperament? Hat Streß eine anregende oder eine hemmende Wirkung auf Sie? Können Sie sich lange Zeit hindurch konzentrieren, oder brauchen Sie häufige Pausen? Es ist wichtig, daß Sie einen kritischen Blick auf alles werfen, was Sie in bezug auf Projekte bisher immer als gegeben hingenommen haben. Es gibt nur einen richtigen Weg, und das ist derjenige, der für Sie der richtige und natürliche ist. »Gegen den Strich zu bürsten« ist eine Garantie für Ineffizienz – oder für Hinauszögern. Im Gegensatz dazu erreichen Sie wirkliche Produktivität, wenn Sie Ihren individuellen Arbeitsstil finden und ihn auf die gerade zu erledigende Aufgabe anwenden.

Was nun folgt, ist eine Zusammenstellung häufig verwendeter Arbeitsstile. Experimentieren Sie etwa eine Woche lang damit und entscheiden Sie sich dann für denjenigen, der Ihnen am angenehmsten ist.

*»In der Mitte« einer Aufgabe beginnen und sich zum »Rand« vorarbeiten.* Beginnen Sie bei großen Projekten mit den lohnendsten, schwierigsten oder wichtigsten Bereichen. »Stellen Sie sich dem Feind gleich zu Beginn«, rät die Verlegerin Pat Soliman. »Sonst beginnen sich die unangenehmen oder schwierigen Dinge immer bedrohlicher im Hintergrund zu türmen. Manchmal fällt es einem schwer, aber auf lange Sicht spart man mit dieser Methode viel Zeit.« *Achtung:* Begehen Sie nicht den Fehler, die einfacheren Aufgaben zu vernachlässigen.

*Am »Rand« beginnen und sich zur Mitte vorarbeiten.* Erleichtern Sie sich bei schwierigen Problemen den Einstieg, indem Sie sich zunächst mit einfacheren, routinemäßigen oder angenehmeren Teilbereichen »aufwärmen«. Ein Lehrbuchautor beginnt beispielsweise ein neues Buch, indem er sich Karteikarten mit den wichtigsten Lehrinhalten erstellt. Dieser einfache Vorbereitungsschritt reicht üblicherweise aus, um ihn auf die schwierige Recherche- und Schreibarbeit einzustimmen, die ihm bevorsteht. *Achtung:* Wenn Sie sich in Details verlieren, könnte das dazu führen, daß Sie Hauptaspekte vernachlässigen. Wenn Sie Probleme damit haben, zum Kern einer Sache vorzudringen, setzen Sie sich ein Zeitlimit für Ihre Einstimmungsaktivitäten.

*Sich an ein Standardablaufschema halten.* Versuchen Sie, einen Rhythmus zu finden, der Sie zum Kern eines Projekts führt. Ich beginne beispielsweise bei Klientenberichten immer mit einer Standardeinleitung – Name, Adresse, Problemstellung etc. Legen Sie für jeden Bericht die grobe Struktur fest, bevor Sie sich definitiv ans Schreiben machen. Sehen Sie sich den letzten Werbeprospekt an, bevor Sie neue Anzeigen entwerfen. Halten Sie sich an wohlerprobte Routineabläufe, um leichter in schwierige Aufgaben hineinzufinden.

*Den Fristenfaktor berücksichtigen.* Samuel Johnson hat darauf hingewiesen, daß »eine unmittelbar bevorstehende Aufgabe einem zu einer wunderbaren Konzentration verhilft«. Und für viele Leute stellt das Aufschieben einer Aufgabe bis zur letzten Minute eine durchaus positive Inspiration dar. Sie sollten jedoch immer sichergehen, daß Sie über alle notwendigen Informationen oder Unterlagen verfügen, damit Sie dann nicht in letzter Minute in ernsthafte Schwierigkeiten geraten. Wenn Sie sich dagegen durch knappe Fristen gehandicapt fühlen, berücksichtigen Sie die zusätzliche Zeit, die Sie brauchen, um die nötige Ruhe zu bewahren.

*Der »Blockarbeitsstil«.* Manche Leute widmen einen ganzen Nachmittag oder Tag einem größeren Projekt und verlegen Meetings und andere Arbeiten auf andere Tage. Ein Manager nimmt sich mindestens drei Tage pro Monat ausschließlich für das Planen und Erstellen von strategischen Richtlinien Zeit. *Vorsicht:* Setzen Sie sich vernünftige Limits. Wenn Sie zuviel Zeit für ein Projekt aufwenden, laufen Sie Gefahr, sich zu sehr zu versteigen und jedes Gefühl für die Qualität Ihrer Arbeit zu verlieren. Wenn Ihre Konzentration und Ihre geistige Energie merklich nachlassen oder wenn der Satz, den Sie gerade zum dritten Mal gelesen haben, für Sie noch immer keinen Sinn ergibt – hören Sie auf.

*»Mosaikarbeitsmuster« verwenden.* Für viele Leute macht Abwechslung die Würze des Büroalltags aus, und sie ziehen es vor, ihren Tag zu unterteilen, indem sie kurze Phasen konzentrierter Arbeit zwischen Verabredungen, Papierarbeit und anderem einplanen. Sie jonglieren oft mit zwei oder drei Projekten zugleich und springen zwischen den einzelnen Bereichen hin und her,

wenn ihre Aufmerksamkeit zu erlahmen beginnt. Die Herausgeberin eines New Yorker Magazins, die auch Co-Produzentin einer
TV-Produktion einer unabhängigen Fernsehgesellschaft ist und
alle hierfür nötigen Arbeiten während ihrer Mittagspause erledigt, sagt: »Wenn ich den ganzen Sonntag Zeit zum Arbeiten
hätte, würde ich gar nicht vorankommen, aber wenn ich nur eine
kurze, begrenzte Zeitspanne wie die Mittagspause zur Verfügung
habe, werde ich geradezu zu einem Muster an Organisation.«

*Vorsicht:* Diese Methode führt oft dazu, daß sich eine ganze Reihe
unvollendeter Projekte anzusammeln beginnt. Versuchen Sie, an
jedem Projekt wenigstens so lange zu arbeiten, bis Sie zu einem
natürlichen »Pausenpunkt« kommen. Wenn Sie nach einer ganzen Woche noch nichts Wesentliches fertiggestellt haben, wenn
alles halb fertig ist, dann haben Sie die Grenze zur Zerstreutheit
überschritten, und Sie sollten versuchen, sich auf jeweils nur eine
Sache zu konzentrieren.

Bis jetzt haben wir uns damit beschäftigt, ein Arbeitsklima zu
schaffen, das es Ihnen erlaubt, sich grundlegende Effizienztechniken zunutze zu machen. Der Rest des Kapitels soll Ihnen dabei
helfen, diese integrative Kombination aus Effektivität *und* Effizienz zu erreichen.

## Wie man wirkliche Effizienz erreicht

Bestimmte Handlungen sind ganz offensichtlich effizient – so
direkt, einfach und elegant wie der Bogen, den der Ball im
Fußballspiel bei einem gelungenen Paß beschreibt, oder wie die
geschmeidige Bewegung eines Maurers, der einen Ziegelstein
geschickt an seinen Platz setzt. Wahre Effizienz bedeutet nichts
weiter als einen ökonomischen Einsatz der Mittel, und die weitverbreitete Meinung, daß es dabei entweder um roboterartige

Starrheit oder um frenetische Aktivität gehe, ist grundfalsch. Ich lehnte einmal den Auftrag eines jungen Investmentbankers ab, der jede Minute seines Tages mit Aktivitäten vollgepfropft bekommen wollte, um seine »Produktivität zu erhöhen«. Seine Pseudoeffizienz wurde zu einer Bedrohung für seine Gesundheit und seine Seelenruhe und damit letztlich auch für die Produktivität, nach der er so verzweifelt strebte. Er verstand nicht, daß der Schlüssel zu Effizienz *und* erhöhter Produktivität in der Verwendung des einfachsten, am wenigsten verschwenderischen Systems liegt.

Für den Rechtsanwalt Ralph Anderson begann der Weg zur Effizienz mit einem Ausflug in jene Zeit, als er noch ein junger Unternehmer gewesen war. »Als ich zehn war«, erinnert sich Anderson, »trug ich morgens Zeitungen aus. Wehe, wenn ich es nicht schaffte, all die Zeitungen zu falten, zu packen und zuzustellen, Lebensmittel für meine Mutter einzukaufen und zu frühstücken – und das alles vor Schulbeginn! Aber irgendwann in meinem Leben scheint mir diese Tüchtigkeit verlorengegangen zu sein. Jetzt dauern so viele Dinge, die ich tue – von der Erstellung von Schriftsätzen bis zum Recherchieren eines Falls –, länger, als sie eigentlich sollten. Was mache ich falsch?«

Genaugenommen geht es hier weniger darum, was er falsch macht, als vielmehr darum, was er unterläßt – nämlich die Anwendung jener sechs Effizienztechniken, die ihm so selbstverständlich waren, als er jung war: standardisieren, zusammenfassen, umverteilen, vorausplanen, die Mittel auf den Zweck abstimmen und die Zeit so nutzen, daß ein Maximum an Produktivität erreicht wird.

*Standardisieren:* Entwickeln Sie für regelmäßig zu erledigende Aufgaben Routinearbeitsabläufe. Ralph hielt sich jeden Morgen an dieselbe Routine: Er teilte seine Zeitungen in drei Stapel, die er und seine »Assistenten« (seine Mutter und seine Schwester) falteten und in einen Leinensack warfen, und trug die Zeitungen dann nach einer fixen Route aus, die so geführt war, daß er an jedem Haus nur einmal vorbeikam.

Indem man feststellt, welche Aufgaben sich für eine Standardisierung eignen, spart man Zeit und Energie ein, die man so für nicht standardisierbare Arbeiten verwenden kann. Zum Beispiel: Entwickeln Sie ein Grundschema für den wöchentlichen Lagerbestandskontrollbericht und setzen Sie jede Woche einfach die neuen Zahlen ein. Arbeiten Sie ein geeignetes Protokoll für die wöchentliche Arbeitsgruppensitzung aus und halten Sie sich strikt daran. Viele der Techniken, die in diesem Buch vorgeschlagen werden, vom Sortieren von Papieren bis zur Zeitplanung, sind standardisierte Techniken. In Kapitel 3 finden Sie mehr Informationen über die Standardisierung von Papierarbeit.

*Zusammenfassen:* Kombinieren Sie verschiedene Tätigkeiten. Einer Kellnerin in einem stark frequentierten Lokal zur Mittagessenszeit zuzusehen, ist für jeden Rationalisierungsexperten eine wahre Freude. Sie bringt die bestellten Speisen an den Nebentisch, wischt Ihren Tisch ab und legt für Sie Gedecke auf, notiert Ihre Bestellung und andere, und auf dem Weg zurück in die Küche nimmt sie noch ganze Stapel von schmutzigem Geschirr mit. Sie ist ein hervorragendes Beispiel für richtiges Zusammenfassen.

Gruppieren Sie Ihre Arbeiten auf ähnliche Weise. Wenn Sie in der Mittagspause Ihre Schuhe von der Reparatur holen wollen, überprüfen Sie Ihre Generalliste auf etwaige weitere Besorgungen und erledigen Sie gleich so viele davon wie möglich. Diktieren Sie in gleicher Weise alle Briefe auf einmal, erledigen Sie alle nötigen Rückrufe auf einmal und nehmen Sie gleich alle Ordner auf einmal mit, die Sie an diesem Tag brauchen werden.

Fassen Sie auch die Aktivitäten anderer Leute zusammen. Erteilen Sie zur gleichen Zeit Ihrer Sekretärin und Ihrem Assistenten die Aufträge für den Tag. Erledigen Sie während einer informellen Sitzung gleich möglichst viele Dinge, an denen mehrere

Mitarbeiter beteiligt sind. Wenn möglich, treffen Sie mehrere potentielle Kunden oder Klienten zugleich. Ärzte nehmen oft mehrere Patienten zugleich an die Reihe: Während der erste von der Krankenschwester vorbereitet wird, wird ein zweiter untersucht, und ein dritter wartet im Büro des Doktors auf ein Nachgespräch. Eignet sich Ihre Arbeit für eine ähnliche Vorgangsweise? Können Sie Meetings mit mehreren Klienten simultan abhalten, und können bestimmte Teilbereiche Ihrer Arbeit an Mitarbeiter delegiert werden?

*Umverteilen.* Ralph schaffte es, seine Mutter und seine Schwester für seine Zwecke einzuspannen. Wenden Sie denselben Kunstgriff an und sichern Sie sich die Unterstützung Ihrer Sekretärin, Ihrer Assistenten und Kollegen, wo immer dies möglich ist. Nehmen Sie die Dienste von Beratern und Spezialisten in Anspruch. Lassen Sie ein Reisebüro die Arrangements für die Verkaufskonferenz in der Karibik treffen. Heuern Sie einen Graphiker an, der die künstlerische Gestaltung des neuen Prospekts übernimmt. Es kann nicht oft genug wiederholt werden: Delegieren Sie, wo immer dies möglich ist.

Sparen Sie auch bei persönlichen Besorgungen Zeit ein. Kaufen Sie in Geschäften, die Abhol- und Zustellservice anbieten. Engagieren Sie einen Botendienst für die Zustellung Ihrer Pakete. Eine berufstätige Mutter beauftragte ein Taxiunternehmen damit, ihre Kinder zu deren verschiedenen Terminen zu chauffieren. Mehr Informationen über Delegieren und das Inanspruchnehmen von Dienstleistungsunternehmen finden Sie in Kapitel 10.

*Richten Sie Ihr Büro optimal ein:* Gestalten Sie Ihr Büro so, daß die erforderlichen Bewegungsabläufe einfach und sparsam sind. Können Sie Computer, Ordner, Rechenmaschine und so weiter mit einer Drehung Ihres Sessels erreichen? Haben Sie all die Ausrüstung, die Sie für ein neues Projekt brauchen, leicht zugänglich angeordnet?

*Vorausplanen:* Stellen Sie fest, welche Aspekte eines Projekts sich schon im voraus erledigen lassen. Ralph bereitete am Vorabend schon seinen Rucksack vor und holte das Fahrrad aus der Garage.

Ein Techniker, der noch nicht alle für eine exakte Belastungsanalyse erforderlichen Daten erhalten hat, kann dennoch gewisse besonders stark belastete Punkte im voraus bestimmen. Rechtsanwälte können den Lebenslauf des Klägers durchleuchten, bevor sie die genauen Unterlagen zu dem Fall bekommen.

Planen Sie den nächsten Tag in seinen Grundzügen voraus: Sehen Sie in Ihrem Kalender nach und erstellen Sie die Tagesliste für den folgenden Tag, bevor Sie zu Bett gehen. Entscheiden Sie am Vorabend, was Sie am nächsten Tag anziehen und was Sie zum Frühstück essen werden und bereiten Sie alles vor, was Sie ins Büro mitnehmen müssen: Notizen für das geplante Meeting, die Theaterkarten für den Abend, was auch immer.

*Die Mittel auf den Zweck abstimmen.* Vermeiden Sie es, für ein Projekt übermäßig viel Aufwand zu treiben. Das soll keinesfalls heißen, daß Sie sich nicht zu hundert Prozent für Ihre Arbeit engagieren sollen, sondern es bedeutet, daß eine Aufgabe in angemessener Weise erledigt werden soll – und nicht mehr. Bevor Sie ein komplexes oder verwickeltes Projekt in Angriff nehmen, sollten Sie überlegen, ob es vereinfacht werden kann, also ob Frequenz, Umfang oder Detailliertheit verringert werden können. Wann immer ein Projekt mehr Zeit in Anspruch zu nehmen scheint, als es sollte, oder wenn Sie ein neues Projekt vorbereiten, arbeiten Sie den Aufgaben-Effizienz-Fragebogen auf Seite 196 durch, der Ihnen dabei helfen wird, Ihre Leistungen zu verbessern und am Ball zu bleiben.

## *Wie man aus fünf Minuten das Maximum herausholt*

- *Nutzen Sie kurze »Leerzeiten«.* Erledigen Sie kleine Arbeiten, während Sie auf einen Gesprächspartner warten, in der Schlange stehen oder im Stau stecken. Stecken Sie einige Artikel oder Berichte in Ihre Akten- oder Handtasche. Tragen Sie ein Diktiergerät bei sich, um »im Vorbeigehen« Texte diktieren zu können.

  – *Was Sie in fünf Minuten tun können:*
  Einen Termin vereinbaren.
  Eine Teilnehmerliste für ein Meeting erstellen.
  Einen kurzen Brief diktieren oder sich eine Notiz machen.
  Ihren Computer booten.

  – *Was Sie in zehn Minuten erledigen können:*
  Ein oder zwei kurze Telefongespräche führen.
  Einen kleinen Stapel von Papieren auf Ihrem Schreibtisch ordnen.
  Einen kurzen Bericht Korrektur lesen.
  Sich Notizen zur Tagesordnung des nächste Woche stattfindenden Meetings machen.
  Karten für ein Konzert oder eine Sportveranstaltung bestellen.

  – *Was Sie in dreißig Minuten oder weniger erledigen können:*
  Einen Bericht entwerfen.
  Einen Bericht überfliegen und Abschnitte für späteres genaues Lesen anstreichen.
  Journale, Zeitungen und Magazine überfliegen.
  Die Papiere, die sich im Lauf der Woche angesammelt haben, ablegen.
  Einen Stapel von Unterlagen ordnen.

- *Tun Sie mehrere Dinge gleichzeitig.* Viele Aufgaben, die nicht Ihre volle Aufmerksamkeit erfordern, können simultan erledigt werden. Hören Sie auf Band gesprochene Berichte ab, während Sie zur Arbeit fahren, oder diktieren Sie Briefe, während Sie

**Aufgaben-Effizienz-Fragebogen**

1 Steht Ihre »Angriffstaktik« in Einklang mit Ihrem Temperament? Reagieren Sie positiv auf Druck, oder lähmt er sie? Können Sie sich durch lange Zeit hindurch konzentrieren, oder brauchen Sie häufige Pausen?
*Finden Sie Ihren optimalen Arbeitsstil*

2 Können Sie das Schema eines vorangegangenen, ähnlichen Projekts übernehmen oder wichtige Teile davon inkorporieren?
*Standardisieren*

3 Ergibt sich eine natürliche Gruppierung der einzelnen Projektkomponenten?
*Zusammenfassen*

4 Können untergeordnete Aufgaben delegiert werden? Können Sie sich externer Dienstleistungen bedienen, um Zeit zu sparen?
*Umverteilen*

5 Ist die Ausrüstung, die Sie benötigen werden, leicht zugänglich? Können Sie bestimmte Dinge im voraus vorbereiten? Bestimmte Informationen zusammenstellen?
*Vorausplanen*

6 Sind Sie in der Beurteilung der Ergebnisse zu kritisch oder genauer als angebracht? Können Sie die Aufgabe vereinfachen?
*Die Mittel auf die Ziele abstimmen*

im Stau stecken. Lernen Sie eine Fremdsprache oder machen Sie einen Kurs – vom Band. Sortieren und unterzeichnen Sie Routinepapiere, während Sie Routinetelefongespräche führen; überfliegen Sie Fachzeitschriften oder Prospekte aus Ihrer Reklamemappe, während Sie mit einem langatmigen Anrufer telefonieren.

- *Nutzen Sie ruhigere Zeiten.* Essen Sie vor oder nach der Stoßzeit zu Mittag, oder lassen Sie sich Ihr Essen ins Büro bringen. Versuchen Sie, den Zeitpunkt für Gänge zur Bank oder zu anderen belebten Orten so zu wählen, daß Sie die Stoßzeiten zu Mittag und am späteren Nachmittag vermeiden. Gehen Sie am Monatsersten überhaupt nicht zur Bank, weil dort an diesem Tag besonders hektischer Betrieb herrscht. Können Sie Ihren Tagesplan so modifizieren, daß es Ihnen gelingt, nicht zu den Stoßzeiten fahren zu müssen?

- *Planen Sie voraus.* Wenn Sie zur Arbeit pendeln, halten Sie das nötige Geld bereit, falls Sie Maut zahlen müssen. Oder bringen Sie einen Kleingeldautomaten, wie ihn Busfahrer benutzen, auf dem Armaturenbrett an. Sehen Sie auf Ihrer Generalliste nach, bevor Sie das Büro verlassen, um jemanden zu treffen oder Besorgungen zu machen, um sicherzugehen, daß Sie so viele Aktivitäten wie möglich koordiniert haben.

- *Halten Sie Ihre Wege möglichst kurz.* Erledigen Sie alles, was Sie in einem Stadtteil zu tun haben, auf einmal. Wählen Sie die Route so, daß Sie einen möglichst kurzen Weg zurücklegen müssen. Die Zeitschrift *Execu-time* stellte folgende Frage: »Ist es wirklich von Vorteil, wenn Ihre Drogerie, Ihre Autowerkstatt und Ihr Schuster in der Nähe Ihrer Wohnung gelegen sind, oder wären Sie besser beraten, wenn sie im Nahbereich Ihres Arbeitsplatzes lägen? Versuchen Sie, Betriebe zu finden, die entlang Ihres Weges zur Arbeit liegen, damit Sie nur minimal an Zeit verlieren.«

- *Denken Sie »schnell und einfach«.* Überlegen Sie Alternativen: Ist die Autobahn wirklich der schnellste Weg zur Arbeit? Oder

würden Sie auf einer weniger frequentierten Nebenstraße
schneller und reibungsloser an Ihren Arbeitsplatz gelangen?

- *Benützen Sie öffentliche Verkehrsmittel* – Zug, Bus, U-Bahn,
  Taxi –, wenn möglich. Überlassen Sie das Fahren anderen und
  erledigen Sie ein bißchen Arbeit, lesen Sie oder ruhen Sie sich
  aus. Oder beteiligen Sie sich an einer Fahrgemeinschaft.


## Zusammenfassung: wie sieht Ihr persönliches Arbeitsprofil aus?

### Auslöser für das Hinauszögern

| Problem | Lösung |
| --- | --- |
| Sie mögen die Aufgabe nicht. | Delegieren Sie sie, wenn möglich. Motivieren Sie sich, indem Sie sich für die Vollendung der Arbeit eine Belohnung in Aussicht stellen. |
| Das Problem scheint in seiner Komplexität unüberwindlich. | Unterteilen Sie es in einfachere Schritte und erledigen Sie pro Tag einen oder zwei davon. Wählen Sie die Aufgaben so, daß Sie die Ihnen zur Verfügung stehende Zeit optimal ausnützen. Erledigen Sie Projekte in »Runden«. |
| Ergebnis – und Nutzen – können nicht sofort erzielt werden. | Bauen Sie »Mini-Zwischenziele« ein, die Ihnen unmittelbare Erfolgserlebnisse sichern. |
| Sie wissen nicht, wie Sie eine Aufgabe anpacken sollen. | Definieren Sie Aktionsschritte und legen Sie dann deren Reihenfolge fest. |
| Sie wissen nicht, wo Sie anfangen sollen. | Beginnen Sie einfach irgendwo. Gehen Sie von irgendeiner Annahme aus und |

| Problem | Lösung |
|---|---|
| | sehen Sie, ob's funktioniert. Wenn es der falsche Ansatz war, versuchen Sie andere, bis es klappt. |
| Die Aufgabe erfordert intensive Kontrolle. | Setzen Sie Kontrollpunkte fest, die es Ihnen erlauben, weniger oft zu überprüfen. Kontrollieren Sie Teile oder Abschnitte der Arbeit. |
| Perfektionismus. | Prüfen Sie, ob der Nutzen den Aufwand rechtfertigt, den Sie für die Aufgabe treiben. Stellen Sie fest, an welchem Punkt der erzielte Nutzen aufhört, direkt proportional zu dem investierten Aufwand anzusteigen. Überlegen Sie, ob es einen einfacheren, weniger anspruchsvollen Weg gibt, die Sache zu erledigen, und ob Ihre derzeitigen Gewohnheiten zu größeren Verzögerungen führen. |

## Arbeitsstile – ein Überblick

| Stil | Beschreibung |
|---|---|
| »In der Mitte« einer Aufgabe beginnen und sich zum »Rand« vorarbeiten. | Beginnen Sie bei großen Projekten mit den lohnendsten, schwierigsten oder wichtigsten Bereichen. |
| Am »Rand« beginnen und sich zur Mitte vorarbeiten. | Machen Sie sich bei schwierigen Problemen den Einstieg leichter, indem Sie sich zunächst mit einfacheren, routinemäßigen oder angenehmeren Teilbereichen »aufwärmen«. |

| *Stil* | *Beschreibung* |
|---|---|
| Sich an ein Standard-ablaufschema halten. | Versuchen Sie, in einen Rhythmus zu finden, der Sie zum Kern eines Projekts führt. |
| Den Fristenfaktor berücksichtigen. | Wenn Zeitdruck Sie anregt, gut; Sie sollten jedoch immer sichergehen, daß Sie alles Notwendige zur Hand haben. Wenn Sie sich dagegen durch knappe Fristen gehandicapt fühlen, planen Sie genügend zusätzliche Zeit ein. |
| Der »Block-Arbeitsstil«. | Widmen Sie einem größeren Projekt einen ganzen oder mehrere Tage und verlegen Sie Meetings und andere Arbeiten auf andere Tage. |
| »Mosaikarbeits-muster« verwenden. | Unterteilen Sie Ihren Tag, indem Sie kurze Phasen konzentrierter Arbeit zwischen Verabredungen, Papierarbeit und anderem einplanen. |

## Effizienz/Effektivität – ein Überblick

| *Technik* | *Beschreibung* |
|---|---|
| Standardisieren | Halten Sie sich an das Ablaufschema eines früheren, ähnlichen Projektes oder inkorporieren Sie passende Abschnitte. |
| Zusammenfassen | Fassen Sie ähnliche Aufgaben oder Komponenten in Gruppen zusammen und erledigen Sie sie auf einmal. |
| Umverteilen | Delegieren Sie Aufgaben an Ihre Sekretärin, Assistenten, Kollegen. Engagieren Sie externe Dienstleister und Berater, wann immer dies möglich ist. |

| *Technik* | *Beschreibung* |
|---|---|
| Entwickeln Sie die optimale räumliche Konfiguration. | Richten Sie Ihr Büro so ein, daß die Bewegungsabläufe einfach und sparsam sind. |
| Vorausplanen | Sammeln Sie für ein Projekt im voraus Material. Stellen Sie fest, welche Aspekte und Bereiche eines Projektes sich im voraus erledigen lassen. |
| Die Mittel auf den Zweck abstimmen. | Vereinfachen Sie Ihre Arbeit nach Möglichkeit; tun Sie nur, was unbedingt nötig ist, um Ihr Ziel zu erreichen, und nicht mehr. |

# 8 Projektmanagement

> Machen Sie alles so einfach wie
> möglich, aber nicht noch einfacher.
> *Albert Einstein*

Frank Harvey, Vizemarketingdirektor eines großen Lebensmittelkonzerns, leitet ein firmeninternes Projektmanagementseminar für Manager. Er initiierte dieses Seminar, weil er als junger Manager einmal eine Frist versäumt hatte und dieser Fehler seiner Karriere beinahe ein Ende gesetzt hätte. Er erinnert sich:

»Ich hatte so gut wie keine Erfahrung in Projektdesign und -kontrolle, aber ich war ambitioniert und brachte meinen Chef dazu, mir ein großes Projekt zu übertragen: die Ausarbeitung einer Marktforschungsstudie über neue Trends in der Ernährung, die auch Prognosen über die Auswirkungen potentieller Veränderungen unserer Produktlinien beinhalten sollte. Ich schaffte es zwar, alles in Gang zu bringen, aber ich war hoffnungslos überfordert, als es dann darum ging, alle Details zu erheben und auszuarbeiten. Und weil es mit der Feldstudie so viele Probleme gab, konnte ich die Abgabefrist für den Bericht nicht einhalten. Mein Chef, der deswegen einen Rüffel von seinem Vorgesetzten bekam, hätte mich wohl gefeuert, aber wenn er die Sache jemand anderem übertragen hätte, wäre es wahrscheinlich zu noch größeren Verzögerungen gekommen. Was mich schließlich endgültig gerettet hat, war der Bericht, der wirklich verdammt gut war – als ich ihn dann endlich fertig hatte.

Deshalb habe ich dieses Seminar ins Leben gerufen. Weil ich weiß, was Unerfahrenheit bedeuten kann, bin ich der Meinung, daß es außerordentlich wichtig für einen jungen Manager ist, zu lernen, wie man ein komplexes Projekt organisiert und überwacht. Und das ist auch für nicht mehr so junge Manager noch durchaus interessant. Tatsächlich nimmt eine ganze Reihe älterer Manager an diesem Seminar teil.«

Als Projekt bezeichnet man jede in hohem Maße komplexe Aufgabe, die zahlreiche untergeordnete Aufgaben, ausgeklügelte Planung und komplizierte Kontrolltechniken beinhaltet. Die Palette reicht von der Erstellung einer Studie oder dem Drehen eines Films über die Planung einer Jahresverkaufskonferenz bis hin zur Ausarbeitung einer generellen Akquisitionsstrategie für ein Unternehmen.

Obwohl viele wichtige Arbeiten mit Hilfe der Generalliste auf informelle Weise erledigt werden können, erfordern andere doch jene Art formeller Organisation, von der Frank Harvey spricht. Projektdesign und -management erfordert sieben Schritte, egal, um welche Aufgabe es sich handelt. Während die Schritte selbst unverändert bleiben, ändert sich die Ausführung je nach der Komplexität und Schwierigkeit der Aufgabe. Aus diesem Grund wird in diesem Kapitel nach einer kurzen allgemeinen Definition der Vorgangsweise der Prozeß des Projektmanagements anhand dreier Projekte – abgestuft nach Komplexität – demonstriert.

## Projektdesign und -kontrolle: ein Überblick

1 *Setzen Sie sich ein Ziel.* Wie lautet Ihre Absicht? Wollen Sie ein neues Produkt entwickeln? Ein bereits etabliertes neu positionieren? Eine Aktionsstrategie empfehlen? Definieren Sie Ihre Zielsetzung stets exakt: nicht nur »Verkaufszahlen steigern«, sondern festlegen, um welches Produkt oder welche Abteilung es geht, welche Region bzw. welches Gebiet und eine wie hohe prozentuelle Steigerung angestrebt wird.

2 *Setzen Sie sich eine Frist für die Fertigstellung.* Wurde eine Abgabefrist für das Projekt festgesetzt? Wenn nicht, definieren Sie Ihre eigene.

3 *Unterteilen Sie die Aufgabe in untergeordnete Teilschritte.*

Definieren Sie die Maßnahmen, die erforderlich sind, damit Sie Ihr Ziel erreichen.

4 *Ordnen Sie die Subaufgaben in der Reihenfolge, in der sie ausgeführt werden sollten.* Womit beginnen Sie? Was kommt als nächstes? Dies hängt sowohl von der Art der Subaufgabe als auch von der geeigneten zeitlichen Abfolge ab. Manche Projekte haben eine *sequentielle Entwicklungslinie* – das bedeutet, daß immer nur eine Aufgabe auf einmal erledigt und jede einzelne zuerst fertiggestellt wird, bevor Sie zur nächsten übergehen. Andere Projekte haben *dagegen parallele Entwicklungslinien* – hier werden mehrere Aufgaben simultan erledigt.

5 *Setzen Sie sich Fristen und Kontrollpunkte.* Legen Sie eine bestimmte Frist für die Fertigstellung jeder Subaufgabe fest. Versuchen Sie immer, etwas Extrazeit für etwaige Verzögerungen oder Probleme einzukalkulieren. Oft ist es auch hilfreich, bestimmte Kontrollpunkte zu definieren – einen bestimmten Zeitpunkt für die Bewertung des Gesamtfortschritts oder für eine Korrektur Ihres Kurses, falls dies nötig ist.

6 *Beauftragen Sie sich selbst und andere mit Subaufgaben.* Delegieren Sie möglichst viele an Mitarbeiter und, wenn möglich, an externe Berater oder Spezialisten. Gehen Sie sicher, daß jede/r ihre/seine Pflichten und Fristen kennt. Setzen Sie diejenigen Aufgaben, die Sie selbst erledigen werden, auf Ihre Generalliste und übertragen Sie sie zum geeigneten Zeitpunkt auf die Tagesliste.

7 *Kontrollieren Sie die Fortschritte bis zur Fertigstellung.* Legen Sie ein Projektblatt an: eine Liste aller Aufgaben und die Personen, an die sie delegiert wurden, sowie alle Fälligkeitstermine und Fristen. Speichern Sie diese Informationen in Ihrem Computer ab und/oder bewahren Sie die Blätter in einer eigenen Mappe in Ihrer »Zu erledigen«-Schachtel auf und überprüfen Sie sie täglich. Gehen Sie sicher, daß Sie Ihre eigenen Aufgaben auf Ihre Tagesliste übertragen und kontrollieren Sie andere, soweit nötig. Streichen Sie erledigte Aufga-

ben mit einem dicken Stift aus, so daß leicht zu erkennen ist, wo Sie hinter dem Zeitplan zurückgeblieben sind.

Diese allgemeinen Richtlinien sind universell anwendbar; sie eignen sich sogar für außerordentlich komplexe Projekte. Sogar das PERT/CPM (Program Evaluation and Review Technique/ Critical Path Method; Programmevaluierungs- und -überprü- fungstechnik/Methode des Kritischen Weges), ein ausgeklügel- tes System, das ursprünglich von der amerikanischen Navy ent- wickelt wurde, um das Polaris-Projekt zu überwachen, basiert auf eben diesen Regeln des Projektmanagements.

## Projektdesign und -kontrolle: Durchführung

Um die Unterschiede zu illustrieren, die sich bei der Durchfüh- rung von hochkomplexen bzw. weniger komplexen Projekten ergeben, sollen in diesem Abschnitt drei »typische« Fälle be- schrieben werden. Der erste ist der folgende:

**Stufe 1:** Ihr Chef fordert einen Bericht an, in dem die Ursachen für den siebenprozentigen Verkaufsrückgang in Ihrer Abteilung analysiert werden, und der auch Auskunft darüber gibt, was Sie dagegen zu tun gedenken.

*Ziel:* Abschwung analysieren und daraus Empfehlungen für die Zukunft ableiten.
*Frist:* Zwei Wochen.
*Subaufgaben und Abfolge:* Um zu einer ersten Subaufgabenliste zu kommen, gehen Sie das Projekt im Geist durch und listen Sie die einzelnen Aufgaben in beliebiger Reihenfolge auf. Organisie- ren Sie sie dann in »*Arbeitsblocks*« – Gruppen von ähnlichen Aktivitäten –, wie nachstehend dargestellt.
Wenn die Subaufgaben zu Blocks gruppiert sind, legen Sie die Abfolge fest. Dieses Projekt ist ein klassisches Beispiel für eine

*sequentielle Entwicklungslinie*, in der jeder Block von Aufgaben von der Fertigstellung des vorhergehenden Blocks abhängig ist. Konkret bedeutet das in diesem Fall, daß Sie zuerst grundlegende Informationen zusammentragen müssen, bevor Sie auf Reisen gehen. Was Sie durch Ihre Reise erfahren, wird wiederum bestimmen, wie Sie an die Aufgaben des Planungsblocks herangehen. Und schließlich müssen diese fertiggestellt sein, bevor Sie endgültig mit dem Schreiben beginnen können. Das Handlungsschema ist also klar und direkt: Recherchen, Reisen, Planung und Schreiben.

*Fristen und Kontrollpunkte:* Veranschlagen Sie eine Woche für  die Recherchen und die Reisen und reservieren Sie die zweite Woche für die Planung und das Schreiben des Berichtes.

*Aufträge:* Sie beschließen, Ihren Stellvertreter nach Portland zu schicken und selbst in das Büro in Dallas zu fahren. Lassen Sie einen anderen Mitarbeiter Daten über neue Technologien sammeln und bitten Sie Ihre Sekretärin, die Arrangements für die Reisen zu treffen und Studienberichte und Dokumente zusammenzustellen. Nachdem Sie dieser Aufgabe in den nächsten beiden Wochen sehr viel Zeit werden widmen müssen, versuchen Sie, andere Verpflichtungen zu delegieren oder zu verschieben.

*Überwachen:* Kontrollieren Sie die Fortschritte mit Hilfe des Kalenders, der Kontrollmappen oder der Weitergabemappen.


**Stufe 2:** Einen Weg finden, um die Gesamtkosten zu reduzieren

*Ziel:* Wenn Ihnen eine dermaßen vage definierte Aufgabe übertragen wird, formulieren Sie ein konkretes Ziel: »Gesamtkosten um 10% reduzieren.« Wählen Sie einen beliebigen Wert, wenn nötig. Sie können ihn zu einem späteren Zeitpunkt immer noch erhöhen oder hinuntersetzen.

*Frist:* Sechs Monate.

*Subaufgaben/Arbeitsblocks:* Der wichtigste Unterschied zwischen Projekten der Stufe 1 und der Stufe 2 ist der Grad der

**Subaufgabenliste (Stufe 1)**

| *Aufgabenliste* | *Arbeitsblocks* |
|---|---|
| – Die monatlichen Verkaufszahlen aller Zweigstellen vergleichen<br>– Den Effekt früher angewandter Strategien auf das Projekt überprüfen<br>– Relevante Daten sammeln: neue Technologien, die einen Einfluß auf den Verkauf haben könnten, Wettbewerbsposition, interne Personalprobleme oder schlechte Werbung | Recherche-Block |
| – Reisen zu den Büros in Dallas (wo der Rückgang am stärksten war) und Portland (wo die Verkaufszahlen gestiegen sind) planen<br>– Zu führende Telefongespräche und zu schreibende Briefe auflisten<br>– Termine in Dallas/Portland vereinbaren<br>– Reisearrangements treffen | Reise-Block |
| – Alle Fakten zusammentragen<br>– Präsentation entwerfen<br>– Empfehlungen überprüfen | Planungs-Block |
| – Bericht entwerfen<br>– Bericht schreiben<br>– Letzte Überprüfung vornehmen<br>– Bericht neu ausdrucken lassen | Schreib-Block |

Komplexität. Die Subaufgaben eines Stufe-1-Projektes sind normalerweise übersichtlich und liegen klar auf der Hand – Recherchen durchführen, Daten analysieren, ein Memo schreiben und so weiter. Im Gegensatz dazu ist bei Stufe-2-Projekten eine konzeptionelle Analyse erforderlich, *bevor* eine Unterteilung in Subaufgaben möglich ist. Eine wissenschaftliche Studie etwa könnte man auf verschiedene Arten anpacken, je nachdem, welche Theorie man beweisen will. Also müssen Sie zuerst die einzelnen Punkte oder Probleme definieren, bevor Sie davon spezifische Subaufgaben ableiten können. In diesem speziellen Fall könnten die überhöhten Gesamtkosten durch einen von mehreren Faktoren verursacht werden. Diese Faktoren werden wiederum Ihre Subaufgaben und Blocks determinieren. Ihr erster Schritt besteht also darin, die *für Nachforschungen in Frage kommenden Bereiche ausfindig zu machen und diese in praktikable Subaufgaben und Arbeitsblocks einzuteilen*, wie auf Seite 209 gezeigt.

Zusätzlich zu diesen Aufgaben beabsichtigen Sie, einen *Empfehlungsblock* zu verfassen, der die Planung langfristiger Lösungsstrategien und das Schreiben eines Berichtes umfaßt. Schließlich und endlich ist noch ein *Implementierungsblock* vorgesehen – hier sollen alle Maßnahmen zusammengefaßt werden, die erforderlich sind, um Ihre Empfehlungen in die Realität umzusetzen. Die konkrete Gestaltung der Aufgaben, die im Rahmen dieser letzteren Blocks anfallen, wird jedoch von den Ergebnissen Ihrer Recherchen abhängen.

*Abfolge und Sequenz:* Anders als bei der Aufgabe der Stufe 1 mit ihrer einfacheren sequentiellen Abfolge ist für dieses Projekt eine parallele Entwicklungslinie erforderlich, das bedeutet, daß mehrere Subaufgaben aus verschiedenen Blocks simultan bearbeitet werden müssen. Um diesen Jongleurakt zu vereinfachen, wählen Sie sich am Anfang *nicht mehr als zwei oder drei Aufgaben aus jedem Block, und zwar entweder die »zentralsten« oder die vordringlichsten Aufgaben.* In diesem Fall entscheiden Sie sich

## Konzeptionelle Analyse (Stufe 2)

| Konzeptionelle Blocks | Subaufgabenliste | Arbeitsblocks |
|---|---|---|
| **Gehälter** | – Derzeitige Gehälter überprüfen<br>– In den Industrierichtlinien nachsehen<br>– Frühere und gegenwärtige Gehälter vergleichen<br>– Feststellen, ob die Gehaltserhöhungen mit den Produktionssteigerungen korrelieren | »Arbeitskräfte« Recherchenblock |
| | – Angestellte interviewen<br>– Besprechung mit dem Chef<br>– Personalkürzungen vornehmen | »Arbeitskräfte« Aktionsblock |
| **Beschaffung und Material** | – Beschaffungskosten ermitteln<br>– Vergangene und gegenwärtige Kosten vergleichen<br>– Umfang und Frequenz der Bestellungen ermitteln<br>– Prüfen, ob Diebstähle ein Problem darstellen | »Beschaffung« Recherchenblock |
| | – Ein Inventarkontrollsystem etablieren<br>– Die Mitarbeiter für benötigtes Material schriftliche Anforderungsformulare für den Abteilungsleiter ausfüllen lassen<br>– Material-Kontrollformulare drucken und verteilen, um die Verwendung zu überwachen | »Beschaffung« Aktionsblock |

dafür, mit zwei Aufgaben aus dem »Arbeitskräfte«-*Recherchenblock* (dem Überprüfen und Vergleichen der früheren und gegenwärtigen Gehälter) und zwei Aufgaben aus dem »Einkauf«-*Recherchenblock* (Erheben der Rohmaterialkosten, Umfang und Frequenz der Bestellungen erheben) zu beginnen.

*Fristen und Kontrollpunkte:* Setzen Sie für die Fertigstellung jeder Subaufgabe eine Frist fest. Zusätzlich dazu sollten Sie noch drei oder vier über die gesamten sechs Monate verteilte Kontrollzeitpunkte definieren, zu denen Sie die Gesamtfortschritte bewerten. Peilen Sie beispielsweise eine Reduktion der Kosten um 5% bis zum Ende des dritten Monats an.

*Aufträge:* Die breitgefächerte Palette der im Zuge dieses Projekts anfallenden Aufgaben wird wahrscheinlich die Mitarbeit verschiedener Leute erfordern, darunter Assistenten und andere Mitarbeiter, Sekretärin und eventuell externe Berater. Delegieren Sie so viele Arbeiten wie möglich und erledigen Sie nur diejenigen selbst, für die Ihr individuelles Fachwissen oder Ihre Erfahrung erforderlich sind.

*Überwachen:* Nachdem dieses Projekt intensive Nachfaßaktivitäten erfordern wird und der Kalender oder die Kontrollmappen hierfür nicht ausreichen, verwenden Sie ein Projektblatt. Eine einfache Methode besteht darin, eine Tabelle ähnlich der auf Seite 277 abgebildeten zu erstellen. Tragen Sie zur Sicherheit die Fälligkeitsdaten aller Subaufgaben aus allen Blocks in einen Wandkalender ein. Streichen Sie auch hier erledigte Aufgaben mit einem dicken Stift aus, so daß die noch nicht fertiggestellten hervorstechen.

**Stufe 3:** Planung der jährlichen Verkaufskonferenz

*Ziel:* Arrangieren einer viertägigen Verkaufskonferenz im Dezember in einem Hotel in Florida. Erstellen einer Tagesordnung, bei der das Hauptgewicht auf der Entwicklung neuer Märkte liegt.
*Frist:* Acht Monate.

*Subaufgaben und Abfolge:* Was ein Stufe-3-Projekt von den Stufen 1 und 2 unterscheidet, ist einfach der Umfang. Es beinhaltet wahrscheinlich viele verschiedene Aufgaben der Stufen 1 und 2. Weil das Verkaufskonferenz-Projekt so umfangreich ist, daß es vielleicht sogar Hunderte von Einzelaufgaben umfaßt, ist es für den Erfolg des Meetings unerläßlich, diese Aufgaben in eine klare und leicht überschaubare Beziehung zueinander zu stellen.

Organisieren Sie dieses Projekt in einem zweistufigen Prozeß mit Hilfe einer Tabelle. Schreiben Sie oben auf ein Blatt Papier die zwei oder drei wichtigsten Blocks des Projekts. Für die Verkaufskonferenz heißen die beiden Hauptblocks *Logistik* und *Inhalt*. Listen Sie in jeder Spalte so viele Subaufgaben auf, wie Ihnen in diesem frühen Stadium einfallen. Fügen Sie laufend jene hinzu, die sich im Zuge der Arbeiten ergeben. Ihre erste Aufstellung der Aufgaben könnte etwa so aussehen:

| *Logistik* | *Inhalt* |
| --- | --- |
| Reisearrangements treffen | Tagesordnung entwerfen |
| Feststellen, wer kommt | Redner buchen |
| Hotel buchen | Struktur des Meetings fest- |
| Mahlzeiten planen | legen |
| Freizeitgestaltung planen | |

Bringen Sie als nächstes mit Hilfe einer »Aufgaben-nach-Ebenen-Tabelle« (siehe »Logistik«-Beispiel auf Seite 212), die Subaufgaben in drei Ebenen unterteilt, die Subaufgaben eines jeden Blocks in eine logische Reihenfolge:

*Ebene 1:* Grundlegende Vorbereitungen und Aufgaben des Anfangsstadiums, die ohne Bezug zu den anderen ausgeführt werden können. Zum Beispiel: Planung der Tagesordnung, Zusammenstellen der Listen mit den potentiellen Teilnehmern, Sammeln von Hotelprospekten, Auflistung möglicher Redner.

*Ebene 2:* Aufgaben, die von der Fertigstellung einer oder mehrerer Aufgaben der Ebene 1 abhängig sind. Die Erstellung von

## Logistik: Aufgaben-nach-Ebenen-Tabelle

| Ebene 1 Beauftragt/ Fällig | Wer? | Aufgabe | Ebene 2 Beauftragt/ Fällig | Wer? | Aufgabe | Ebene 3 Beauftragt/ Fällig | Wer? | Aufgabe |
|---|---|---|---|---|---|---|---|---|
| 02.04.– 07.04. | SMS | Hotelprospekte sammeln | –31.05. | | Hotel buchen | –30.09. | | Hotelbuchung bestätigen |
| 03.04.– 09.04. | LT | Teilnehmerzahl schätzen | –15.06. | | Benachrichtigungen an Teilnehmer schicken | –03.11. | | Speiseplan erstellen |
| 01.05.– 30.05. | TFP | (Redner beauftragen)* | –01.10. | | Audiovisuelle Ausrüstung besorgen | –03.11. | RJH | Checkliste für Ausrüstung erstellen |
| 02.04.– 11.04. | SMS | Reisebüro kontaktieren | –01.10. | SMS | Reisearrangements buchen | –01.12. | RJH | Aufstellung der Ausrüstung überwachen |
| –15.10. | | | –15.10. | Hotel | Golftag planen | | | |

* Eine Klammer zeigt an, daß eine Aufgabe aus der »Inhalt«-Aufgaben-nach-Ebenen-Tabelle stammt und fertiggestellt worden sein müßte, damit der Logistik weitergearbeitet werden kann.

Programmen muß zum Beispiel warten, bis eine definitive Tagesordnung vorliegt.

*Ebene 3:* Aufgaben, die von der Erledigung einer oder mehrerer Aufgaben der Ebene 2 abhängig sind. Die Hotelbuchungen etwa können nicht getätigt werden, bevor die Programme ausgeschickt sind und die endgültige Teilnehmerliste feststeht.

Diese Methode ist besonders dann nützlich, wenn Sie die Kontrolle über zahlreiche Subaufgaben behalten wollen, von denen viele zugleich aktuell sind. Manche Subaufgaben – wie zum Beispiel die Herstellung eines gedruckten Prospekts – können sich so kompliziert gestalten, daß es sich lohnt, für sie eine gesonderte Aufgaben-nach-Ebenen-Analyse durchzuführen.

*Fristen und Kontrollpunkte:* Setzen Sie sich Fristen für Aufgaben der frühen Stadien. Seien Sie bei Ihren Zeitschätzungen sehr großzügig; wieso dies so sehr zu empfehlen ist, sagt schon das bekannte Gesetz von Murphy: »Wenn etwas schiefgehen *kann*, dann wird es auch schiefgehen.« Lassen Sie sich mit dem Festsetzen von konkreten Limits und Fristen für Aufgaben der späteren Stadien Zeit, bis der Zeitpunkt nähergerückt ist, zu dem Sie diese Aufgaben beginnen wollen. Legen Sie jedoch »Blockfristen« fest. Planen Sie beispielsweise, bestimmte grundlegende logistische Aufgaben – ein Hotel buchen, Räume für das Meeting arrangieren – innerhalb von drei Monaten zu erledigen. Nehmen Sie sich die Fertigstellung detaillierterer Aufgaben innerhalb eines Zeitraums von vier oder fünf Monaten vor: Speiseplan erstellen, einen Golftag planen und so weiter. Setzen Sie sich ähnliche Fristen und Kontrollpunkte für Aufgaben aus dem Bereich »*Inhalt*«: Planen Sie, binnen drei Monaten alle Redner zu buchen und definitive Tagesordnungen festzulegen.

*Aufträge:* Weil es eine so große Fülle von Aufgaben zu erledigen gibt, sollten Sie ganze Sub-Blocks delegieren: Lassen Sie einen Mitarbeiter alle Reisearrangements treffen, beauftragen Sie einen anderen mit der Buchung der Hotelräume und der Planung der

Mahlzeiten und der Freizeitaktivitäten. Oder heuern Sie dafür ein Reisebüro an, damit Ihre Mitarbeiter Zeit für andere Dinge haben.

*Überwachung:* Verwenden Sie Ihre Aufgaben-nach-Ebenen-Tabelle, um die Fortschritte zu kontrollieren. Streichen Sie jede erledigte Aufgabe mit einem dicken Stift aus, damit die noch nicht erledigten Punkte deutlich hervorstechen. Zusätzlich sollten Sie regelmäßig alle zwei Wochen ein Meeting mit den wichtigsten Projektbeteiligten abhalten, damit Sie auf dem laufenden bleiben, was den Stand der verschiedenen Aufgaben betrifft, und um auftretende Probleme besprechen zu können.

## Spezielle Kontrollsysteme

Nachfassen ist die Brücke zwischen Plänen und Ergebnissen. Bei den meisten Aufgaben reichen für das Nachfassen und Kontrollieren Kalendernotizen, Kontrollmappen, Weitergabemappen, Projektblätter und eine Aufgaben-nach-Ebenen-Tabelle aus (einzeln oder in Kombination). Wiederkehrende Aufgaben – Projekte auf regelmäßiger Basis, egal, ob täglich, wöchentlich oder monatlich – und bestimmte spezielle Situationen erfordern jedoch besondere Methoden.

### Wiederkehrende Aufgaben

*Einfacher Statusbericht*: Entwerfen Sie ein Standardformular, auf dem alle mit einem wiederkehrenden Projekt in Zusammenhang stehenden Schritte und Subaufgaben aufgelistet sind. Lassen Sie genügend Platz für Änderungen und Modifikationen. Aktualisieren Sie es täglich oder wöchentlich, je nach Erfordernis. Die Kreativdirektorin einer Kosmetikfirma entwarf einen »Kaufhaus-Werbegeschenk-Statusbericht«, um die Unmenge von Details unter Kontrolle zu behalten, die bei der Produktion solcher Artikel wie der Probierpackungen, die man für DM 9,90 bekommt, wenn man Parfüm für DM 35,00 kauft, zu beachten sind. Jeden

Montag ging sie den Bericht mit ihrer Assistentin durch, gab neue Instruktionen und faßte nach, wo nötig. Am nächsten Morgen lag ein aktualisierter Bericht auf ihrem Schreibtisch, den sie für den Rest der Woche als Arbeitsgrundlage benutzte.

*Das SHE-System:* Diese phantasievolle Methode zur Überprüfung von zahlreichen und wiederkehrenden Aufgaben basiert auf einem fortlaufenden Karten-Ablagesystem, das von Peggy Jones und Pam Young entwickelt wurde, den Autorinnen von *Sidetracked Home Executives.* Sie brauchen dafür einen kleinen Karteikasten, drei Sorten Karteikarten – weiß, gelb und grün – und drei Sorten von Zwischenblättern (zwei Montag bis Freitag-Sets und ein 1 bis 31-Set). Und so funktioniert das System:

1  Notieren Sie jede täglich zu erledigende Aufgabe auf einer weißen Karte. Schreiben Sie wöchentliche Aufgaben auf gelbe Karten und monatliche auf grüne. Stellen Sie die beiden Montag bis Freitag-Zwischenblättersets vorne in den Karteikasten und gleich dahinter die 1 bis 31-Blätter.

2  Beginnen Sie das System an einem Montag. Ordnen Sie alle Karten für tägliche Aufgaben (weiß) hinter dem ersten Montag-Zwischenblatt ein. Hierher gehören auch wöchentliche und monatliche Aufgaben (gelb und grün), die auf Montage fallen. Teilen Sie die verbleibenden »Wochenkarten« auf »Dienstag«, »Mittwoch« und so weiter auf und ordnen Sie die »Monatskarten« hinter den 1 bis 31-Zwischenblättern nach ihrem jeweiligen Datum ein. So kommt beispielsweise die Karte für den Mittwoch-Verkaufsbericht unter »Mittwoch«, und der Marketingbericht, der immer am 15. des Monats fällig ist, wird unter »15« eingeordnet.

3  Arbeiten Sie die Montag-Karten durch. Wenn Sie eine Aufgabe erledigt haben, ordnen Sie die Karte in die nächste passende Kategorie ein: Eine täglich anfallende Arbeit kommt in die Abteilung »Dienstag«, eine wöchentliche Aufgabe wandert

zum nächsten Montag (also in das Montag bis Freitag-Set), und
eine monatliche Aufgabe wird unter ihrem Datum eingeordnet.

4 Um zu vermeiden, daß Sie monatliche Aufgaben vergessen,
sollten Sie diese Karten jeden Abend durchsehen; nehmen Sie
die Karten für den nächsten Tag heraus und stecken Sie sie in
die »tägliche« Abteilung, um sie am nächsten Tag zu erledigen.
Nehmen Sie also etwa am Donnerstag, dem 14., alle unter »15«
eingeordneten Karten heraus und stecken Sie sie in die »Freitag«-Abteilung.

Wenn die Woche abgelaufen ist, wird das erste Montag bis
Freitag-Set leer sein, und das zweite wird zum ersten Set. Und
schon kann es wieder losgehen.

*Flußdiagramm:* Ein Flußdiagramm ist eine Methode, mit deren
Hilfe sich Aufgabenprogramme in visueller Form darstellen lassen. Es kann verwendet werden, um bei wiederkehrenden Aufgaben am Ball zu bleiben oder um ein einmaliges Projekt zu
überwachen. Das einfache Flußdiagramm, das auf Seite 217
dargestellt ist, wird von einer Kosmetikfirma verwendet, um die
Abläufe in Produktdesign und Produktion zu verfolgen. Der
Prozeß beginnt mit »Prototypbestätigung«. Der Kreis »Prototypbestätigung« hat drei Seitenzweige: »Zusammensetzung« (das
Produkt selbst), »Verpackung« und »Text«. Jeder Zweig folgt
einer eigenen Entwicklungslinie, und die einzelnen Zweige vereinigen sich nicht vor dem nächsten und gleichzeitig vorletzten
Kreis, der mit »Fertigstellung« betitelt ist. Der Vorteil eines
solchen umfassenden graphischen Plans liegt darin, daß man
sicherstellen kann, daß die drei Linien synchron laufen und ein
eventuelles Durcheinander oder Verzögerungen sofort feststell-
bar sind.

*Terminkarten:* Terminkarten – Karten, auf die oben Monate und
Tage aufgedruckt sind – sind ein nützliches Hilfsmittel für die

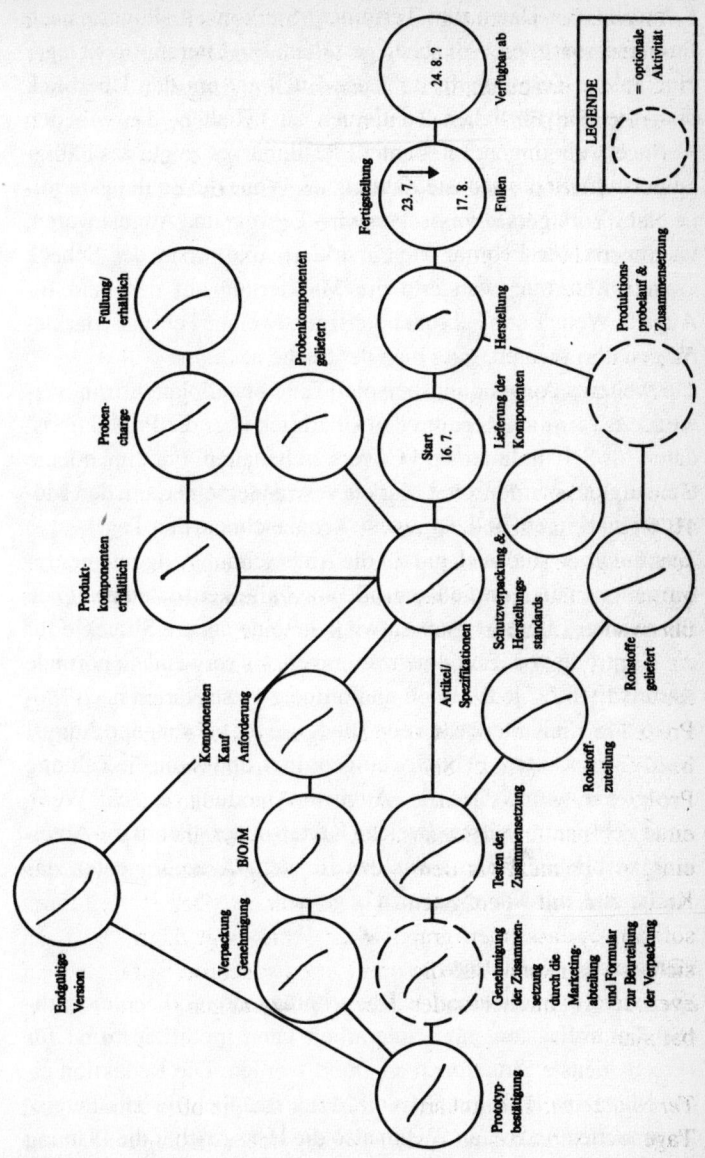

LEGENDE

◯ = optionale Aktivität

Verfügbar ab
24. 8. ?

Fertigstellung
23. 7. → 17. 8.
Füllen

Füllung/ erhältlich

Probenkomponenten geliefert

Herstellung

Produktions- probelauf & Zusammensetzung

Proben- charge

Start 16. 7.

Lieferung der Komponenten

Produkt- komponenten erhältlich

Artikel/ Spezifikationen

Schutzverpackung & Herstellungs- standards

Rohstoffe geliefert

Komponenten Kauf Anforderung

Rohstoff- zuteilung

B/O/M

Testen der Zusammensetzung

Endgültige Version

Verpackung Genehmigung

Genehmigung der Zusammen- setzung durch die Marketing- abteilung und Formular zur Beurteilung der Verpackung

Prototyp- bestätigung

Kontrolle von Daten und Terminen. Sie können sie ganz nach Ihren individuellen Wünschen gestalten. Ein Literaturagent legte eine solche Terminkarte für jedes Buch an, um den Überblick über die halbjährlichen Tantiemen zu behalten, die von den Verlegern eingingen. Ein bunter Plastikmarker zeigte das Fälligkeitsdatum für die nächste Zahlung an. Wenn die Zahlungstermine eines Verlegers etwa – sagen wir – Februar und August waren, war zuerst der Februar bunt markiert, und wenn der Scheck eingetroffen war, wanderte die Markierung auf das Feld für August. Wenn Ende Februar noch irgendwelche Februar-Markierungen übrig waren, ging man der Sache nach.

Ein weiteres Anwendungsbeispiel: Eine Schallplattenfirma verwendete Terminkarten, um den Überblick über die Produktionsdaten für Schallplatten und Covers zu behalten. Für eine höhere Genauigkeit wurden zwei Marker verwendet: einer, um den Monat zu markieren, und der zweite kennzeichnete den Tag.

Terminkarten sind auch gut für die Aufzeichnung allgemeiner Informationen und für die Kontrolle von Fälligkeitsdaten geeignet. Ein zweiter Literaturagent entwickelte eine andere Strategie für die Kontrolle von Tantiemenzahlungen. Er verwendete normale Karteikarten für jedes Buch und ordnete diese Karten nach Monaten in einen Karteikasten ein. Die Karte für Februar und August wurde zuerst unter »Februar« eingeordnet, und wenn die Zahlung erfolgt war, wurde sie in die »August«-Abteilung gesteckt. Wenn Ende Februar noch irgendwelche Karten in der »Februar«-Abteilung verblieben waren, war das für den Literaturagenten das Startsignal, mit Nachfragen zu beginnen.

## Für spezielle Situationen

*Spezielle Kontrollmethoden.* Das grundlegende tägliche/monatliche Kontrollsystem für Papierarbeit kann modifiziert und für verschiedenste Situationen adaptiert werden. Die Redaktion eines Magazins legte ein Set von Monatsmappen für alle hereinkommenden Artikel an. Wenn also die Herausgeber die Planung der Augustausgabe abgeschlossen hatten, wurde eine Liste der in Auftrag gegebenen Artikel in die »August«-Mappe gelegt, so wie auch die Artikel selbst, wenn sie hereinkamen. Einen Monat vor Ende der Frist verglich der Herausgeber die Artikel mit der Liste und begann, säumige Autoren sofort zur Eile zu mahnen.

Ein »Schachtelkontrollsystem« war die Lösung für eine kleine Druckerei, die Probleme mit der termingerechten Fertigstellung von Aufträgen hatte. Das Management befestigte zwei Sets von Schachteln an der Wand: ein »tägliches« Set, von 1 bis 31 durchnumeriert, und zwölf »Monatsschachteln«. Wenn ein Druckauftrag in Arbeit ging, wurde ein Datum für eine Zwischenkontrolle festgesetzt, und zwar eine Woche vor dem Abgabetermin. Eine Kopie der Bestellung wurde in der entsprechenden Tagesschachtel abgelegt (oder, wenn der Fälligkeitstermin noch weiter entfernt war, in einer Monatsschachtel). Die Person, die für die Kontrolle der Druckaufträge zuständig war, sah jeden Tag den Inhalt der jeweiligen Tagesbox durch und überprüfte in Zusammenarbeit mit der Produktionsabteilung, ob der Zeitplan eingehalten werden konnte. Wenn nicht, war noch immer Zeit, um entsprechende Gegenmaßnahmen zu treffen.

Ein Notizbuchsystem war die Methode der Wahl für einen Vertreter, der bei Kunden und Geschäftsprojekten in regelmäßigen Intervallen nachfassen wollte. Er organisierte ein Loseblattnotizbuch nach Monaten, ordnete jedem Geschäftsprojekt ein Blatt zu und »schleuste« die Blätter durch das Notizbuch. Wenn er also beispielsweise einen Kunden am 15. Februar anrief, wurde das Blatt danach in die Abteilung »April« geheftet, um ihn daran zu erinnern, daß er ein weiteres Gespräch vereinbaren wollte. Er verwendete die Blätter auch für Notizen und Kommentare, so daß er über seine Kunden stets auf dem laufenden blieb.

*Kalenderkontrolle für Rechtsanwaltsbüros.* Etwa ein Drittel der Klagen wegen Verletzung der Sorgfaltspflicht, die gegen Rechtsanwälte eingebracht werden, sind unmittelbar darauf zurückzuführen, daß gesetzliche bzw. gerichtliche Fristen versäumt werden, so daß Ansprüche säumnisbedingt verfallen. Die Einrichtung eines irrtumssicheren »Gerichtskalender-Kontrollsystems« ist daher für jedes Rechtsanwaltsbüro praktisch ein Muß. Versuchen Sie es mit einer der folgenden verläßlichen Methoden:

*Doppelte Kalenderführung.* Ihre Sekretärin trägt Fristen in Ihrer *beider* Kalender ein. Sie erinnert Sie während Ihrer täglichen Besprechung an die jeweils aktuellen Fristen und erstellt zur Sicherheit eine maschinegeschriebene Liste mit allen fälligen Aktivitäten für Sie.

*Ordnernotizen.* Sie tragen Fälligkeitsdaten und Fristen auf einem Blatt Papier ein, das Sie auf den Deckel der Mappe des jeweiligen Klienten heften. Ihre Sekretärin überträgt die Daten von der Mappe auf *ihren* Kalender und erinnert Sie zum gegebenen Zeitpunkt.

*Karteikartensystem.* Diese Methode ist dann von Vorteil, wenn in Ihrem Büro sehr viele Erinnerungsnotizen und Gedächtnishilfen geschrieben werden. Verwenden Sie nach Monat und Jahr organisierte Karteikästen, also mit dem jeweiligen Monatsnamen beschriftete Zwischenblätter, auf die von 1 bis 31 durchnumerierte Zwischenblätter folgen (siehe nebenstehende Abbildung). Sehen Sie für jeden Klienten oder Fall drei Karteikarten vor – weiß, grün und blau. Ordnen Sie die weiße Karte – den »*Starter*« – unter dem Datum ein, an dem die Vorbereitung der Unterlagen beginnen sollte, die grüne Karte – die »*Erinnerungskarte*« – eine Woche vor Fristende und die blaue Karte, die »*Kontrolle*«, am Fälligkeitsdatum. Beachten Sie jedoch, daß Sie, wenn Sie einmal die grüne Karte erreichen, schon ziemlich unter Termindruck stehen und die betreffende Aufgabe eventuell rot markieren müssen. Um den Druck zu minimieren, überprüfen Sie jeden Abend vor dem Nachhausegehen die Abteilung für den nächsten Tag und übertragen Sie die Aufgaben von den weißen Karten auf Ihre Tagesliste.

*Doppeltes Kontrollsystem (wahlweise).* Reservieren Sie für jeden Fall eine Seite in einem Loseblattnotizbuch oder in Ihrem Computer und listen Sie zu erledigende Aufgaben, Fälligkeitsdaten, Verjährungsfristen, falls relevant, den für den Fall Verantwortlichen und die notwendigen gerichtlichen Aktivitäten auf. Notieren Sie auf diesem Blatt auch, ob die Karteikarten an ihrem Platz sind. Sobald eine Karteikarte an die Reihe kommt, machen Sie sich eine Notiz in dem Loseblattbuch (»weiße Karte, 15. 11., Akten abgelegt«), so daß sich im Lauf der Zeit eine stets griffbereite, vollständige Fallgeschichte ergibt.

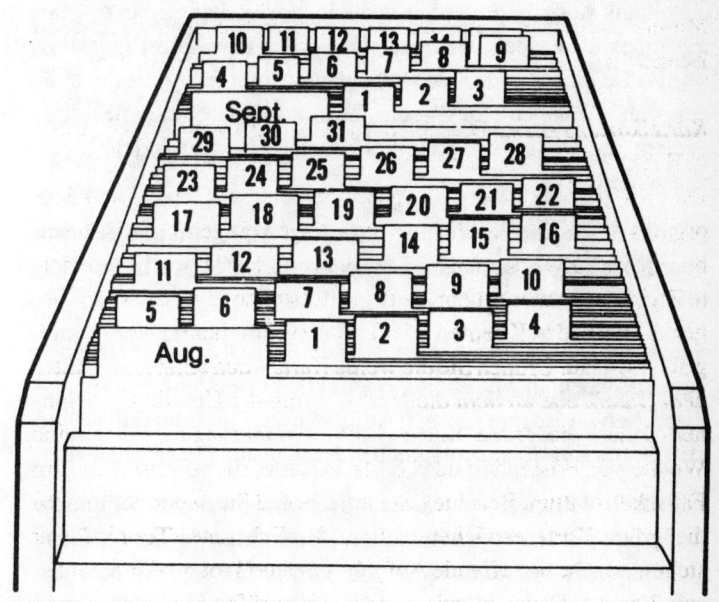

## Zusammenfassung: die sieben Schritte des Projektmanagements

**Schritt 1:** Definieren Sie ein *spezifisches* Ziel.

**Schritt 2:** Setzen Sie eine Frist für die Fertigstellung fest.

**Schritt 3:** Unterteilen Sie das Projekt in Subaufgaben und fassen Sie verwandte Subaufgaben zu *Arbeitsblocks* zusammen. Wenn ein Projekt besonders umfangreich oder abstrakt ist, identifizieren Sie zuerst die zugrundeliegenden Faktoren oder Probleme und erarbeiten Sie daraus dann konkrete Subaufgaben und Blocks.

**Schritt 4:** Ordnen Sie die Subaufgaben in einer geeigneten Abfolge an, entweder in einer *sequentiellen Entwicklungslinie* (die einzelnen Aufgaben werden nacheinander erledigt; bevor man mit einer neuen beginnt, muß die vorhergehende fertiggestellt sein) oder einer *parallelen Entwicklungslinie* (paralleles Erledigen von Aufgaben). In diesem letzteren Fall beginnen Sie das Projekt, indem Sie zwei oder drei Kernaufgaben aus jedem Block auswählen.

**Schritt 5:** Setzen Sie für die einzelnen Aufgaben und Schritte »Subfristen« fest. Bestimmen Sie periodische Kontrollzeitpunkte für die Bewertung des Gesamtfortschritts.

**Schritt 6:** Delegieren Sie spezifische Aufgaben oder Gruppen von Aufgaben an Mitarbeiter oder externe Berater bzw. Spezialisten. Setzen Sie Ihre eigenen Aufgaben auf Ihre Generalliste und übertragen Sie sie am entsprechenden Tag auf Ihre Tagesliste.

**Schritt 7:** Überwachen Sie die Abwicklung weniger komplexer Aufgaben mit Hilfe von Kalender, Kontrollmappen und Weitergabemappen. Verwenden Sie für kompliziertere Projekte ein Aufgabenblatt oder Aufgaben-nach-Ebenen-Analysen; streichen Sie dabei erledigte Aufgaben mit einem dicken Stift aus, so daß sich diejenigen, bei denen Sie im Rückstand sind, deutlich abheben. Um den Überblick über wiederkehrende Aufgaben zu behalten, verwenden Sie einen Statusbericht, eine Monatstabelle oder ein fortlaufendes Karten-Ablagesystem. Wenn Sie es mit zahlreichen Nachfaßaktivitäten zu tun haben oder ein spezielles System benötigen, richten Sie sich ein Schachtel-, Loseblatt- oder Karteikarten-Notizsystem ein, oder geben Sie die Informationen in Ihren Computer ein.

# 9 Zeitevaluierung: vom Ziel zur Realität

> Das wirksamste Wachstumsprinzip
> liegt in der freien Entscheidungs-
> möglichkeit des Menschen begrün-
> det.
>
> *George Eliot*

Sich zu organisieren, ist kein Ziel an sich; es ist einfach ein Mittel, von dort, wo Sie sind, dorthin zu gelangen, wohin Sie wollen. In letzter Konsequenz ist die produktive Verwendung von Zeit eine Sache des eigenen Ermessens; erreichen Sie mit den Aktivitäten, die Sie während eines Tages, Monats oder Jahres setzen, tatsächlich die Ziele, die Sie sich gesteckt haben? Zeit, die Sie *nicht* so investieren, daß Sie dorthin kommen, wohin Sie wollen, ist verschwendet – ganz egal, wie effizient Sie während dieser Zeit agieren. Deshalb konzentriert sich dieses Kapitel ganz allgemein auf das »Warum« der Zeiteinteilung – wofür Sie sich weshalb Zeit nehmen – und stellt drei verschiedene Übungen zur Zeitanalyse vor:

*Tag-für-Tag-Analyse:* Mit dieser Übung können Sie testen, wie gut Sie die Papierarbeit-, Zeit- und Unterbrechungs-Techniken beherrschen, die in diesem Buch beschrieben werden, und etwa noch verbleibende Problempunkte – sowie entsprechende Lösungen – finden.

*Professionelle Analyse:* Diese Übung ermöglicht es Ihnen, Ihr eigenes Management-by-objectives-(MBO-)Profil zu erstellen: spezifische Ziele zu definieren, sich auf Ihre Stärken und Schwächen einzustellen und Ihre Zeit in einer Weise zu managen, die für Ihre beruflichen Aktivitäten förderlich ist.

*Langzeitanalyse:* Diese Technik wird Ihnen helfen, langfristige Vorsätze zu bewerten und Ihre Zeit neu einzuteilen, wenn Sie aus der Bahn gekommen sind. Wo wollen Sie in fünf oder zehn Jahren sein?

Diese Übungen können unabhängig voneinander oder gemeinsam angewendet werden. Ob Sie eine, zwei oder alle drei verwenden, hängt von Ihren Bedürfnissen ab – und auch davon, inwieweit Sie mit Ihrer gegenwärtigen Situation unzufrieden sind. Eine leitende Angestellte, die ihre beruflichen Ziele sehr konsequent verfolgte, übersprang das MBO-Profil, fand jedoch die Tag-für-Tag- und die Langzeitanalyse sehr nützlich. Ein Manager, der Alltagsaktivitäten effizient erledigte, unterstützte seine berufliche Weiterentwicklung durch die Anwendung der MBO-Übung.

## Bewerten Sie, inwieweit Sie Ihre alltäglichen Angelegenheiten im Griff haben: ein Acht-Stufen-Prozeß

Um dorthin zu gelangen, wohin Sie wollen, müssen Sie zunächst einen genauen Blick riskieren und feststellen, wo Sie sich zur Zeit befinden. Das Werkzeug für diese Analyse ist das Zeitblatt, das, so wie eine topographische Landkarte in einem großen Maßstab, alle charakteristischen Merkmale der Landschaft deutlich erkennbar macht.

Das Zeitblatt ist eine Art Tagebuch, in dem Ihre Aktivitäten in Intervallen von fünfzehn Minuten festgehalten werden. Ein Musterblatt ist nachstehend abgebildet. Sie können dieses Formblatt einfach vergrößern und vervielfältigen, oder Sie können sich auch ein eigenes erstellen. (Ein Beispiel für ein ausgefülltes Blatt finden Sie auf Seite 236.) Notieren Sie alle fünfzehn Minuten, was Sie gerade tun, worin die jeweilige Aufgabe konkret besteht oder womit sie in Zusammenhang steht, und welche anderen Per-

**Zeitblatt**                                                                 Datum: _____

| Uhrzeit | Aufgabe | Bezug auf | Mit | Priorität | P/U* | Komponente** |
|---------|---------|-----------|-----|-----------|------|--------------|
| 9.00 | | | | | | |
| 9.15 | | | | | | |
| 9.30 | | | | | | |
| 9.45 | | | | | | |
| 10.00 | | | | | | |
| 10.15 | | | | | | |
| 10.30 | | | | | | |
| 10.45 | | | | | | |
| 11.00 | | | | | | |
| 11.15 | | | | | | |
| 11.30 | | | | | | |
| 11.45 | | | | | | |
| 12.00 | | | | | | |
| 12.15 | | | | | | |
| 12.30 | | | | | | |
| 12.45 | | | | | | |
| 13.00 | | | | | | |
| 13.15 | | | | | | |
| 13.30 | | | | | | |
| 13.45 | | | | | | |
| 14.00 | | | | | | |
| 14.15 | | | | | | |
| 14.30 | | | | | | |
| 14.45 | | | | | | |
| 15.00 | | | | | | |
| 15.15 | | | | | | |
| 15.30 | | | | | | |
| 15.45 | | | | | | |
| 16.00 | | | | | | |

* P = geplant, U = Unterbrechung.   ** Diese Spalte ist für die MBO-Analyse reserviert. Lassen Sie sie für die Tag-für-Tag-Übung frei.

sonen involviert sind, falls es sich um einen Anruf, ein Meeting oder einen Termin handelt. Weisen Sie der Aufgabe auch eine bestimmte Priorität zu: 1 für dringende und anspruchsvolle Aufgaben, 2 für grundlegende Aufgaben mittlerer Wichtigkeit und 3 für Aktivitäten geringer Priorität. Notieren Sie dann auch, ob die Aktivität geplant war (P) oder sich im Zuge einer Unterbrechung (U) ergab.

Führen Sie das Zeitblatt mindestens eine Woche lang. Tragen Sie die Aktivitäten jedes Tages genau ein, von dem Moment, in dem Sie im Büro eintreffen, bis zum Nachhausegehen. Notieren Sie auch Kaffeepausen, firmeninterne Besuche, Mittagessen und andere Aktivitäten. Verwenden Sie einen Timer oder ein Computer-Alarmgerät, um die Intervalle einzuhalten. Nehmen Sie sich am Ende der Woche eine Stunde lang Zeit und sorgen Sie dafür, daß Sie nicht gestört werden; nehmen Sie sechs verschiedenfarbige Highlighter zur Hand und analysieren Sie Ihre Aufzeichnungen[*] wie folgt:

*Schritt 1: Telefonanrufe.* Markieren Sie mit einem Highlighter alle Telefonate und zählen Sie alle Anrufe, die Sie während der Woche gemacht haben (sowohl diejenigen, bei denen Sie der Anrufer waren, als auch die Anrufe, die Sie bekommen haben). Wie viele davon waren »legitim«, wie viele würden Sie als »Feuerlöschaktionen« oder unwillkommene Unterbrechungen klassifizieren? Wenn Sie mehr von der letzteren Kategorie konstatieren müssen, als Ihnen lieb ist, lesen Sie Kapitel 6 nochmals durch und reduzieren Sie die »Feuerlöschaktions«-Anrufe auf die 15- oder 20%-Marke.

Überschlagen Sie auch grob, wieviel Zeit Sie jeden Tag am Telefon verbringen und errechnen Sie daraus, wieviel Zeit Sie pro Woche »vertelefonieren«. Sind diese Zeiten der Kategorie Ihres

---

[*] Machen Sie von jedem der Blätter mehrere Kopien, bevor Sie Markierungen vornehmen, weil dieselben Blätter auch für die MBO-Übung verwendet werden.

Jobs angemessen? Es ist selbstverständlich, daß Sie, wenn Sie etwa als Kontakter oder als Personalberater arbeiten, mehr Zeit am Telefon verbringen werden, als wenn Sie einen Job haben, bei dem persönliche Kontakte weniger wichtig sind.

*Schritt 2: Geplante Treffen.* Streichen Sie alle planmäßigen Verabredungen mit einem andersfarbigen Highlighter an. Halten Sie Besprechungen ab, die auch Ihre Mitarbeiter übernehmen könnten?

*Schritt 3: Zufällige/spontane Unterredungen.* Markieren Sie Zufallsbesuche und spontane Besprechungen mit einem dritten Stift. Wenn die außerplanmäßigen Treffen (abgesehen von den Zeiten, zu denen Sie »offene Tür« haben) mehr als 15 oder 20% aller Unterredungen ausmachen, gehen Sie nochmals die in Kapitel 6 beschriebenen Techniken durch.

*Schritt 4: Meetings.* Kennzeichnen Sie Meetings mit einer vierten Farbe und notieren Sie, welchen Prozentsatz Ihrer täglichen/wöchentlichen Zeit Sie in Meetings verbringen. Ist dieser Prozentsatz Ihrem Job angemessen? Gehen Sie nochmals die Techniken in Kapitel 6 durch.

*Schritt 5: Schreibtischarbeit, Projekte, Schreiben, Planung.* Berechnen Sie, wieviel Zeit Sie für Arbeiten dieser Art aufwenden, und markieren Sie diese Aktivitäten mit einem weiteren Stift. Daß für diese Dinge zuviel Zeit aufgewendet wird, ist selten ein Problem. Die meisten Manager sollten gut 25 bis 30% ihrer Zeit für Papierarbeit und Projekte veranschlagen, obwohl dieser Anteil in Abhängigkeit von der Art der Arbeit variiert. Ein Schriftsteller wird vielleicht 75% seiner Zeit mit »privater« Arbeit verbringen, während ein Vertreter durchaus mit 10% das Auslangen finden kann. Die Abschätzung der »Privatzeit« kann jedoch irreführend sein, wenn man diese Zeit mit »Nacharbeiten« wie dem Aufarbeiten eines Überhangs an zu beantwortenden Briefen, dem Suchen nach verlorengegangenen Unterlagen oder dem Überarbeiten von Routineberichten verbringt. Wenn Sie im Papierkram zu ersticken drohen, lesen Sie die Kapitel 2, 3 und 4 sowie den Abschnitt über Perfektionismus in Kapitel 7 nochmals durch.

*Schritt 6: Errechnen des Priorität/Rentabilität-Verhältnisses.*
Wie viele Aktivitäten können als Priorität 1 eingestuft werden, als 2 und als 3? Wenn Sie im Durchschnitt auf mehr als drei oder vier Einsen pro Tag kommen, läßt das entweder auf schlechte Planung oder auf ungenaue Bewertung schließen. Ein Manager stufte 75% seiner Eintragungen als Priorität 1 ein; in Wirklichkeit hatte er jedoch verabsäumt, zwischen wirklich wichtigen und weniger dringenden Aktivitäten zu unterscheiden.

Wie sieht es mit Ihren Prioritäten aus? Sehen Sie sich die Priorität/Rentabilität-Tabelle auf S. 138 an und beantworten Sie dann die folgenden Fragen:

- Sind *irgendwelche* der Aufgaben mit Priorität 1 oder 2 als solche mit besonders hoher Rentabilität einzustufen? Wenn nicht, sollten Sie sich vornehmen, *in jede Tagesliste zumindest eine Aufgabe mit hoher Rentabilität aufzunehmen*. Versuchen Sie, gut 20% Ihrer Zeit für solche Aufgaben aufzuwenden.
- Bei wie vielen mit 1 oder 2 bewerteten Aufgaben stellt sich heraus, daß sie eine negative Rentabilität aufweisen? Lag bei manchen davon die Ursache in mangelhafter Planung oder Unterbewertung zu einem früheren Zeitpunkt? Wenn die »Rettungsaktionen« zu viel Zeit in Anspruch nehmen, lesen Sie nochmals die Kapitel 2, 5 und 8 durch.
- Wie viele Aufgaben mit Priorität 2 und 3 weisen eine mittlere Rentabilität auf? Obwohl diese Kategorie den Hauptteil Ihrer Zeit beanspruchen sollte und das wahrscheinlich auch tut, sollten Sie prüfen, ob Sie nicht einige solcher Aufgaben, die

Sie nicht als besonders interessant, angenehm oder herausfordernd empfinden, delegieren können. Die meisten Aufgaben mit mittlerer Rentabilität sollten als Priorität 2 aufscheinen, wenn Sie effektiv planen und delegieren.

- Sind irgendwelche der Aufgaben mit Priorität 1 oder 2 als Aufgaben niedriger Priorität einzustufen? So etwas wie eine mit 1 oder 2 bewertete Aufgabe mit niedriger Rentabilität sollte nicht vorkommen. Prüfen Sie verdächtige Eintragungen, indem Sie fragen: »Ist das jetzt die beste Art, wie ich meine Zeit verbringen kann?« Gehen Sie die Priorität-3-Aufgaben mit niedriger Rentabilität durch und überlegen Sie, welche Konsequenzen sich ergeben würden, wenn Sie sie eliminierten oder delegierten.

Bewerten Sie schließlich auch das Verhältnis zwischen Priorität und investierter Zeit: Im Durchschnitt sollten die Aufgaben mit Priorität 1 eineinhalb bis zwei Stunden pro Tag in Anspruch nehmen; die mit Priorität 2 (in diese Kategorie fallen normalerweise Meetings und Verabredungen) sollten mit etwa vier Stunden zu Buche schlagen, und den 3en gehört der Rest des Tages.

*Schritt 7: Zusammenlegen versus Unterteilen.* Markieren Sie mit dem letzten Highlighter alle verbleibenden Eintragungen. Gleicht Ihr Blatt jetzt einem Regenbogen mit breiten, farbigen Streifen? Wenn ja, sind Sie beim sinnvollen Zusammenfassen Ihrer Aktivitäten durchaus erfolgreich. Wenn Ihr Blatt jedoch eher einem Gemälde von Jackson Pollock ähnelt, dann fragmentieren Sie Ihre Zeit. Sehen Sie sich die Kontrolltaktiken nochmals an, die in Kapitel 6 beschrieben werden, und studieren Sie die in Kapitel 7 erklärten Blocktechniken und Arbeitsstile.

*Schritt 8: Effizienz-Kurzbewertung.* Gehen Sie nun alle Aufgaben nochmals durch, die auf Ihrem Blatt aufgelistet sind, und stellen Sie sich folgende Fragen:

- Verkompliziere ich Aufgaben oder investiere ich mehr Zeit in sie, als sie wert sind?
- Vereinfache und rationalisiere ich, indem ich Effizienztechniken verwende, wo immer es möglich ist?
- Erledige ich unnötige Dinge? Tue ich zuviel für andere? Delegiere ich zuwenig?

## *Gestalten Sie Ihr persönliches MBO-Profil*

In den letzten Jahren wurde das Konzept des Management by objectives im Zuge des bedingungslosen Strebens nach einer Steigerung der Produktivität inmitten einer unsicheren Wirtschaftslandschaft buchstäblich in den Himmel gehoben. Aber Management by objectives ist einfach eine andere Art, eines der grundlegendsten Prinzipien des Organisierens auszudrücken: *Definiere deine Ziele, stelle fest, welche Schritte erforderlich sind, um diese Ziele zu erreichen, und bewerte in regelmäßigen Abständen deine Fortschritte.* Die konsequente Umsetzung dieser Zielvorgaben ist definitionsgemäß mit Produktivität gleichzusetzen. Aber manchmal hat die Sache einen Haken: Die definierten Ziele sind nicht immer die richtigen.

Wenn die Ziele spezifisch sind – Steigerung der Verkaufszahlen um 10% oder Anlandziehen des Auftrages X –, kann die Produktivität leicht quantifiziert werden. Aber wie können Sie die Arbeit eines Marketingmanagers messen? Mehr Berichte schreiben? So eigenartig es klingt, viele Manager haben eingesehen, daß ihre Fähigkeiten an Aufgaben gemessen werden, die darauf hinauslaufen, reibungslose Funktionsabläufe zu gewährleisten. In einer MBO-Tabelle werden oft vage Zielsetzungen angeführt, so wie »in der Kommunikation offener sein«, oder überflüssige Dinge wie »neues Debitorensystem entwickeln«, wenn das alte System durchaus seinen Zweck erfüllt. Diese mangelhaft durchdachte Art der Annäherung an Zielsetzungen wirkt sich nachteilig auf die

Produktivität aus. Viele Manager überhäufen sowohl sich als auch ihre Mitarbeiter ständig mit unnötiger Arbeit, nur weil sie ihre Ziele so vage definiert haben – und über diesen Dingen geraten dann wichtige Aufgaben auf allen Ebenen ins Hintertreffen.

Dieser Abschnitt ist darauf ausgelegt, Sie bei der Erarbeitung Ihres eigenen, praktischen MBO-Profils zu unterstützen: Er hilft Ihnen, spezifische, professionelle Ziele zu definieren, zu analysieren, inwieweit die gegenwärtige Verwendung Ihrer Zeit mit diesen Zielen in Einklang steht, und er soll Ihnen schließlich auch zeigen, wie Sie sich Zeit für diejenigen Arbeiten nehmen können, die in beruflicher und persönlicher Hinsicht für Sie wichtig sind.

### Wofür werden Sie eigentlich bezahlt?

Für Martin Aldrich, Partner in einer Telekommunikationsfirma, war die Arbeit frustrierend und langweilig geworden. »Als wir diese Firma gegründet haben, war ich begeistert von der Arbeit und der täglichen Herausforderung. Jetzt habe ich das Gefühl, in einer Tretmühle gefangen zu sein. Ich bin so mit Details überlastet, daß mir buchstäblich keine Zeit für die Dinge bleibt, die ich eigentlich tun möchte. Ich muß zusehen, daß ich wieder ins rechte Fahrwasser komme, aber ich weiß nicht, womit ich anfangen soll.«

Als wir sein Problem diskutierten, erwähnte Aldrich einen überzeugenden Rat, den ihm einmal ein Tennisprofi gegeben hatte. »Konzentriere dich auf nur drei fundamentale Dinge: steh seitlich zum Netz, steh still und laß den Ball nicht aus den Augen, bis er auf das Racket trifft. Der Rest ist im wesentlichen eine Draufgabe.« Aldrich ging daran, bei seiner Arbeit ähnliche zentrale Prioritäten zu definieren. Er mußte sich auf die grundlegenden Dinge konzentrieren. Seine Erkenntnis gibt ein fundamentales Prinzip der Produktivität wieder:

> Definieren Sie zwei oder drei klar umrissene Ziele.

Wofür werden Sie bezahlt? Damit Sie die Entwicklung neuer Produkte koordinieren? Sich um die Finanzen der Firma kümmern? Verträge aushandeln? Lassen Sie die formelle Jobbeschreibung einmal beiseite und definieren Sie Ihre eigenen, »harten« beruflichen Ziele, indem Sie eine konkrete Jobbeschreibung in nur einem Satz formulieren. Das heißt, wenn Sie sich dabei ertappen, daß Sie Floskeln wie »... Maßnahmen in bezug auf die Manifestation der Implementierung ...« oder ähnliches verwenden, versuchen Sie es gleich noch einmal. Oder versuchen Sie es damit: Wie würden Sie in einem Moment uneingeschränkter Offenheit Ihre Arbeit Ihrem Ehepartner oder einem guten Freund beschreiben? Notieren Sie diese Beschreibung. Das ist die Realität – der Punkt, der Ihnen als Ansatzpunkt für die Formulierung authentischer und praktischer Ziele dienen muß. Behalten Sie Ihre Beschreibung im Hinterkopf und gehen Sie den folgenden zweistufigen Prozeß durch:

1 Gliedern Sie Ihren Job in zwei oder drei *Hauptkomponenten* – Ihre wichtigsten Verantwortlichkeitsbereiche. Typische Komponenten könnten etwa Verkauf, Geschäftsanbahnung, Finanzmanagement, Abschließen von Geschäften, Aushandeln von Verträgen, Public Relations, Kundendienst, Erhöhung der Einnahmen, Planung, Personalmanagement, Administration, Forschung, Technische Tätigkeit, statistische Analyse und Marketing sein.
Martin Aldrichs Komponentenliste umfaßte Planung, Erhöhung der Einnahmen (Verkauf und Marketing), Forschung (neue Technologien), Administration und Personalmanagement.

2 Definieren Sie als nächstes zwei oder drei dieser Komponenten als *Kernkomponenten* – jene Funktionen, die Sie als das Herzstück Ihres Jobs betrachten. Dabei sollte es sich um Dinge handeln, die Sie gut können, die Sie gern tun und die die höchste Rentabilität aufweisen, sowohl was Ihren Beitrag zum Prosperieren der Firma anbelangt, als auch was Ihre eigenen

Karriereambitionen betrifft. Schnuppern Sie kritisch in die
Luft: weht in letzter Zeit unter der Konkurrenz ein rauherer
Wind? Ballen sich am wirtschaftlichen Horizont Gewitterwol-
ken zusammen, oder sichten Sie neue Technologien, die Einfluß auf Ihre Geschäfte nehmen könnten? Dieses In-den-Wind-
Schnuppern wird Ihnen dabei helfen, besser beurteilen zu
können, wo Ihre Firma oder Ihre Abteilung morgen stehen
sollte und welche Rolle Sie dabei spielen werden.

Als Aldrich seine Liste analysierte, beschloß er, sich auf die
Erhöhung der Erträge aus Kundengeschäften und die Pläne für
die Umwandlung der Firma in eine AG einzuschießen.

Diese Kernkomponenten sind Ihre Ziele – die Fokuspunkte, um
die Sie Ihre Zeit strukturieren. Was uns zum zweiten Prinzip des
produktiven Zeitmanagements bringt:

> Stellen Sie fest, wieviel Zeit Sie für die Erreichung Ihrer Ziele
> investieren können.

Nehmen Sie eine neue Kopie Ihres Zeitblattes zur Hand und
füllen Sie die letzte Spalte aus: Notieren Sie für jede Aufgabe, auf
welche Hauptkomponente sie sich bezieht (falls sie sich überhaupt auf eine bezieht). Markieren Sie dann jene Aufgaben, die
als Kernkomponenten zu bezeichnen sind. Sehen Sie sich nun alle
vier Aufgabenkategorien an – Telefonanrufe, Termine, Meetings
und Schreibtischarbeit/Projekte. Wieviel Prozent dieser Aktivitäten beziehen sich auf Ihre Hauptkomponenten? Ihre Kernkomponenten? Wenden Sie einen Großteil Ihrer Zeit für Unwichtiges
auf, oder sind die meisten Aktivitäten zu den Haupt- oder Kernkomponenten zu rechnen?

Als Martin Aldrich sein ausgefülltes Blatt (Seite 236) durchsah,
mußte er feststellen, daß die Diskrepanz zwischen seinen Zielen
und der Art und Weise, wie er derzeit seine Zeit verbrachte,

ausgesprochen kraß war. Unnötigerweise am Telefon verbrachte Stunden und unangemeldete Besuche ließen ihm buchstäblich keine Zeit für die Verkaufs- und Planungsaktivitäten, die er als seinen Kernverantwortungsbereich erkannt hatte. Darüber hinaus war der hohe Zeitanteil, den er theoretisch für Schreibtisch/Planung aufwendete, irreführend, weil nur wenige der Schreibtisch-Eintragungen hochrentable Planungs- oder Verkaufsaufgaben waren. Und wirklich: Als wir den Inhalt von Aldrichs Eingangs-Box und seiner »Zu erledigen«-Schachtel in drei Kategorien aufteilten, war nur ein Papier dem Bereich »Planung« zuzuordnen; fünf fielen unter »Marketing«, während »Anderes« (Mitarbeiter-Memos, Klientenbriefe, Forschungsberichte) den Rest der beiden Schachteln füllte. Dies verhalf Aldrich zu einigen schmerzlichen Einsichten:

Leider hatte er im Bereich der Mitarbeiterführung ausgesprochene Schwächen. Seine Kategorie »Anderes« war vor allem deshalb so umfangreich, weil die Klienten sich nicht an die für sie zuständigen Mitarbeiter hielten und sich direkt an ihn wandten. Er besserte oft Entscheidungen von Mitarbeitern nach oder widerrief sie und beschwor so zeitraubende »Pseudo-Notfälle« herauf, ganz zu schweigen von der entstehenden Verwirrung und dem allgemeinen Unwillen. Um diesem vordringlichen Problem abzuhelfen, nahm Aldrich an einem Kurs in Delegieren und Nachfaßtechniken teil. Auf lange Sicht wurde ihm in Anbetracht seines Temperaments angeraten, von der Mitarbeiterführungsrolle Abschied zu nehmen, entweder, indem er diese Funktion an einen seiner Partner abgab, oder indem er einen Supervisor engagierte. Was uns zum dritten Prinzip des produktiven Zeiteinsatzes bringt:

---

Identifizieren Sie zeitintensive Komponenten, die nicht mit Ihrem Erfahrungsbereich, Ihren Zielen oder Ihrer Persönlichkeit in Einklang stehen, und suchen Sie einen Weg, diese Verpflichtungen zu eliminieren, zu delegieren oder zu reduzieren.

**Zeitblatt** (Martin Aldrich)                                                                                     Datum: 15. 04.

| Uhrzeit | Aufgabe | Bezug auf | Mit | Priorität | P/U* | Komponente |
|---|---|---|---|---|---|---|
| 9.00 | Kaffee/Klatsch | Firmenpicknick | Bill (Partner) | 3 | U | Administration |
| 9.15 | | | | | | |
| 9.30 | Anruf | Neue Preise | Ralph Stevens | 3 | U | Administration |
| 9.45 | Anruf | Servicefrage | Ann Patrick | | | |
| 10.00 | | | | | | |
| 10.15 | | | | | | |
| 10.30 | Aufarbeiten der Post | | | 2 | P | Administration |
| 10.45 | | | | | | |
| 11.00 | Besprechung mit Sekretärin | Tag planen | | 1 | P | Administration |
| 11.15 | Anruf | Termin vereinbaren | Jim Mead | 1 | P | Verkauf |
| 11.30 | Anruf | Neues Produkt | Stan Rivers | 3 | U | Recherchen |
| 11.45 | | | | | | |
| 12.00 | Diktat | Briefe an Chambers, Hart, | | 2 | P | Administration |
| 12.15 | | Crane betreffend Probleme | | | | |
| 12.30 | | mit den Kunden | | | | |
| 12.45 | | | | | | |
| 13.00 | Mittagessen | | | | | |
| 13.15 | | | | | | |
| 13.30 | | | | | | |
| 13.45 | | | | | | |
| 14.00 | Verabredung | Aktienemission | Ted Jones | 1 | P | Planung |
| 14.15 | | | | | | |
| 14.30 | | | | | | |
| 14.45 | Anruf | Servicefrage | Bob Dane | 3 | U | Administration |
| 15.00 | Anruf | Servicefrage | Carol Hanes | 3 | U | Administration |
| 15.15 | Verabredung | Hart Problem | Ed | 3 | U | Mitarbeitermanagement |
| 15.30 | Verabredung | Brown Kunde | Pat | 3 | U | Mitarbeitermanagement |
| 15.45 | Verabredung | Farkas Kunde | John | 3 | U | Mitarbeitermanagement |
| 16.00 | Mitarbeiterbesprechung | Präsentation für neuen | Pat/Steve/Bill/Ed | 2 | P | Planung |
| | | Klienten | | | | |

* P = geplant, U = Unterbrechung.

Um Ihre eigene Situation zu analysieren, sehen Sie sich Ihr Blatt an und konzentrieren Sie sich auf Problembereiche.

**1 Welche Komponenten passen schlecht zu Ihren Talenten, Ihren Interessen oder Ihrem Temperament?** Gibt es irgendwelche Aspekte Ihrer Arbeit, die Sie spontan in organisierter Weise erledigen? Ihre Telefonlisten, Verkaufsgespräche, einen bestimmten Typ von Projekt? Wie Sie sich selbst bewerten, ist ausgesprochen aufschlußreich, was das Identifizieren von Prioritäten, Interessen und Schwachstellen anbelangt. Prüfen Sie lieber eine Bilanz, als daß Sie einen Zwist unter Mitarbeitern schlichten? Bekommen Sie von allem, was mit Forschung zu tun hat, Kopfweh? Brauchen Sie drei Stunden, um etwas zu schreiben, was jemand anders in zwanzig Minuten erledigen könnte? Arbeiten Sie lieber mit anderen zusammen als allein?

*Lösung: Teilen Sie »schwache« Komponenten neu auf und konzentrieren Sie sich auf Ihre Stärken.* Können Sie jemand engagieren? Etwas an Mitarbeiter delegieren? Bestimmte Aufgaben mit einem Kollegen tauschen? Einen Partner aufnehmen? Einen Büroleiter oder Leiter der Administration anstellen? Externe Dienstleistungen oder Beratung in Anspruch nehmen?

*Fall 1:* Zwei Partner eines Immobilienbüros, die beide »ein bißchen von allem« machten, stellten fest, daß sie beide ähnliche Gebiete abdeckten und oft an den Entscheidungen des anderen herumbesserten. Als ihnen durch ihre wenig organisierte Arbeitsweise ein großes Geschäft durch die Lappen ging, beschlossen sie, daß es an der Zeit war, etwas zu verändern; sie begannen damit, ihre individuellen Stärken und Schwächen aufzulisten. Einer hatte die technische Seite des Geschäfts sozusagen im kleinen Finger, der andere hatte Spaß an der Herausforderung des Abschließens von Geschäften. So teilten sie erfolgreich ihre Verantwortlichkeiten in einen »Innenbereich« (Markterkundung, Recherchen, technische Angelegenheiten, Administration) und

einen »Außenbereich« (Verkauf, Verhandlungen, Öffentlich-
keitsarbeit).

*Fall 2:* Ellen Cady, eine selbständige Modedesignerin/-produ-
zentin, versuchte ebenfalls, alles zu machen, aber ohne die Hilfe
eines Partners. Ihre anfängliche Liste von Hauptkomponenten
umfaßte Design, Stoffauswahl, Produktionsüberwachung, Mar-
keting/Verkauf und Geschäftsplanung. Daß sie so viel Zeit für
andere Dinge aufwenden mußte, beeinträchtigte die Qualität ihrer
Entwürfe. Weil Design und Stoffauswahl ihre Kernbereiche waren, beschloß sie, den Verkauf neu zu organisieren: sie behielt
einige Stammkunden selbst und gab den Rest an selbständige
Verkaufsrepräsentanten ab. Diese Verkaufsrepräsentanten sorg-
ten auch dafür, daß sich die Zahl der Geschäfte, die ihre Sachen
führten, vergrößerte – eine Aufgabe, für die sie bisher einfach
keine Zeit gefunden hatte. Was die Geschäftsplanung betraf, so
konnte sie sich nicht dazu entschließen, einen Businessmanager
zu engagieren, und so machte sie sich auf die Suche nach einem
Partner, dessen geschäftlicher Spürsinn die geeignete Ergänzung
zu ihren designerischen Fähigkeiten bilden würde.

**2  Welche Komponenten bringen wenig oder gar keinen Nut-
zen in bezug auf Geschäftszweck und Gesamtziele?** Sind bestimmte Komponenten der Stellung oder Position, die Sie in der
Firma bekleiden, nicht mehr angemessen? Halten Sie nur aus
Gewohnheit oder dem falschen Ehrgeiz, zu beweisen, daß Sie
noch immer »alles können«, an bestimmten Projekten oder Verantwortlichkeiten fest? Nehmen diese Funktionen Zeit in Anspruch, die Sie anderswo vorteilhafter nutzen könnten?

*Lösung: Eliminieren, delegieren, reduzieren.* Eliminieren Sie,
was Sie können. Delegieren Sie zumindest einen Teil der verbleibenden Aktivitäten und schränken Sie die Zeit ein, die Sie für jene
Aufgaben aufwenden, die Sie persönlich erledigen müssen.

*Fall 1:* Patrick Hickok, einem Investmentbanker, der die Internationale Abteilung seiner Firma leitete, blieb aufgrund seines gedrängten Reiseterminkalenders wenig Zeit für seine hochrentablen Kernaktivitäten, nämlich die Planung und Entwicklung neuer Geschäfte. Alle zwei Monate verbrachte er eine Woche in Japan, und alle drei Monate eine Woche in Lateinamerika. Er hatte diese Reiseverpflichtungen vor vielen Jahren übernommen, und seit damals machte er die Reisen regelmäßig, weil ihm einfach gar nicht in den Sinn kam, daß es eine Alternative geben könnte. Um freie Zeit für Aufgaben zu schaffen, die seiner gegenwärtigen Position eher angemessen waren, delegierte er die Reisen an einen Mitarbeiter; er selbst machte von nun an nur noch eine Reise alle vier Monate, um sich einen Überblick über den Stand der Dinge zu verschaffen.

*Fall 2:* Als Stuart Baker, der Ausbildungsdirektor eines großen Konzerns, diesen Posten vor einigen Jahren angetreten hatte, war die Abteilung klein gewesen, und er hatte viele Kurse persönlich geleitet. Als jedoch die Abteilung größer zu werden begann, stellte er fest, daß er das Unterrichten aufgeben und sich von nun an darauf beschränken mußte, die Arbeit anderer Trainer zu überwachen, um Zeit für Planung und Entwicklung zu gewinnen, seine eigentlichen Kernaktivitäten.

Bevor er diese Umstellung vollziehen konnte, mußte Baker Trainingskriterien und -abläufe festlegen. Also nahm er sich die Zeit, ein Handbuch zu schreiben, in dem die Informationen und Richtlinien, die die Trainer brauchten, und Bewertungsmethoden für die Effektivität der Kurse kurz erläutert wurden. Wenn man eine wichtige Aktivität abgeben will, ist manchmal umsichtige Planung erforderlich – eine Aufgabe mit äußerst hoher Rentabilität.

Ein nützliches Werkzeug zur Bewertung Ihrer Aktivitäten im Hinblick auf Ihre Ziele ist die Erstellung eines regelmäßigen *Aktivitätenberichtes.* Listen Sie etwa einmal im Monat alle größeren Meetings, Aufgaben und Projekte auf; führen Sie für jede

dieser Aktivitäten das Grundprinzip an, die Komponente, auf die
sie sich bezieht, und ihre kurzfristig und langfristig erwünschten
Ergebnisse; halten Sie außerdem fest, in welcher Beziehung die
Ergebnisse zu kurz- und langfristigen Zielen stehen. Verwenden
Sie das nachstehend abgedruckte Formular als Hilfe. Diese monatliche Aktualisierung wird es Ihnen erleichtern, fragwürdige
Aktivitäten schneller auszusondern und jene Zeit zu gewinnen,
die momentan für unwichtige und unnötige Projekte verschwendet wird.

**3 Stehen diejenigen Komponenten, denen Sie sich am lieb-
sten widmen, in Einklang mit der eigentlichen Natur Ihres
Jobs?** Besteht eine signifikante Diskrepanz zwischen den Dingen, die Sie gerne tun würden, und jenen, die man von Ihnen
verlangt?

*Lösung: Definieren Sie, wo Ihre eigentlichen Interessen liegen,
und suchen Sie einen Weg, wie Sie Ihr Engagement in diesen
Gebieten verstärken können.* Müssen Sie Ihren derzeitigen Job
behalten? Oder wären Sie an einer anderen Stelle glücklicher?
Können Sie Verantwortung abgeben und mehr Zeit für die Tätigkeiten erübrigen, die Ihnen am angenehmsten sind? Könnten Sie
innerhalb der Firma in eine Abteilung wechseln, die eher Ihren
Interessen und Neigungen entspricht? Wenn die Analyse darauf
schließen läßt, daß Sie ganz einfach am falschen Platz sind,
sollten Sie versuchen, mit Hilfe der Langzeitziel-Diskussion, die
auf Seite 244 beginnt, für Sie geeignete Ziele sowie Methoden
für deren Realisierung zu finden.

*Fall 1:* Ein Verkaufsmanager beschwerte sich bitterlich, daß ihm
wegen der ständigen Unterbrechungen durch Mitarbeiter und
Kunden wenig Zeit für die Erstellung von Angeboten und für
Planung blieb. Als er jedoch seine Zeit analysierte, um festzustellen, was er delegieren könnte, kristallisierte sich heraus, daß es
*eben in der Natur seines Jobs lag,* daß er für seine Vertreter und

## Aktivitätenbericht

| Aufgabe/Grundprinzip | Welche Komponente unterstützt sie? | Ziele kurzfristig/ langfristig | Ergebnisse kurzfristig/ langfristig |
|---|---|---|---|
| | | | |
| | | | |
| | | | |
| | | | |
| | | | |
| | | | |
| | | | |
| | | | |
| | | | |
| | | | |
| | | | |
| | | | |
| | | | |

seine Kunden verfügbar sein mußte. In seinem Fall erwies sich eine neue Stellung, die seinem eher kontemplativen Temperament besser entsprach, als die beste Lösung.

**4  Scheinen alle Komponenten gleichermaßen wichtig, interessant und angenehm?** Ist es Ihnen unmöglich, eine oder zwei Komponenten als Kernfunktionen auszuwählen? Ist die Aussicht, bestimmte Aufgaben zu eliminieren oder zu delegieren, sogar noch unattraktiver als der überfüllte Terminkalender, der sich ergibt, wenn Sie alles selbst erledigen?

*Lösung: Legen Sie eine Reihenfolge der Komponenten fest.* Der Schlüssel zu diesem Dilemma liegt darin, eine geeignete Reihenfolge zu definieren, indem einige kurzfristige Ziele in langfristige umgewandelt werden.

*Fall 1:* Der Möbeldesigner Paul Litkin hatte sich eine Reihe anspruchsvoller Ziele gesteckt: Er wollte Markisen, Polstermöbel und Restaurierung vermarkten und Stoffe entwerfen. Und er wollte keine dieser Aufgaben an jemand anders abgeben. Also mußte er eine Reihenfolge festlegen – in seinem Fall hieß das: an erster Stelle stand die Vermarktung der Markisen, weil er bereits einen gewissen Bekanntheitsgrad auf diesem Gebiet erreicht hatte, *dann* kamen die Polstermöbel, und zuletzt kam das Entwerfen von Stoffen.

**Übung 1:** Wieviel Zeit würden Sie unter idealen Bedingungen gern in jede Kernkomponente investieren? Was glauben Sie, wieviel Zeit Sie unter Annahme realistischer Bedingungen dafür aufwenden könnten? Ihr Ziel liegt irgendwo zwischen diesen beiden Werten. Setzen Sie sich eine Frist für die Erreichung dieses Ziels und tragen Sie das entsprechende Datum in Ihren Kalender ein. Zum Beispiel: »Ich nehme mir vor, binnen sechs Monaten 30% meiner Zeit für Planungsaktivitäten zu verwenden.« Rechnen Sie diese Prozentsätze in Tage pro Monat um und zeichnen Sie eine kleine Tabelle, die Ihre beabsichtigten »Zeit-verschiebungen« wiedergibt. Der Besitzer einer Finanzbera-tungsfirma beispielsweise, der sich entschloß, seine Verkaufs- und Marketingaktivitäten zu intensivieren und dafür weniger Zeit als bisher für Produktentwicklung aufzuwenden, erstellte folgen-de Tabelle:

| *Aktivität* | *derzeit* | *Ziel* |
|---|---|---|
| Beratung | 5–10 Tage/Monat | o.k., wie es ist |
| Verkauf/Marketing | 3 Tage/Monat | erweitern auf durchschnittlich 6 Tage/Monat |
| Forschung | 3 Tage/Monat | o.k,. wie es ist |
| Produktentwick-lung | 5–10 Tage/Monat | wesentlich reduzie-ren |

Notieren Sie Ihre Aktivitäten etwa einen Tag lang alle zwei Monate, bis Sie Ihr Ziel erreicht haben.

**Übung 2:** Gehen Sie zwei- oder dreimal pro Woche Ihren Ter-minkalender und Ihre Tagesliste durch und fragen Sie. »Was habe ich heute tatsächlich getan?« »Standen meine Aktivitäten mit meinen Prioritäten und Zielen in Einklang?« »Habe ich Zeit für hochrentable Aufgaben und Kernaktivitäten aufgewendet?«

**Übung 3:** Reihen Sie jeden Monat alle Aufgaben auf Ihrer Tagesliste nach ihrer Rentabilität. Ist zumindest eine Aktivität mit hoher Rentabilität darunter? Sind wenig rentable Aktivitäten vernachlässigbar oder gar nicht vorhanden? Sind Aufgaben mit negativer Rentabilität wirklich notwendig und nicht nur die Folge von Krisen, die durch schlechte Planung oder Hinauszögern heraufbeschworen wurden?

## *Was wollen Sie aus Ihrem Leben machen?*

Der Graphikdesigner Milton Glaser forderte seine Studenten an der Hochschule für bildende Kunst auf die folgende provokante Art auf, ihre Ziele für die Zukunft zu definieren: »Entwerfen Sie das Szenario eines für Sie perfekten Tages, so wie Sie ihn sich von heute an in fünf Jahren für sich vorstellen. Es soll kein Phantasietag sein, sondern ein realer Tag, der in bezug auf Arbeit, Beziehungen zu Familie und Freunden und hinsichtlich der physischen Umgebung befriedigend ist.«

Ist dieser perfekte Tag eine Fortführung Ihres gegenwärtigen Lebens, oder haben Sie in Ihrer Vorstellung alles auf den Kopf gestellt? Entspricht Ihre Karriere dem, was Sie sich vom Leben erwarten, oder tun Sie, was man von Ihnen erwartet, obwohl Sie diese Arbeit hassen? Haben Sie Zeit für die Projekte, Organisationen und Interessen, die Ihnen am wichtigsten sind? Nutzen Sie Ihre Zeit, um der Art Leben näherzukommen, die Sie für sich selbst und Ihre Familie wollen? Auch wenn über der Last des Alltags die Konturen langfristiger Pläne zu verschwimmen drohen – wenn Sie das Gefühl haben, daß Ihr gegenwärtiger Kurs Sie Ihrer Zukunftsvision nicht näherbringt, sollten Sie versuchen, Ihr Leben stärker nach Ihren wahren Prioritäten auszurichten. Und so wird's gemacht:

Beginnen Sie damit, daß Sie, Ihren perfekten Tag vor Augen, spezifische Ziele auflisten. Welche Position in Ihrem Unternehmen streben Sie an? Eine Flaggschiff-Position wie Präsident oder Direktor? Oder würden Sie es vorziehen, Fachmann/frau für technische Fragen zu werden? Vielleicht gibt es ein spezifisches Ziel, das Sie für Ihre Organisation anstreben, wie es zu vergrößern, die Umsätze zu steigern oder es zum Marktführer zu machen? Oder träumen Sie davon, ein eigenes Geschäft aufzumachen? Lockt ein anderer Beruf – Recht, Medizin, Journalismus? Sehen Sie sich als Abgeordnete(n)? Würden Sie gerne einen Film drehen? Ihre Bemühungen in den Dienst der Gesellschaft stellen?

Wenn Ihnen keine spezifischen Karriereziele in den Sinn kommen, entwerfen Sie Ihren persönlichen Begabungstest, indem Sie Ihre Fähigkeiten mit verschiedenen Arten von Aufgaben vergleichen, wie in Kapitel 10 demonstriert wird.

Die andere Seite der Gleichung ist der Lebensstil: Welche Art Leben wollen Sie, und in welcher Umgebung? Würden Sie lieber daheim »stationiert« sein, oder locken Sie häufige Reisen? Sind Sie gern mit Kollegen, Familie und Freunden beisammen, oder gehen Sie lieber allein Ihrer Wege? Regt Sie der rasche Puls des städtischen Lebens an, oder fühlen Sie sich in einem ruhigen Vorort oder auf dem Land wohler?

Listen Sie in einem eigenen, gesonderten Notizbuch so viele Ziele auf, wie Sie Ihrer Vorstellungskraft abringen können, und markieren Sie die vier oder fünf davon, auf die Sie sich konzentrieren würden, wenn Sie nur sechs Monate Zeit hätten, um sie zu erreichen. Beginnen Sie dann damit, eines dieser Ziele in die Realität umzusetzen – wählen Sie das erste markierte, wenn Sie keinen ausgesprochenen Favoriten haben –, indem Sie es in konkrete Aufgaben unterteilen.

Um auf der Karriereleiter rascher voranzukommen, sollten Sie in Erwägung ziehen, Fortbildungskurse zu besuchen oder Projekte zu initiieren, mit denen Sie sich beim Topmanagement ins rechte Licht rücken können. Lockt Sie das große Geld? Lesen Sie Bücher über das Geldmachen und Biographien von Unternehmern. Schreiben Sie sich in Unternehmensführungskurse und Businesspromotion-Kurse ein. Erwerben Sie die Immobilienmaklerlizenz. Haben Sie politische Ambitionen? Fügen Sie Ihrer Liste »politischem Klub beitreten« hinzu. Arbeiten Sie freiwillig an einer Kampagne mit. Wenn Sie davon träumen, in Frankreich zu leben, prüfen Sie die erforderlichen Qualifikationen und die Verfügbarkeit von entsprechenden Positionen in der internationalen Wirtschaft, in der Diplomatie, im Rechtswesen oder auf dem Fremdenverkehrssektor. Es geht darum, daß Sie sich in die Richtung bewegen, die Ihren Fähigkeiten und Ihren Wünschen gerecht wird, indem Sie *jedes* Ziel, egal, wie vage oder allgemein, in spezifische Aufgaben umsetzen.

Diese Aufgaben eine nach der anderen auf Ihre Tagesliste zu übertragen, ist der Schlüssel zur Umsetzung dieser Phantasien in die Realität. Um die Furcht vor den bevorstehenden Veränderungen zu überwinden, beginnen Sie im kleinen. Sie könnten sich an einem Tag für einen Kurs anmelden. Schauen Sie an einem anderen Tag in der Bibliothek vorbei, um in ein paar Nachschlagewerken zu blättern. Setzen Sie danach mindestens zwei- oder dreimal pro Woche eine konkrete, zielbezogene Aufgabe auf Ihre Tagesliste. Gleichen Sie diese Mehrarbeit aus, indem Sie Aktivitäten, die nicht mit Ihren Langzeitzielen in Einklang stehen, einschränken. Ein Ziel, das genau zu Ihnen paßt, kann der Schlüssel zu einem neuen Leben sein.

Ein Verleger, der ein begeisterter Angler war, verdient sich jetzt sein Geld, indem er Bücher über sein Hobby schreibt.

Im allgemeinen dürfen Sie jedoch nicht erwarten, sofort einen Sprung zu machen. Um beispielsweise vom Marketingassistenten zum Marketingdirektor zu avancieren, könnte ein erstes kurzfristiges Ziel darin bestehen, ein Konzeptpapier zu erstellen – vielleicht eine Empfehlung für neue Methoden zur Analyse von Konsumtrends –, um die Aufmerksamkeit des höheren Managements auf sich zu lenken. Oder noch besser: Nehmen Sie sich vor,  Ihr Konzeptpapier an Fachzeitschriften zu schicken. Lassen Sie diesen Plan Wirklichkeit werden, indem Sie »Konsumtrendanalyse entwerfen« in Ihre Tagesliste aufnehmen, und fahren Sie fort, kontinuierlich kleine Abschnitte der Analyse auf die Tagesliste zu setzen, so wie Sie es bei jeder anderen komplexen Aufgabe machen würden. Setzen Sie sich bei jedem großen Ziel Zwischenziele und überwachen Sie Ihre Fortschritte mittels spezifischer Kontrollpunkte. Organisieren Sie zum Beispiel Aufgaben in Blocks zu sechs Monaten und tragen Sie die Sechs-Monate-Kontrollpunkte in Ihren Kalender ein.

Wenn Ziele im Laufe der Zeit unrealistisch oder mit Ihrem ge-
wählten Lebensstil inkompatibel scheinen, können Sie sie beiseite schieben oder überdenken. Ziele zu überprüfen und ungeeig-
nete aufzugeben, wird Ihnen jene Freiheit verschaffen, die Sie
brauchen, um sich auf diejenigen Dinge konzentrieren zu können,
die wirklich wichtig für Sie sind.

## Zusammenfassung: drei Analysen von produktiver Zeit

### Tag-für-Tag-Analyse

Notieren Sie eine Woche lang täglich Ihre Aktivitäten in fünf-
zehnminütigen Intervallen; listen Sie jede Aufgabe auf, alle involvierten Personen und die Priorität. Halten Sie auch fest, ob es
sich um eine geplante Aktivität oder um eine Unterbrechung
handelte. Evaluieren Sie dann die Eintragungen anhand der unten
angeführten Effektivitätsrichtlinien und schlagen Sie in den entsprechenden Kapiteln nach, um eventuell verbleibende Schwierigkeiten auszuräumen.

| Kategorie | Effektivitätsrichtlinien | Bezug auf |
|---|---|---|
| **Telefon-anrufe** | »Unterbrechungstyp«: Sollte im Durchschnitt nicht mehr als 15% aller Anrufe ausmachen. Ist die Gesamtquote Ihrem Job angemessen? *Kriterium:* Viele Kontakte nötig = viele Telefonate erforderlich. Bei weniger »interaktiven« Jobs sind besonders zahlreiche Anrufe ein Hinweis auf ein Problem. | Kapitel 6: Telefonunter-brechung, Seiten 152–153. Kapitel 2, 8: Nachfassen, Seiten 46–54 und 214–221. Kapitel 10: Delegieren, Seiten 255–286. |

| Kategorie | Effektivitätsrichtlinien | Bezug auf |
|---|---|---|
| **Verabredungen** | *Geplant:* Könnten manche davon abgewendet werden? *Ungeplant:* Nicht mehr als 15–20% der gesamten für Verabredungen aufgewendeten Zeit. Ist die Gesamtquote Ihrem Job angemessen? Wenden Sie dieselben Kriterien an wie oben. | Kapitel 6: Unvorhergesehene Besuche, Seiten 152–154. Kapitel 2, 8: Nachfassen, Seiten 46–54 und 214–221. Kapitel 10: Delegieren, Seiten 253–286. |
| **Meetings** | *Quantität:* Insgesamt Ihrem Job angemessen? *Qualität:* Meetings produktiv, fokussiert? | Kapitel 6: Meetings, Seiten 159–165. |
| **Papierarbeit/ Projekte/ Planung** | *Quantität:* Reservieren Sie 25–35% für diese Aufgaben (gilt für die meisten Manager). *Qualität:* Wird die Zeit tatsächlich für die Arbeit selbst verwendet oder für Troubleshooting, Unwichtiges, Details etc.? | Kapitel 2: Papierarbeit, Seiten 29–61. Kapitel 3: Rationalisieren, Seiten 62–86. Kapitel 4: Ablage, Seiten 87–119. Kapitel 7: Perfektionismus, Seiten 184–186. |
| **Verhältnis Priorität/ Rentabilität** | *Zeitrahmen:* Aufgaben mit Priorität 1: 1 bis 1 1/2 Std. pro Tag; 2: 4 Stunden (inklusive Meetings und Verabredungen); 3: Rest des Tages. | Kapitel 5: Zeitmanagement, Seiten 121–139. |

| Kategorie | Effektivitätsrichtlinien | Bezug auf |
|---|---|---|
| | Versuchen Sie, 20% der für Priorität 1 und 2 reservierten Zeit für Aktivitäten mit hoher Rentabilität zu reservieren. | |
| **Zusammen- fassen/ Unterteilen** | Markieren Sie die Aktivitäten in verschiedenen Farben. *Wünschenswert:* »Regenbogen- effekt« mit breiten Farbbändern. Anzeichen für erfolgreiches Zusammenfassen. *Nicht wünschenswert:* Zufalls- verteilung der Farben. Anzei- chen dafür, daß Sie Ihre Akti- vitäten fragmentieren. | Kapitel 5: Zeitplanung, Seiten 140–145. Kapitel 6: Unterbrechungen, Seiten 147–159. Kapitel 7: Arbeitsstile, Seiten 187–190. |
| **Effizienz- übersicht** | *Aufgabenanalyse:* Sind die Aufgaben zu kompliziert, zeit- raubend, unangemessen, dele- gierbar? Stellen Perfektionismus oder Hinauszögern ein Problem dar? | Kapitel 5: General-/ Tageslisten, Seiten 121–139. Kapitel 7: Arbeits- stile/Effizienz, Seiten 176–201. Kapitel 8: Projekt- management, Seiten 202–223. Kapitel 10: Delegieren, Seiten 253–286. |

## Professionelle Analyse

Erarbeiten Sie Ihr eigenes MBO-Profil, indem Sie zwei oder drei klar umrissene Karriereziele definieren. Unterteilen Sie Ihren Job zunächst in seine Hauptkomponenten – Ihre wichtigsten Verantwortlichkeitsbereiche. Wählen Sie als nächstes zwei oder drei als Kernkomponenten: diejenigen Dinge, die Sie am besten machen, die Sie am angenehmsten finden und die die höchste Rentabilität für Sie und Ihre Firma aufweisen. Bewerten Sie dann, wie gut Ihre derzeitige Zeiteinteilung mit diesen Zielen in Einklang steht. Genau gesagt heißt das also: Welcher Prozentsatz der Anrufe, Verabredungen, Meetings und Papierarbeiten, die Sie notiert haben, sind als Hauptkomponenten und Kernkomponenten einzustufen? Wenn Sie zuviel Zeit für irrelevante bzw. weniger wichtige Komponenten aufwenden, finden Sie heraus, welche die »schwachen« Funktionen sind – jene, die nicht Ihren Zielen, Fähigkeiten, Interessen oder Ihrem Temperament entsprechen. Können einige davon überhaupt eliminiert werden? Könnten Sie andere an einen Mitarbeiter oder an externe Dienstleister delegieren? Können Sie die Zeit, die Sie derzeit für diese Dinge aufwenden, reduzieren? Können Sie manche für einige Zeit zurückstellen oder in einer anderen Reihenfolge erledigen? *Anmerkung über die Verwendung von Zeitblättern für professionelle Verrechnung:* Rechtsanwälte und andere Leute, die ihre Zeit verrechnen, finden es oft schwierig, eine korrekte Buchhaltung zu führen, und wenn sie versuchen, die Ereignisse ihres Tages zu rekonstruieren, spiegelt das Ergebnis oft eher Phantasie als Realität wider. Rechtsanwalt Martin Morrissey löste dieses Problem, indem er sich einen Wecker stellte, der jede halbe Stunde läutete. Ein anderer Rechtsanwalt kontrolliert seinen Tagesablauf in 6-Minuten-Intervallen, indem er den automatischen Alarm auf seiner Armbanduhr entsprechend einstellt. Peter Einhorn hat einen kleinen Notizblock auf seinem Schreibtisch, auf dem er alles notiert, was er tut (Telefonanruf, Brief, Unterredung) – und die Zeit –, wann immer er mit einer neuen Aufgabe beginnt. Er legt diese gesammelten Blätter in eine eigene Schachtel auf seinem Schreibtisch, am Ende des Tages holt sie seine Sekretärin und trägt alle Aktivitäten in eine Zeittabelle ein. Entsprechend geht er vor, wenn er sich nicht in seinem Büro befindet; in diesem Fall verwendet er einen kleinen Taschennotizblock.

Ein Buchhalter aus dem mittleren Westen hält »Startzeit« und »Stop« für jede seiner Aktivitäten mittels eines Diktiergerätes fest. Seine Sekretärin tippt diese Notizen jede Woche und verrechnet jedem Klienten die für ihn aufgewendete Zeit.

Möglicherweise bitten Sie Ihre Sekretärin lieber, für Sie eine Liste aller Telefonanrufe und Besprechungen zu führen und die Dauer jeder Aktivität zu notieren.

### Langzeitanalyse

Um auf langfristige Ziele hinzuarbeiten, sollten Sie zuerst einen für Sie perfekten Tag visualisieren und diese Vision dann in konkrete Ziele umsetzen. Listen Sie spezifische Aufgaben in einem Langzeitplanungsnotizbuch auf und beginnen Sie, diese Aufgaben, in Sechsmonatsblocks organisiert, eine nach der anderen in Ihre Tagesliste zu integrieren.

# Teil III: Die Kunst, ein Boß zu sein

## 10 Mitarbeitermanagement

Obwohl wir uns bisher auf die persönliche Organisation konzentriert haben – die Organisation Ihrer Papiere, Ihrer Arbeitsabläufe und Ihrer Zeit –, sind diese Vorgänge Bestandteile und Grundbausteine eines übergeordneten Systems, das ebensosehr von jenen Beiträgen abhängig ist, die Ihre Mitarbeiter leisten, wie auch von Ihren eigenen Talenten. Was uns gleich zu einer Schlüsselfrage führt: *Was tragen Ihre Mitarbeiter bei?* Holen sie zum Wohl der Firma, zu ihrem eigenen Besten und für Sie ein Optimum aus ihrer Zeit heraus? Verschwenden sie Zeit und Energie für untergeordnete, unwichtige Dinge oder bemühen sie sich bis an die Grenzen ihrer Leistungsfähigkeit? Erlauben ihnen ihre Verantwortlichkeiten, ihre Begabungen weiterzuentwickeln, sich bei Schwierigkeiten gegenseitig zu unterstützen und einander ganz allgemein gegenseitig zu ergänzen? Ob Sie es schaffen, die Stärken und Schwächen aller Mitarbeiter, die für Sie arbeiten, in möglichst optimaler Weise zu einem sinnvollen Ganzen zusammenzufügen, stellt einen wichtigen Prüfstein für Ihre Leistungen und Qualitäten als Manager dar.

Vor zwei Jahren, als Michael Ryan die Leitung der Produktentwicklungsabteilung einer kleinen Firma übernahm, »erbte« er Personal, das sein Vorgänger als »unmöglich« bezeichnet hatte. Ryan sagt:

»Mein Vorgänger schob die Schuld an allen in der Abteilung auftretenden Problemen auf die Mitarbeiter, und so wie die Dinge

liefen, hatte er damit auch recht. Fristen wurden regelmäßig
versäumt, Papiere häuften sich. Aber nachdem ich mit allen
gesprochen hatte, stellte sich klar heraus, daß die eigentliche
Ursache allen Übels der ›Laissez faire‹-Managementstil meines
Vorgängers war. Abgesehen vom Erteilen von Aufträgen gab es
wenig Kontakt und Kommunikation zwischen ihm und seinen
Leuten, so daß diese keine Ahnung hatten, wie eigentlich seine
Prioritäten aussahen oder was er von ihnen erwartete. Und er
wiederum machte sich niemals die Mühe herauszufinden, wo die
Stärken seiner Mitarbeiter lagen und wozu sie eigentlich imstande waren.
Seine Philosophie hieß ›What you see is what you get‹. Offenbar
sah er sehr wenig, und was er bekam, war sogar noch weniger.
Nach meinem Gefühl sollte es eher heißen ›What you give is what
you get‹. Und erst letzten Monat hat diese ›unmögliche‹ Mann-
schaft die höchste Produktivitätsbewertung in der ganzen Firma
bekommen.«
Was Ryan beschreibt, sind die Kommunikationsprozesse und
Wechselwirkungen, die effektiven Manager/Mitarbeiter-Bezie-
hungen zugrunde liegen. Wenn Ihre Leute verstehen, wie der
individuelle Beitrag, den sie leisten, die gesamte Gruppe beein-
flußt, und wenn sie bereit sind, gemeinsam an einem Strang zu
ziehen, so daß alle wechselseitig davon profitieren, dann ergibt
das Ganze mehr als nur die Summe seiner Teile.
Das Hauptziel dieses Kapitels besteht darin zu zeigen, wie man
diese »human power« in produktive und effiziente Bahnen lenken
kann.
Geschieht dies nicht oder nicht in ausreichendem Maß, so ist
Stagnation die Folge. Das regelmäßige Auftreten zweier oder
mehrerer der nachstehend aufgelisteten Indikatoren deutet auf
einen Bedarf an effektiverem Personalmanagement hin:

- Häufige Unterbrechungen seitens der Mitarbeiter und Bitten
  um Hilfe, Instruktionen oder Klärung.

- Eine das ganze Jahr hindurch überquellende »Zu erledigen«-Schachtel.
- Prall gefüllte Aktentaschen, die an vielen Abenden, Wochenenden und im Urlaub mit nach Hause genommen werden.
- Übernahme vieler Aufgaben, weil Sie sie besser machen als alle anderen.
- Tendenz, an Mitarbeiterentscheidungen herumzubessern, über die Köpfe anderer hinweg zu entscheiden.
- Zu viel umgekehrtes Delegieren; Mitarbeiter geben Aufgaben an Sie weiter.
- Die häufige Notwendigkeit, von den Mitarbeitern erledigte Arbeiten noch einmal zu machen, weil sie mangelhaft ausgeführt wurden.
- Mitarbeiter versäumen oder verlängern oft ihre Fristen; das erfordert oft äußerste Kraftanstrengungen in letzter Minute.
- Tendenz, die Mitarbeiter zu unterbrechen, »um zu sehen, wie die Dinge laufen«, besonders in eigenen früheren Spezialgebieten.
- Strikte Überwachung des Erscheinungsbildes der Schreibtische der Mitarbeiter und anderer Details.
- Probleme mit »Hackordnung« und Status.
- Gespannte Atmosphäre, niedrige Moral, hohe Fluktuation, Temperamentsausbrüche Ihrerseits oder von anderen.

## Das »Einmaleins« des effektiven Delegierens

Ron Kramer, der Vizedirektor einer technischen Firma, schien einen Kurs in persönlicher Organisation dringend nötig zu haben. Seine Eingangs-Box ähnelte dem Schiefen Turm von Pisa. Seine Zeit wurde durch permanente Unterbrechungen seitens seiner Mitarbeiter zerstückelt. Um sein Arbeitspensum einigermaßen bewältigen zu können, arbeitete er oft an Abenden und Wochenenden und schleppte fast jeden Abend eine übervolle Aktentasche

mit nach Hause. Noch besorgniserregender war jedoch die förmlich explodierende Fluktuationsrate in seiner Abteilung. Allein
im letzten Jahr hatte Ron fünf seiner besten Leute verloren.

Obwohl er den Zusammenhang zwischen diesen verschiedenen
Symptomen nicht erfaßte, bestand sein Problem nicht so sehr in
persönlicher Desorganisation als vielmehr in schlechter Personalführung – oder, spezifischer ausgedrückt, in der Angst vor dem
Delegieren. Wie so viele Manager scheute auch er sich davor, die
Kontrolle über seine Pfründe abzugeben. Die meisten Papiere in
seiner Ausgangs-Box hätten eigentlich an andere Personen weitergegeben werden sollen. Und seine langen Nächte hatten wenig
mit Schwung und Ambitionen zu tun, sondern waren eher eine
Folge seiner Unfähigkeit, Projekte aus den Händen zu geben.
Wenn er doch einmal etwas delegierte, dann waren seine Anweisungen dermaßen vage, daß die Mitarbeiter oft noch um weitere
Instruktionen bitten mußten. Das veranlaßte viele von ihnen dazu,
sich anderswo um eine anspruchsvollere und kreativere Arbeit
umzusehen.

Ohne uns zu tief in die Psychologie der Angst vor dem Delegieren
verirren zu wollen, scheint es doch ratsam, über einige der Faktoren Bescheid zu wissen, die hier eine Rolle spielen. Wahrscheinlich am weitesten verbreitet ist das »Ich mache es selbst,
niemand kann es besser«-Syndrom. Wahrscheinlich können Sie
*tatsächlich* viele Arbeiten effizienter erledigen als irgend jemand
sonst. Aber ist das die beste Art, wie Sie Ihre Zeit verbringen
können? Im Normalfall sollte es jemanden geben, der die Sache
gut genug macht oder der lernen kann, sie genausogut zu machen
wie Sie – oder besser. Ein enger Verwandter dieses Syndroms ist
die weitverbreitete Meinung, daß der Wert einer Person eher am
vergossenen Schweiß zu messen sei als an den erzielten Ergebnissen. Befreien Sie sich von der Märtyrerrolle, indem Sie fragen:
»Was ist wichtiger: Daß ich diese Arbeit selbst mache oder daß
sie überhaupt erledigt wird?«

Ein weiterer Faktor ist die Tendenz, Delegieren mit dem Abgeben von Verantwortung gleichzusetzen. Mit effektiven Nachfaßmethoden behalten Sie jedoch sowohl die Gesamtkontrolle als auch die Verantwortung. Delegieren wird auch nicht zu einem »Putsch« der Mitarbeiter führen. Obwohl viele Manager sich von tüchtigen, effektiven Mitarbeitern bedroht fühlen, haben Angestellte, die ihre gesamten Fähigkeiten und Energien auf ihre Arbeit verwenden, selten Zeit oder Lust zu Machtspielen. Im Gegenteil: eine Atmosphäre der Frustration ist ein viel besserer Nährboden für solche Spielchen.

Die Wirklichkeit sieht ganz anders aus: ein effektiver Manager zeichnet sich dadurch aus, daß er die Fähigkeiten seiner Mitarbeiter *aktiv* zu fördern versucht. Und das großzügige Delegieren anspruchsvoller Arbeiten ist der Schlüssel zur Entwicklung guter Beziehungen zwischen Mitarbeitern und Management. Es gibt Ihnen nicht nur die Zeit, die Sie brauchen, um sich auf Ihre kurzfristigen und langfristigen Ziele konzentrieren zu können, sondern es kann auch dafür entscheidend sein, ob Sie kompetente Mitarbeiter verlieren oder aber behalten. Mehrere Studien haben gezeigt, daß Geld *nicht* der Hauptgrund dafür ist, daß sich Leute in ihrem Job engagieren. Wichtiger als das Gehalt sind die Gelegenheit zur Weiterbildung und zur Weiterentwicklung von Fähigkeiten sowie die Chance auf solche Arbeiten, die persönliche Erfolgserlebnisse bringen. Abgesehen davon ist, wenn Sie nicht delegieren, die Gesamtmenge der Arbeit, die Sie kontrollieren, auf jenes Pensum beschränkt, das Sie persönlich bewältigen können. Delegieren ist nicht nur einfach ein Mittel zur Steigerung der Produktivität, sondern es kann die Produktivität förmlich *explodieren* lassen – Steigerungen um ein Drittel oder mehr sind möglich.

**Was man delegieren soll**
Obwohl die genaue Art der delegierbaren Aufgaben je nach Ihrem Job und Ihren Verantwortlichkeiten variieren wird, gibt es doch eine sehr nützliche Daumenregel, die von einem erfolgreichen

Unternehmer stammt: »Ich kann um 20% mehr Arbeit erledigen, wenn ich bei denjenigen Dingen bleibe, die ich am besten kann. Ich bewerte jede Eintragung in meiner Generalliste und ›Zu erledigen‹-Schachtel mit einer Ziffer zwischen eins und zehn, je nachdem, wie sehr die Aufgabe meinen Stärken entspricht. Dann arbeite ich nur an Dingen, die ich mindestens mit einer Sieben bewertet habe. Den Rest delegiere ich, oder ich organisiere einen externen Experten, der das Ganze professioneller erledigt, als ich es könnte.«

Es gibt drei Arten des Delegierens – Delegieren nach Aufgabe, nach Funktion oder nach Ziel. *Aufgaben delegieren* ist die direkteste Methode. Spezifische Aufgaben oder Subaufgaben werden einem Untergebenen übertragen: das Überarbeiten eines Berichts, das Vorbereiten eines Projektes, der Entwurf einer neuen Werbebroschüre. Eine *Funktion* umfaßt eine Gruppe von Aufgaben, die sich auf eine einzige, bestimmte Aktivität beziehen, so wie Verkauf, Forschung oder Personal. Carlton D. Burtt, früherer stellvertretender Direktor bei Equitable Life, teilt seine Verantwortlichkeiten beispielsweise in mehrere funktionale Bereiche und delegiert jeden Bereich an einen Abteilungsleiter. Jeden Monat liefern die Abteilungsleiter ein Memo im Telegrammstil bei ihm ab, das Burtt über ihre Aktivitäten auf dem laufenden hält und auf das er nur reagiert, falls ein Problem auftaucht. Außerdem gibt es wöchentliche Mitarbeitermeetings, die für Diskussionen und langfristige Planung reserviert sind.

Der Ausdruck »*Ziel*« bezieht sich auf die zahlreichen Aufgaben, die nötig sind, um eine bestimmte Vorgabe zu erreichen: die Steigerung des Umsatzes um 10%, die Erschließung neuer Märkte, die Erhöhung der Produktivität. Die Keene Corporation, ein Firmenkonglomerat mit Sitz in New York, hat eine interessante Methode für zielgerichtetes Delegieren entwickelt. Leitende Angestellte und Untergebene setzen sich zusammen, um spezifische Ziele zu erarbeiten – beispielsweise die Eröffnung einer Verkaufsstelle an der Westküste oder die Aufnahme von Geschäftsbeziehungen zu einer neuen Maschinenbaufirma. Jedes Ziel wird mit einer bestimmten Zahl von Punkten bewertet, und Punkte sind Geld wert. Die Zielvorgaben werden dann an qualifizierte Mitarbeiter delegiert, die für die gesamte Operation verantwortlich sind und ihrerseits wiederum Subaufträge vergeben können. Zu festgesetzten Zeiten überprüft die gesamte Gruppe die Ziele und führt gegebenenfalls notwendige Modifikationen durch.

Es hilft Ihnen allerdings nicht viel, wenn Sie zwar wissen, was Sie delegieren sollen, Ihre löblichen Absichten, einige Ihrer Verantwortlichkeiten aus der Hand zu geben, dann aber nicht in die Tat umsetzen. Zugegeben, das kann am Anfang schwierig sein. Wie ein Manager sagte: »Nachdem ich nun jahrelang alles selbst gemacht habe, geht mir das Delegieren nicht gerade leicht von der Hand.« Wenn Sie jedoch daran arbeiten, Ihre Gewohnheiten zu ändern und delegieren zu lernen, macht sich das in hohem Maße bezahlt.

Eine interessante und effektive Methode, um Ihre Optionen in bezug auf das Delegieren besser überblicken zu können, besteht darin, die Aufgaben auf Ihrer Generalliste einem Test zu unterziehen. Schreiben Sie jede wichtige Aufgabe auf Ihre Generalliste (inklusive Unterteilungen größerer Jobs) in eine von drei Spalten: Aufgaben, die als Ganzes weitergegeben werden können, Aufgaben, die teilbar oder teilweise delegierbar sind, und Aufgaben, die nur Sie selbst erledigen können. Gehen Sie dann jede Spalte durch und beginnen Sie mit »Selbst«, so wie in dem Beispiel auf Seite 260 gezeigt.

Gehen Sie diese Generallisten-Übung einmal pro Monat durch, bis Ihnen das Delegieren zur Gewohnheit geworden ist. Eine weitere nützliche Übung in diesem Zusammenhang besteht darin, sich vorzustellen, daß Sie für zwei Wochen verreisen. Wem würden Sie die Projekte und den Papierkram in Ihrer »Zu erledigen«-Schachtel übertragen? Bestimmen Sie die geeigneten Mitarbeiter und vergeben Sie dann tatsächlich die entsprechenden Aufträge.

## Delegieren: ein Test

### Eigene Aufgaben

Im allgemeinen sollten die Aufgaben, die Sie selbst erledigen, Ihren Fähigkeiten, Prioritäten, Ansprüchen und Vorlieben entsprechen. Unterziehen Sie jede Aktivität in der Rubrik »Eigene Aufgaben« anhand der folgenden negativen Indikatoren einer kritischen Prüfung:

- *»Ich werde es selbst machen, weil niemand es besser kann.«* *Kommentar:* Die Fähigkeiten Ihrer Leute sind Ihr Kapital. Könnten Sie jemand finden, den Sie so ausbilden können, daß er die Aufgabe gut genug erledigt – oder besser?
- *Alte Gewohnheiten.* Beispiel: Man erledigt nach der Beförderung zum Verkaufsmanager weiterhin die Aufgaben, an die man früher als Vertreter gewöhnt war. *Kommentar:* Indem Sie gewohnte Verantwortlichkeiten an Mitarbeiter abgeben, lassen Sie ihnen mehr Raum, sich zu entwickeln, so wie auch Sie selbst sich entwickeln.
- *Nebensächliche Aufgaben. Kommentar:* Das Diktieren von Antwortbriefen auf Routineanfragen ist etwas, was wohl eher Ihre Sekretärin erledigen sollte.
- *Seit geraumer Zeit unerledigt gebliebene Aufgaben. Kommentar:* Die einfachste Maßnahme gegen Hinauszögern besteht darin, jemand anders zu finden, der die Sache erledigt. Spielen Sie nicht den Märtyrer.

### Zusammenarbeit

Teile einer Aufgabe können oft weitergegeben oder aufgeteilt werden.

- *Entwürfe*: Diktieren Sie Ideen auf Band und überlassen Sie die Erstellung des Berichts jemand anderem.
- *Herausgeben/Überarbeiten*: Erstellen Sie nur eine Rohfassung von Bericht, Memo oder Prospekt und überlassen Sie jemand anderem die Fertigstellung, Überarbeitung oder den »letzten Schliff«.
- *Selektieren*: Bitten Sie Untergebene, für Sie wichtiges Material auszusortieren. Beispiel: Der Ausbildungsleiter einer Bank ließ die Trainer die vielversprechendsten und interessantesten Lebensläufe der Kursteilnehmer auswählen; aus diesen suchte er dann drei aus, die als Trainees in der Kreditabteilung eingestellt wurden.

- *Segmentieren*: Strukturieren Sie ein Projekt als Ganzes und beauftragen Sie dann Mitarbeiter mit einzelnen Teilbereichen.
- *Zusammenfassen*: Fassen Sie lange Berichte kurz zusammen und markieren Sie Stellen, die für Sie von Interesse sind. Bitten Sie Ihre Mitarbeiter, Ihnen »Optionsunterlagen« vorzulegen, in denen die Fakten aufgeführt und Alternativen dargelegt werden, so daß Sie nur noch »Ja« oder »Nein« sagen müssen.
- *Empfehlen:* Die Mitarbeiter präsentieren Ihnen Vorschläge und Probleme sowie ihre dazugehörigen Lösungen und Empfehlungen. Retournieren Sie Probleme, die Ihnen ohne Lösungsvorschläge von Untergebenen unterbreitet werden, mit dem Vermerk »Schlagen Sie eine Handlungsstrategie vor und diskutieren wir dann darüber« oder »Bitte erledigen«.
- *Recherchieren/Hintergrundinformation*: Sammeln Sie unterstützende Daten wie Statistiken, Dokumentationen, Fallgeschichten. Beispiel: Ein Rechtsanwalt, der einen alten Fall nochmals aufrollte, bat Assistenten, eine Liste der vorhandenen Unterlagen des Falles zu erstellen, so daß er bestimmen konnte, was er davon brauchte, ohne selbst die Akten durchforsten zu müssen.

### Weitergegebene Aufgaben

Wenn Sie der Meinung sind, daß eine bestimmte Aufgabe *nicht* weitergegeben werden kann, begründen Sie dies jedes Mal. Folgende Aufgaben sollten Sie delegieren:

- Aufgaben, die nicht mit Ihren persönlichen Stärken übereinstimmen.
- Aufgaben, die Ihrem derzeitigen Niveau nicht länger entsprechen.
- Aufgaben, die nicht mit Ihren hochrentablen oder Kernkomponenten in Einklang stehen.
- Aufgaben, die eine jüngere Person erledigen bzw. für die sie ausgebildet werden kann.
- Aufgaben, die in das Spezialgebiet einer anderen Person fallen, egal, ob es sich um einen Firmenmitarbeiter handelt oder um einen externen Berater oder Experten.

*Tip:* Finden Sie heraus, welche Aufgaben sich häufig wiederholen (Anfragen betreffend Material, Informationen, Preise etc.); diese sollten auf Dauer anderen Personen übertragen werden.

## An wen sollten Sie delegieren?

Dies ist die goldene Regel des Delegierens:

> Übertragen Sie jede Aufgabe derjenigen unter den ausreichend qualifizierten und kompetenten Personen, die in der Rangordnung am tiefsten steht. Wenn niemand die Kriterien erfüllt, finden Sie eine geeignete Person oder bilden Sie jemand aus.

Diese Regel basiert auf einfachen Wirtschaftlichkeitsüberlegungen: Wenn jemand in einer niedrigeren Gehaltsstufe eine Arbeit erledigen kann, weshalb dann die Zeit und Energie einer teureren Kraft in Anspruch nehmen? Gleichzeitig werden die Fähigkeiten und Talente Ihrer Angestellten gefordert und gefördert. Was Sie betrifft, so müssen Sie lernen, sowohl Fähigkeiten als auch Aufgaben zu managen – die richtige Person für die richtige Arbeit auszuwählen. Es folgen drei grundlegende Regeln:

**1** *Lernen Sie die wesentlichen Fähigkeiten zu erkennen, die die Grundlage für bestimmte Funktionen bilden.* Zum Beispiel: Ein geselliger, kommunikativer Mensch wird wahrscheinlich einen guten Vertreter abgeben. Jemand, der geduldig ist und abstrakte Konzepte einfach darstellen kann, ist möglicherweise ein geeigneter Anwärter auf eine Position als Ausbilder oder Trainer. Ein Mitarbeiter, der das »big picture«, also das Gesamtbild zu sehen vermag und von Natur aus analytisch begabt ist, wäre wahrscheinlich in einer Planungsfunktion am rechten Platz. Eine außerordentlich gut organisierte Person wäre der logische Kandidat für die Umsetzung eines komplexen Projektes.

**2** *Sie sollten die Stärken und Schwächen Ihrer Mitarbeiter kennen – und auch Ihre eigenen.* Finden Sie heraus, was die einzelnen Personen tun können. Seien Sie bereit – ohne dabei Schuldgefühle zu empfinden –, einen einer Person erteilten Auftrag jemand anderem zu übertragen, wenn die Möglichkeiten des ursprünglich Beauftragten erschöpft sind. Beispiel: Die Besitzerin einer Consultingfirma entwarf einen Verkaufsprospekt, den sie zur Begutachtung dem PR-Direktor vorlegte. Dieser Profi strukturierte den Prospekt gekonnt um, aber der Text blieb immer noch zu lang und zu »dicht«. Also wurde ein professioneller Werbetexter engagiert, der die Konzepte in ansprechende, farbige Werbesprache übertrug. Dies war nicht etwa eine Konsequenz der Unfähigkeit des PR-Direktors. Er hatte alles getan, was er konnte, und den Job dann einem anderen Experten übergeben. Für den Leiter einer EDV-Abteilung, der zwei Stunden pro Tag – normalerweise nach der Arbeit – damit verbrachte, eine komplexe Tabelle zu aktualisieren, in der alle Aufgaben verzeichnet waren, mit denen er die verschiedenen Mitarbeiter betraut hatte, lag die Lösung näher: Im Büro nebenan saß ein pensionierter Offizier, für den der Umgang mit solchen Tabellen ein Kinderspiel war. Die einzige Möglichkeit, die individuellen Fähigkeiten Ihrer Mitarbeiter zu entdecken, besteht darin, sie mit den verschiedensten Arten von Projekten unterschiedlichster Schwierigkeitsgrade zu testen. Mit diesem Wissen steht Ihnen dann das zur Verfügung, was John Neuman, früher als leitende Kraft bei der Consultingfirma McKinsey & Company tätig, eine stets verfügbare »Fähigkeiten-Bank« nennt; diese Bank können Sie für spezielle Projekte anzapfen.

Manchmal bedeutet das Abstimmen der Fähigkeiten auf die Aufgaben aber auch, daß man *nicht* delegiert. Die Fertigkeiten, die einen ausgezeichneten Verkäufer ausmachen, sind nicht notwendigerweise dieselben, die für den optimalen Verkaufsmanager von essentieller Bedeutung sind. »Oft«, erklärt R. Alec Mackenzie, »verlieren wir auf diese Art unsere besten Verkäufer und bekommen gleichzeitig unsere schlechtesten Verkaufsmanager.«

**3** *Koordinieren Sie die Fähigkeiten aller Mitarbeiter, Ihre eigenen eingeschlossen, so daß die Leute einander ergänzen und unterstützen können.* Dieses umfassende Ganze schaffen zu wollen, von dem weiter oben die Rede war, gleicht in etwa dem Zusammenfügen eines Puzzlespiels: Ihr Gespür für die Stärken und Schwächen Ihrer Leute bestimmt, ob die Teile ein harmonisches Ganzes ergeben. Der Top-Analyst, der exzellente Strategien erarbeitet, braucht vielleicht einen Partner, dessen soziale Kompetenz ihn dazu befähigt, die Leute zum Einhalten der verschiedenen Fristen zu motivieren. In einer Immobilienfirma könnte der extrovertiertere Partner die »externe« Rolle übernehmen, also das Verkaufen und Abschließen von Geschäften, während der eher zurückhaltende Partner für Marktforschung, Planung und Administration zuständig ist.

**4** *Überlegen Sie, an wen Sie, abgesehen von Ihren Mitarbeitern, noch delegieren könnten.* Wenn Sie Ihre eigenen Ressourcen erschöpft haben, holen Sie sich bei anderen Kollegen Hilfe. Fragen Sie sie bei bestimmten Projekten um ihren fachmännischen Rat und bieten Sie ihnen im Gegenzug Ihre Dienste an. Wenn angebracht, delegieren Sie an Ihren Chef.

Wenn Sie dazu neigen, sich allzusehr auf einen bestimmten Mitarbeiter zu verlassen und ihm besonders anspruchsvolle Aufgaben zu übertragen, kommen Sie möglicherweise zu einem Punkt, an dem Sie feststellen, daß Sie ihn oder sie sozusagen in einen übergeordneten Job »hineindelegiert« haben: Ein junger Kollege erweist sich beispielsweise beim Ausführen der umfangreichsten Projekte als so reif, daß er *de facto* zum Projektmanager wird. Obwohl ein verantwortungsvoller und anspruchsvoller Job im Prinzip eine gute Sache ist, kann es problematisch werden, wenn Titel und Entgelt nicht mehr mit den gestellten Anforderungen übereinstimmen, die im Prinzip bereits einer übergeordneten Position entsprechen. Um Spannungen zu vermeiden, sollten Sie versuchen, Mitarbeiter, die sich über ihren Status hinaus entwickelt haben und die Sie nicht formell befördern können, bei *Ihren* Vorgesetzten in ein gutes Licht zu rücken und außerdem eine anderweitige Form der Entschädigung für sie zu finden, so wie etwa zusätzliche Sozialleistungen oder Anerkennung. Wenn das nicht möglich ist, halten Sie das Delegieren innerhalb gewisser Schranken, um zu vermeiden, daß eine signifikante Diskrepanz zwischen Position und Verantwortung entsteht.

**5** *Nehmen Sie externe Dienstleistungen in Anspruch*, wenn niemand im Haus für einen Job geeignet ist. Ein Berater kann gute Dienste leisten, wenn Sie eine Position neu besetzen müssen, ein spezifisches Problem zu lösen haben, unparteiische Bewertungen oder Befragungen vorzunehmen haben, Zeit, Geld, Frustration und Fehler sparen müssen, sich mehr Optionen wünschen oder Zukunftspläne schmieden wollen.

Hören Sie sich um: Zufriedene Kunden können einem oft am besten weiterhelfen. Prüfen Sie Ihre geschäftlichen Verbindungen, durchforsten Sie Fachzeitschriften und finden Sie heraus, wer die Artikel geschrieben hat.

Interviewen Sie für eine umfangreiche Aufgabe drei oder vier Firmen oder Berater. Verlangen Sie spezifische Detailinformationen über Projekte, die sie in der Vergangenheit realisiert haben. Holen Sie Referenzen ein *und überprüfen Sie sie*. Definieren Sie Ihre Bedürfnisse und Ihre Erwartungen genau. Im Gegenzug sollte der Berater Sie interviewen, um die Dimension Ihrer Aktion abschätzen zu können und um zu erfahren, was Sie von ihm erwarten. Seien Sie auf der Hut vor Beratern, die die Lösung schon kennen, noch bevor sie mit der Arbeit begonnen haben. Verlangen Sie von ernstzunehmenden Bewerbern ein schriftliches Konzept. Dieses sollte folgende Elemente enthalten:

*Zielvorstellung.* Es muß eine Definition des Ziels enthalten sein: Erhöhung der Umsätze, Steigerung der Produktivität, oder was immer. Der Rahmen der Studie sollte eindeutig abgesteckt werden – Analyse plus Empfehlungen, Implementierung usw.

*Struktur.* Umfangreichere Aufgaben sollten in Abschnitte oder Zwischenetappen unterteilt werden. Der Vorschlag sollte ein

Arbeitsprogramm für jedes Stadium enthalten: spezifische Aufgaben und Abläufe, voraussichtliche Anzahl der Arbeitstage, Namen und Positionen der beteiligten Leute. Wenn Trainees beteiligt sind, sollten sie als solche gekennzeichnet (und bezahlt) werden. Wenn Ihre Mitarbeiter zur Unterstützung benötigt werden, sollte dies im Konzept festgehalten sein.

*Kommentar:* Wenn die Arbeit einmal begonnen hat, wird der Berater zur nächsten Stufe übergehen, sobald Sie die vorhergehende abgezeichnet haben. Eine solche Billigung ist jedoch meist eine reine Formsache – außer wenn eine »Fortsetzung optional«-Klausel in dem Papier ausdrücklich enthalten ist. Der Berater wird im allgemeinen direkt zur nächsten Phase übergehen, es sei denn, daß seine bisherige Arbeit nicht zufriedenstellend war oder daß andere Schwierigkeiten auftraten. Sie sollten die Fortschritte gemeinsam mit dem Berater in regelmäßigen Intervallen überprüfen, um Pannen oder Überraschungen zu vermeiden.

*Gebühren.* Beraterhonorare werden normalerweise nach Zeit verrechnet. Die Höhe der möglichen Stundensätze variiert sehr stark; jede Sparte hat ihre eigenen Sätze, und es gibt auch gebietsweise Unterschiede. Manche Projekte werden auch pauschal verrechnet, aber Sie sollten darauf vorbereitet sein, daß solche Pauschalsätze relativ hoch angesetzt sind.

Für jedes auf Stundenbasis verrechnete Stadium sollte eine Schätzung der minimalen und der maximalen Kosten enthalten sein. Um zu verhindern, daß Verzögerungen oder ungenaue Zeitschätzungen die Kosten zu stark in die Höhe treiben, sollte in dem Vorschlag festgelegt sein, daß der Berater Sie über Probleme im vorhinein zu informieren hat, so daß Ihnen genug Zeit bleibt, um die Aufgabe zu modifizieren, wenn Sie Ihren Budgetrahmen nicht sprengen wollen. Zu hohe Kosten lassen im allgemeinen nicht darauf schließen, daß man Sie betrogen hat. Obwohl ein erfahrener Berater in seinem Finanzkonzept die wahrscheinlichsten »Fallen« berücksichtigen wird, gibt es bei jedem Projekt zu viele

Variablen, als daß alle vorhergesehen werden könnten. Die beste Art, mit solchen unvorhergesehenen Problemen fertig zu werden, besteht darin, flexibel zu bleiben, *sofern Sie* (1) von den berichtigten Kostenschätzungen so früh wie möglich informiert werden und (2) die Möglichkeit haben, die Arbeit oder den Prozeß zu modifizieren.

*Implementieren und Nachfassen.* Die Bibliotheken sind voll von gewissenhaft erarbeiteten Studien und Konzepten, die niemals in die Realität umgesetzt wurden. Ich empfehle daher ausdrücklich, daß irgendeine Form einer »Implementierungs- und Überprüfungsstrategie« in Ihr ursprüngliches Übereinkommen aufgenommen wird. Wozu sonst das Ganze? Manche Klienten bleiben nach der Implementierung angenommener Vorschläge noch eine Zeitlang in Kontakt mit den Beratern, um etwa auftretende Probleme zu lösen oder periodische Überprüfungen durchzuführen.

*Beziehung Berater/Mitarbeiter.* Sichern Sie sich die volle Unterstützung jedes Mitarbeiters, der mit dem Berater zusammenarbeiten wird. Erklären Sie genau, was Sie sich von der Studie erwarten, und wenn Sie wirklich dazu in der Lage sind, zerstreuen Sie Ängste der Mitarbeiter hinsichtlich möglicher Umstrukturierungen (Entlassungen, Versetzungen, Neuverteilung von Verantwortlichkeiten usw.). Klären Sie Ihre Mitarbeiter darüber auf, auf welche Art von Fragen man Antworten von ihnen erwartet, wieviel Zeit sie dem Berater werden widmen müssen, wie weit seine Kompetenzen reichen und an wen sie sich wenden können, wenn ein Problem auftaucht. Ein Klient sandte seinen Mitarbeitern folgendes Memo:

»Am Donnerstag, dem 24. Mai, werden in der Zeit von 10 Uhr bis 18 Uhr Berater von der Expert Consultant Corporation bei uns im Büro sein. Sie wurden engagiert, um mich in Anbetracht unseres bevorstehenden Umzuges in neue Büroräumlichkeiten über Möglichkeiten zur optimalen Nutzung von Raum und Büroeinrichtung zu informieren. Weil ich bei dieser Gelegenheit alle nur möglichen Probleme aufs Tapet bringen möchte, bitte ich Sie alle, ab sofort sämtliche spezifischen Schwierigkeiten, die auftauchen, zu notieren und Ihre Liste bis zum 23. Mai, 17 Uhr, auf meinen Schreibtisch zu legen.«

Ernennen Sie einen Manager, der auf täglicher Basis als Verbindungsmann zum Berater fungiert. Diese Person sollte auch als Anlaufstelle bei auftretenden Schwierigkeiten der Mitarbeiter fungieren. Darüber hinaus sollten Sie mit dem Berater wöchentliche Meetings zur Feststellung der erzielten Fortschritte vereinbaren. Bitten Sie alle von der Studie in irgendeiner Form betroffenen Personen, den Endbericht zu bewerten. Setzen Sie schließlich eine Frist für die Implementierung akzeptierter Empfehlungen fest und legen Sie außerdem einen zweiten, weiter entfernten Termin für die Klärung strittiger oder inakzeptabler Empfehlungen fest.

### Richtig delegieren: die »Auftrags-Schleife«

Jemandem zu sagen, was er tun soll, ist eine subtile Kunst. Eine Nuance von Unsicherheit oder Zögern in der Stimme oder eine Spur von Arroganz können einerseits zu Orientierungslosigkeit oder andererseits zu Zwistigkeiten und Vorbehalten führen. Der Zeitmanagementexperte Edwin Bliss drückt es so aus: »Das Schlüsselwort beim Delegieren heißt *Anvertrauen*. Wenn Sie delegieren, vertrauen Sie die ganze Sache der anderen Person an, gemeinsam mit der Autorität, die für das Treffen von Entscheidungen nötig ist. Das ist etwas ganz anderes, als zu sagen: ›Tun Sie einfach, was ich Ihnen sage‹«.[*]

Dieses Element des Vertrauens, das dem effektiven Delegieren stets zugrunde liegt, impliziert wechselseitiges Engagement. Für Ihre Mitarbeiter bedeutet das, daß sie all ihre Kräfte und Fähigkeiten einsetzen, um Ihren Erwartungen gerecht zu werden. Für

---

[*] Edwin Bliss, *Getting Things Done: The ABC's of Time Management* (New York: Scribner's, 1976), p. 29.

Sie bedeutet es die Bereitschaft, Ihre Mitarbeiter ohne Einschränkung zu unterstützen, ihnen weiterzuhelfen und ihnen Anerkennung zu zollen. Es folgt ein konkretes Vier-Punkte-Programm:

**1** *Definieren Sie das Projekt: seinen Zweck, seine Wichtigkeit, Fristen und den Kompetenzbereich des mit der Aufgabe betrauten Mitarbeiters.* Ein Kandidat für ein politisches Amt bat seine Assistentin, Informationen über einige der Städte entlang seiner Wahlkampfroute zusammenzustellen. Sie verbrachte Stunden damit, detaillierte geschichtliche Darstellungen zu schreiben, nur um später herauszufinden, daß er eigentlich nur ein paar Fakten gebraucht hätte, um seine Reden ein bißchen persönlicher zu gestalten. Lag der Fehler bei ihr? Natürlich hätte sie abklären können, ob der Zeitaufwand gerechtfertigt war, aber ihre Scheu, sich zu artikulieren, ist ein relativ weit verbreitetes Problem. Die Angst, dumm zu erscheinen – oder die Zeit des Chefs mit zu vielen Fragen zu verschwenden – läßt viele Angestellte lieber schweigen, und so liegt die Verantwortung für eine unmißverständliche Formulierung bei Ihnen. Wenn Ihre Leute, verglichen mit Ihren tatsächlichen Anweisungen, regelmäßig über das Ziel hinausschießen, zu wenig tun oder aber Sie überhaupt falsch verstehen, wissen sie wahrscheinlich überhaupt nicht, was Sie eigentlich von ihnen wollen. Was genau wollen Sie? Warum wollen Sie es? Wie und wann wollen Sie es? Was wollen Sie *nicht?* Seien Sie bei der Abklärung von Ziel, Frist, Format und Rahmen einer Aufgabe so konkret und spezifisch wie möglich, so daß Ihr Mitarbeiter entscheiden kann, wie er oder sie seine/ihre Zeit einteilt und seine/ihre Prioritäten setzt. Wenn das Projekt problematisch oder komplex ist, lassen Sie Ihren Mitarbeiter den Auftrag wiederholen und unterstützen Sie die verbalen Instruktionen zur Sicherheit durch ein schriftliches Auftragsmemo.

Lassen Sie Ihre Mitarbeiter, wann immer dies möglich ist, ihre eigenen Fristen festsetzen. Selbstgesetzte Limits werden als recht und billig empfunden, und die Wahrscheinlichkeit, daß sie eingehalten werden, steigt. Wenn Sie eine Aufgabe, die Ihnen übertragen wurde, weitergeben, setzen Sie dem Mitarbeiter eine Frist, die einige Tage vor Ihrer eigenen liegt. Besonders bei jüngeren Mitarbeitern ist es auch eine gute Idee, einen kurzen Blick auf deren Ergebnisse im ersten Stadium zu werfen. Ein Rechtsanwalt läßt seine Mitarbeiter »einen kurzen ersten Entwurf für jede Art schriftlicher Arbeit vorlegen, nur damit ich sehe, ob sie auch in die richtige Richtung gehen«. Diese Überprüfungen werden Sie vor der unliebsamen Überraschung bewahren, ein fertiges Produkt präsentiert zu bekommen, das Sie überhaupt nicht wollten. Wird der Mitarbeiter die Verantwortung für das gesamte Projekt übernehmen oder nur für eine oder zwei Komponenten? Machen Sie es sich zur allgemeinen Regel, eher nach dem Prinzip des »Ganzen Projekts« zu delegieren als nach dem »Fließbandmodell«. Wie der Name schon impliziert, werden bei letzterem Modell verschiedene Teile desselben Projekts verschiedenen Leuten übertragen, wobei jede Person die Schraube einmal weiterdreht, bevor das Ganze an den nächsten in der Reihe weitergegeben wird. Beim Modell »Ganzes Projekt« wird im Gegensatz dazu einer Person die Verantwortung für einen ganzen Prozeß übertragen – bis zu den Grenzen ihrer Kompetenz –, bis ein Ergebnis erzielt wird. In einer Theateragentur beispielsweise läßt der Firmenchef alle Vertragsklauseln, die sich im üblichen Rahmen halten, von Mitarbeitern verhandeln; er selbst wird nur in besonderen Fällen involviert oder dann, wenn Probleme auftreten. Das Spezialgebiet des Assistenten eines leitenden Angestellten in der Spitalsverwaltung ist die Organisation von Abteilungsleitermeetings; dazu gehören die Leitung der Meetings, die Protokollführung, die Kontrolle der Ausführung vergebener Aufträge und die Überprüfung der Resultate gemeinsam mit seinem Chef vor dem nächsten Meeting.

Eine große Handelsfirma führte ein interessantes Experiment durch, das die Vorteile des »Ganzes Projekt«-Ansatzes deutlich macht. Die Hälfte der Verkaufsmannschaft arbeitet nach dem

Fließbandprinzip, wobei jede Person für eine abgegrenzte Aufgabe zuständig ist: Bestellungen entgegennehmen, Bestellungen abwickeln, Installieren von Geräten usw. Jedem der Mitglieder der anderen Gruppe wurde die volle Verantwortung für die Betreuung verschiedener spezifischer Kunden übertragen. Beide Gruppen begannen unter denselben Bedingungen, aber schon nach kurzer Zeit hatte die Gruppe »Ganzes Projekt« die Nase vorn, sowohl was Umsätze als auch was die Kundenzufriedenheit betraf. Offenbar verschwendete die »Fließband«-Gruppe beträchtliche Zeit und Energie darauf, all die Mißverständnisse zu klären, die sich ergaben, weil die Verantwortung so oft von einer Person an die nächste weitergegeben wurde. Sogar noch kritischer war der Faktor Motivation. Die Fließbandgruppe fühlte wenig Motivation, mehr zu tun als das absolute Minimum, das verlangt wurde. Im Gegensatz dazu förderte die Verantwortung für den gesamten Prozeß bei der anderen Gruppe das Engagement, und die einzelnen Personen waren motiviert genug, um einen maximalen Einsatz an Zeit und Energie zu bringen.

**2** *Sorgen Sie für die nötigen Kompetenzen, Ressourcen und Hilfestellungen.* Hat der Mitarbeiter, dem Sie eine Aufgabe übertragen haben, die Autorität, um Entscheidungen zu treffen und an andere zu delegieren – kurz, alles zu tun, was erforderlich ist, um den Auftrag auszuführen? Peter Drucker empfiehlt, daß eine effektive Führungskraft Vorgesetzte, Kollegen und Untergebene fragen sollte: »Welcher Beitrag ist von meiner Seite nötig, damit Sie Ihre Arbeit für die Organisation leisten können? Wann brauchen Sie ihn, und in welcher Form?«[*]
Sue Jaffrey, Assistentin des Herausgebers einer Fachzeitschrift, wurde mit der Zusammenstellung einer Präsentation für eine bevorstehende Wirtschaftsmesse beauftragt. Sie beauftragte ih-

---

[*] Peter Drucker, The Effective Executive (New York: Harper & Row, 1966), p. 62.

rerseits einige Leute aus der Produktions- und der Designabteilung damit, bestimmte Unterlagen vorzubereiten, eine Anweisung, die nicht befolgt wurde, weil sie nicht von ganz oben kam.
Die Leute weigerten sich anzuerkennen, daß sie berechtigt war,
ihnen Anweisungen zu geben, und blieben bei ihrer unkoopera-
tiven Haltung – bis sich der Herausgeber einschaltete und Jaffreys
Status als seine Stellvertreterin klarstellte.

Diese Art von Unstimmigkeiten ist ein in den Hierarchien der
Geschäftswelt weitverbreitetes Phänomen. Und auch hier liegt es
an Ihnen, die Initiative zu ergreifen und den jeweiligen Grad an
Autorität und Autonomie für alle Beteiligten – den direkten
Auftragsempfänger und alle anderen involvierten Personen – zu
definieren. Es folgen einige Möglichkeiten:

- Der Beauftragte hat volle Befugnis, Entscheidungen zu treffen,
  ohne den Chef zu konsultieren.
- Der Beauftragte trifft die Entscheidung, setzt jedoch den Chef
  und alle anderen Beteiligten davon in Kenntnis, um Überraschungen oder unvorhergesehene Probleme zu vermeiden.
- Der Beauftragte empfiehlt die endgültige Entscheidung, der
  der Chef zustimmen muß.
- Der Beauftragte präsentiert dem Chef verschiedene Lösungsvorschläge, und dieser trifft die Entscheidung.
- Der Beauftragte präsentiert relevante Informationen, aus denen
  der Chef gangbare Lösungen herausfiltert. Der Chef trifft dann
  nach einer Unterredung mit dem Beauftragten die endgültige
  Entscheidung.

Es folgen zwei verschiedene Möglichkeiten, denselben Auftrag
zu erteilen:

- *Minimale Befugnisse:* »Wir brauchen neue Kopiergeräte für
  die Abteilung. Fragen Sie alle, wie viele Kopien sie pro Tag
  machen. Fordern Sie Preislisten von fünf Firmen an. Lassen

Sie sich auch über Service- und Reparaturkonditionen informieren. Bringen Sie mir dann die Analyse, und wir gehen sie gemeinsam durch.«

- *Maximale Befugnisse:* »Besorgen Sie zu den günstigsten Konditionen neue Kopiergeräte für die Abteilung« (vielleicht innerhalb eines gewissen budgetären Rahmens). *Tip:* Verlangen Sie, daß jedes Memo, das zu einem Problem verfaßt wird, spezifische Empfehlungen und/oder mögliche Lösungen enthält. Dies ermutigt die Mitarbeiter dazu, in der Wahrnehmung ihrer Verpflichtungen kreativ zu bleiben.

Abgesehen von der Festlegung der Kompetenzen jedes Mitarbeiters müssen auch noch andere Faktoren berücksichtigt werden. Haben Sie ein ausreichendes Budget vorgesehen und genügend Personal für den Fall, daß die beauftragten Mitarbeiter Unterstützung benötigen? Stehen ihnen die nötigen Unterlagen und die erforderlichen physischen Ressourcen zur Verfügung? Lassen Sie ihnen ausreichend Zeit, oder stellen Sie andere Anforderungen, eventuell dringender Natur, an ihre Zeit? Und, was vielleicht am wichtigsten ist – haben sie die nötige Ausbildung oder Erfahrung? Wenn nicht, sind Sie in der Lage, dafür zu sorgen? Führungskräfte, die zögern, in die Ausbildung ihrer Leute Zeit zu investieren, müssen dafür später oft bezahlen – wenn es sie nämlich noch mehr Zeit kostet, mangelhaft erledigte Arbeiten nochmals durchzuführen und Probleme zu lösen. Vergessen Sie auch nicht die altbewährte Methode, eine »Lehre« zu absolvieren. Ein Manager in der Werbebranche sagt: »Jeder neue Mitarbeiter, den wir in unser Kreativteam aufnehmen, arbeitet anfangs unter einem unserer besten Leute.«

**3** *Delegieren, um Ergebnisse zu erzielen.* Der Schlüssel heißt Verantwortlichkeit: strenge Standards setzen und den Mitarbeitern zu verstehen geben, daß sie dafür verantwortlich sind, diesen Standards gerecht zu werden. Ein stellvertretender Generaldirektor einer Bank schrieb oft inadäquat formulierte Vorschläge seiner Mitarbeiter um.

Bessere Taktik: sie mit Kommentaren und der Forderung nach besserer Arbeit zurückgeben. *Reagieren* Sie wirklich auf die Arbeit Ihrer Mitarbeiter und geben Sie ihnen genug Feedback, so daß sie wissen, wo sie stehen. Lassen Sie aber gleichzeitig Ihre Leute auf ihre eigene Art arbeiten. Anders ausgedrückt: Bringen Sie nicht Taktiken und Ziele durcheinander; setzen Sie Standards für Resultate, nicht für Methoden. Ein Manager bei einem Stahlkonzern sagte: »Man sollte nicht einmal versuchen, die Art und Weise zu kontrollieren, in der die Leute ihre Arbeit erledigen. Es gibt gar keine Möglichkeit, das zu tun, und außerdem hätte es keinen Zweck. Jedermann packt eine Arbeit auf seine individuelle Art an, und jeder will zeigen, wie gut seine Methode funktioniert. Die Funktion eines Vorgesetzten besteht darin, die Resultate zu analysieren, und nicht darin zu kontrollieren, auf welche Weise die Arbeit getan wird.«

Lassen Sie Ihre Mitarbeiter ihren eigenen Lösungsansatz finden. Stehen Sie andererseits in ausreichendem Maß für Problemlösung und Troubleshooting zur Verfügung. Wenn ein Problem auftaucht, bessern Sie nicht an den Entscheidungen Ihres Mitarbeiters herum, indem Sie Entscheidungen über seinen Kopf hinweg treffen, außer in Notfällen. Nutzen Sie die Gelegenheit, um ihm zu zeigen, wie man die Sache anpackt.

**4** *Überwachen Sie die Fortschritte und fassen Sie nach.* Fristen zu setzen und auf ihrer Einhaltung zu bestehen, schafft einen gewissen firmeninternen »Puls«, ein eigenes Tempo, das sicher-

*Gegenüberliegende Seite:* Der Text dieses Blattes ist schon älteren Datums und stammt von der Goodyear Tire & Rubber Company. Er diente dazu, Ausbilder und Vorarbeiter zu instruieren, wie man Arbeiter anlernt, und ist ein Exempel für die Kunst des Delegierens, wie man es sich ansprechender und prägnanter nicht wünschen kann.

## Wie bereitet man sich auf das Lehren vor?

***Legen Sie einen Zeitplan fest –***
Welche Fertigkeiten erwarten Sie von dem Arbeiter,
bis zu welchem Datum?

***Unterteilen Sie die Aufgabe –***
Führen Sie wichtige Schritte an.
Streichen Sie die Schlüsselpunkte heraus.
(Sicherheit ist immer ein Schlüsselpunkt)

***Halten Sie alles Nötige bereit –***
die richtige Ausrüstung, die richtigen Materialien und Hilfsmittel.

***Gestalten Sie den Arbeitsplatz ordentlich –***
genau so, wie Sie erwarten, daß ihn der Mitarbeiter hinterläßt.

## Wie lehrt man richtig?

***Schritt 1 – Bereiten Sie den Arbeiter vor***
Nehmen Sie ihm nach Möglichkeit die Nervosität.
Beschreiben Sie ihm die zu erledigende Aufgabe und finden Sie heraus,
was er bereits darüber weiß.
Wecken Sie sein Interesse an der Arbeit.
Stellen Sie ihn in die richtige Position.

***Schritt 2 – Demonstrieren Sie den Ablauf***
Erklären, zeigen und illustrieren Sie einen WICHTIGEN SCHRITT
nach dem anderen.
Betonen Sie jeden SCHLÜSSELFAKTOR.
Instruieren Sie ihn klar, umfassend und geduldig,
aber überfordern Sie ihn nicht.

***Schritt 3 – Testlauf***
Lassen Sie ihn die Arbeit ausführen – korrigieren Sie Fehler.
Lassen Sie ihn jeden SCHLÜSSELFAKTOR erklären, während er die
Arbeit nochmals ausführt.
Gehen Sie sicher, daß er alles verstanden hat.
Machen Sie weiter, bis SIE sicher sind, daß ER alles kann.

***Schritt 4 – Nachfassen***
Lassen Sie ihn selbständig arbeiten. Stellen Sie klar, an wen er sich um
Hilfe wenden kann.
Überprüfen Sie ihn oft. Ermutigen Sie ihn, Fragen zu stellen.
Lassen Sie die Extrabetreuung und das intensive Nachfassen langsam
auslaufen.

**Hat der Arbeiter nicht gelernt, so hat der Ausbilder nicht gelehrt.**

stellt, daß Entscheidungen prompt getroffen und Aufgaben zügig erledigt werden. Im Normalfall genügen für das Nachfassen Kalender, Fälligkeitsverzeichnisse und/oder Weitergabemappen. Wenn die Aufträge jedoch besonders zahlreich oder komplex werden, ist eventuell eine ausgefeiltere Kontrolltechnik angezeigt. Versuchen Sie es mit einer der folgenden:

*Auftragskontrollblatt.* Ein Investmentbanker verwendete das rechts abgebildete allgemeine Auftragsformblatt, um *alle* Projekte in der Abteilung zu notieren, einschließlich seiner eigenen und jener seiner Sekretärin. Er überprüfte das Formblatt täglich, strich dabei bereits erledigte Aufgaben aus und rief, wenn erforderlich, Mitarbeiter zu einer Statusaktualisierung herein. Eine Variation, die nützlich ist, wenn die Mitarbeiter mit zahlreichen Projekten herumjonglieren, besteht darin, für jede Person ein eigenes Aufgabenkontrollblatt anzulegen. (*Tip:* Wenn Sie viele Projekte zu erledigen haben, finden Sie es vielleicht hilfreich, Ihr eigenes Auftragskontrollverzeichnis zu führen.)
Ein solches Kontrollblatt ist auch eine praktische Quelle für Daten zur Leistungsbewertung und stellt sicher, daß die Arbeit der Mitarbeiter gebührend gewürdigt wird.

*»Jobformulare«.* Diese Methode, die auf einem Checklistenkonzept basiert, ist für jedes Projekt geeignet, das standardisierte Subaufgaben beinhaltet, die unter mehreren Leuten aufgeteilt werden. Auf dem Formular sind alle Subaufgaben sowie die Namen der beauftragten Mitarbeiter und die jeweiligen Fälligkeitsdaten aufgelistet. Es wird zu den Projektunterlagen geheftet, und jeder streicht diejenigen Aufgaben aus, die er erledigt hat. Die Grafikabteilung eines großen Konzerns verwendete für jeden Prospekt, der von der Abteilung produziert wurde, ein eigenes Jobformular. Am Ende des Tages kontrollierte der Abteilungsleiter alle Formulare, schrieb eine Liste der ausständigen Aufgaben und legte dementsprechend die Prioritäten für den nächsten Tag fest.

# Allgemeines Auftragsformblatt

| Datum | Auftrag | An wen | Fällig | Verzögerung* | Zu erledigen am |
|-------|---------|--------|--------|--------------|------------------|
|       |         |        |        |              |                  |
|       |         |        |        |              |                  |
|       |         |        |        |              |                  |
|       |         |        |        |              |                  |
|       |         |        |        |              |                  |
|       |         |        |        |              |                  |
|       |         |        |        |              |                  |
|       |         |        |        |              |                  |
|       |         |        |        |              |                  |
|       |         |        |        |              |                  |
|       |         |        |        |              |                  |

* Dies bezieht sich auf reguläre Verzögerungen oder Terminänderungen, die notiert werden sollten, um die Mitarbeiter nicht ungerechterweise zu bestrafen.

*Wandkalender*. Eine Marketingdirektorin entschied sich für einen monatlichen Wandkalender, um den Überblick über die zwanzig Berichte zu behalten, die ihre Mitarbeiter allmonatlich produzierten. Wenn der Auftrag zur Erstellung des Berichtes vergeben wurde, notierte ihre Sekretärin ihn unter seinem Fälligkeitsdatum auf dem Kalender, wobei sie für jeden Mitarbeiter einen andersfarbigen Stift verwendete. Informationen über andere komplexe Projektkontrollmethoden sind in Kapitel 8 nachzulesen.

*Mitarbeitermeetings*. Wenn die Ihnen direkt unterstellten Mitarbeiter eine relativ kleine Gruppe bilden (nicht mehr als sieben oder acht Leute), ziehen Sie es möglicherweise vor, die meisten Aufträge – von der Erteilung des Auftrags über die Überprüfung der Fortschritte bis zum Nachfassen – im Rahmen von täglichen oder wöchentlichen Mitarbeitermeetings zu behandeln. Ein Leiter der Buchhaltungsabteilung sagt: »Meine Abteilung umfaßt fünfundvierzig Leute und Hunderte von detaillierten Projekten. Ich hatte einfach nicht die Zeit, um mich auf dem laufenden zu halten. Dann begann ich, jeden Tag [mit meinen wichtigsten Mitarbeitern] ein kurzes Planungsmeeting in meinem Büro abzuhalten. Die Leute kommen herein und berichten mir über wichtige Projekte, und wir setzen gemeinsam Prioritäten. Dieses System ermöglicht mir eine weit bessere Kontrolle.« Eine Theateragentur entschied sich für zwei Meetings pro Woche, eines für Brainstorming und Planung und eines für besser strukturierte Bestandsaufnahme und Kontrolle.

Diese Methode weist eine ganze Anzahl von Vorteilen auf: Jede Person erfährt, was alle anderen tun, und die Wahrscheinlichkeit für Unterbrechungen sinkt, weil die Mitarbeiter sich ihre Probleme oder Fragen bis zum Meeting aufsparen können. Nähere Details über das Strukturieren von Meetings finden sich in Kapitel 6.

**Wie man Mitarbeiter zu Einsatz und Engagement ermutigt**
Ein äußerst wichtiger Aspekt effektiven Delegierens besteht darin, seine Untergebenen dazu zu ermutigen, in bezug auf ihre Arbeit kreativ zu sein und Initiative zu entwickeln.

Martin Edelston, Herausgeber von *Boardroom Reports* und *Bottom Line Personal*, hat ein extrem interessantes System entwickelt, das Ideen und Engagement der Mitarbeiter fördert und das er »I-Power« nennt.

Es handelt sich um ein einfaches System, bei dem alle Angestellten aufgefordert werden, pro Monat mindestens drei Vorschläge für »bleibende Verbesserungen« zu machen.  Die möglichen Ideen reichen von dem Vorschlag einer Sekretärin, die Aktenschränke in die Nähe ihres Schreibtisches zu stellen, was ihr jeden Tag 15 Minuten Gehzeit (9 Arbeitstage pro Jahr!) ersparen würde, bis zu einer vorgeschlagenen Änderung in den Versandabläufen der Firma, die jährliche Einsparungen von mehr als 100 000 Dollar bringen würden.

Edelston ist der Meinung, daß die gelegentliche »große« Idee, wenn sie auch lohnend ist, nicht wirklich den Schlüssel darstellt, sondern daß eher das permanente Sammeln »kleiner« Ideen und das ständige Nachdenken aller Mitarbeiter darüber, wie kleine Verbesserungen erzielt werden könnten, seiner Firma enorme Vorteile gebracht haben.

### *Neue Mitarbeiter einstellen: eine Kosten-Nutzen-Analyse*

Brauchen Sie zusätzliches Personal, das Ihnen hilft, vergrößerte Verantwortungsbereiche oder eine Erweiterung der Geschäftstätigkeit zu bewältigen? Möglicherweise. Aber Sie können diese Entscheidung nicht wirklich treffen, bevor nicht in Ihrer Abteilung alles so reibungslos wie möglich läuft.

Nehmen Sie sich zunächst einmal einen Moment Zeit, um die

folgenden Fragen zu beantworten: Arbeitet Ihr derzeitiges Personal mit optimaler Effizienz? Delegieren Sie effektiv? Sind die abteilungsinternen Systeme gut organisiert? Und sind Sie und Ihre Mitarbeiter auch persönlich gut organisiert? Eine übergroße Arbeitsfülle ist nicht notwendigerweise ein Anzeichen für Personalmangel. Mindestens ebenso wahrscheinlich ist es, daß die Ursache in interner Desorganisation liegt. Wenn Sie jedoch die oben angeführten Fragen mit einem klaren »Ja« beantworten können und das Arbeitspensum Sie und Ihre Mitarbeiter immer noch überfordert, könnte eine zusätzliche Arbeitskraft die Lösung sein. Um hier zu einer Entscheidung zu kommen, können Sie die folgende Kosten/Nutzen-Formel in sieben Schritten verwenden:

### Kosten/Nutzen-Formel

1 Sammeln Sie drei Wochen lang alle Tageslisten. Überprüfen Sie alle potentiell delegierbaren Aufgaben, das heißt solche Aufgaben, die Sie an jemand anders delegieren könnten, wenn Sie eine geeignete Person dafür hätten, und schätzen Sie grob ab, wieviel Zeit für jede Aufgabe veranschlagt wurde.

2 Unterteilen Sie diese Aufgaben in zwei Kategorien: Aufgaben mit Managerniveau und solche mit Bürokraftniveau.

3 Gruppieren Sie die Manageraufgaben in Blocks. Der Eigentümer einer Textilfirma beispielsweise kam auf vier Blocks, die er einem Assistenten übertragen konnte – Preiskalkulation, Büromanagement, Lieferantenkontakte und Troubleshooting. Überschlagen Sie die für jeden Block aufgewendete Zeit.

4 Gruppieren Sie delegierbare Aufgaben mit Bürokraftniveau in Blocks: Routinekorrespondenz, Selektieren, bürointerne Kontakte und so weiter. Überschlagen Sie die für jeden Block aufgewendete Zeit.

5 Können irgendwelche Aufgabenblocks vorhandenen Mitarbeitern übertragen werden, und zwar unter Rücksichtnahme (a) auf deren Wissen und Erfahrung und/oder (b) auf den Grad

ihrer derzeitigen Auslastung? Wenn nicht, gehen Sie zum nächsten Schritt über.

6 *Kostenkalkulationsschritt:* Multiplizieren Sie Ihren eigenen Stundensatz mit der Anzahl der Stunden, die Sie mit potentiell delegierbaren Aufgaben verbringen (Schritte 3 und 4). Dividieren Sie das Ergebnis dann durch die Anzahl der aufgewendeten Wochen, um auf einen wöchentlichen Durchschnitt zu kommen. Wenn die errechnete Zahl höher liegt als das geschätzte Gehalt eines neuen Angestellten, oder wenn es sich etwa in der gleichen Größenordnung bewegt, dann ist eine solide ökonomische Basis für Überlegungen hinsichtlich der Einstellung eines zusätzlichen Mitarbeiters gegeben.

*Ein Beispiel:* Ein Manager, der 65 500 $ pro Jahr verdient, verbringt im Laufe von drei Wochen 30 Stunden mit Aufgaben, die auch von einer billigeren Kraft erledigt werden könnten. Wenn man diese Zeit mit seinem Stundensatz von 36 $ pro Stunde multipliziert – 1080 $ – und dann durch drei dividiert (Anzahl der Wochen), errechnet sich ein wöchentlicher Durchschnittswert von 360 $. Das bedeutet, daß etwa 19 000 $ seiner Zeit ($ 360 x 52 Wochen) für »niedrigere« Managementaufgaben aufgewendet werden – eine Zahl, die etwa dem durchschnittlichen Gehalt eines frischgebackenen Absolventen der Wirtschaftsuniversität entspricht.

7 *Nutzenstadium.* Eine Gehaltsanalyse ist nicht notwendigerweise schlüssig. Worin besteht der zu erwartende Nutzen? Was würden Sie mit der eingesparten Zeit anfangen, um das zusätzliche Gehalt auszugleichen – oder mehr als nur auszugleichen? Ein Gesellschafter einer kleinen Plattenfirma entdeckte, daß ihm mehr Zeit für seine Hauptaufgabe, nämlich das Verkaufen, blieb, wenn er den Großteil seiner administrativen Aufgaben einem neuen Mitarbeiter übertrug. Sogar wenn seine Erfolgsrate nur relativ bescheiden war, würde das zusätzlich erzielte Einkommen das Gehalt des neuen Angestellten mehr als nur abdecken.

Um die Vorteile abwägen zu können, wenn ein direkter Vergleich auf finanzieller Basis nicht möglich ist, sollten Sie klar definieren, wo Ihre wichtigsten Fähigkeiten liegen – wofür Ihre Firma Sie bezahlt. Ein Beispiel: Eines der wichtigsten Aktiva eines Personalmanagers bestand in seiner analytischen Begabung, die er für Planung, Personalentwicklung, langfristige Prognosen und die Zusammenstellung von maßgeschneiderten Gehaltspaketen für Führungskräfte einsetzte. Nahezu ein Drittel seiner Zeit wurde jedoch von Mitarbeiterbeschreibungen und anderen Routineaufgaben in Anspruch genommen, die auch jemand mit weniger Erfahrung leicht hätte erledigen können. Deshalb schlug er vor, eine neue Fachkraft einzustellen; er legte weiters dar, wie er die Extrazeit, die er gewinnen würde, zu verwenden gedachte und in welcher Weise die Firma davon profitieren würde.

## Managen Sie Ihren Chef

Nehmen wir an, Ihr Chef hätte Ihnen gestern eine Liste mit wichtigen Projekten gegeben. Heute finden Sie nun eine neue, der alten widersprechende Liste in Ihrer Eingangs-Box. Was können Sie tun? Im folgenden werden einige Wege aufgezeigt, wie man mit einem Chef leben kann, der ein inkonsequenter Delegierer ist.

• *Klärung mittels Memo.* Wenn Ihre verschiedenen Aufträge miteinander in Konflikt geraten, bestehen Sie so diplomatisch wie möglich auf einer Klärung. Der Spezialist für Projektschätzungen einer Immobilienfirma schickt seinem Chef oft Nachrichten wie die folgende: »Um die Zahlen für die Maxwell-Schätzung bis nächsten Dienstag zusammenzubekommen, wie von Ihnen gewünscht, muß ich die Auswertung der Gebäudepläne, die Sie mir gestern gegeben haben, verschieben. Wenn ich bis zum Ende des Tages keine anderweitigen Instruktionen erhalte, gehe ich davon aus, daß es Ihnen recht ist, wenn ich zunächst an dem Maxwell-Projekt weiterarbeite.«

Schicken Sie in ähnlicher Weise auch dann, wenn die Instruktionen zweideutig sind, ein Memo, das abklärt, wie Sie den Auftrag – und Ihre Rolle – verstanden haben, und beenden Sie es mit folgenden Worten: »Bitte machen Sie sich nicht die Mühe zu antworten, es sei denn, Sie möchten Ihre Anweisungen abändern.«

• *Klären Sie die Prioritäten*. Der Time-Management-Spezialist Bob Preziosi hat einen interessanten Vorschlag gemacht: Listen Sie alle wichtigen Prioritäten auf einem Post-it-Blatt auf, ordnen Sie sie in der Reihenfolge der Prioritäten, wie Sie sie sehen, und fragen Sie Ihren Chef/Ihre Chefin um seine/ihre Zustimmung. Dies kann eine sehr aufschlußreiche Übung sein.

• *Schlagen Sie eine Alternative vor*. Sam Miller, Leiter der Kreativabteilung bei einer großen Werbeagentur, erhielt öfter größere Aufträge von seinem Chef, ohne jedoch mit der nötigen Verfügungsgewalt über die Ressourcen ausgestattet zu sein, die nötig gewesen wäre, um die Aufträge auch auszuführen. In der Vergangenheit hatten sich aufgrund dieser Diskrepanz zwischen Aufträgen und Befugnissen öfter Probleme ergeben. Deshalb beschloß Sam, aus der Not eine Tugend zu machen und diese Aufträge zu benutzen, um seine Autorität und seinen Verantwortungsbereich auszuweiten. Jedesmal, wenn ein größeres Projekt auftauchte, entwarf er eine Präsentation, in der er Ursachen für Schwierigkeiten, Konsequenzen und Änderungsvorschläge anführte. Und so strukturiert man eine solche Präsentation:

1 Analysieren Sie, wieviel Zeit verschwendet oder wieviel Verwirrung gestiftet wird, wenn das Projekt so ausgeführt wird, wie derzeit geplant.
2 Schlagen Sie eine oder mehrere spezifische Alternativen vor.
3 Definieren Sie andere, produktivere Varianten, wie Sie Ihre

Zeit verwenden könnten, wenn die vorgeschlagenen Veränderungen implementiert würden.

4 Analysieren Sie die Zeit, die Ihr/e Chef/in mit Aktivitäten verschwendet, die Sie erledigen könnten – wenn Sie dazu autorisiert wären. Wenn relevant, definieren Sie auch die produktiveren Arten, auf die Ihr/e Chef/in seine/ihre Zeit nutzen könnte, wenn die Änderungsvorschläge implementiert würden.

5 Streichen Sie zusätzliche Vorteile der Veränderungen hervor: Steigerung der Produktivität der Abteilung, Verbesserung des Images der Abteilung und so weiter.

Wenn Sie zufrieden sind, weil Sie den richtigen Ton getroffen haben – unemotionell, professionell, liebenswürdig, ohne den geringsten Anflug von Querulantentum –, lassen Sie das Memo dem Adressaten zukommen, vereinbaren Sie einen Termin, um es in all seinen Details zu diskutieren, und fassen Sie nach, bis die Sache endgültig erledigt ist. Derselbe Ansatz ist gleichermaßen nützlich, wenn Sie Ihrem Chef Ihre eigenen Initiativen oder Zielvorstellungen »verkaufen« wollen.

Einige zusätzliche Tips:

- Vereinbaren Sie bei allen Aufträgen ein Fälligkeitsdatum. Stellen Sie sicher, daß realistischerweise anzunehmen ist, daß Sie diesen Termin einhalten können.
- Wenn Ihnen bei einem langwierigen oder komplexen Projekt keine Kontrollpunkte vorgegeben werden, setzen Sie selbst welche fest.
- Wenn eine Frist verlängert werden muß, während Sie an einem Projekt arbeiten, informieren Sie Ihren Chef sofort – nicht erst an dem Tag, an dem der eigentliche Abgabetermin gewesen wäre.
- Bestehen Sie auf der Unterstützung oder den Informationen, die Sie benötigen, um eine Aufgabe erledigen zu können: »Hier sehen Sie, was ich bisher gemacht habe. Und folgendes würde ich von Ihnen brauchen, um das Projekt beenden zu können.«

## *Zusammenfassung: Checkliste für das Delegieren*

### Symptome ineffektiven Delegierens

Häufige Unterbrechungen und Anfragen von Mitarbeitern.
Umgekehrtes Delegieren: Mitarbeiter »versorgen« Sie mit Projekten.
Häufige Notwendigkeit, mangelhaft ausgeführte Aufgaben neu zu erledigen.
Eine überquellende »Zu erledigen«-Box.
Häufige Notwendigkeit, bis in die Nacht hinein zu arbeiten, um aufzuholen.

### Was man delegiert

*Aufgaben:* Projekte auf Ihrer Generalliste. Elemente komplexer Aufgaben. Routineaufgaben und repetitive Aufgaben.
Entwerfen, Selektieren oder Zusammenfassen von Aufgaben im ersten Stadium. Aufgaben, bei denen Sie zum Hinauszögern neigen.
*Funktionen:* Eine besondere Aktivität, so wie Verkauf, Forschung, Personal.
*Ziele:* Ein spezifisches Ziel: Steigerung der Umsätze um 10%, Eröffnen einer neuen Zweigstelle etc.

### An wen man delegiert

Mitarbeiter (Fachleute, Sekretariat, Bürokräfte). Berater und externe Dienstleister. Kollegen (Gegengeschäfte). Chef (gelegentlich).
Stimmen Sie Fähigkeiten und Aufgaben aufeinander ab: Analysieren Sie, welche allgemeinen Fähigkeiten für wichtige Funktionen erforderlich sind; informieren Sie sich über die Stärken und Schwächen Ihrer Mitarbeiter; koordinieren Sie die einzelnen Leute, um zu einem harmonischen Ganzen zu kommen.

## Wie man delegiert (die Auftragsschleife)

*Definieren:* Definieren Sie Aufgabe und Verantwortlichkeitsbereich.

*Priorität:* Legen Sie Zweck und Priorität fest.

*Unterstützung:* Sorgen Sie für die nötigen Befugnisse, für Unterstützung und Ressourcen.

*Verantwortlichkeit:* Delegieren Sie und verlangen Sie nicht nur Resultate, sondern auch die Übernahme von Verantwortung.

*Überprüfung:* Setzen Sie Fristen und fassen Sie nach.

# 11 Über SekretärInnen:
# das »Zweierteam«

SekretärInnen werden selten als »Teil des Teams« betrachtet. Als
Folge dieser Tatsache tendieren viele Manager dazu, die Zeit und
die Fähigkeiten dieser einen Person, die doch zu ihrem wertvollsten Verbündeten werden könnte, nicht voll auszuschöpfen. In
diesem Kapitel wird vorgeschlagen, diese eingeengte Sichtweise
neu zu überdenken, und außerdem wird eine praktische Methode
aufgezeigt, wie Sie Ihrer Sekretärin/Ihrem Sekretär helfen können, ihre/seine Fähigkeiten weiterzuentwickeln und so Teil eines
echten »Zweierteams« zu werden. Die Vorteile, die eine solche
Beziehung für beide Teile mit sich bringt, sind zahlreich. Wie ein
Spitzenmanager es formulierte: »Das Beste, was mir jemals passiert ist, war, daß ich eine Sekretärin hatte, die für einen Generaldirektor arbeiten wollte. Ich war aber kein Generaldirektor, und
deshalb tat sie alles in ihrer Macht Stehende, um mich zu einem
zu machen. Sie hat meine Effektivität unglaublich gesteigert – ja,
und ich habe es tatsächlich geschafft.«[*]
Unterschätzen Sie die Fähigkeiten Ihrer Sekretärin? Verbringt sie
den größten Teil ihrer Zeit mit Routinebüroarbeiten wie der Ablage, dem Tippen von auf Band gesprochenen Diktaten oder dem
Reinschreiben von Berichten und Memos? Ist das die beste Art,
wie sie ihre Zeit nutzen kann? Könnte sie einige der komplexeren
Aufgaben übernehmen, mit denen Sie derzeit beschäftigt sind?
Schränken Sie die Effektivität Ihrer Sekretärin – und auch Ihre
eigene – ein, indem Sie an einer zu eng gefaßten Definition des
Aufgabenbereiches einer Sekretärin festhalten?

[*]  Coleman Hogan von der McCord Corporation. Zitiert aus: R. Alec Mackenzie,
   *The Time Trap: How to Get More Done in Less Time* (New York: AMACOM,
   1972), Seite 172.

Sekretariatspflichten lassen sich in fünf »Kernkategorien« und fünf »Zusatzkategorien« einteilen, die folgendermaßen aufgeschlüsselt werden können:

| Kern | Zusatz |
|---|---|
| Tippen und Reinschreiben | Meetings |
| Telefon | Lesen |
| Selektieren | Büroaufsicht |
| Kalenderarbeit (Termine, Nachfassen) | »Managen des Chefs« |
| Ablage | Selbständige Projekte |

In jeder Kategorie kann die Palette der spezifischen Aufgaben von einem sehr grundlegenden Niveau (Stufe 1) bis zu einem anspruchsvollen Niveau (Stufe 3) variieren. Was diese Stufen unterscheidet, ist das Ausmaß, in dem die Sekretärin autonom agiert und eigenständige Entscheidungen trifft. Während eine Stufe-1-Sekretärin ihre Ablageaktivitäten auf den physischen Akt des Einheftens von Papieren in Ordner oder Mappen beschränkt, etabliert eine Sekretärin der Stufe drei vielleicht ein ganzes System. Konkreter heißt das:

*Stufe 1:* Umfaßt die fundamentalsten Aufgaben einer Sekretärin: Briefe schreiben, Telefonanrufe beantworten, Diktate entgegennehmen, Ablage und so weiter. Im allgemeinen wird eine Stufe-1-Sekretärin ausschließlich nach Ihren Anweisungen handeln und wenige oder gar keine eigenständigen Aktivitäten setzen.

*Stufe 2:* Umfaßt anspruchsvollere Aufgaben, die ein gewisses Maß an eigenständigem Urteilsvermögen voraussetzen. Stufe-2-Aufgaben sind beispielsweise das Vorsortieren der Post (Aussondern von Unwichtigem und Beantworten von Standardanfragen), Weiterleiten von Anrufen, Vereinbaren von Terminen für Sie, Überprüfen der Fortschritte von Aufträgen, die im Rahmen von Meetings erteilt wurden.

*Stufe 3:* Das »Chefsekretärinnen-Niveau« umfaßt Verantwortungsbereiche, die ein hohes Maß an Eigeninitiative erfordern. Einige Beispiele: Schreiben von Briefen, die Sie nur noch zu unterzeichnen brauchen, Managen Ihres Kalenders und allgemeines Planen Ihres Tages, Zusammenfassen von Berichten und Artikeln für Sie, Überwachung des übrigen Büropersonals.

Der Schlüsselfaktor für die Entwicklung einer effektiven Partnerschaft besteht darin, Ihrer Sekretärin zu helfen, »Kernfunktionen« bis zum Stufe-3-Niveau auszubauen und so viele der Zusatzfunktionen zu übernehmen, wie Sie selbst und Ihre Sekretärin für möglich und zweckmäßig halten. Wie beginnen Sie mit diesem Entwicklungsprozeß? Indem Sie feststellen, welches die derzeitigen Pflichten Ihrer Sekretärin sind und diese Aufgaben dann mit der Checkliste vergleichen, die auf den Seiten 290 bis 292 abgedruckt ist und in der jede Arbeit entweder als Stufe 1, 2 oder 3 eingestuft wird. Wenn Sie mit der Checkliste fertig sind, sollten Sie ein präzises Bild von den Pflichten und dem prinzipiellen »Stufen-Niveau« Ihrer Sekretärin gewonnen haben. Analysieren Sie nun Ihre Resultate wie folgt:

**1** Erledigt Ihre Sekretärin derzeit die meisten oder alle Stufe-1-Funktionen zu Ihrer Zufriedenheit? Wenn nicht, wo liegt die Ursache des Problems? Haben Sie vielleicht verabsäumt, ihr spezifische Instruktionen oder Feedback zu geben? Es kommt nicht selten vor, daß ein Chef einen fehlerhaften Brief akzeptiert, anstatt klarzustellen, daß eine solche Arbeit inakzeptabel ist und die Sekretärin zu bitten, den Brief neu zu schreiben. Finden Sie einen Ausweg aus der Situation, indem Sie ihr Richtlinien für jede Aufgabe geben.
Wenn das Problem bei ihr liegt, versuchen Sie, die Gründe dafür herauszufinden. Ein Manager entdeckte beispielsweise, daß seine Sekretärin einige grundlegende Aufgaben vernachlässigte, weil sie sich langweilte. Als er diese Aufgaben mit anspruchsvolleren

## Das Sekretärinnenprofil

| Aufgabe | Erledigt sie das? | Wenn nicht, wessen Entscheidung? | Aufgabengrad |
|---|---|---|---|
| **Post und Papierarbeit** | | | |
| Öffnet und sortiert hereinkommende Post | _____ | _____ | 1 |
| Sammelt Unterlagen im Zusammenhang mit neuer Korrespondenz | _____ | _____ | 1 |
| Wirft unnötige Sendungen weg | _____ | _____ | 2 |
| Kann mit einem Diktiergerät umgehen | _____ | _____ | 1 |
| Legt getippte Briefe innerhalb eines Tages zur Unterschrift vor | _____ | _____ | 1 |
| Beantwortet Routineanfragen | _____ | _____ | 2 |
| Legt Ihnen Papiere, die einen Handlungsbedarf nach sich ziehen, vor | _____ | _____ | 2 |
| Entwirft Antwortbriefe und legt sie Ihnen zur Kenntnisnahme vor | _____ | _____ | 3 |
| Erledigt viel Korrespondenz selbständig, informiert Sie aber davon | _____ | _____ | 3 |
| Setzt Ihre Notizen selbständig in Briefe um | _____ | _____ | 3 |
| **Telefon** | | | |
| Fragt Anrufer nach ihrem Namen und ihrem Anliegen | _____ | _____ | 1 |
| Sammelt Informationen, die Sie für Rückrufe benötigen werden | _____ | _____ | 2 |
| Überprüft, ob Sie alle Rückrufe erledigt haben | _____ | _____ | 2 |
| Erledigt viele Anrufe selbst oder verweist Anrufer an jemand anderen, berichtet Ihnen aber davon | _____ | _____ | 3 |
| Tätigt viele Anrufe in Ihrem Namen | _____ | _____ | 3 |

| Aufgabe | Erledigt sie das? | Wenn nicht, wessen Entscheidung? | Aufgabengrad |
|---|---|---|---|
| **Selektieren** | | | |
| Selektiert unangemeldete Besucher, verweist sie an jemand anderen oder vereinbart konkrete Termine mit ihnen | _____ | _____ | 1 |
| Schützt Ihre ungestörte Zeit vor Unterbrechungen | _____ | _____ | 2 |
| Fertigt viele unangemeldete Besucher selbst ab und berichet Ihnen davon | _____ | _____ | 3 |
| Legt vor geplanten Terminen relevante Unterlagen oder Dokumente auf Ihren Schreibtisch | _____ | _____ | 2 |
| Begrüßt Besucher; geleitet sie in Ihr Büro | _____ | _____ | 1 |
| Ruft an, um Sie an »eine andere Aufgabe« zu erinnern, wenn Gäste zu lange bleiben | _____ | _____ | 2 |
| **Kalenderarbeit** | | | |
| Vergleicht täglich Ihrer beider Kalender | _____ | _____ | 1 |
| Weiß jederzeit, wo sie Sie erreichen kann | _____ | _____ | 1 |
| Vereinbart vorläufige Termine für Sie | _____ | _____ | 2 |
| Vereinbart fixe Termine für Sie und koordiniert Ihren Terminkalender | _____ | _____ | 3 |
| Führt Fälligkeitsverzeichnisse | _____ | _____ | 2 |
| **Ablage** | | | |
| Legt zumindest einmal pro Woche ab | _____ | _____ | 1 |
| Führt einen Aufbewahrungsplan für die Aufzeichnungen | _____ | _____ | 2 |

| Aufgabe | Erledigt sie das? | Wenn nicht, wessen Entscheidung? | Aufgabengrad |
|---|---|---|---|
| **Lesen** | | | |
| Markiert Artikel und für Sie relevante Abschnitte langer Berichte | _____ | _____ | 2 |
| Faßt die wichtigsten Punkte von Artikeln und Berichten zusammen | _____ | _____ | 3 |
| **Meetings** | | | |
| Sitzt dabei und macht Notizen | _____ | _____ | 1 |
| Überwacht die Aufträge, die Sie bekommen; wenn Sie welche erteilen, stellt sie sicher, daß die anderen sie ausführen | _____ | _____ | 2 |
| Nimmt als Ihre Vertreterin an Meetings teil | _____ | _____ | 3 |
| **Büroaufsicht** | | | |
| Überprüft und bestellt Büromaterial | _____ | _____ | 1 |
| Arrangiert Service für Büromaschinen | _____ | _____ | 2 |
| Delegiert Büroarbeiten an Büropersonal oder Aushilfskräfte | _____ | _____ | 3 |
| **Andere Dienste** | | | |
| Trifft Reisearrangements | _____ | _____ | 2 |
| Organisiert Veranstaltungen, Konferenzen, Arbeitsessen etc. | _____ | _____ | 2/3 |
| Überprüft Ihren Zeitplan und stellt sicher, daß Sie tägliche Aufgaben konsequent erledigen | _____ | _____ | 2 |
| Übernimmt selbständige Projekte | _____ | _____ | 3 |

Arbeiten ausglich, änderte sich ihre Einstellung dramatisch. Ein anderer Manager mußte erkennen, daß das Problem bei ihm selbst lag: Seine Gewohnheit, seine Sekretärin häufig mit »dringenden« Aufgaben zu unterbrechen, machte es ihr unmöglich, ihre Büroarbeiten zeitgerecht fertigzubekommen. Bessere Planung seinerseits löste dieses Problem.

Gelegentlich ergibt diese Analyse, daß eine Person ganz einfach am falschen Platz ist. Eine Werbemanagerin fand ihren wachsenden Verdacht bestätigt, daß ihre Assistentin als Sekretärin nicht geeignet war. Die junge Frau schrieb großartige Werbetexte, aber sie war, wie es ihre Chefin ausdrückte, »beim Mittagessen«, wenn Dinge wie einfaches Tippen oder die Ablage auf sie warteten. Die Lösung bestand in diesem Fall in einer freundschaftlichen Trennung: Die Assistentin wurde an eine Stelle versetzt, wo sie ihr Schreibtalent einsetzen konnte, und ihre Chefin stellte eine neue Sekretärin ein.

**2** Wie viele der Aufgaben, die Sie angekreuzt haben, sind als Stufe-2- oder Stufe-3-Funktionen einzustufen? Zwei, fünf, zehn? Sind Sie mit dem Mischungsverhältnis zwischen Kernpflichten der Stufe 1 und anspruchsvolleren Aufgaben zufrieden? Fallen die Aufgaben mit einem hohen Niveau meistens in eine bestimmte Kategorie, so wie Meetings, Papierarbeit oder Büroaufsicht? Diese Analyse könnte Ihnen einige wertvolle Hinweise betreffend die Interessen und Fähigkeiten Ihrer Sekretärin liefern. Wenn das der Fall ist, sollten Sie sich auch überlegen, ob ihre Fähigkeiten mit Ihren Ansprüchen übereinstimmen. Laura White, eine Verkaufsmanagerin, stellte fest, daß ihre Sekretärin alles, was mit Menschen zu tun hatte, großartig machte – Beaufsichtigen das anderen Büropersonals, Teilnahme an Meetings, Entgegennehmen und Weiterleiten von Telefonanrufen. Aber White brauchte jemanden, der Recherchen durchführen und einige der Berichte übernehmen konnte, die sie jeden Monat zu schreiben hatte.

ORGANISATION | ◁

Wenn Sie einmal definiert haben, was Sie von dieser Partner-
schaft erwarten und wo die Stärken Ihrer Sekretärin liegen, stellen
Sie eine Liste der Aufgaben zusammen, die Sie ihren Pflichten
gern hinzufügen würden oder die Sie aufgewertet sehen möchten.
Verwenden Sie die Checkliste »Das Sekretärinnenprofil« als
Leitfaden für das Selektieren von Aufgaben. Ein vielbeschäftigter
Manager, der für zahlreiche monatliche Berichte verantwortlich
war, stellte fest, daß er mehr ungestörte Zeit für Planung und
Schreiben erübrigen konnte, wenn seine Sekretärin die gesamte
Routinekorrespondenz übernahm und bestimmte, nicht so wich-
tige Meetings als seine Vertretung besuchte. Vielleicht würden
Sie Ihrer Sekretärin gern verschiedene selbständige Projekte
übertragen oder Ihre Leselast reduzieren, indem Sie sie Artikel
oder Berichte lesen und Zusammenfassungen schreiben oder die
wichtigen Stellen markieren lassen.

Bitten Sie Ihre Sekretärin, ebenfalls die Checkliste durchzugehen
und ihre eigene Liste von Aufgaben zu erstellen, die sie gerne
übernehmen würde. Setzen Sie sich dann zusammen und vergleichen Sie Ihre beiden Listen. Ist sie bereit und imstande, bestimmte
Aufgaben aus Ihrer Liste zu übernehmen? Bestehen signifikante
Diskrepanzen zwischen Ihren beiden Listen?

Dies ist der geeignete Zeitpunkt, um Erwartungen abzuklären und
eventuell erforderliche Kompromisse zu schließen. Ein Manager
bat seine Sekretärin beispielsweise, für ihn an bestimmten Meetings teilzunehmen, eine Aufforderung, der sie nur zögernd nach-
kam. Und tatsächlich stellte sich bald heraus, daß sie von ihrem
Temperament her für diese Aufgabe einfach nicht geeignet war.
Weil sie sich bei den Meetings eingeschüchtert fühlte und überhaupt von Natur aus eher passiv war, verabsäumte sie es, sich zu
Wort zu melden und bestimmte entscheidende Fragen zu stellen.
Deshalb fielen ihre Berichte an ihren Chef mehr als unvollständig
aus. Worauf es ankommt, ist, sowohl in bezug auf Ihre eigenen
Wünsche und Bedürfnisse als auch auf jene Ihrer Sekretärin
realistisch zu sein. Eine extrovertierte, energische Sekretärin

erreicht bei Funktionen, die mit Meetings oder Selektieren zu tun haben, vielleicht Stufe 3, während sie bei Papierarbeit nicht über Stufe 1 hinauskommt. Eine andere Sekretärin ist möglicherweise zwar verläßlich, aber einfach nicht imstande, die persönliche Initiative aufzubringen, die für Pflichten der Stufe 3 unerläßlich ist. Vielleicht wollen Sie auch Ihrer Sekretärin die notwendigen Befugnisse und die Autorität nicht übertragen, die für Aufgaben der Stufe 3 Voraussetzung sind. In diesem Fall wird Ihre Partnerschaft zwar nicht das ideale »Zweierteam«, aber sie wird, und das ist wichtiger, eine realistische und funktionelle Partnerschaft für Aufgaben der Stufen 1 und 2 werden. Ob Ihre Sekretärin in jeder (oder irgendeiner) Kategorie Stufe 3 erreicht, ist weniger wichtig als die Frage, ob sie ihre Fähigkeiten in jenen Gebieten weiterentwickelt, die Sie als für Ihrer beider Produktivität essentiell erkannt haben.

Wenn Sie sich über ihren erweiterten Aufgabenbereich geeinigt haben, setzen Sie einen »Arbeitsvertrag« auf, in dem ihre neuen Funktionen beschrieben werden und der sowohl Ihre eigenen Erwartungen als auch jene Ihrer Sekretärin spezifiziert. Wählen Sie dann eine oder zwei Aufgaben als Startpunkt aus. Wird sie zunächst irgendeine Form von speziellem Training brauchen? Wenn ja, legen Sie Termine für Instruktionssitzungen fest. Wenn sie sich einmal eingearbeitet hat, überprüfen Sie ihre Fortschritte in eigenen wöchentlichen Meetings und ermutigen Sie sie, über allfällige Probleme zu sprechen. Versuchen Sie diese wöchentlichen Meetings beizubehalten, bis sie die Aufgabe zu Ihrer Zufriedenheit beherrscht – oder bis sich klar abzeichnet, daß es nicht klappen wird.

Diese Art Partnerschaft basiert auf gemeinsamen Zielen und Bedürfnissen, sie erfordert aber auch wechselseitige Verpflichtungen. Was Sie betrifft, so bedeutet das, daß Sie Ihre Sekretärin aktiv in ihren Bestrebungen, ihre Fähigkeiten weiterzuentwickeln, unterstützen müssen. Es folgen einige nützliche Tips:

• *Machen Sie das tägliche Meeting mit Ihrer Sekretärin zum Mittelpunkt Ihres Tages.* In Kapitel 2 wurde dieses Meeting nur in bezug auf effiziente Erledigung von Papierarbeit behandelt. Es ist jedoch ein ebenso wichtiges Instrument zum Organisieren des ganzen Tages für Sie beide. Anstatt einander den ganzen Tag über nach Belieben mit Fragen oder Instruktionen zu unterbrechen, sollten Sie diese Zeit verwenden, um Ihrer beider Aufgaben und Prioritäten für diesen Tag zu definieren, anstehende Probleme zu diskutieren, Aufgaben zu klären, Fragen zu beantworten und zu bestimmten Projekten kürzlich erteilte Aufträge zu aktualisieren. Vermeiden Sie es jedoch, ihr danach noch weitere Aufträge zu erteilen oder die Prioritäten mitten im Arbeitsfluß zu ändern.

Wenn möglich, arrangieren Sie, daß jemand anders während dieser Sitzung Telefonanrufe entgegennimmt. Wenn das nicht möglich ist, sollte Ihre Sekretärin alle Anrufer davon in Kenntnis setzen, daß Sie gerade in einem Meeting sind, und kurze Nachrichten für Sie entgegennehmen.

Planen Sie am Ende des Arbeitstages noch eine weitere fünf- oder zehnminütige Sitzung ein, um Fragen zu behandeln, die während des Tages aufgetaucht sind, und um mit der Planung für den nächsten Tag zu beginnen. *Anmerkung:* Wenn Sie selten im Büro sind und ein tägliches Meeting nicht möglich ist, planen Sie zumindest einmal oder zweimal pro Woche einen fixen Termin für eine Sitzung ein.

• *Schützen Sie die Zeit Ihrer Sekretärin.* Eine Sekretärin, die mehrere Stufe-3-Funktionen ausübt, braucht dafür unterbrechungsfreie Zeitabschnitte. Arrangieren Sie, daß täglich zumindest eine Stunde lang eine andere Bürokraft Telefonanrufe entgegennimmt – oder, wenn nötig, übernehmen Sie diese Aufgabe selbst.

Wenn Routinetipparbeiten und die Ablage überhandnehmen, überlegen Sie, ob Sie nicht eine Teilzeitkraft einstellen sollten, die Ihre Sekretärin entlastet, so daß sie wieder mehr Zeit für wichtigere Aufgaben hat. Ein Manager hat dies tatsächlich zur allwöchentlichen Routine gemacht: Jeden Freitag kommt eine Teilzeitkraft, die Ordnung in die während der ganzen Woche angefallenen Schreib-, Kopier-, Ordnungs- und Ablagearbeiten bringt. Sie kümmert sich auch um das Telefon, so daß seine Sekretärin beinahe einen ganzen Tag zur Verfügung hat, um ungestört an wichtigen Projekten arbeiten zu können.

- *Geben Sie anderen zu verstehen, daß Ihre Sekretärin Ihre Vertreterin ist.* Manche Klienten und Kollegen haben vielleicht  Vorbehalte dagegen, direkt mit Ihrer Sekretärin zu verhandeln, weil sie es als unter ihrer Würde empfinden. Es ist daher empfehlenswert zu versuchen, solche Reaktionen vorherzusehen und zu »neutralisieren«. Lassen Sie Ihre Geschäftspartner wissen, daß Sie vollständiges Vertrauen in die Fähigkeiten Ihrer Sekretärin setzen – und daß sie darüber hinaus eine größere Chance haben, rasch eine Antwort zu bekommen, wenn Sie Routineangelegenheiten gleich mit ihr besprechen. Achten Sie darauf, daß Sie sie  allen Besuchern mit ihrem vollen Namen vorstellen; diese grundlegende Höflichkeit wird dazu beitragen, daß man sie in Zukunft eher als Ansprechpartnerin akzeptieren wird.

Ob Sie Ihre Termine selbst vereinbaren oder ob das Ihre Sekretärin für Sie tut, ist unwichtig. Was jedoch wichtig ist, ist die  Koordination. Wie auch immer Sie mit Terminen umgehen wollen – stellen Sie sicher, daß Ihre Tisch- und Taschenkalender mit denen Ihrer Sekretärin übereinstimmen. Machen Sie die Kalenderabstimmung zu einem fixen Bestandteil Ihrer täglichen Meetings.

Wenn Ihre Sekretärin alle Termine vereinbart, sollte sie versuchen, das genaue Anliegen des Besuchers festzustellen, um soviel wie möglich im vorhinein vorbereiten zu können. Sie sollte Ihnen  auch alle relevanten Unterlagen oder Daten auf den Schreibtisch legen, bevor Gäste kommen. Wenn Sie es vorziehen, Termine zunächst zu selektieren, bitten Sie Ihre Sekretärin, sie auf provisorischer Basis zu vereinbaren und die Leute dann am Ende des Tages zurückzurufen und jene Termine zu bestätigen, denen Sie zugestimmt haben. Versuchen Sie, zwischen den einzelnen Terminen einen Abstand von mindestens zehn oder fünfzehn Minuten einzuhalten, und wenn möglich, versuchen Sie die Termine zusammenzufassen und nicht über den ganzen Tag zu verstreuen, um so freie Zeit zu schaffen.

Am Ende des Tages sollte Ihnen Ihre Sekretärin eine getippte Liste mit der Tagesordnung für den nächsten Tag übergeben, inklusive Adressen und Telefonnummern für Termine außer Haus und Erinnerungsnotizen betreffend Fristen, Besorgungen und so weiter. Eine vielbeschäftigte Ärztin, die am Ende des Tages meist nicht in ihrer Ordination ist, läßt sich von ihrer Sekretärin den Tagesplan für den nächsten Tag nach Hause faxen.

Wenn Sie häufig außerhalb des Büros arbeiten, versuchen Sie, Ihre Mitarbeiter über Ihr Kommen und Gehen auf dem laufenden zu halten. Der Top-Manager Winston Reynolds läßt seinen Terminkalender für die vier oder fünf Leute, die ihn brauchen könnten, offen auf dem Schreibtisch seiner Sekretärin liegen.

• *Halten Sie Ihre Sekretärin informiert*. Es gibt eine unumgängliche »Informationsregel«: *Sagen Sie Ihrer Sekretärin immer, wohin Sie gehen und wann Sie ins Büro zurückkommen werden*. Versuchen Sie darüber hinaus, sie über Ihre Pläne, Ziele und Projekte voll informiert zu halten. Je mehr sie über Ihre Arbeit weiß, desto mehr wird sie eigenständig erledigen können. Verwenden Sie sie als »Seismographen«: Sekretärinnen wissen oft besser über die Dinge Bescheid, die vor sich gehen, als ihre Chefs. Und wenn Ihre Sekretärin über die im Büro umlaufenden Gerüchte informiert ist, könnten sich ihr Rat und ihr Wissen als von unschätzbarem Wert für Sie erweisen.

• *Halten Sie sich selbst informiert*. Das alte Sprichwort, das besagt, daß keine Neuigkeit eine gute Neuigkeit ist, sollte nicht

Ihr modus operandi sein, wenn es um Ihre Sekretärin geht. Ein Manager ging davon aus, daß alles in Ordnung war, weil seine Sekretärin ihm nie etwas anderweitiges mitteilte. Aber ihr Unmut machte sich auf andere Weise Luft: Nachrichten wurden völlig »vergessen«, Briefe blieben tagelang in ihrer Eingangs-Box liegen. Weil viele Sekretärinnen sich scheuen, ihren Chef direkt auf die Dinge anzusprechen, die sie stören, wird der passive Widerstand zum einzig möglichen Ausdrucksmittel. Die Lösung besteht darin, Ihre Sekretärin wissen zu lassen, daß Sie immer zur Verfügung stehen, um über Probleme oder Mißstände zu diskutieren, und daß Sie innerhalb vernünftiger Grenzen bereit sind, entsprechende Kompromisse oder Lösungen zu erarbeiten. Wenn es nötig erscheint, zeigen Sie ihr, wieviel Wert Sie auf ihre Meinung zu neuen Aufgaben oder Aufträgen und zu speziellen Problemen legen. Es folgt eine Aufzählung von häufig auftretenden Schwierigkeiten und entsprechenden Lösungen:

● *Persönliche Besorgungen.* Eine Sekretärin hat es so ausgedrückt: »Ich kann diese ›Knechtsdienste‹ absolut nicht ausstehen – Theaterkarten für meinen Chef und seine Frau abholen, Geburtstagsbillets für seine Verwandten besorgen. Es würde mir ja nichts ausmachen, wenn es sich um eine gelegentliche Gefälligkeit handelte, aber diese Dinge sind buchstäblich schon zur Routine geworden.« *Lösungen:* Ein Manager engagierte einen Studenten, der einige Stunden pro Woche persönliche Besorgungen erledigte. Sie können ebenfalls Leute engagieren, die Besorgungen für Sie erledigen, oder »Hausfrauendienste« in Anspruch nehmen, wie sie in vielen größeren Städten in zunehmendem Maße eingerichtet werden.

● *Unterbrechungen.* Die Tendenz, Sekretärinnen nach Belieben zu unterbrechen, ist immer wieder eine Hauptirritationsquelle. Wenn Sie den Verdacht haben, daß Sie die Zeit Ihrer Sekretärin mit häufigen Fragen oder dringenden Projekten fragmentieren,

versuchen Sie es mit einer Variation der »Unterbrechungsliste«,
die in Kapitel 6 beschrieben wird (siehe Seite 155). Bitten Sie Ihre
Sekretärin, sich eine Woche lang jede Unterbrechung Ihrerseits
zu notieren, und gehen Sie die Liste dann gemeinsam durch.
Wenn ein hoher Anteil an Unterbrechungen auf mangelhafte
Planung Ihrerseits zurückzuführen ist, lesen Sie die Kapitel 2 und
5 über Papier- und Aufgabenmanagement nochmals durch. Ein
Manager entdeckte beispielsweise, daß er seine Sekretärin mindestens zehnmal pro Tag unterbrach, um neue Unterlagen zu
verlangen oder sie nach dem Verbleib bestimmter Dokumente zu
fragen. Als er im voraus zu planen begann, was er im Laufe des
Tages benötigen würde, war das Problem gelöst, und außerdem
bekam er das Gefühl, seine Angelegenheiten besser unter Kontrolle zu haben.

• *Der »äußerst dringende« Auftrag um 16:45 Uhr.* Am Ende des
Tages mit unnötigen Arbeiten behelligt zu werden, empfinden
viele Sekretärinnen als besonders störend. Versuchen Sie, ihr die
meisten Briefe und Aufträge bis 15:00 Uhr zu geben, damit sie
ihren Zeitplan danach ausrichten kann.

## Gemeinschaftssekretärinnen

Alice Baker, eine Systemanalystin in einer Datenverarbeitungs-
firma, teilt sich mit drei anderen Analysten eine Sekretärin. In den
letzten drei Jahren hatten die vier Analysten sechs verschiedene
Sekretärinnen. Mit einer Ausnahme kündigten diese alle innerhalb von vier Monaten, weil sie sich dadurch überlastet fühlten,
die Privatsekretärin für vier verschiedene Chefs spielen zu müssen, von denen jeder der Meinung war, daß seine Arbeit Top-Prio-
rität haben müsse.
Eine Sekretärin, die für mehr als einen Chef arbeitet – und manche
Sekretärinnen sind für bis zu sieben zuständig –, hat einfach nicht

die Zeit, viel bzw. auch nur einige der Zusatzfunktionen zu übernehmen, die wir weiter oben besprochen haben. Noch weniger
gehört es zu ihrem Aufgabenbereich, persönliche Besorgungen
zu erledigen. Sie kann auch nicht zwischen den miteinander im
Widerspruch stehenden Forderungen ihrer verschiedenen Chefs
vermitteln. Wenn das System zur Zufriedenheit aller beteiligten
Parteien funktionieren soll, müssen die jeweiligen Manager bereit
sein, miteinander zu kooperieren und ihre Arbeitspensen und
Aufträge gerecht und realistisch zu koordinieren. Es folgen einige
praktische Tips:

- *Verteilung der Arbeit.* Stellen Sie ein »Arbeitszentrum« auf
  dem Schreibtisch Ihrer Sekretärin auf: stapelbare Schachteln,
  die jeweils mit dem Namen eines Managers beschriftet sind.
  Sie und Ihre Kollegen legen Ihre Aufträge in Ihre jeweiligen
  Schachteln und notieren Datum, Zeitpunkt der Abgabe und
  gewünschtes Rückgabedatum darauf. Kennzeichnen Sie vor-
  rangige Projekte, beispielsweise mit einem roten Aufkleber.
  Versuchen Sie, realistische Fristen zu setzen. Ihre Sekretärin
  erledigt dann zuerst die wichtigen Projekte und arbeitet sich
  dann streng nach der Reihenfolge der Abgabe durch die weniger wichtigen Dinge. Wenn sich eine dringende Aufgabe ergibt, sollte der betroffene Manager die Abänderung der Routine zuerst mit seinen Kollegen abklären, bevor er der Sekretärin
  grünes Licht gibt.
- *Farbcodes.* Weisen Sie jedem Chef eine eigene Farbe zu und
  verwenden Sie diesen Farbcode überall, von Aktenordnern
  angefangen bis zu Telefonprotokollen.
- *Instruktionen.* Schonen Sie bei Projekten, die spezielle Instruktionen oder Hintergrundinformationen erfordern, sowohl Ihre
  Zeit als auch jene Ihrer Sekretärin, indem Sie ein vorgedrucktes
  Formular verwenden. Kreuzen Sie die notwendigen Details an
  und legen Sie das Formular dem Auftrag bei. Ein Musterfor-
  mular ist auf der folgenden Seite abgebildet.

---

## AUFTRAG

Datum: _____

Zeit: _____

Bitte fertigstellen bis: _____

Von: _____

Auftrag: _____

_____

_____

☐ Bericht    ☐ Entwurf       ☐ Einzeilig    Kopien an:

☐ Brief      ☐ Endgültige    ☐ Zweizeilig   _____
             Fassung                         _____

☐ Memo                                       _____

Spezielle Instruktionen: _____

_____

☐ Rot markieren, wenn die Aufgabe eine sehr hohe
   Priorität hat.

---

- *Das Telefon.* Ein weiterer Satz von beschrifteten Fächern auf
  dem Schreibtisch Ihrer Sekretärin kann als »Nachrichtenzen-
  trum« fungieren; Ihre Kollegen und Sie sind selbst dafür verantwortlich, sich hier Ihre jeweiligen Nachrichten abzuholen.
  Versuchen Sie auch, eine Telefonstunde zu arrangieren, während der die anderen Manager und Sie alle Anrufe entgegennehmen, so daß Ihre Sekretärin ungestörte Zeit für die Erledigung von Aufgaben mit hoher Priorität gewinnt.

## Die Chefsekretärin: eine gefährdete Spezies?

Es ist noch gar nicht so lange her, daß ein unfehlbares Mittel zur Unterscheidung eines Managers oder eines freiberuflich Tätigen von einer Sekretärin darin bestand, daß ein Manager nicht tippte. So berichtet eine Beraterin tatsächlich, daß sie vor einigen Jahren peinlich berührt gewesen sei, als ein Klient sie während eines Beratungstermins einen Bericht tippen sah und freundlich, aber bestimmt meinte: »Ich zahle Ihnen so viel Geld, daß ich nicht sehen möchte, daß Sie tippen.« Genau so war es.

Nachdem heute jedoch der PC nicht nur allgemein verbreitet ist, sondern durchaus auch eine gewisse Anziehungskraft besitzt, hat sich diese Einstellung, wenn sie auch noch nicht gänzlich verschwunden ist, doch merklich gelockert. Leute, die sich vor zehn Jahren um keinen Preis der Welt beim Tippen hätten erwischen lassen, tauschen heute Tips für die von ihnen favorisierten Textverarbeitungsprogramme aus.

Dieser allgemeine Schwenk, der sich besonders in der mittleren Managementebene und in kleinen Firmen sehr deutlich vollzogen hat und der in manchen Firmen als entscheidende Verbesserung auch in den höheren Führungsebenen empfunden wird, hat eine Neubewertung der Rolle der Chefsekretärin – also der persönlichen Sekretärin – erforderlich gemacht. Wenn so viele Leute ihre Tipparbeiten selbst erledigen, werden dann Sekretärinnen in der traditionellen Rolle der persönlichen Assistentin für eine einzelne Person nicht überflüssig?

Was sich in Wirklichkeit herauszubilden scheint, ist eine Mischung aus Schreibkräften einerseits, die längere Texte tippen (»WPs« für Word Processing Specialists, also Textverarbeitungsspezialisten), und Administrationsassistenten/innen (»AAs«) andererseits, welche die neu entstandene Lücke zwischen den traditionellen Bereichen des Managers und der Sekretärin füllen. Der größte Vorteil einer persönlichen Sekretärin liegt darin, daß sie imstande ist, Entscheidungen *im Namen ihres Vorgesetzten* zu treffen, eine Fähigkeit, die naturgemäß nicht aufgeteilt werden kann.

Tatsächlich sind die Dienste einer guten Chefsekretärin dermaßen wertvoll, daß ich der Meinung bin, daß ein neues Entlohnungssystem erprobt werden sollte. Derzeit heißt das Problem: Hohe Produktivität für minimale Bezahlung.

Was ich vorschlage, mag ein wenig radikal klingen: Ich meine, daß es eine separate Sekretärinnenkarriereleiter geben sollte, parallel zu jener im Management, so daß Sekretärinnen *als Sekretärinnen befördert* werden könnten und nicht zu Managern befördert werden müßten. Die Karrierestufen der Sekretärinnen würden sich an ihrer Qualifikation (die mit Hilfe einer Arbeitsbeschreibung wie der in diesem Kapitel angeführten bewertet werden könnte) und der Position ihres Chefs orientieren. So würde die Stufe-3-Sekretärin eines mittleren Managers mehr verdienen als die Stufe-1-Sekretärin einer Topkraft. Ich schlage auch vor, daß Stufe-3-Gehälter in etwa in der Größenordnung des Bezuges eines mittleren Managers liegen und niedrigere Stufen in Relation dazu bewertet werden sollten.

Obwohl meines Wissens diese Methode der Entlohnung noch nicht erprobt wurde, bin ich davon überzeugt, daß sie ein hohes Maß an Enthusiasmus und Initiative mobilisieren und eine genaue Ausprägung von Talenten erlauben würde, was einen dramatischen Anstieg der Produktivität zur Folge hätte. Ich vermute, daß eine Bezahlung, die der Tatsache Rechnung trägt, daß eine hochqualifizierte Sekretärin faktisch einen »Multiplikator« darstellt, bedeutende Ressourcen im Geschäftsleben mobilisieren wird.

## Fachhilfskräfte für freie Berufe

Vor fünfzehn oder zwanzig Jahren existierte diese managerähnliche Position noch kaum, heute sind solche Fachhilfskräfte jedoch bereits in vielen Branchen und Organisationen vertreten;

ganz besonders sind hier die Bereiche Rechtswesen, Consulting und Architektur zu nennen. Die Anwaltsassistenten bleiben das klassische Beispiel für diese Art Position. Die Definition des Anwaltsassistenten variiert jedoch von Anwaltsbüro zu Anwaltsbüro stark. In einigen Büros sind Anwaltsassistenten Collegeabgänger und werden speziell ausgebildet. Ihre Aufgaben, die hauptsächlich konzeptioneller Natur sind, können Recherchen, die Zusammenfassung von Daten, das Entwerfen von Schriftsätzen, erste Interviews mit Klienten und andere »Klientenserviceaktivitäten« umfassen. Eine Gruppe von »professionellen Anwaltsassistenten« wird typischerweise eine gemeinsame Sekretärin beschäftigen. Normalerweise funktioniert ein solches System von Anwaltsassistenten reibungslos, weil die Hierarchieverhältnisse klar und die Anwaltsassistenten unumstritten als Manager etabliert sind.

Problematischer ist ein System, das Anwaltsassistenten einsetzt, die sich aus den Reihen der Sekretärinnen rekrutieren. Die Anwälte – ihre Chefs – sehen sie oft weiterhin als Sekretärinnen, und viele von ihnen erledigen weiter Büroarbeiten, während ihre ehemaligen Sekretärinnenkolleginnen ihnen möglicherweise ihren neuen Status übelnehmen und sie gelegentlich sogar sabotieren. Dieses Hierarchieproblem zu lösen erfordert oft eine gewisse formelle Anerkennung der Statusänderung. Einige Möglichkeiten sind:

- Heben Sie die beförderte Anwaltsassistentin hervor, indem Sie sie auf eine ein- oder zweiwöchige Schulung schicken, ob sie sie nun braucht oder nicht.
- Bezahlen Sie Anwaltsassistenten für Mehrleistungen so wie jede andere Fachkraft – eher nach einem Bonussystem als nach Überstunden.
- Eine Anwaltsassistentin sollte nicht tippen, es sei denn, sie bereitet eindeutig ein eigenes Projekt vor. Wenn möglich, sollten Anwaltsassistenten Unterstützung durch Büropersonal bekommen.

- Wählen Sie eine neutrale und respektierte Kontrollperson aus, die Arbeiten von den Anwaltsassistenten auf die Sekretärinnen verteilt. Ein solcher »Puffer« ist außerordentlich wichtig, um eventuellen Ressentiments zu begegnen, die eine Sekretärin beim Entgegennehmen von Anweisungen von einer ehemals gleichgestellten Person empfinden könnte.

## Ohne Sekretärin: für Freelancer und Freiberufler

Wenn Sie Unternehmer oder Freiberufler sind und keine Sekretärin haben, wird der Papierkram für Sie eine größere Belastung darstellen. Obwohl das WEWA-System, das in Kapitel 2 beschrieben wird, auch für Sie geeignet ist, wird Ihre Weitergabe-Schachtel wohl kaum sehr oft zum Einsatz kommen, während Ihre »Zu erledigen«-Schachtel überdimensional beansprucht werden wird. Um die wachsenden Papierberge im Griff zu behalten, können Sie sich vier hilfreicher Methoden bedienen:

1 Veranschlagen Sie genug Zeit für Papierarbeit. Beginnen Sie mit einer Stunde pro Tag und steigern oder verringern Sie diesen Basiswert, je nachdem, was Quantität oder Erfahrung diktieren. Wenn Sie andererseits oft außerhalb des Büros arbeiten, planen Sie für die Papierarbeit vielleicht lieber einen »Administrationstag« – einen ganzen oder einen halben Tag pro Woche – ein.
2 Bedienen Sie sich aller möglichen Standardisierungsmethoden und Effizienztechniken. Siehe Kapitel 3, 7 und 12.
3 Überlegen Sie den Kauf oder das Leasen eines kleinen Kopiergerätes. Verschiedene Hersteller bieten zu vernünftigen Preisen kleine Modelle an, die Ihren Bedürfnissen gerecht werden. Wenn Sie öfters Dinge zu kopieren haben, wird ein eigenes Kopiergerät nicht nur Ihre Effizienz steigern, sondern Ihnen auch zahlreiche Gänge zum nächsten Copyshop ersparen.

**4** Nehmen Sie in dem Rahmen, in dem es Ihre finanziellen Ressourcen erlauben, auf Teilzeitbasis bzw. nur bei Bedarf externe Hilfe in Anspruch. Der Schlüssel hierbei besteht darin, einen *Typ* von Aktivität zu identifizieren, den Sie nicht selbst erledigen wollen oder müssen. Eine freiberufliche Journalistin beispielsweise hielt sich, wie sie es ausdrückte, einen »Stab von Heinzelmännchen« (»kleine Leute, die sehr viel herumlaufen«). Diese rekrutierten sich aus Studenten, die nach dem gängigen Satz für Babysitter bezahlt wurden und die nach Unterrichtsende und an Samstagen Besorgungen machten, Quellen überprüften, Telefonanrufe erledigten und erste Entwürfe für Artikel schrieben. Ein anderer Unternehmer beschäftigte einen halben Tag pro Woche einen Jungakademiker ausschließlich für das Abfassen von Briefen. Typischere Aktivitäten von Teilzeitkräften umfassen Tippen, Schreiben von auf Band gesprochenen Diktaten und/oder Stenographieren. Für diese letzteren Aufgaben sind auch externe Dienstleister verfügbar.

## Zusammenfassung: ein Leitfaden für das Teamwork Chef/Sekretärin

### Mit einer Chefsekretärin/persönlichen Sekretärin

**1** Ermutigen Sie sie, ihre »Kernaktivitäten« (Tippen, Telefonieren, Selektieren, Kalender, Ablage) auf das Niveau der Stufen 2 und 3 weiterzuentwickeln – also verstärkt selbständig zu urteilen und Initiativen zu setzen – und so viele substantielle Extraaufgaben zu übernehmen, wie es Ihnen beiden nützlich und sinnvoll erscheint. Wenn Sie sich darüber einigen können, welche Aufgaben aufgewertet oder neu hinzugefügt werden sollen, setzen Sie einen informellen Vertrag auf, in dem diese Verantwortlichkeiten festgehalten werden und der Ihrer beider Erwartungen und Ansprüche klarstellt.

2 Machen Sie Ihr tägliches Meeting mit Ihrer Sekretärin zum Mittelpunkt Ihres Tages. Verwenden Sie diese Zeit, um Aufträge und Prioritäten zu erörtern, Probleme zu lösen, Aufgaben zu klären und so weiter. Wenn ein tägliches Meeting nicht möglich ist, planen Sie eine längere Sitzung einmal wöchentlich ein. Schützen Sie die Zeit Ihrer Sekretärin, indem Sie einen »Telefonersatzdienst« für eine oder zwei Stunden pro Tag arrangieren, um ihr ungestörte Zeit für wichtige Arbeiten zu verschaffen. Wenn sich die Routinearbeiten häufen, engagieren Sie eine Teilzeitkraft.

3 Halten Sie sie informiert über Ihren Aufenthaltsort, Ihre Pläne, Ziele und so weiter.

4 Halten Sie sich selbst informiert. Wenn sie irgendwelche Probleme oder Schwierigkeiten hat, ermutigen Sie sie, darüber mit Ihnen zu diskutieren. Versuchen Sie, sie nicht zu oft mit Fragen oder dringenden Aufgaben zu unterbrechen, sie persönliche Besorgungen erledigen zu lassen oder ihr am Ende des Tages noch neue Arbeiten zu übertragen.

## Mit einer Gemeinschaftssekretärin

1 Richten Sie ein »Arbeitszentrum« auf ihrem Schreibtisch ein: ein Satz beschrifteter Schachteln (eine pro Chef), in die alle Aufträge kommen, versehen mit Datum, Einreichzeit und Abgabefrist. Verwenden Sie ein weiteres Set beschrifteter Fächer als »Telefonnachrichtenzentrum«.

2 Klären Sie jede Änderung in der Abfolge der Prioritäten zuerst mit Ihren Kollegen ab, bevor Sie ihr grünes Licht geben. Andernfalls sollte sie zuerst die Aufgaben mit höherer Priorität erledigen und dann alles andere, und zwar genau in der Reihenfolge, in der sie die Dinge bekommen hat. Kennzeichnen Sie Arbeiten mit höchster Priorität mit einer roten Markierung.

## Richtlinien für Einstellung und Entlassung

### Einstellung

*Grundlegende Überlegungen*

- Laut Bericht des Bureau of Labour Statistics verlassen in den USA um ein Drittel weniger Abgängerinnen pro Jahr die Sekretärinnenschulen, als nötig wären, um die 350 000 offenen Stellen pro Jahr zu besetzen. Erweitern Sie also Ihren »Selektionspool«, indem Sie überlegen, ob Sie nicht zwei Teilzeitkräfte einstellen sollten, die sich einen Vollzeit-Sekretariatsjob teilen. Nachdem Teilzeitkräfte meist nicht am Karrieremachen interessiert sind, sind sie oft beständiger. Mütter mit kleinen Kindern, Pensionisten und angehende Schauspieler und Künstler sind Ihre vielversprechendsten Kandidaten für diese Art von aufgeteilten Jobs. Oder teilen Sie die Verantwortungsbereiche eines Jobs auf verschiedene bereits vorhandene Mitarbeiter auf. Oder stellen Sie eine Frau in den mittleren Jahren ein. Reifere Sekretärinnen bekommen beste Bewertungen für ihre Verläßlichkeit und Loyalität. Schließen Sie auch männliche Bewerber nicht von vornherein aus.

*Interviewtaktiken*

- Erstellen Sie vor dem Interview eine umfassende und genaue Stellenbeschreibung, die sowohl alle Grundfunktionen umfaßt (Papierarbeit, das tägliche Meeting, Telefondienst, Selektieren, Diktate, das Vereinbaren von Terminen, Ablage usw.) als auch substantiellere Aufgaben (Beaufsichtigen von Büropersonal, Teilnahme an Meetings, Treffen von Reisearrangements, Bestellen von Material, Bezahlen von Rechnungen, Buchhalterfunktionen usw.).

- Fragen Sie jede Kandidatin, wie sie sich in verschiedenen Situationen verhalten würde: bei einem Daueranrufer, einem Besucher, der häufig unangemeldet kommt und den Sie nicht empfangen wollen, bei einem zornigen Klienten. Bitten Sie sie, sich selbst zu beschreiben, um beurteilen zu können, wie klar sie sich auszudrücken imstande ist. Ist sie bereit, sich neue Fähigkeiten anzueignen, wie den Umgang mit einem neuen Textverarbeitungssystem bzw. Computerprogramm oder einem Diktiergerät? Finden Sie heraus, wie ihre Wunschvorstellung bezüglich einer künftigen Weiterentwicklung ihres Jobs aussieht. Finden Sie auch heraus, welche Aufgaben sie nicht erledigen will, falls es solche gibt.

- Lassen Sie die Kandidatin zusätzlich zu den Standardtipp- und -diktiertests eine Reinschrift eines mit handgeschriebenen Änderungen versehenen Briefes anfertigen, die einfache grammatikalische und orthographische Anpassungen erfordert.

- Wenn der Job »Extras« wie Kaffeemachen oder Essenholen umfaßt, stellen Sie dies gleich zu Beginn klar. Seien Sie bezüglich spezieller Umstände spezifisch: Wird sie oft allein im Büro sein? Wird sie öfters bis spät arbeiten oder viele Überstunden machen müssen?

### Die Übergangsphase

- Bitten Sie Ihre Sekretärin, Richtlinien für Abläufe des Büroalltags sowie ein aktuelles Ordnerverzeichnis zu erstellen. Die Richtlinien sollten eine Liste mit Ihren wichtigsten Geschäftspartnern, eine Erläuterung Ihres Ablagesystems und allgemeine Informationen über Routineabläufe im Büro (Aufbewahrungsort verschiedener Formulare etc.) umfassen. Wenn möglich, lassen Sie Ihre neue Sekretärin eine Woche vor dem Abgang Ihrer gegenwärtigen Sekretärin anfangen.

## Entlassungen

Die Beziehungen zwischen Chefs und Sekretärinnen entwik-
keln sich nicht immer zum Guten, und manchmal ist es nötig,
sich zu einer Trennung zu entschließen:

- Um eventuellen Klagen oder gewerkschaftlichen Interven-
tionen vorzubeugen, beginnen Sie, ein Verzeichnis mit allen
Aufgaben anzulegen, die gar nicht, unkorrekt oder zu spät
erledigt wurden. Geben Sie Ihrer Sekretärin alle Aufträge
schriftlich und machen Sie sich eine Kopie dieser Aufträge
für Ihre eigene Ablage. Verwarnen Sie sie zweimal im Abstand von zwei Wochen. Wenn sich auch dann nichts ändert,
werfen Sie sie hinaus.

- Mitarbeiter zu entlassen, ist bestenfalls eine unangenehme
Aufgabe, aber das plötzliche Ausscheiden einer Sekretärin
kann sich auf das ganze Büro verheerend auswirken, wenn
Sie sich erlaubt haben, allzu abhängig von ihr zu werden. Es
ist deshalb eine gute Idee, sich mit der Büroordnung vertraut
zu machen: wie die Ordner organisiert sind, wo verschiedene
Dokumente aufbewahrt werden und so weiter. Andernfalls
sind Sie mehr oder weniger verloren, wenn Ihre Sekretärin
auch nur einmal krank oder auf Urlaub ist – oder unerwarte-
terweise kündigt. Die oben erwähnten Richtlinien und das
Ordnerverzeichnis sind in solchen Situationen wertvolle,
stets verfügbare Hilfsmittel.

# 12 Elektronisch unterstützte Organisation

Der Prozeß des Sich-Organisierens per se ist immer noch derselbe, der er immer gewesen ist. Es ist ein geistiger Vorgang, ein
Entscheidungsfindungsprozeß. Heute stehen dem »Organisa-
tionswilligen« jedoch weitaus flexiblere Hilfsmittel zur Verfügung als früher, die es erlauben, auf einfachere Weise und auch
rascher Ordnung in das Durcheinander im Kopf zu bringen: Zu
den traditionellen Hilfsmitteln Kalender/Planer, Notizbuch und
Aktenordner hat sich heute der Computer gesellt – die Bezeichnung Computer wird hier als allgemeiner Überbegriff für elektronische Geräte vom großen Desktop-PC bis zum Hand-Organizer
verwendet. Die Fähigkeit des Computers, Textelemente nach beliebigen Kriterien zu sortieren und umzugruppieren sowie die Möglichkeit, Text mit Hilfe eines einfachen Tastendruckes von einem
Dokument in ein anderes zu transferieren, und zwar entweder auf
ein und demselben Computer und/oder auf einen zweiten Computer, der sich auf der anderen Seite des Ganges oder auch am
anderen Ende der Welt befinden kann, vergrößern die Reichweite
der Organisation zumindest in dem Ausmaß, in dem ein Gabel-
stapler die Reichweite der menschlichen Hand erhöht.
Andererseits gehen die vielfältigen und umfassenden Funktionen,
die ein Computer bietet, weit über das hinaus, was viele Menschen brauchen oder wollen. Einen Computer für organisatorische Dinge verwenden, hieße für manche Leute praktisch mit Ka-
nonen auf Spatzen schießen – in Relation zu den Anforderungen
wird viel zuviel Pulver verschossen. Es ist erstaunlich, wie viele
Leute – darunter auch Führungskräfte von Computerfirmen – für
persönliche Organisation und Zeitmanagement immer noch die
altbewährten und rein manuellen Techniken verwenden.
Ein dritter Weg, ein Mittelweg zwischen dem Umstieg auf Com-
putertechnologie in Bausch und Bogen einerseits und der absolu-

ten Ablehnung andererseits, ist der selektive Einsatz von Computerfunktionen, abgestimmt auf bestimmte Situationen oder Anforderungen. Ein Manager hält beispielsweise wöchentliche Mailing-Meetings mit seinen weitverstreuten Mitarbeitern ab, während er seine persönliche Organisation und sein Zeitmanagement über einen traditionellen Kalender und »Zu erledigen«-Listen auf einem gelben Block abwickelt.

Es ist daher nicht Sinn und Zweck dieses Kapitels, Sie dazu zu bringen, daß Sie Ihren Kalender und Ihren Block über Bord werfen und ganz auf den Computer umsteigen oder umgekehrt; hier soll vielmehr versucht werden, einige der Möglichkeiten zu skizzieren, wie Computer Sie bei Ihren Anstrengungen in Sachen Organisation unterstützen können. Sie werden eingeladen, unter den aufgezeigten Varianten diejenigen auszuwählen, die – unter Bedachtnahme auf Ihre EDV-Kenntnisse, Ihre Lernbereitschaft und Ihre Anforderungen in puncto Organisation – für Sie geeignet sind.

Vorab drei Warnungen: Erstens sind manche Menschen absolut nicht für die sehr präzise und sozusagen narkotisierende Interaktion mit einem Computer geeignet und wären besser beraten, wenn sie versuchten, über den Umweg der Unterstützung durch Sekretärin und Assistenten in den Genuß der praktischen Vorteile zu kommen, die der Computer bietet. Zweitens sollten Sie darauf achten, der Verlockung des Computers nicht so weit anheimzufallen, daß Sie Ihren gesunden Hausverstand verlieren. Ein Manager stellte fest, daß sein Assistent, den er gebeten hatte, die Fortschritte einer Gruppe von Stellenbewerbern zu dokumentieren, drei Stunden damit verbracht hatte, nach der geeigneten Software für diese Aufgabe zu suchen, obwohl ein einfaches Karteikartensystem für diesen Zweck vollständig ausgereicht hätte. Und drittens sollten Sie sich schließlich vor jenem Punkt hüten, an dem Sie und Ihre Kollegen so viele Informationen per Computer austauschen, daß der normale menschliche Kontakt substantiell eingeschränkt wird. Beim Abschließen von Geschäften sind der wechselseitige Fluß von Meinungen, die Körpersprache, intuitive Elemente und das Knüpfen von Bindungen ebenso fundamentale Faktoren wie der Austausch von Informationen.

Wie bereits erwähnt, ist Organisation im wesentlichen ein konzeptioneller Entscheidungsfindungsprozeß, der immer derselbe bleibt, ungeachtet der Hilfsmittel, die zu seiner Realisierung verwendet werden. Der wichtigste Faktor, der beachtet werden muß, ist die Tatsache, daß Ausrüstung allein weder Ihnen noch Ihren Mitarbeitern oder Ihren abteilungsinternen Systemen zu Organisation verhelfen kann. In Wirklichkeit kann die explodierende Menge an Informationen sich als Monster erweisen, wenn sie nicht in geordnete Bahnen gelenkt wird. Aus diesem Grund werden in diesem Kapitel die wichtigsten Organisationskonzepte nochmals rekapituliert, die an anderer Stelle in diesem Buch entwickelt wurden, inklusive des WEWA-Papierarbeitssystems, des Generallisten/Tageslisten-Zeitmanagement-Systems, Planung und Kalendermanagement, Kommunikation und Umgang mit Unterbrechungen, Mitarbeiter- und Projektmanagement sowie der Abwicklung von Meetings und Reisen, und es wird auch gezeigt, wie diese Konzepte auf elektronische Organisationshilfen umgelegt werden können. So wird beispielsweise erklärt, wie man das WEWA-System mit Hilfe des Computers abwickeln kann, es werden die spezifischen Merkmale einer computerisierten Generalliste erklärt etc.

Was die Hilfsmittel und Werkzeuge betrifft – also die Computer und ihre elektronischen Verwandten, die in diesem Kapitel näher betrachtet werden –, so sind viele Leser auf diesem Gebiet bereits sehr bewandert und ziehen es möglicherweise vor, direkt zu der Diskussion der Anwendungsmöglichkeiten im Bereich Organisation auf Seite 337 zu springen. Andere Leser, die in Sachen Computer im allgemeinen etwas weniger sattelfest sind, könnten dagegen durchaus von einigen grundlegenden Informationen über die sinnvollen und unsinnigen Anwendungsmöglichkeiten elektronischer Geräte vom PC bis zum Hand-Organizer profitieren.

Diese Leser sollten sich zuerst dem kurzen, vereinfachten Glossar mit grundlegenden Begriffen aus der Computerterminologie auf Seite 358 zuwenden, um sich mit den Ausdrücken vertraut zu machen, die in diesem Kapitel vorkommen werden, und dann zu dieser Seite und der Diskussion darüber zurückkehren, wie man die richtigen Hilfsmittel auswählt, um den maximalen Nutzen aus der Technologie ziehen zu können, die einem zur Verfügung steht.

## Computer, Kommunikationssysteme und andere elektronische Hilfsmittel

Es gibt eine beträchtliche Anzahl von elektronischen Produkten am Markt, die sich als Organizer verwenden lassen; die Palette reicht vom großen Desktop-PC bis zum elektronischen Organizer im Westentaschenformat. Diktier- und Telefonausrüstung wird in diesem Kapitel ebenfalls diskutiert.

### Computer

Die Personal Computer von heute bieten alle in etwa dieselbe Bandbreite von Funktionen – das heißt, sie erlauben das Betreiben sowohl standardisierter, allgemein einsetzbarer Textverarbeitungs-, Spreadsheet- und Database-Programme als auch spezieller Programme für Aufgaben wie Buchhaltung etc. Was die verschiedenen Geräte voneinander unterscheidet, sind primär nicht die Funktionen, sondern Größe, Leistungsfähigkeit, Geschwindigkeit und Bedienungsfreundlichkeit.

Der erste Teil dieses Abschnittes über Computer gibt einen kurzen Überblick über die wichtigsten Merkmale der »Familie« der Personal Computer, vom großen Desktop-PC bis zum »Organizer« im Taschenformat. Der zweite Teil dieses Abschnittes beschäftigt sich mit Aspekten wie Tastatur, Bildschirm, Größe und Gewicht, die bei tragbaren Computern von Bedeutung sind, und wird Ihnen helfen zu entscheiden, welches Merkmalsprofil Ihren Anforderungen am ehesten gerecht wird.

## Desktop-Computer

Ein Desktop-Computer ist jenes Vollgrößen-»Grundgerät«, das man sich meist vorstellt, wenn man an einen Personal Computer oder PC denkt. Er besteht aus einzelnen, miteinander verbundenen Komponenten – einer CPU (»central processing unit«, dies ist der Bauteil, der das »Herzstück« des Computers darstellt), einem oder mehreren Diskettenlaufwerken und einer Tastatur. Ein Drucker, der nicht Teil des eigentlichen Computers, sondern eine eigene Maschine – oder ein »Peripheriegerät« – ist, wird an den Computer angeschlossen und druckt auf Papier aus, was am Bildschirm eingegeben wurde.

## Tragbare Computer

Alle tragbaren Computer (Portable Computers oder Portables) sind Kompaktgeräte, im Gegensatz zu den aus verschiedenen Bestandteilen bestehenden Desktop-Computern. Das heißt, daß Bildschirm, Tastatur, CPU und Harddisk in einem gemeinsamen, mit einem Tragegriff versehenen kompakten Gehäuse untergebracht sind. Diese Geräte haben beinahe Ähnlichkeit mit tragbaren Schreibmaschinen, die mit einem Bildschirm ausgestattet sind, der bei Gebrauch hochgeklappt wird. Peripherieelemente wie Diskettenlaufwerke und Modems können in das Gerät integriert oder extern angeschlossen werden, je nach Ausstattungsgrad und Preisklasse des Modells.

Tragbare Geräte erlauben es Ihnen, einige oder auch alle Ihre Computerdokumente von Ihrem PC im Büro auf den tragbaren Computer zu kopieren und umgekehrt, was bedeutet, daß Ihr Büro Sie begleitet, wo immer Sie hingehen.

Um der bequemen Tragbarkeit willen müssen Sie jedoch anderswo Abstriche machen – vielleicht beim Tastaturdesign oder beim

## Spezifikationen und Serviceanforderungen für Desktop-Computer

Die meisten Desktop-Computer weisen heute mindestens die folgenden Elemente auf:

- Harddisk, auch Festplatte genannt, (interne) Speicherkapazität von 60 Megabyte oder mehr
- RAM (»random access memory« oder Arbeitsspeicher) von mindestens 2 Megabyte
- ein oder mehrere Diskettenlaufwerke
- einen monochromen oder einen Farbbildschirm, der sowohl Grafik als auch Text und Zahlen wiedergeben kann.
- internes Modem oder Fax/Modem
- Erweiterungsmöglichkeiten, z. B. »Schnittstellen«, an die verschiedene Geräte wie Speichererweiterungskarten für eine Erweiterung der Speicherkapazität angeschlossen werden können.

Service ist ein Hauptfaktor bei der Entscheidung für einen bestimmten Computer. Achten Sie auf folgendes:

- Garantiedauer – eine dreijährige Garantie gilt als das Optimum.
- Gibt es innerhalb der Garantiezeit eine gewisse Vor-Ort-Serviceperiode? Sie sollten sichergehen, daß in Ihrem Servicevertrag eine konkrete Reaktionszeit festgelegt ist – beispielsweise acht bis vierundzwanzig Stunden.
- ein Rund-um-die-Uhr-Telefonservice für die gesamte Lebensdauer des Computers.

praktischen Zahlenblock. Sehen Sie sich die »Merkmals-Übersicht« auf Seite 320 an, um herauszufinden, wie Sie die Vorteile gegen die Nachteile abwägen können.

Tragbare Geräte, die vollwertige oder »echte« Computer sind, gibt es in drei Größenklassen: man unterscheidet den Laptop, das Notebook und das Subnotebook. Es gibt ferner eine Mischform, den Palmtop, und schließlich den Taschenformat-Organizer.

*Laptop*. Im allgemeinen gilt jeder Computer, der fünf Kilo oder mehr wiegt, als Laptop. Das englische Wort »lap« bedeutet Schoß – einen Laptop können Sie tatsächlich auf Ihren Schoß stellen, manche Geräte sind jedoch zu groß für die Tabletts in Flugzeugen. Laptopherstellerfirmen sind unter anderem NEC, Zenith und Toshiba. Die immer noch geschätzten Vorteile der Laptops haben mit der Tatsache zu tun, daß ein Computer eine umso größere Tastatur hat und umso solider ist, je näher das Gerät einem Vollgrößen-Gerät kommt.

*Notebook*. Das angenehm geringe Gewicht von Notebook-Computern, die etwa die Größe eines Notizbuches haben und weniger als fünf Kilo wiegen, wird dadurch relativiert, daß man bei Funktionen und Design mehr Kompromisse in Kauf nehmen muß. Aufgrund der permanenten dramatischen Verbesserungen von Design und Technik der Notebooks verringert sich der Abstand zwischen Laptop und Notebook jedoch zunehmend.

*Subnotebook*. Diese Kategorie von tragbaren Computern ist durch geringes Gewicht – 1 bis 2 Kilo – gekennzeichnet; die Geräte sind nicht schmäler als 25 cm, was bequemes Tippen erlaubt. Die konkurrierenden Geräte bzw. Anbieter in diesem Sektor des Portable-Computermarktes sind unter anderem der Macintosh Duo von Apple sowie Atari, Dell, Poqet und Zeos. Bestausgestattete Subnotebooks sind vollwertige PCs mit internen Harddisks, während für einfachere Versionen typisch ist, daß sie keine interne Harddisk, sondern nicht flüchtige elektronische Speicherbausteine besitzen.

*Palmtops*. Palmtops sind die ersten echten Taschencomputer; es gibt sie ab einem Gewicht von etwa 300 Gramm, und sie finden buchstäblich auf einer Handfläche Platz (das englische Wort »palm« bedeutet Handfläche).

Primär sind zwei Faktoren ausschlaggebend für die Tatsacne, daß Palmtops eher als wirkliche Computer gelten denn als besonders »tolle« Organizer: sie haben ebensoviel Speicherplatz wie manche Desktop-Computer, und sie sind softwaretauglich.

*Elektronische Hand-Organizer.* Elektronische Organizer, die etwa 7 x 12,5 cm messen und weniger als 230 Gramm wiegen, sind im wesentlichen computerisierte »persönliche Informations-Manager«, bei denen man Daten über eine Miniaturtastatur eingeben und dann die gesamten eingegebenen Informationen auf einem kleinen Bildschirm aufrufen kann, indem man ein beliebiges Wort des eingegebenen Textes eintippt. Sie weisen auch einen Kalender und Terminplan, eine Rechenfunktion sowie ein Adressen- und Telefonverzeichnis auf. Manche Organizer-Modelle bieten auch Extra-»Karten« für Funktionen wie Ausgaben, Sprachkurse und anderes.

Weil Organizer ein handgroßer Ablageplatz für alles Beliebige sind, was Ihnen zufällig in den Sinn kommt, können sie für Leute, die sich selbst für nicht organisiert halten, ganz besonders nützlich sein. Eintragungen gehen hier niemals verloren; sie können immer wiedergefunden werden.

Wenn Sie auch einen PC verwenden, sollten Sie einen Organizer mit einem Verbindungselement (Dateninterface) wählen, das es Ihnen erlaubt, Daten von Ihrem PC zu übernehmen bzw. umgekehrt. Es gibt auch serielle Datenkabel, die den direkten Austausch von Daten zwischen zwei Organizern erlauben.

*Schreibstiftsensible Computer (pen-based computers).* Und jetzt kommen wir zu etwas völlig anderem. Schreibstiftsensible Computer sind gänzlich neue Typen von tragbaren PCs, bei denen man mit einem speziellen Stift auf einem sogenannten »Pad« schreiben kann. Dieses Pad ist ein Computer. Derzeit können Schreibstift-Computer lediglich Druckbuchstaben erkennen, Schreibschrift jedoch noch nicht. Bis jetzt werden sie hauptsächlich von Leuten verwendet, die Informationen vor Ort sammeln müssen, also etwa von Versicherungsvertretern oder Außendienstmitarbeitern. Die Informationen, die sie auf das Pad schreiben, werden sofort per Modem ins Büro übertragen.

*Das »Profil« der tragbaren Computer –*
*eine Merkmals-Übersicht*
Wie können Sie sich bei dem umfangreichen und sich rasch vergrößernden Angebot am Portable-Computer-Markt für das richtige System entscheiden?
Suchen Sie als erstes immer nach Modellen, die untereinander und zu Ihrem Desktop-Computer kompatibel und die außerdem erweiterbar sind. Doug Stewart, ein Journalist, der sich mit Bürotechnologie beschäftigt, macht folgenden Vorschlag: »In den meisten Fällen verwenden die Leute auf ihren Notebooks dieselbe Software, die sie auch auf ihren Desktop-Computern laufen haben. Machen Sie einen Probelauf mit einem Notebook eines Freundes und testen Sie, wie schnell die Software läuft. Spricht sein Modem dieselbe ›Sprache‹ wie das in Ihrem Büro?« (Inc. Office Adviser, Ausgabe Herbst 1992)
Zweitens ist die Auswahl des richtigen Portable Computers für Ihre Erfordernisse ein Kompromiß zwischen Preis, Leistungsfähigkeit, Funktionen und Bedienungsfreundlichkeit. Nachdem Sie sich über Ihre Preiskategorie klar geworden sind, sollten Sie überlegen, welche Computerfunktionen für Sie am wichtigsten sind. Wenn Sie beispielsweise die meiste Zeit, die Sie am Computer verbringen, für reine Tipparbeit aufwenden – egal, ob es sich dabei um Memos oder einen großen Roman handelt –, dann ist eine bequeme Tastatur ein Schlüsselfaktor für Sie, während Sie bei den numerischen Funktionen eher knausern können, weil Sie sie nicht so oft verwenden, und umgekehrt.
Die folgende Liste gibt einen Überblick über einige Schlüssel-

merkmale, die Sie beachten sollten, wenn Sie das »Profil« des für Ihre Anforderungen optimalen tragbaren Computers festlegen. Prüfen Sie jeden Punkt und legen Sie den Grad seiner Bedeutung für Sie fest. Wenn Sie beispielsweise ein Buchhalter sind, dann ist eine numerische Tastatur mit allen Schikanen für Sie eine Priorität ersten Ranges.

*Wechselstrom-Adapter* (AC-Adapter). Der Adapter erlaubt Ihnen, Ihren Computer an jeder beliebigen Steckdose anzuschließen, und er dient auch zum Aufladen der Batterien. Versuchen Sie das am wenigsten sperrige Modell ausfindig zu machen.

*Automatische Wiederaufnahmefunktion*. Manche tragbaren Modelle sind mit einer Convenience-Funktion ausgestattet, die es Ihnen erlaubt, den Computer auszuschalten und die Arbeit beim Wiedereinschalten genau dort wieder aufzunehmen, wo Sie aufgehört haben, so daß Sie das Gerät nicht erst wieder neu booten müssen.

*Batterien*. Tragbare Computer werden mittels wiederaufladbarer Nickel-Cadmium-Batterien (NiCad-Batterien) mit Strom versorgt. Der Wechselstrom-Adapter dient auch zum Aufladen der Batterie.
So außerordentlich leistungsfähig die Laptops und Notebooks auch sind – bei den Batteriekapazitäten liegt noch ein gutes Stück Entwicklungsarbeit vor uns. Auch eine gute Batterie reicht nur wenige Stunden. Es gibt Software für die Anzeige des Batterieladezustandes am Markt, die Ihnen mittels eines kleinen graphischen Symbols (»icon«) in einer Ecke Ihres Bildschirms anzeigt, wieviel Strom Sie noch in Ihrer Batterie haben.
Führen Sie eine vollständig aufgeladene Ersatzbatterie mit sich. Wägen Sie auch die Zeit ab, die es dauert, die Batterie wieder aufzuladen, gegen ihre Leistungsfähigkeit ab. Als Daumenregel kann gelten: je stärker die Batterie, desto länger dauert es, sie

vollständig wieder aufzuladen; dies kann einige Stunden oder sogar eine ganze Nacht dauern.

Manche Notebooks haben Energiesparfunktionen. So gibt es Computer, die in »Ruhestellung« gehen, wenn Sie die Tastatur eine Weile nicht berührt haben. Bei manchen Modellen wird die Batterie aufgeladen, während Sie mit dem Computer arbeiten.

*Diskettenlaufwerk.* Die meisten – jedoch nicht alle – Laptops und Notebooks sind mit einem internen 1,44 Megabyte-Diskettenlaufwerk ausgestattet. Wenn Sie oft Daten transferieren müssen, kann es sehr aufreibend sein, wenn Sie kein integriertes Laufwerk haben.

*Festplatte (Harddisk).* Festplatten für Laptops und Notebooks beginnen bei 20 Megabyte, und es gibt auch Systeme mit 80 oder 120 Megabyte. Manche Harddisks können ziemlich laut sein. Überprüfen Sie sie auf Geräuschentwicklung.

*Tastatur.* Je mehr Textverarbeitung und Schreibarbeiten Sie auf Ihrem Computer durchführen, desto essentieller ist eine gute Tastatur. Beachten Sie folgende Faktoren: *Größe:* Liegen Ihre Finger bequem auf den Tasten, oder fühlen Sie sich beeengt? *Tasten:* Lassen sich die Tasten angenehm betätigen? *Federung:* Sind die Tasten abgefedert, oder haben sie einen scharfen »Druckpunkt«?

Wenn Ihre Aktivtäten am Computer eher in Richtung Zahlenarbeit gehen, dann hat für Sie ein separater Zahlenblock höchste Priorität, der aus Platzgründen bei vielen Tastaturen eingespart wird, indem bestimmten Buchstabentasten die Zahleneingabefunktion als Zweitfunktion zugewiesen wird, die durch die Betätigung der Taste »NumLock« (Zahlenarretierung) aktiviert werden kann. Als Alternative kann auch eine separate numerische Tastatur an einem der Ausgänge Ihres Computers angeschlossen werden.

Scheint das Tastaturdesign normal, oder wurden die Funktions-
tasten umarrangiert, um auf dem beschränkten zur Verfügung
stehenden Platz untergebracht werden zu können? Gibt es separate Tasten für die Funktionen »Home«, »PgUp« (Page Up),
»PgDn« (Page down) und »End«, oder müssen Sie hierfür jeweils
eine bestimmte Funktionstaste in Kombination mit einer Cur-
sorpfeil-Taste betätigen?

*Modem/Fax Modem*. Ein »Modem« ist ein externes oder integriertes Gerät, das es einem erlaubt, Daten via Telefonleitung von
einem Computer zu einem anderen zu transferieren.

Die sichtbare Manifestation eines internen Modems besteht in
einem »On/Off«-Schalter am Gehäuse der CPU und zwei modu-
laren Standard-Telefonanschlüssen; einer davon ist mit »phone«
gekennzeichnet und der andere mit »line«. Um Daten zu übertragen, wird ein Ende eines Standardtelefonkabels an den »line«-
Ausgang angeschlossen, während das andere Ende an eine Stan-
dard-Telefonbuchse in der Wand gesteckt wird.

Viele Computer sind nicht serienmäßig mit internen Modems
ausgestattet, aber sie haben Erweiterungsschlitze (slots) für interne Modems, in die separate Modemkarten eingebaut werden
können. Nicht jedes interne Modem ist für jeden Computer geeignet. Sie können Ihren tragbaren Computer auch mit einem
Fax-Modem ausstatten, das es Ihnen erlaubt, ein Dokument, das
Sie auf Ihrem Computer erstellt haben, an jedes beliebige Faxge-
rät zu senden.

Externe Modems für Laptops und Notebooks haben in etwa die
Größe einer Zigarettenschachtel. Im allgemeinen können externe
Modems in Kombination mit jedem Computer verwendet werden. Ein externes Modem wird an einen Ausgang Ihres Computers angeschlossen, der im Bedienungshandbuch als COMM 1
oder COMM 2 bezeichnet ist.

324          *Die Kunst, ein Boß zu sein*

*Speichererweiterungen.* Derzeit sind Speicher-Steckkarten, die nicht mehr größer sind als eine etwas dickere Kreditkarte, stark im Kommen. Wenn die Steckkarten einmal standardisiert sind, das heißt also, daß sie in praktisch jedes tragbare Gerät gesteckt werden können, dann ist der Speicher unbeschränkt erweiterbar, und jedermann kann seine Harddisk in der Tasche bei sich tragen und von einem Portable in den nächsten übernehmen. Vorsicht: Wenn Kompatibilität für Sie wichtig ist, sollten Sie sicherstellen, daß die Karten, die Sie kaufen, für die Geräte geeignet sind, zu denen Sie Zugang haben.

*Tragbare Drucker.* Bei den Druckern gibt es kleine Modelle mit geringem Gewicht, die etwa die Maße eines Notebook Computers aufweisen, und sogar noch kleinere Ausführungen; die Druckqualität entspricht beinahe jener eines Laserdruckers. Sie wiegen mitunter nicht mehr als 1 bis 1,5 Kilo.
Der tragbare Drucker wird am Druckerausgang des Computers angeschlossen. Die meisten tragbaren Computer können jeweils nur mit einem Blatt Papier auf einmal beschickt werden.

*Leistungsfähigkeit.* Kaufen Sie den leistungsfähigsten Portable, den Sie sich leisten können – ein Gerät, welches das »Multitasking« zuverlässig bewältigt, also mehrere Anwendungen zur selben Zeit ausführen kann (DOS-Funktionen mit unterstützender Software inklusive Windows).
Derzeit übliche Mikroprozessoren gehören der Serie 386 an oder sind bereits von der leistungsfähigeren 486er-Bauart.

*Bildschirm/Monitor.* Die Bildschirme von tragbaren Computern sind entweder Schwarzweiß-Schirme oder Farbbildschirme. Der Ausdruck »Schwarzweiß-Schirm« ist eigentlich insofern nicht ganz korrekt, als es eine Grundfarbe für den Vordergrund und eine für den Hintergrund gibt sowie verschiedene Abstufungen von Grautönen, die für ein klares Bild sorgen. Je mehr Grauschattierungen es gibt, desto schärfer ist das Bild. Ein vernünftiger Schirm mit einem klaren und scharfen Bild kann den Unterschied zwischen einer produktiven Geschäftsreise und einer, bei der Sie Ihre Augen ernsthaft überanstrengen, ausmachen. Farbschirme können die Belastung für die Augen wesentlich verringern, und ihre Preise sind stark im Sinken begriffen. Wenn Ihr Budget es erlaubt, lohnt sich die zusätzliche Ausgabe auf jeden Fall.

Einige der Fragen, die man sich stellen muß, lauten: Ist der LCD-Schirm (Liquid Crystal Display; Flüssigkristallanzeige) in der Lage, den hochauflösenden VGA-Modus zu emulieren, der den Standard für Desktop-CRT-Displays darstellt, oder ist er von der älteren, billigeren CGA-Bauart? Läßt eine Hintergrundbeleuchtung ein helleres, besser lesbares Bild entstehen? Eine ungenügende Schirmbeleuchtung macht es schwierig, in einem etwas dunkleren Raum oder in einer Flugzeugkabine zu arbeiten, die wegen der Vorführung eines Films abgedunkelt wurde.

Weist der Schirm einen geeigneten Neigungswinkel auf, so daß er ein angenehmes Lesen ermöglicht? Gehen Sie sicher, daß die Verstellbereiche für Helligkeit und Kontrast ausreichend groß sind. Testen Sie so viele Schirme wie möglich, bevor Sie Ihre Entscheidung treffen.

*Größe und Gewicht*. Das angegebene Gewicht eines tragbaren Computers ist manchmal irreführend, weil dabei normalerweise Zusätze und die Tragtasche nicht berücksichtigt sind. Manchmal kann ein Computer, der ursprünglich 3,5 Kilo wiegt, doppelt so schwer sein, wenn er fix und fertig ausgestattet ist. Die beiden folgenden Schritte werden Ihnen helfen, das wahre Gewicht eines Portable Computers besser abschätzen zu können:

1 Manche Peripheriegeräte wie ein Diskettenlaufwerk, ein Modem/Fax-Modem oder ein numerischer Tastaturblock können entweder extern oder integriert sein. Wenn sie integriert sind, können Sie davon ausgehen, daß sie im angegebenen Gewicht inkludiert sind. Wenn diese Zusätze aber extern sind, müssen

Sie deren Gewicht grob abschätzen und zum Gewicht des eigentlichen Rechners hinzuaddieren.

2 Addieren Sie für die Zusatzausrüstung wie Ersatzbatterie, Wechselstromadapter, Stromversorgungskabel, Handbuch oder Schnellreferenzhandbuch, Schnelladegerät, Drucker, Papier, andere Accessoires sowie Tragtasche etwa 3,5 bis 4 Kilo zum angegebenen Gewicht des Computers.

*Softwareeignung.* Laufen auf dem Computer alle Standardprogramme wie Lotus 1-2-3, Agenda usw.? Wenn es sich um ein IBM- oder ein IBM-kompatibles Gerät handelt, ist es Windowsfähig?

*Trackball (Maus-Ersatz).* Ein Nachteil eines Reisecomputers besteht darin, daß man keine Maus verwenden kann, ohne dabei mit der Hand auf den Sitzplatz des Nachbarn zu geraten. Das Macintosh PowerBook hat dieses Problem klug gelöst, indem ein Trackball – ein Maus-Ersatz – auf der Tastatur installiert wurde. Für andere kleine Portables werden aufsteckbare Trackballs angeboten.

## Kommunikationssysteme

*Elektronisches Mail (E-Mail)*
In zahlreichen Unternehmen werden die einzelnen Firmencomputer an ein zentrales System angeschlossen, das es den einzelnen Benutzern erlaubt, via Computer miteinander zu kommunizieren. Dieses Kommunikationssystem wird Elektronisches Mailing (E-Mailing oder kurz Mailing oder Mail) genannt. Es funktioniert folgendermaßen: Michael Rose, Manager einer Weinhandelsgesellschaft, tippt den Namen »Jim Jacobson« und Jims »Adresse« (Codenummer) in seinen Computer ein. Dann tippt er: »Wo ist die 1000-Container-Ladung, die Donnerstag aus Kalifornien hätte eintreffen sollen?« Jim, der seine Mailbox alle paar Stunden

überprüft, mailt zurück: »Durch Fehler der Eisenbahngesellschaft ging die Ladung irrtümlich nach Montreal. Wird morgen eintreffen.« Keine Telefone, keine Unterbrechungen, keine verlorengegangenen Notizzettel.

Dieselben Nachrichten können gleichzeitig an 5, 10 oder 20 Leute gesendet werden oder an jeden, der an das Mail-System angeschlossen ist.

Wenn also beispielsweise 10 Personen über die Tagesordnung einer bevorstehenden Konferenz informiert werden müssen, genügt das Drücken einiger Tasten, um die Tagesordnung jedem zukommen zu lassen, der sie bekommen muß. Wenn Sie eine Antwort möchten, verwenden Sie die Funktion »Antwort erbeten«, um das Datum zu bezeichnen, bis zu dem Sie die Antwort benötigen. Wenn Sie die Sendebestätigung bekommen haben, können Sie das File entweder löschen, es zur Erinnerung für sich für den Tag, für den Sie die Antwort angefordert haben, in Ihren Kalender übertragen, oder es auf einer Sicherungsdiskette abspeichern.

*Tip:* Bei den meisten Mail-Systemen können Sie individuelle »Outbox«-Files für diejenigen Personen anlegen, mit denen Sie am öftesten kommunizieren, also beispielsweise »Outbox/John« oder »Outbox/Susan« etc. Dies ermöglicht es Ihnen, den Überblick über Ihre Kommunikation mit den entsprechenden Personen zu bewahren.

Mit einem Computer und einem Modem können Sie auch Teilnehmer eines kommerziellen Mail-Servicedienstes werden, der es den Teilnehmern erlaubt, Mails und Faxe über eine Zentrale zu senden und zu empfangen. Sie können über ein solches System sogar mit Personen kommunizieren, die in technologischer Hinsicht mangelhaft ausgestattet sind und weder Fax noch Computer besitzen. Senden Sie auf die übliche Weise ein Mail an Ihren Mail-Servicedienst, und von dort wird es dann per Botendienst an die Büro- oder Privatadresse des Empfängers zugestellt.

## Telefon und Fax

*Mobilfunk-Telefone.* Wenn Sie vor gar nicht allzulanger Zeit jemanden auf der Straße mit sich selbst sprechen sahen, schlossen Sie daraus, daß er irgendeine Art von Problem haben mußte. Heute ist es jedoch durchaus nichts Ungewöhnliches mehr, Leute mit dem Telefon in der Hand auf der Straße gehen oder in ihren Autos sitzen zu sehen. Diese immer stärker in Gebrauch kommenden tragbaren Telefone erlauben es einem, an jedem beliebigen Ort Anrufe zu tätigen und entgegenzunehmen, weil sie nicht netz-, sondern funkabhängig funktionieren.

Wie wichtig ist diese technische Errungenschaft für Sie? Zellular oder nicht zellular? Es gibt sicherlich einige Leute, die ständig erreichbar sein müssen: Ärzte, Rechtsanwälte, Servicetechniker, manche Manager. Der Schlüsselpunkt besteht darin, herauszufinden, wie essentiell es aufgrund der an Ihre Zeit und Ihre Entscheidungsautorität gestellten Anforderungen für Sie ist, zu jeder Zeit und an jedem Ort Anrufe tätigen und entgegennehmen zu können. Eventuell wollen Sie sogar überlegen, ob Sie nicht nur ein Telefon, sondern auch ein Fax in Ihrem Auto installieren möchten.

*Tips:* Mieten Sie ein zellulares Telefon, wenn Sie nur eine gewisse Zeitlang erreichbar sein müssen. Einige der größeren Autovermietungsfirmen bieten jetzt an zahlreichen Flughäfen sowohl tragbare als auch im Auto installierte Telefone an, um eine sofortige Erreichbarkeit unterwegs zu ermöglichen.

Beachten Sie, daß zellulare Telefone und Schnurlostelefone nicht dasselbe sind. Ein Schnurlostelefon, das im wesentlichen ein Funkgerät ist, funktioniert in einem bestimmten Umkreis um die Antennenstation. Deshalb werden Schnurlostelefone im allgemeinen als tragbare Telefone innerhalb des Hauses oder unmittelbar außerhalb verwendet – obwohl bei manchen neueren Systemen die Reichweite der Schnurlostelefone auf bis zu 800 Meter erhöht werden kann. Sie sollten außerdem beachten, daß viele Mobilfunk-Telefone nicht in geschlossenen Räumen funktionieren.

*»Piepser« und Pager.* Um Sie mittels »Piepser« oder Pager zu erreichen, wählt die Person, die Sie zu kontaktieren versucht, eine bestimmte Telefonnummer, die Ihnen von Ihrem Paging-Dienst zugewiesen wurde. Der Paging-Dienst sendet dann ein elektronisches Signal an den Pager, das kleine, leichte Gerät, das Sie bei sich tragen. Der Armbanduhr-Pager im Dick-Tracy-Stil ist bereits erhältlich, zusätzlich zu dem traditionellen Ansteck-Pocketpager.

In Abhängigkeit von Ihrem Pager kann die Nachricht, die Sie empfangen, von einem einfachen Piepston, der Ihnen anzeigt, daß Sie bei Ihrem Paging-Dienst anrufen müssen, um die Nachricht zu erfragen, über die Anzeige der Telefonnummer des Anrufers bis zu der Anzeige des Textes der Nachricht selbst reichen. Sie werden wahrscheinlich sofort antworten wollen, wenn Ihr Piepser ertönt, da es sich um einen Notfall handeln könnte, aber die am Display angezeigten Nachrichten können gespeichert und bei Bedarf wieder aufgerufen werden.

Anders als bei zellularen Telefonen sind die meisten »Piepser« und Pager auf ein bestimmtes geographisches Gebiet beschränkt.

*Elektronische Telefonbücher/Telefonwählgeräte.* Diese leichten Taschengeräte speichern Namen und Telefonnummern und können eine oder zwei Textzeilen auf einem kleinen Schirm anzeigen. Manche Modelle können die Telefonnummer wählen, indem sie die digitalen Tonsignale eines Telefons in den Hörer emulieren. Diese Geräte sind eine Art elektronische Version des kleinen schwarzen Buches.

Die unvermeidlichen Telefonunterbrechungen und Störungen können gänzlich außer Kontrolle geraten, wenn Sie ein Zellulartelefon haben, was bedeutet, daß Sie jederzeit erreichbar sind. Bei Verwendung eines Pagers können Sie antworten, wie es für Sie am angenehmsten ist, aber auch solche Nachrichten können zu einer Belastung werden.

Zwei einfache Defensivmaßnahmen werden Ihnen helfen, diese Angriffe auf Ihre Zeit und Aufmerksamkeit zu minimieren. Erstens – und dies ist in jedem Fall ratsam – sollten Sie Wert auf ein hohes Maß an Kommunikation zwischen Ihnen und Ihrer Sekretärin sowie Ihren Mitarbeitern legen, so daß allen klar ist, welche Verantwortlichkeiten sie an Ihrer Stelle übernehmen können. Legen Sie eindeutig fest, wann Sie gestört werden wollen und wann nicht. Solche klar definierten Parameter werden viele potentielle Unterbrechungen bereits im Keim ersticken.

Zweitens sollten Sie hinsichtlich der Weitergabe Ihrer Zellulartelefonnummer oder Pagernummer sehr wählerisch sein und den Kreis der »Eingeweihten« beispielsweise auf Ihren Manager, Ihren Ehepartner und Ihre Sekretärin beschränken, die Sie informieren können, wenn es erforderlich ist, daß Sie jemanden sofort kontaktieren.

*Tip:* Planen Sie tagsüber ein oder zwei Intervalle ein, in denen Sie die Anrufe und Pages erwidern, die sich angesammelt haben.

### Telefonservicedienste: Anklopffunktion, Anrufbeantwortung, Rufumleitung und Konferenzschaltung

Die *Anklopffunktion* ist eine Serviceleistung, die von Ihrer Telefongesellschaft für private Einzelanschlüsse und Anschlüsse von Kleinunternehmen angeboten wird und die es Ihnen erlaubt, einen Anrufer warten zu lassen und inzwischen einen zweiten Anruf entgegenzunehmen. Die *Rufumleitung* leitet Anrufe, die auf Ihrem Apparat hereinkommen, an jede beliebige Nummer weiter, die Sie eingeben. Wenn sie also beispielsweise den Tag im Büro eines Klienten verbringen, können Ihre Gespräche an die Nummer des Klienten umgeleitet werden. Die meisten Voice-Mail-Systeme haben auch eine Anrufumleitungsfunktion.

*Anrufbeantwortung* – beispielsweise ein Voice Mail für den Einzelanschluß (»Drücken Sie 1, wenn Sie Jim sprechen möchten, 2 für Jane« usw.) – ist jetzt auch über Ihre Telefongesellschaft als Dienstleistung erhältlich. Dieser Servicedienst funktioniert über Ihr Telefon und kann anstelle eines eigentlichen Anrufbeantworters verwendet werden.

Die Konferenzschaltungsoption ermöglicht das Abhalten von telefonischen Konferenzen mit drei oder mehr Teilnehmern.

**Voice Mail**

Voice Mail ist ganz einfach ausgedrückt ein büroweiter Anrufbeantworter. Es handelt sich dabei jedoch um einen außerordentlich »klugen« und flexiblen Anrufbeantworter, der sich einschaltet, wenn die Leitung besetzt ist, der Nachrichten von einem Ort zu einem anderen oder von einem Mitarbeiter zu einem anderen weiterleiten und der Nachrichten an mehrere Leute gleichzeitig senden kann.

Ein Manager in Birmingham, Alabama, sagt: »Unser Voice-Mail-System hat die Telefonnotizblätter praktisch überflüssig gemacht. Wenn ich beschäftigt bin oder mich außerhalb des Büros aufhalte, kann ich alle meine Anrufe an meine Voice Mail Box senden und eine Nachricht für den Anrufer hinterlassen, an wen er sich in dringenden Fällen wenden kann. Außerdem ist das Auffinden und Abrufen von Nachrichten zu jeder beliebigen Zeit und von jedem Ort aus eine Sache von wenigen Minuten.«

In Verbindung mit dem Voice Mail gibt es jedoch auch einige problematische Punkte zu beachten. Seine große Stärke, nämlich die Möglichkeit, geschäftliche Angelegenheiten abzuwickeln, indem alle Parteien nach Belieben Nachrichten senden und austauschen, macht diese Technologie auch zu einem echten Isolationsfaktor. Neil Sachnoff, Managementberater auf dem Gebiet der Telekommunikation, sagt: »Allzuoft verwenden die Leute das Voice Mail als Schutzschild. Sie beantworten die Telefonanrufe, die sie bekommen, nicht mehr, sondern zwingen alle Anrufer dazu, Nachrichten zu hinterlassen; beantwortet werden dann nur diejenigen Anrufe, die zu erwidern sie Lust haben. Das ist schlecht fürs Geschäft.«

Mr. Sachnoff schlägt vor, daß man erstens strenge Richtlinien hinsichtlich der Zweckmäßigkeit des Einsatzes von Voice Mail aufstellen sollte und daß zweitens immer der Name einer anderen

Person genannt werden sollte, mit der der Anrufer anstelle der Person, die nicht erreichbar ist, sprechen kann.

Bezeichnenderweise ist eine von jenen großen amerikanischen Firmen, die in den letzten Jahren in ernsthafte Schwierigkeiten geraten sind, auch allgemein dafür bekannt, daß es besonders frustrierend ist, mit ihr zu tun zu haben, weil man es so selten schafft, ein menschliches Wesen ans Telefon zu bekommen. Zufall? Oder Indikator für eine Abkapselung von den Kunden?

Es folgen zwei Vorschläge, wie man die Vorteile dieser nützlichen Technologie nützen kann, ihre Nachteile jedoch vermeidet.

Erstens: *Beschränken Sie den Einsatz* des Voice Mails auf ein oder zwei Stunden, in denen Sie gänzlich ungestört sein wollen und auf jene Perioden, in denen Sie nicht im Büro sind.

Zweitens: *Erwidern Sie minutiös jeden Anruf;* tun Sie dies entweder persönlich oder lassen Sie sich durch einen Assistenten vertreten. Was das Beantworten von Anrufen betrifft, so sind viele Führungskräfte von Firmen – darunter etwa John Sculley von Apple – dafür bekannt, daß sie darauf bestehen, daß jeder Anruf, der ihr Büro erreicht, auch beantwortet wird. Robert Crandall, Chef von AMR, der Muttergesellschaft von American Airlines, bleibt manchmal bis neun Uhr abends in seinem Büro, um jeden Anruf zu beantworten, den er im Laufe des Tages bekommen hat.

### Karteikartensysteme und Adreßbücher

»Gehen Sie nicht automatisch davon aus, daß der Computer die optimale Lösung zur Verbesserung Ihrer Organisation darstellt«, sagt LaMar Pugh, Geschäftsführer des International Computer Virus Institute, der – so wie auch viele Programmierer – immer noch der Meinung ist, daß ein manuelles Karteikartensystem die beste Methode zur Organisation seiner Adressen und Telefonnummern ist.

Der größte Vorteil des traditionellen Karteikartensystems mit losen Kärtchen liegt darin, daß es mit einem Griff zur Hand und äußerst flexibel ist: Namen können auf einfache Weise hinzugefügt oder eliminiert werden, und die Karten können so geordnet werden, daß sie Ihren persönlichen Anforderungen gerecht werden, also entweder alphabetisch oder in »Klassen« (etwa nach Berufen oder Art der Dienstleistung).

Eine prominente Ärztin, die sich sehr stark in der Öffentlichkeit engagiert, hat Abteilungen für »Medien«, »Ambulanzdienste« und »weibliche Therapeuten« eingerichtet, gemischt mit streng alphabetisch geordneten Abschnitten. Sie verwendet gelbe Karten, um ihr »Branchenverzeichnis« abzugrenzen.

Ein Innenarchitekt, bei dem sich so viele Adressen ansammelten, daß er sie nicht mehr in einem einzigen System unterbringen konnte, hat jetzt zwei Verzeichnisse: ein streng alphabetisch geordnetes »Namensverzeichnis« und ein klassifiziertes »Kategorienverzeichnis« für Möbelrestauratoren, Wertsachverständige und so weiter. Ein Journalist organisiert sein System nach Themenbereichen wie China, Medizin oder Politik und listet auf jeder Karte die Magazine und/oder Herausgeber auf, die an dem betreffenden Thema interessiert sein könnten.

Karteikartensysteme sind in verschiedenen Größen und Formen erhältlich, aber ich empfehle grundsätzlich eher die Verwendung flacher Karteikästen anstelle von Rundlaufsystemen, weil sie einfach handzuhaben sind und die Karten nicht herausfallen können. Ich rate auch eher zu größeren Karten, die genug Platz für das Hinzufügen zusätzlicher Informationen (abgesehen von Name, Adresse und Telefonnummer) bieten.

Ein Manager, der häufig für die Unterhaltung von Klienten zu sorgen hat, benutzt die Karten, um sich Geburtstage und Lieblingsspeisen der betreffenden Leute zu notieren, oder um anzumerken, welche Personen bei Cocktailparties nicht nebeneinander gesetzt werden sollten. Sie können auf größeren Karten Visitenkarten mit Heftklammern direkt befestigen.

Manche Führungskräfte übergeben ihre Karteikartensysteme ihren Sekretärinnen und behalten nur einige wichtige Nummern auf ihrem Schreibtisch zurück, andere ziehen es dagegen vor, ein zweites System anzulegen.

Andererseits gibt es auch gewichtige Argumente, die für ein elektronisches Adressen- und Telefonverzeichnis sprechen, egal ob in Ihrem Computer oder in einem separaten »elektronischen Karteikasten«. Ein computerisiertes Adressenverzeichnis kann sowohl von der Sekretärin als auch vom Manager verwendet werden, wenn beide Computer durch eine »elektronische Nabelschnur« miteinander verbunden sind. Die Sekretärin braucht ihrem Chef nicht zu sagen, daß Virginia Smith eine neue Telefonnummer hat – sie gibt sie einfach ein, und schon ist die neue Nummer für beide zugänglich.

Namen sind natürlich einfacher zu finden. Wenn Sie den Nachnamen einer Person vergessen haben, sich jedoch an ihren Vornamen, an die Firma, die Stadt oder auch nur an das Land erinnern, findet der Computer rasch den Namen für Sie. Versuchen Sie dagegen einmal, in Ihrem Karteikasten die Karte von Hans-wie-heißt-er-doch-gleich zu finden …

Die Planung von Reisen kann dank der elektronischen Sortierkapazitäten des Computers ebenfalls rationalisiert werden. Bereiten Sie sich beispielsweise auf Ihre bevorstehende Reise vor, indem Sie sich alle Ihre Kontaktpersonen auflisten lassen; so können Sie entscheiden, wen Sie kontaktieren wollen.

Wenn Sie ein Karteikastensystem im Büro verwenden, wollen Sie möglicherweise kein Adreßbuch mit sich herumtragen. Eine leitende Kraft im öffentlichen Gesundheitswesen trägt eine von seinem Computer ausgedruckte Liste mit über 100 kleingedruckten Namen bei sich, die in seinem Loseblatt-Notizbuch/Planer Platz findet. Er aktualisiert die Eintragungen manuell, und wenn die Liste unübersichtlich wird, gibt seine Sekretärin die Änderungen in den Computer ein und druckt ein neues Exemplar aus.

Sie können auch ein separates Reiseadreßbuch anlegen. Ein Vertreter hat sein Buch nach Reisegebieten eingeteilt, und eine

Investment-Bankerin, die zahlreiche Auslandsreisen unternimmt, hat einen eigenen Abschnitt für jedes der Länder eingerichtet, in denen sie am öftesten zu tun hat.

## Diktierausrüstung

Vor gar nicht langer Zeit bezog sich der Ausdruck »Bürotechnologie« nicht so sehr auf Computer, sondern vielmehr auf Diktiersysteme. Die Diktierausrüstung, die die traditionelle »Chef diktiert Sekretärin«-Beziehung abgelöst hat, brachte die erste große Bürorevolution.

Hochmoderne Diktiersysteme machen es heute möglich, daß Sie Briefe und Memos zu jeder beliebigen Tages- oder Nachtzeit von der gegenüberliegenden Straßenseite aus oder auch vom anderen Ende der Welt via Telefon an den Schreibtisch Ihrer Sekretärin übermitteln können. Ein Manager, der häufig auf Reisen in der ganzen Welt unterwegs ist, gibt regelmäßig von einem beliebigen Telefon aus seine Aufzeichnungen über Besprechungen mit Kunden und andere wichtige Informationen durch, wann immer es ihm angebracht erscheint.

Seine Sekretärin tippt die Diktate, wenn sie am Morgen ins Büro kommt, und faxt sie an sein Portable Notebook. Er überprüft die Texte und faxt seine Korrekturen zurück. Entweder er selbst oder seine Sekretärin kann diese Texte dann an Kollegen faxen oder mailen.

Solche beeindruckenden, hochtechnisierten »Diktiergymnastikübungen« sollten uns jedoch nicht blind machen für die sehr realen Vorteile der Taschen-Mikrokassettenrecorder. Diese praktischen Geräte eignen sich ausgezeichnet dafür, zu erledigende Aufgaben oder Instruktionen für Ihre Sekretärin festzuhalten, während Sie auf einen Lift warten oder in einem Taxi sitzen. Sie sollten ein Gerät wählen, das es Ihnen erlaubt, mit einer Hand zu diktieren, zu stoppen und zurückzuspulen. Halten Sie nach Mikrokassetten mit einer Spieldauer von einer vollen Stunde Ausschau.

Der Trick beim erfolgreichen Umgang mit einem Taschenrecorder besteht darin, in bezug auf die Mikrokassetten, die oft lästige, schwer zu bändigende kleine Biester zu sein scheinen, stets auf dem laufenden zu bleiben. Es folgen vier Tips, die sich als nützlich erwiesen haben:

1 Sammeln Sie die Papiere und Unterlagen, auf die auf der Mikrokassette Bezug genommen wird, und kleben Sie die Kassette oben auf den Stapel.

2 Sie können auch eine Mappe mit zwei Fächern verwenden und die Papiere in das linke und die Mikrokassette in das rechte Fach stecken. Verwenden Sie für jede Kassette plus dazugehörige Unterlagen eine eigene Mappe.

3 Numerieren Sie jede Kassette auf einem aufgeklebten Post-it-Zettel und verwenden Sie dieselbe Nummer – eingekreist – für alle dazugehörigen Unterlagen.

4 Wenn Sie außerhalb des Büros diktieren wollen, legen Sie ein Kassettenset an: Stecken Sie Kassetten und Briefumschläge mit Sichtfenster in eine kleine Tasche. Legen Sie einen kleinen Post-it-Zettel in jeden Umschlag. Wenn Sie mit einer Kassette fertig sind, stecken Sie das Band in einen der Sichtfensterumschläge und notieren auf dem Post-it-Zettelchen ein oder zwei wichtige Punkte zu Identifikationszwecken. Geben Sie die Bänder Ihrer Sekretärin, wenn Sie ins Büro zurückkommen.

*Tip:* Jack Galloway, Präsident des Tropicana Hotels in Atlantic City, läßt bei jedem diktierten Brief oder Memo am Beginn des Bandes 30 Sekunden frei. Wenn er dann eine Änderung vornehmen möchte, erspart er sich ein beträchtliches Maß an Zeit und Mühe, indem er an den Beginn des Bandes zurückgeht und seine Sekretärin informiert. Ein Beispiel: »Jane, wenn Du zu dem Absatz über Verkäuferspezifikationen kommst, ersetze bitte ›Mr. Williams‹ durch ›Dick Williams‹«.

## Die elektronische Version des WEWA-Systems

Wie Sie vielleicht noch aus Kapitel 2 wissen, besteht die gute
Nachricht in bezug auf Papier darin, daß es wirklich lediglich
viereinhalb Möglichkeiten gibt, wie Sie damit verfahren können:
Sie können Schriftstücke Wegwerfen, Erledigen (bzw. bearbeiten), Weitergeben oder Ablegen. Der »halbe« Punkt bezieht sich
auf die Möglichkeit des Lesens des Schriftstückes. Diese vier
Punkte ergeben das Akronym »WEWA«. Wenn man nun noch
ein »N« für die überaus wichtige Nachkontrolle hinzufügt, ergibt
sich »WEWAN«.

Der Entscheidungsfindungsprozeß, der durch WEWA oder
WEWAN symbolisiert wird, kann ausgeweitet werden, so daß
er auch den Computer einschließt, und – eine weitere gute Nachricht – dank der speziellen Fähigkeiten des Computers können
Sie den Anwendungsbereich Ihres WEWA-Systems vergrößern.
Zu Beginn werden Sie eine Definition des Begriffes »File« benötigen – sie wird hier etwas vereinfacht wiedergegeben. Das Wort
File signalisiert einfach, daß im Computerjargon allen Briefen,
Berichten, Dokumenten oder Memos, die in den Computer eingegeben werden, ein Name gegeben werden muß. Dieser Name
wird als »File« bezeichnet. Das heißt also, daß ein »File-Verzeichnis« oder eine »File-Liste« lediglich eine Liste von Dokumenten darstellt.

**Wegwerfen.** Genau wie ein Desktop Computer kann auch eine
Harddisk unordentlich und unübersichtlich werden, wenn man sie
als Ablagestätte für zu viele Dinge benützt, die eigentlich weggeworfen bzw. gelöscht werden sollten. Ein Blatt Papier wegzuwerfen bedeutet, es in den Papierkorb zu befördern. Wenn man
dagegen ein Computerdokument »wegwerfen« will, braucht man
es nur zu löschen. Das Drücken weniger Tasten genügt, um Daten
zu löschen, die – auf Papier ausgedruckt – einen ganzen Schrank
füllen würden. Halten Sie Ihre Harddisk-Files also auf dem

aktuellsten Stand, indem Sie regelmäßig all jene an dem jeweiligen Tag produzierten Daten löschen, die nicht aufbewahrt zu werden brauchen, besonders dann, wenn Sie auch eine »Hard copy«, also einen Ausdruck davon machen.

Ein durchaus lohnendes Projekt ist es auch, in etwas größeren Abständen Ihre Computerfiles zu »durchforsten«, um Speicherplatz auf der Harddisk freizubekommen und Ihre File-Listen übersichtlicher zu gestalten.

Beginnen Sie das File-Löschprojekt, indem Sie Ihr File-Verzeichnis ausdrucken, jedes File am Bildschirm aufrufen und dann auf eine von drei Arten damit verfahren:

1 *Löschen:* Löschen Sie jene Files, die nicht länger gebraucht werden. Streichen Sie jedes gelöschte File auf Ihrer ausgedruckten Liste aus.
2 *Weitergeben:* Genau wie Sie es bei schriftlichen Unterlagen machen, geben Sie auch einige Ihrer Files möglicherweise am besten an jemand anders weiter. Kennzeichnen Sie jedes weitergegebene File mit einem »W«. (Siehe auch die Diskussion über den Weitergabeprozeß auf Seite 36 bzw. 339.)
3 *Abspeichern auf Disketten:* Als Alternative zum tatsächlichen Löschen von Files können Sie nicht mehr benötigte Files auch einfach auf eine Diskette kopieren. Kleben Sie ein Etikett auf die Diskette und verwahren Sie sie in einer Diskettenbox.

*Ein Wort zu Sicherungskopien:* Es heißt, daß es zwei Gruppen von Leuten auf der Welt gibt: die einen, die schon Daten verloren haben, und die anderen, denen dies bald passieren wird. Das Anlegen elektronischer Sicherungskopien, also das Überspielen der Datenbestände von Ihrer Harddisk auf Disketten, ist *essentiell*. Ohne vollständige Sicherungsdisketten oder -bänder könnte der gesamte Datenbestand Ihrer Harddisk verlorengehen. Wenn Sie dagegen über Sicherungskopien auf Disketten verfügen, können Sie, falls Ihre Harddisk kaputtgeht, einfach Ihre Sicherungskopien auf die neue Harddisk kopieren.

Andere nützliche Regeln: Unterbrechen Sie bei langen Arbeitssitzungen die Arbeit regelmäßig und sichern Sie Ihre Daten; wenn
Sie sich für eine beliebige Zeit vom Computer entfernen, sollten
Sie Ihre Arbeitsfiles zuvor auf Diskette kopieren. Überprüfen Sie,
ob Ihr Textverarbeitungsprogramm über eine automatische Spei-
cheroption verfügt.

**Weitergeben.** Ein Schriftstück »weiterzugeben« bedeutet, es
einer anderen Person zukommen zu lassen, und zwar, indem Sie
es in Ihre Ausgangs-Box oder auf den Schreibtisch des Empfängers legen oder aber eine Weitergabemappe verwenden. Wie
sehen nun die elektronischen Entsprechungen dieser Prozesse
aus? Jede dieser Weitergabetechniken hat ihr elektronisches
Äquivalent, aber aufgrund der Fähigkeiten des Computers sind
hier die Möglichkeiten bei weitem umfassender. In welchen
Situationen könnten Sie computerisierte Weitergabesysteme verwenden? Es folgt eine Auflistung von sechs verschiedenen Arten
der Weitergabe per Computer:

1 *Papierweitergabe.* Drucken Sie das Dokument aus, das Sie
  weitergeben wollen, und verfahren Sie damit wie mit jedem
  anderen weiterzugebenden Schriftstück.
2 *Weitergabe per Fax.* Letitia Martin verwendet die Faxkarte
  ihres Computers, um die Tagesordnung für die monatliche
  Betriebsbesprechung an jene ihrer Kollegen in der Gruppe zu
  faxen, die nicht an das Mailsystem angeschlossen sind. Tip:
  Wenn die Verteilung bestimmter Unterlagen während eines
  Meetings geplant ist, wehalb sie dann nicht schon vorher per
  Mail oder Fax verteilen?
3 *Diskettenweitergabe.* Kopieren Sie ein Dokument auf Diskette, fügen Sie eine erklärende Notiz oder einen Vermerk hinzu
  und legen Sie die Diskette in Ihre Ausgangs-Box.
4 *Mail.* Das elektronische Äquivalent der Ausgangs-Box ist natürlich das Mail (siehe Seite 326), mit dem man eine Nachricht

an eine Person oder an alle am System Hängenden senden kann.

5 *Richten Sie individuelle Weitergabefiles am Computer ein.* Nehmen wir beispielsweise an, daß Sie oft mit Len konferieren. Richten Sie ein »Len«-File auf Ihrer Harddisk ein, und wann immer etwas auftaucht, was Len betrifft, geben Sie es hier ein. Bereiten Sie sich auf Ihr nächstes Gespräch mit Len vor, indem Sie Ihr »Len«-File ausdrucken, und voilà – eine fertige Tagesordnung. Tip: Wenn Sie Len eine Nachricht per Mail schicken, kopieren Sie auch diese in sein File, wenn weitere Diskussionen daüber oder Follow-up erforderlich sind.

6 *Duplizieren und Transferieren.* Sie können das gesamte Konzept der Weitergabe erweitern, wenn Sie Daten duplizieren und von einem Computer auf den nächsten kopieren. Scott Marino beispielsweise, der als Vertreter bei einer Elektronikfirma tätig war, konnte auf einfache Weise die Preisliste von seinem Hand-Organizer auf die Organizer mehrerer Kollegen kopieren, die nicht anwesend gewesen waren, als die letzte Preisanpassung durchgeführt worden war.

Letitia Martin schätzt ganz besonders die Tatsache, daß das Bewältigen der persönlichen Koordination so einfach wird. Damit ihr neuer Ehemann alle ihre Freunde kennenlernen konnte, kopierte sie ihre gesamte persönliche Telefonliste in den Organizer ihres Mannes. Letitia und ihr Mann übertragen auch ihre Reisepläne in ihre gegenseitige Organizer. Im Büro übergab Letitia die Liste mit den für sie wichtigen Telefonnummern auch ihrer Sekretärin.

**Erledigen** bzw. bearbeiten. Etwas erledigen oder bearbeiten heißt, es selbst tun. Nehmen wir an, ein Redner, den Sie für ein Seminar engagiert hatten, verlangt ein Empfehlungsschreiben. Entweder tippen Sie dieses Empfehlungsschreiben selbst am Computer, oder Sie diktieren es auf Band und lassen es von Ihrer Sekretärin tippen. Wenn Ihr Computer mit dem Ihrer Sekretärin vernetzt ist, kann sie das Schreiben auf ihrer Maschine aufsetzen, und Sie können es dann auf Ihrem Gerät aufrufen und überprüfen. Noch ein Beispiel: Ihr Chef hat Ihrem Vorschlag zugestimmt. Jetzt müssen Sie einen Aktionsplan ausarbeiten. Wenn Ihr Computer mit den Geräten anderer Mitglieder in der Arbeitsgruppe vernetzt ist, können Sie eine sofortige »Weitergabe« durchführen, indem Sie den Aktionsplan zur Überprüfung auf die Maschinen Ihrer Kollegen kopieren.

Der Computer kann auch eine wertvolle Stütze darstellen, die Ihnen bei der Abarbeitung Ihres täglichen Papierstapels den Rücken stärkt. Greg Innis beispielsweise, ein Personalmanager, der im allgemeinen überhaupt keine Schwierigkeiten damit hatte, Papiere durch das WEWA-System und auf seinen »Zu erledigen«-Stapel zu schleusen, der es aber schon viel weniger einfach fand, die Dinge dann auch tatsächlich anzupacken, verwendete einen Computer, um bei seiner Papierarbeit auf dem laufenden zu bleiben. Er richtete ein Computerfile namens »Prioritätspapiere« ein. Nachdem er die hereinkommenden Schriftstücke jeden Tag auf die übliche Art und Weise durch das WEWA-System geschleust und die angefallenen wichtigen Mails, Faxe etc. ausgedruckt bzw. ebenfalls auf den Stapel gelegt hatte, ging er den Stoß rasch durch und wählte drei Dinge aus, die er an dem betreffenden Tag unbedingt fertigstellen wollte. Greg listete diese drei Aufgaben dann im »Prioritätspapiere«-File auf.

Jeden Tag um 16:30 Uhr überprüfte Greg dieses PP-File, führte eventuell noch nicht erledigte Aufgaben zu Ende und löschte dann nach Beendigung der Aufgabe die jeweilige Eintragung. Wenn er am Ende des Tages einen völlig leeren Bildschirm vor sich hatte – den »Blank screen mode«, wie er es nannte –, wenn also die wichtigsten Aufgaben erledigt und gelöscht waren, dann bedeutete das, daß die Arbeit getan war, und dies gab ihm ein Gefühl echter Befriedigung.

**Ablegen.** Einer der großen Vorteile, die der Computer bietet, besteht natürlich darin, daß er das prompte Ablegen, Sortieren und Klassifizieren nach beliebigen, sinnvoll scheinenden Kategorien erlaubt. Eine Stiftung organisierte ihre aktuelle Liste potentieller Spender nach Industriezweigen. Unter »Gesundheitswesen« fanden sich beispielsweise die Namen einer pharmazeutischen Firma, eines Herstellers chirurgischer Instrumente und andere potentielle Geldgeber, so daß sie sofort abrufbereit waren, wenn ein entsprechendes Projekt auftauchte. Dieselben Spender waren auch nach geographischen Gebieten geordnet.

Dokumente im Computer so abzulegen, daß sie jederzeit prompt wiedergefunden werden können, mag einfach erscheinen, weil ja jedes Dokument im File-Verzeichnis aufgelistet wird; tatsächlich kann es sich aber zu einer regelrechten Prüfung in der Kunst der Ablage entwickeln: Die Leichtigkeit, mit der etwas eingegeben und abgespeichert werden kann, erweist sich oft als für Wiederauffindungsversuche fatal, weil die Namen der Files rasch ihre Bedeutung verlieren können.

Nehmen wir beispielsweise an, daß Sie ein altes File namens »SWAT« entdecken. Was um alles in der Welt bedeutet das? Eine nützliche Regel bei der Benennung neuer Files besteht darin, den »Drei-Monats-Test« anzuwenden: »Werde ich in drei Monaten noch wissen, was dieser Filename bedeutet?«

Wenn Sie ein Filingsystem bzw. ein System für das Wiederauffinden von Daten einrichten, stellen Sie sich die Harddisk Ihres Computers als einen riesigen Aktenschrank vor. Die Schwierigkeit liegt darin, daß ein langes File-Verzeichnis im Computer mit nach dem Zufallsprinzip benannten Files genau dieselbe Problematik darstellt wie Aktenladen voller kleiner Mappen, die überpräzise Bezeichnungen tragen, an deren Bedeutung Sie sich nicht erinnern können. Der Versuch, irgend etwas wiederzufinden, kann hier zu einem mühseligen Unterfangen werden.

Dieselbe grundlegende Ablagelogik, die Sie in Ihrer Papierablage anwenden – Verwendung allgemeiner Überschriften und klarer, verständlicher Namen –, kann Ihnen auch dabei helfen, Ordnung in Ihre Computerfiles zu bringen. Drei erfolgreiche Ablagemethoden, die entweder separat oder in Kombination angewendet werden können, sind die Schlüsselwort-Methode, das Anlegen von Subdirectories (Unterverzeichnissen) und Querverweise.

1 *Schlüsselwort*. Beginnen Sie jedes File, das sich auf einen bestimmten Themenkreis bezieht, mit einem gemeinsamen Wort. Wenn Sie beispielsweise öfters an Rose Widgets schreiben, identifizieren Sie jeden Brief durch das Wort »Rose« und fügen dann etwas hinzu, was dieses individuelle Dokument kennzeichnet – etwa das Datum. Schlüsselwörter sind für Listen mit bis zu etwa 15 bis 20 Dokumenten geeignet. Bei einer größeren Zahl von Eintragungen tritt wieder dasselbe Problem wie vorhin auf – zu viele Files, so daß man den Überblick verliert.

2 *Unterverzeichnisse (Subdirectories)*. Die beste Lösung für lange File-Listen besteht darin, Ihr File-Verzeichnis in Unterverzeichnisse zu teilen. Sara Fisher, eine freiberufliche Drehbuch- und Fernsehspielautorin, teilte ihr umfangreiches Material beispielsweise in vier Hauptkategorien ein: *Anfragen*, also die Briefe mit Vorschlägen für Stories oder Projektideen, die sie an Produzenten schickte, *Vorschläge*, *Drehbücher* und *Allgemeine Korrespondenz*. In jedem dieser vier Verzeichnisse legte Sara Unterverzeichnisse an. Die drei Unterverzeichnisse im Sektor »Drehbücher« hießen »In Arbeit«, »Produziert« und »Nichtproduziert«. Ihr »Anfragen«-Verzeichnis war in »Aktuell«, »Überarbeitung erwünscht« und »Abgelehnt« unterteilt.

3 *Querverweise*. Weisen Sie ein und demselben Dokument zwei verschiedene Filenamen zu, so daß Sie es an beiden Stellen finden können. Eileen Logan beispielsweise, eine Spezialistin für internationales Marketing im Kosmetikbereich, legte ihren Bericht über Konsumtrends im Kosmetiksektor in Frankreich sowohl unter »Frankreich« ab als auch unter »Kosmetika«,

indem sie das Dokument einfach von einem File in das andere kopierte. Anmerkung: Diese drei Techniken können auch auf Diskettenverzeichnisse angewendet werden.

Sie können Material auch wiederfinden, indem Sie die Option »Suchen« benutzen, um Schlüsselwörter aufzufinden. So wollte Eileen Logan etwa herausfinden, wie sich die Verwendung von Feuchtigkeitscremes durch Frauen von Land zu Land unterscheidet. Sie gab das Wort »Feuchtigkeitscremes« ein, spezifizierte den Suchbereich, und das Drücken weniger Tasten genügte, um alle Informationen betreffend Feuchtigkeitscremes, die sie in ihren zahlreichen Berichten gespeichert hatte, am Bildschirm erscheinen zu lassen.

*Das File für Kontakte und Visitenkarten.* Ein lästiges Ablageproblem, für das niemand eine befriedigende Lösung zu finden scheint, ist jenes der sich ansammelnden Visitenkarten. Die magischen Fähigkeiten des Computers erlauben es jedoch, Visitenkarten – und Kontakte aller Arten – von einem ärgerlichen Übel zu einer wahren Goldgrube beruflicher und persönlicher Ressourcen zu machen.

Diese wundersame Wandlung wird durch das sogenannte »Adressen-File« in Ihrer Organisationssoftware ermöglicht (das verschiedene Namen tragen kann, je nach der Software). Wenn Sie das »Adressen-File« oder das entsprechende Äquivalent aufrufen, erscheint ein Formular auf Ihrem Bildschirm, in das Sie nicht nur Namen, Adresse und Titel der Person eingeben können, sondern auch beliebige andere Informationen, die eventuell von Nutzen sein könnten. Es folgen zwei Beispiele aus dem Adressen-File eines freiberuflichen Management-Beraters.

*George Prescott.* Am 30. 11. auf Martin Eberhards Dinnerparty getroffen. Finanzberater. Sommerhaus bei Cape Cod.

> *Thelma Stoneman*. Agentin für Grafikdesigner. Am 16. 6. auf
> der Konferenz für Unternehmerinnen getroffen. Kennt Sheila
> Stetson.

Mit Eintragungen dieser Art und Software mit vielseitigen Such-
optionen, die es Ihnen erlauben, Ihr Adressen-File nach Namen,
Schlüsselwörtern, Daten etc. zu durchsuchen, haben Sie wertvolle Ressourcen an der Hand. Wenn etwa absehbar ist, daß Sie
für zukünftige Projekte einen Grafikdesigner benötigen werden,
oder wenn Sie daran denken, ein Grundstück bei Cape Cod zu
kaufen, geben Sie diese Wörter ein, und die entsprechenden
Eintragungen werden am Bildschirm erscheinen.

Dies bedeutet jedoch nicht, daß man nun die manuellen Visiten-
kartenverzeichnisse völlig abschreiben sollte – sie können durchaus eine wertvolle Hilfe sein. Notieren Sie auf der Karte das
Datum und den Anlaß Ihrer Begegnung und eventuelle weitere
Kontakte. Legen Sie sie dann auf eine der folgenden Arten ab:

Wenn Sie erwarten, daß Sie mit der betreffenden Person einiger-
maßen regelmäßig Kontakt haben werden, befestigen Sie die
Karte mit einer Heftklammer an einer Karteikarte. Sie können die
Karteikarten nach Namen oder beruflichen Kategorien ordnen.

Wenn unmittelbare Zugänglichkeit nicht essentiell ist, besteht die
einfachste Methode zur Aufbewahrung von Visitenkarten darin,
sie in einer Mappe mit der Aufschrift »Namen« oder »Kontakte«
zu sammeln. Als Alternative können Sie sie auch in eine entsprechende Abteilung Ihres regulären Ablagesystems integrieren.

*Tip:* Verwenden Sie zur Aufbewahrung von Visitenkarten an den
Seiten geschlossene Mappen, damit die Karten nicht herausfallen
können.

## *Zeitmanagement via Elektronik*

Im Zuge der Adaptierung des in »Organisation im Büro« emp-
fohlenen vierteiligen Zeitmanagement-Programms für die Verwendung am Computer (wobei mit »Computer« auch der Hand-
Organizer gemeint ist, der eines Ihrer wertvollsten Zeitmanage-
ment-Instrumente sein kann) stellen Sie vielleicht fest, daß das
Computerisieren Ihres Programms das Zeitmanagement beträchtlich vereinfachen und seine Flexibilität erhöhen kann. Zur Erinnerung sollen die vier Punkte hier nochmals angeführt werden:

1  Erstellen Sie eine Generalliste aller Aufgaben jeder Kategorie
   an einer einzigen Stelle.
2  Stellen Sie unter Verwendung Ihrer Generalliste und anderer
   Quellen die Tagesliste zusammen.
3  Setzen Sie Prioritäten.
4  Wann immer es möglich ist, planen Sie Ihre Aufgaben nach
   Maßgabe des Tagesverlaufes Ihrer persönlichen Energie.

Zuerst noch ein Wort zu Organisations- und Zeitmanagement-
Softwareprogrammen: Es gibt zahlreiche Varianten am Markt;
die Palette reicht von leistungsstarker Software, die Ihnen die
Überwachung komplexer Projekte ermöglicht, bis zu einfacheren
Programmen, die nur auf Ihr persönliches Zeit- und Aufgabenmanagement zugeschnitten sind. Eine Auswahl von Programmen
ist im Anhang aufgelistet. Palmtops und Hand-Organizer sind
normalerweise mit Organisations- und Zeitmanagement-Funk-
tionen ausgestattet, die den Kauf spezieller Software überflüssig
machen. In diesem Abschnitt werden allgemeine Informationen
vermittelt, die auf alle oder die meisten Softwareprogramme
zutreffen.
Als Daumenregel kann gelten: Wenn Ihr durchschnittlicher Arbeitstag so aussieht, daß Sie von einem Termin zum Arbeitsessen
und von dort zu einem Verkaufsgespräch hasten, dann ist das

Zeitmanagement-Werkzeug Ihrer Wahl wahrscheinlich der Organizer, den Sie in Ihre Tasche, Handtasche oder Brieftasche stecken und genauso leicht herausnehmen können wie einen herkömmlichen Kalender/Planer.

Wenn Sie jedoch den Großteil Ihres Arbeitstages am Schreibtisch verbringen und/oder regelmäßig komplexe Projekte zu überwachen haben, dann ist ein marktgängiges PC-Zeitmanagement-Programm wahrscheinlich am besten für Sie geeignet. Sie werden allerdings trotzdem ein Notebook oder einen Organizer brauchen, um Notizen, Aufgaben und Follow-ups, die sich ergeben, während Sie nicht an Ihrem Computer sitzen, eingeben und später auf Ihren PC transferieren zu können.

Bevor Sie ein Organisations- und Zeitmanagement-Programm kaufen, werden Sie wahrscheinlich sichergehen wollen, daß es über die folgenden Funktionen verfügt: einen Pop-up-Kalender, einen Terminkalender, eine Rechenfunktion und ein einfaches Textverarbeitungsprogramm, mit dem Sie kurze Notizen und Memos schreiben können. Überprüfen Sie, ob noch nicht beendete »Zu erledigen«-Projekte automatisch für den nächsten Tag in den Kalender eingetragen werden. Eine praktische Funktion ist auch ein Visitenkartenverzeichnis mit Namen, Adressen und Telefonnummern, das auf Karteikarten ausgedruckt werden kann, und/oder Termine, die so ausgedruckt werden können, daß sie in einen Day-Timer oder ein anderes populäres Taschen-Notebook passen. Ganz allgemein sollten Sie sichergehen, daß Sie von praktisch jedem Aspekt des Programms, also etwa von Memos, Kalendern und Monatsplänen, Ausdrucke machen können.

Überlegen Sie auch, ob Sie ein speicherresidentes (TSR, terminate and stay resident) Programm haben wollen oder aber ein Programm, das vor jeder Anwendung eigens geladen werden muß. Wenn Sie bereits absehen können, daß Sie zwischen Ihrem Zeitmanagement-Programm und irgendeinem anderen Programm, mit dem Sie arbeiten, werden hin- und herspringen müssen, sollten Sie sicherstellen, daß Sie über mindestens 4 Megabyte

RAM (Random Access Memory) verfügen, um dies tatsächlich tun zu können. Damit haben Sie genug Speicher, um zwei Programme zur gleichen Zeit betreiben zu können. Speicherresidente (TSR) Organisationsprogramme erlauben Ihnen, ein zweites Programm zu verwenden, ohne jenes Programm verlassen zu müssen, mit dem Sie gerade arbeiten; sie sind deshalb praktischer. Der Haken an der Sache ist, daß sie Platz in Ihrem Arbeitsspeicher beanspruchen. Die üblichen Programme, die vor jeder Anwendung eigens geladen werden müssen, benötigen dagegen, wenn sie gerade nicht laufen, keinen Platz im Arbeitsspeicher; um diesen Vorteil nutzen zu können, müssen Sie jedoch Ihr Arbeitsprogramm verlassen, um Zugriff auf Ihr Zeitmanagement-Programm zu bekommen.

## 1. Anlegen einer Generalliste

So wie Sie ein leeres Notizbuch in der Hand haben, in das Sie sich ergebende Aufgaben eintragen, wenn Sie beispielsweise eine Generalliste erstellen, so ist jetzt der leere Bildschirm Ihres Organizers oder Zeitmanagement-Programms Ihr Notizbuch.

Der große Vorteil, den ein Computer gegenüber einem Notizbuch besitzt, besteht darin, daß Sie beim Computer die Eintragungen auf Ihrer Generalliste hin- und herschieben und sie nach jeder beliebigen Kategorie sortieren und wiederfinden können. Geben Sie beispielsweise den Namen oder die Initialen eines Klienten gemeinsam mit allfälligen Informationen ein, die Sie speichern wollen. Das nächste Mal, wenn dieser Klient anruft, tippen Sie seinen Namen oder seine Initialen ein, und alle Informationen in bezug auf diese Person erscheinen am Bildschirm. Sie werden sich sofort an den aktuellen Stand der Dinge erinnern und werden wissen, ob Sie eine Verabredung zum Abendessen haben oder versprochen haben, ihm irgend etwas zu schicken.

Sehen Sie sich beispielsweise einige der Eintragungen auf der Generalliste des Bekleidungsherstellers an, von dem in Kapitel 5 die Rede war:

– Memo zur Geschäftspolitik entwerfen.
– Verkaufszahlen der letzten Herbstkollektion überprüfen.
– Briefe: Brown zur Firmenpolitik; Towers zu Versand-
  aufträgen; Gleason zum Vertrag;
– Schlüsselpunkte für die Rede nächste Woche erarbeiten.

Codieren Sie jede Eintragung so, daß sie mit den Kategorien
übereinstimmt, mit denen Sie sie assoziieren möchten – nach
Priorität, nach den Kollegen, mit denen Sie die Aufgabe besprechen müssen, nach Datum, Schlüsselwort und Art oder Kategorie
der Aufgabe.

Nehmen wir beispielsweise an, daß die Aufgabe »Memo betreffend Geschäftspolitik entwerfen« eine Aufgabe erster Priorität
ist, die der Bekleidungshersteller mit seinem Kollegen Jerry
Westhimer besprechen muß und für die er bis 15. Juni eine
Lösung finden will. Direkt nach dem letzen Wort, »Memo«,
würde er »1« eingeben (für Priorität 1), »JW« (Jerry Westhimers
Initialen) und »15. 6.« für das Fälligkeitsdatum, den 15. Juni.

Jetzt geht er in den Aufrufmodus und tippt »1« ein. Alle Priorita-
ten ersten Ranges erscheinen am Bildschirm. Wenn es zu viele
sind, als daß sie auf dem kleinen Schirm eines Organizers Platz
fänden, können Sie auch weiterblättern. Wird »JW« eingetippt,
so erscheinen alle Aufgaben, Diskussionspunkte und alles andere, womit Jerry Westhimers Initialen in Verbindung gebracht
wurden. Durch das Eingeben von »15.6.« rufen Sie alle Aufgaben
auf, die für diesen Tag geplant sind.

Die Kategorien von Aufgaben und Aktivitäten können nach
einem gemeinsamen Wort identifiziert und aufgefunden werden.
Geben Sie also beispielsweise in Ihren Organizer ein: »Jeannie
wegen Informationen betreffend Vertrag anrufen«, »Bill wegen
Unterlagen anrufen« usw., wenn Ihnen verschiedene Anrufe einfallen, die Sie tätigen müssen. *Tip:* Geben Sie auch die Telefonnummer ein.

Okay, jetzt bleiben Ihnen beispielsweise 15 oder 20 Minuten

zwischen zwei Terminen. Im Aufruf-Modus Ihres Organizers geben Sie einfach »Anrufen« ein, und alle Anrufe, die Sie eingegeben haben, erscheinen am Bildschirm, so daß Sie sie der Reihe nach zügig erledigen können.

Wenn ein Anruf erledigt ist, löschen Sie die Eintragung, geben ein Datum für eventuelles Follow-up ein oder fügen neue Informationen hinzu, ganz wie Sie wollen.

Beginnen Sie Ihre computerisierte Generalliste, indem Sie in Ihrem Organisationsprogramm ein File mit dem Namen »Generalliste« anlegen. Geben Sie hier alle Informationen von Ihrer derzeitigen Papier-Generalliste ein. Genau wie die Notizbuch-Generalliste müssen Sie natürlich auch die Computer-Generalliste täglich überprüfen und aktualisieren und Aufgaben, die sich angesammelt haben, während Sie unterwegs waren, in einem Notizbuch oder mit Hilfe eines Organizers oder eines Taschendiktiergerätes festhalten.

Setzen Sie für alle Aufgaben auf Ihrer Computer-Generalliste Beginndaten und Fristen fest. Kennzeichnen Sie Aufgaben mit Priorität 1, 2 oder 3. Wenn Sie das Beginndatum für eine Aufgabe festlegen, tragen Sie sie für den betreffenden Kalendertag in Ihr Zeitmanagement-Programm ein.

Eine angenehme Zusatzfunktion mancher Organizer ist die Möglichkeit der Eingabe von detaillierten, eine bestimmte Aufgabe betreffenden Informationen, die Sie nur bei Bedarf aufrufen. Nehmen wir beispielsweise an, daß eine Eintragung in der Generalliste lautet: »Fahnen für Journalartikel Korrektur lesen.« Fügen Sie ein Zeichen hinzu als Hinweis darauf, daß Sie zusätzliche Informationen eingegeben haben. Zum Beispiel: »Die Produktionsleute sagen, daß die Fahnentexte zugeschnitten und auf DIN-A 4-Blätter geklebt werden müssen, um Platz für die Anmerkungen des Setzers zu lassen. Nervensägen!« In der Haupt-Generalliste scheint nur die kurze Eintragung »Fahnen Korrektur lesen« auf – es sei denn, Sie beschließen, die Zusatzinformationen aufzurufen.

Manche Organisationsprogramme bieten ein ähnliches Konzept mit einer »Indexkarten-Funktion« an, die es Ihnen erlaubt, Themenüberschriften einzugeben und dann unter jeder Überschrift so viele Informationen hinzuzufügen, wie Sie wollen.

Wenn das Fälligkeitsdatum einer Aufgabe eingegeben wurde, wird am Tag dieses Fälligkeitstermins ein elektronisches Erinnerungssignal ausgelöst – eine visuelle Meldung auf dem Bildschirm oder ein Piepston oder Alarm. Manche Zeitmanagement-Programme haben eine nützliche Funktion, die es Ihnen ermöglicht, das Erinnerungssignal einige Tage vor dem Fälligkeitstermin auszulösen, so daß Sie sichergehen können, genug Zeit zur Verfügung zu haben, um das Projekt rechtzeitig fertigstellen zu können.

### 2. Das Managen Ihrer Tagesliste

Wenn Sie Ihren Kalender für einen bestimmten Tag am Bildschirm aufrufen, erscheinen alle Eintragungen, denen Sie dieses Datum zugewiesen haben. Dies ist Ihre Tagesliste.

Bei weniger präzisen Organizer-Systemen wird automatisch eine grobe Tagesliste erstellt, indem Sie jeder Eintragung ein Fälligkeitsdatum zuweisen. Wenn Sie jedoch einen präziseren Ansatz bevorzugen, bieten die »Kalenderseiten« des Organizers, deren Überschrift aus Datum und Jahr besteht, eine praktische Möglichkeit zum Anlegen einer Tagesliste. Manche Leute verwenden lieber die Kalenderseiten des Organizers für diesen Zweck als den eigentlichen Terminkalender, weil sie meinen, daß der kleine Bildschirm des Organizers nicht genug Platz für die Planung bietet. Wenn es um Termine und Planung geht, bleiben sie beim herkömmlichen Papierkalender.

Organisations- und Zeitmanagement-Programme sind mit elektronischen Erinnerungsfunktionen ausgestattet, und zwar in Form einer visuellen Meldung auf dem Bildschirm und/oder eines Piepstons oder Alarms. Anmerkung: Nachdem die elektronischen Erinnerungsfunktionen an die interne Uhr Ihres Computers gekoppelt sind, dürfen Sie nicht vergessen, die Uhr zwischen Normal- und Sommerzeit und, wenn Sie auf Reisen sind, zwischen den verschiedenen Zeitzonen umzustellen.

## 3. Das Setzen von Prioritäten

Die meisten Zeitmanagement-Programme geben ein Symbol wie etwa ein Sternchen für die Kennzeichnung von Aufgaben mit hoher Priorität vor. Wenn Sie jedoch beispielsweise den in Kapitel 5 beschriebenen präziseren Prioritätenplan verwenden wollen, bei dem Prioritäten ersten, zweiten und dritten Ranges definiert werden, geben Sie für jede Aufgabe in Ihrer Tagesliste den entsprechenden Prioritätencode ein.

## 4. Die zeitliche Planung von Aufgaben

Setzen Sie Ihren Computer auf zwei Arten ein:

Erstens zur Unterstützung Ihrer Bemühungen, die Phasen Ihrer persönlichen Bestform optimal zu nutzen, indem Sie Aufgaben mit Priorität 1 für ebensolche Perioden einplanen. Kennzeichnen Sie zuerst die Zeiten, zu denen Sie privat unterwegs sein wollen, in Ihrem Zeitplan mit einer Balkenmarkierung, die viele Programme anbieten. Dies ist besonders nützlich, wenn Ihr Kalender auf einem Netzwerk installiert ist, weil dadurch Kollegen davon abgehalten werden, Meetings mit Ihnen während solcher privater Stunden anzusetzen.

Und zweitens: Programmieren Sie den Alarm oder Piepston Ihres Computers so, daß er Sie auf die Beginnzeit wichtiger Aufgaben aufmerksam macht.

Im folgenden wird beschrieben, wie Harrison Josten, ein Werbemanager bei einem Magazin, die ganze Sache organisiert. Josten übertrug zuerst seine Generalliste, die er früher in einem Notizbuch geführt hatte, auf den Computer. Hier sind drei seiner Eintragungen:

– »Meeting mit Jonathan Braddock ansetzen, um Ideen für ein neues Telefonsystem zu diskutieren.
– Termine für Geschäftsreise zu den Büros in Chicago und Los Angeles festsetzen.
– Rede für die Verkaufskonferenz am 1. Oktober vorbereiten.«

Als nächstes fügte Josten Details zu seiner Eintragung betreffend das Braddock-Meeting hinzu: »Meeting mit J. Braddock festsetzen, um neues Telefonsystem zu diskutieren – 14:30 bis 15:30 in meinem Büro. Benötigte Unterlagen sind Arbeitsplatzkonfigurationen, Kostenanalyse, Angebote der Lieferfirmen.«

Am Morgen des Tages, für den Harrison die Vereinbarung des Termins für das Braddock-Meeting angesetzt hatte, ließ ein einziger Tastendruck beim Einschalten seines Zeitmanagement-Programms all das in Form einer sehr kurzen Notiz am Bildschirm erscheinen, was er für diesen Tag eingegeben hatte: »Meeting festsetzen ...« Ein weiterer Tastendruck brachte die Details zum Vorschein.

Dann, als das Meeting festgesetzt worden war, transferierte Harrison den Text auf den Tag des Meetings.

Wenn Harrison seinen Plan für einen ganzen Monat, beispielsweise für August, sehen möchte, dann kann er die Kalenderübersicht für den Monat August aufrufen, in der jeder Tag markiert ist, für den etwas eingegeben wurde. Wenn er will, kann er auf dem ewigen Kalender auch auf Monate oder Jahre im voraus planen.

Eine weitere Aufgabe auf Harrisons Generalliste, »Rede für die Verkaufskonferenz vorbereiten«, ist eine Priorität ersten Ranges. Er codierte sie mit »1«, transferierte sie auf den 30. Juli als Startdatum und reservierte die Zeit von 9:30 bis 11:00 Uhr, um einen guten Start zu gewährleisten.

## Der gemeinsame Zugriff auf Kalender und Daten sowie Kommunikation mit Ihren Kollegen

Harrison Jostens Büro ist an ein Netzwerk angeschlossen, so daß seine Sekretärin ihm seinen Tagesplan schicken und er ihr wiederum allfällige Instruktionen mailen kann. In einem Netzwerk kann Ihre Sekretärin Ihren Kalender und Ihren Tagesplan für Sie führen; Sie können dies aber auch selbst tun oder eine Kombination aus diesen beiden Varianten wählen. Indem Sie Ihrer Sekretärin Ihren Kalender und Ihren Tagesplan sowohl im Lese- als auch im Schreibmodus zugänglich machen, ermöglichen Sie ihr, sie so zu verwenden, wie Sie selbst dies tun würden. Sie kann provisorische Termine für Sie vereinbaren, Sie mittels Ihres gemeinsamen Computeralarms über wichtige Ereignisse informieren usw. Vorschlag: Machen Sie Ihren Kalender im Nur-Lese-Modus (read only mode) zu Informationszwecken wichtigen Mitarbeitern zugänglich.

*Überwachen von Aufträgen und Projektmanagement.* Die Generalliste wird wahrscheinlich ausreichen, um bezüglich der tagtäglichen Aktivitäten von Mitarbeitern auf dem laufenden zu bleiben. Wenn es jedoch um komplexes Projektmanagement und Leistungsüberwachung von Mitarbeitern geht, sollten Sie sich nach einer »Projektmanager-« oder »Personalmanager-Applikation« in Ihrem Organisations- und Zeitmanagement-Programm umsehen, die es erlaubt, komplexere Zielvorgaben für Mitarbeiter, Projektstadien und -phasen sowie objektives Follow-up zu organisieren.

Möglicherweise wollen Sie permanente Auftragslisten für wichtige Mitarbeiter einführen. Dies geschieht einfach, indem Sie in dem Abschnitt »Zu Erledigendes« Ihres Zeitmanagement-Programms eine Liste mit der Überschrift »Aufträge« erstellen.

Nachdem Sie sich mit Ihren Mitarbeitern beraten und Fristen, Starttermine sowie Zwischenkontrolltermine festgesetzt haben, geben Sie die Fälligkeitstermine der Aufgaben Ihrer Mitarbeiter in den Kalender ein, genau wie Sie das bei Ihren eigenen tun würden. Die Organisations-Software wird Sie darauf aufmerksam machen, wenn das Datum näherrückt, und es wird Sie davon informieren, wenn die Frist abgelaufen ist. Eine alternative Methode besteht darin, eine individuelle Auftragsliste für jede Ihnen unterstellte Person einzurichten.

Wenn Fälligkeitstermine näherrücken, weshalb nicht eine oder mehrere Erinnerungsnotizen an die beteiligten Personen mailen? Im allgemeinen haben dezente Erinnerungshilfen für die Mitarbeiter, egal, ob Sie sie per Mail, Memo oder persönlich übermitteln, den Vorteil, daß sie sowohl die betreffende Person an die Aufgabe erinnern als auch Ihr eigenes Engagement für die Sache verstärken.

*Anmerkung:* So wie von jeder anderen Art von Computerfile *müssen* Sie auch von Ihren Zeitmanagement-Files Sicherungskopien anlegen, entweder unter Verwendung der Netzwerk-Systemfiles oder bei lokalen Programmen auf Disketten. Die letztere Variante ist die vorteilhafteste.

*Gemeinsamer Zugriff auf Daten.* Wenn Sie an ein Netzwerk angeschlossen sind, können Sie in der Regel wählen, ob Sie »lokal« oder »im Netz« arbeiten wollen. Im Netz zu arbeiten bedeutet, daß Sie Ihre Files im Haupt-Fileserver des Netzes abspeichern und Ihre Kollegen die Dokumente auf ihren eigenen Bildschirmen aufrufen können. Lokales Arbeiten bedeutet dagegen, daß Ihre Files in Ihrem persönlichen Computer bleiben und nur Sie darauf zugreifen können, bis Sie sie irgendwann im Ganzen oder teilweise in das Netzwerk transferieren. Eventuell sind Sie der Ansicht, daß eine Kombination dieser beiden Varianten am vorteilhaftesten ist. Ein Beispiel:

Chuck Schwartz erstellt Unternehmenskonzepte für eine der acht größten Wirtschaftsprüferfirmen des Landes. Bei einem Großteil seiner Arbeit ist ein hohes Maß an Sicherheit und Vertraulichkeit erforderlich, und deshalb speichert er seine Konzepte auf seiner eigenen Harddisk. Er legt jedoch ein Übersichtsfile mit demselben Namen im Netz an, das alles außer den vertraulichen Informationen enthält, so daß seine Kollegen sich jederzeit über den Stand des Konzepts informieren können.

## Das elektronische Managen von Meetings

Russell Martin leitete die wöchentlichen Meetings einer Arbeitsgruppe seiner Abteilung. Er war unzufrieden mit dem schleppenden Tempo, mit dem Mitglieder der Arbeitsgruppe ihre Aufgaben erledigten – dabei waren die Verzögerungen oft auf die Tatsache zurückzuführen, daß bereits die halbe Woche verging, bevor Russells Sekretärin die Aufgaben schriftlich abgefaßt und verteilt hatte.

Deshalb setzte Russell einen Computer ein, um diesen gesamten Prozeß zu straffen und zu beschleunigen. Sein Assistent, Richard Tolkien, nahm sein Computer-Notebook zu den Meetings mit und gab Aufgaben, erforderliche Nachkontrollen und Follow-ups ein, so wie sie sich ergaben. So erhielt etwa Stacy den Auftrag, sich einige Produktivitätsprobleme genauer anzusehen, Conrad sollte Terminkonflikte bereinigen und so weiter.

Sobald das Meeting beendet war, kehrte Richard in sein Büro zurück, kopierte die Diskette von dem Meeting auf seine Harddisk und mailte die Aufträge und Follow-ups an alle Teilnehmer – normalerweise innerhalb einer halben Stunde nach Ende des Meetings. Dieses flotte Reaktionstempo animierte alle anderen dazu, ebenso flink zu reagieren – und damit war die Trägheit praktisch eliminiert.

## Elektronik auf Reisen

Die Vorteile von computergestützten Organisations- und Zeitmanagement-Systemen kommen voll zum Tragen, wenn diese Systeme auf Reisen verwendet werden. Das Reisen ist ein äußerst ergiebiges Anwendungsgebiet für elektronische Organisation: So können Sie etwa fixe Packlisten auf dem Wizard oder in Agenda anlegen, die Files und Daten aktualisieren, die Sie unterwegs benötigen, Termine/Alarmsignale einprogrammieren oder das Mail-System verwenden, um Zugang zu wichtigen Dokumenten zu haben, während Sie auf Reisen sind; Sie können auch Notizen von Meetings und andere Dokumente von unterwegs an Ihre Sekretärin faxen usw. Tragbare Computer – Laptops, Notebooks oder Palmtops – ermöglichen es Ihnen, auf Reisen genauso organisiert zu sein wie daheim, indem Sie Ihre Organisations- und Zeitmanagement-Files von Ihrem Desktop-Computer auf die Harddisk Ihres tragbaren Gerätes kopieren. Wenn Sie Ihren Portable jedoch mit einem Modem oder Fax-Modem ausstatten, haben Sie *wirklich* Ihr Büro in der Aktentasche. Mit Ihrem Portable Computer und einem Modem ist Ihr »Basisbüro« jeweils nicht weiter entfernt als die nächste modulare Telefonbuchse. Sie können: 1. Files senden bzw. welche von dem Computer in Ihrem Büro empfangen; 2. Mails mit Kollegen und Mitarbeitern austauschen; 3. Memos von Meetings und Ihre eigenen Notizen an Ihre Sekretärin schicken; 4. Instruktionen weiterleiten und 5. den Überblick über Änderungen in Ihrem Tagesplan behalten, egal, ob Sie sich in der nächstgelegenen Stadt oder auf der anderen Seite des Erdballs aufhalten.

Computerisierte Kommunikation kann auch Geld sparen helfen, indem sie beispielsweise Einsparungen bei Nacht-Botendiensten ermöglicht. *Tip:* Rufen Sie im vorhinein in Ihrem Hotel an und erkundigen Sie sich, ob die nötige Infrastruktur für mobile Computer vorhanden ist. Diese Ausrüstung ist ganz besonders nützlich, weil sie hilft, Ihren Terminplan zu entlasten, wenn Sie gerne in der Nacht oder zu beliebigen anderen Zeiten außerhalb der üblichen Bürostunden arbeiten. Darüber hinaus kann ein Fax-Modem oder ein kommerzieller Mail-Servicedienst Sie, abgesehen von den Personen in Ihrem Büro, auch mit anderen Leuten in Kontakt bringen, sogar wenn diese nicht mit Computern ausgestattet sind. Der Schlüssel zu dieser gesamten Fernkommunikation ist das Modem oder Fax-Modem.

Es empfiehlt sich, nach jeder Reise routinemäßig alle Files von Ihrem Portable auf den Desktop-Computer zu transferieren. Es gibt zwei Arten, wie sich dies bewerkstelligen läßt: Die weniger perfekte High-Tech-Methode besteht darin, die Files vom Portable auf eine Diskette zu kopieren und dann von der Diskette auf Ihren Desktop-Computer; effizienter ist es jedoch, die Files mit Hilfe von Software zu transferieren, also über ein Verbindungskabel direkt von einem Computer auf einen anderen zu kopieren.

## Glossar: gebräuchliche Computerterminologie

**Booten** – Das Einschalten Ihres Computers, wobei automatisch Ihr Betriebssystem startklar gemacht wird.

**Bulletin Board** (Schwarzes-Brett-System) – Ein Bulletin Board ist ein zentraler Informationsaustausch, über den Personen Nachrichten übermitteln und sich an laufenden Diskussionen beteiligen können. Die behandelten Themen können von Baseball bis zu Bach reichen. Bulletin Boards sind über PC oder Modem zugänglich. Um zu erfahren, welche Bulletin Boards es gibt und wie man daran teilnehmen kann, besorgen Sie sich ein einschlägiges Magazin in einem Computershop oder einem großen Zeitschriftengeschäft.

**CD-ROM** – Ein Akronym für Compact Disk – Read Only Memory. Diese Disketten, die wie Musik-CDs aussehen, können gewaltige Mengen an Lesematerial wie Enzyklopädien und Firmenverzeichnisse speichern. Sie werden nur zum Lesen verwendet und können nicht manipuliert werden; die gespeicherten Daten lassen sich jedoch auch ausdrucken. Auf Ihrem Computer sind die Informationen über einen CD-ROM-Reader zugänglich. Informieren Sie sich über aktuelle urheberrechtliche Bestimmungen betreffend die Nutzung von auf elektronischen Datenträgern veröffentlichtem Material.

**DOS oder MS-DOS** – Jeder Computer und jedes Hardware-Element benötigt ein grundlegendes Programm, das es ermöglicht, andere Programme zu betreiben. Der Oberbegriff für diese Art von Basisprogrammen ist »Operating System«, also

Betriebssystem. Die Software, die entweder DOS (ein Akronym für Disk Operating System) oder nach ihrem Hersteller, der Firma Microsoft, MS-DOS genannt wird, ist insofern sozusagen die Mutter aller Betriebssysteme, als sie für die IBM-PCs verwendet wurde und in der Folge auch für die meisten IBM-kompatiblen PCs. Zu dem Zeitpunkt, an dem dieses Buch geschrieben wird, ist DOS 6.0 die aktuellste Version.

Andere Betriebssysteme sind etwa Unix, Xenix und OS/2. Macintosh-Computer arbeiten wieder mit einem anderen Betriebssystem. Im allgemeinen sind alle Geräte, die unter demselben Betriebssystem laufen, untereinander kompatibel, das heißt also beispielsweise, daß auf allen Maschinen, die mit DOS arbeiten, dieselben Programme benutzt werden können. PC- und Macintosh-Software sind (noch) nicht kompatibel, obwohl bei Verwendung von Interface-Software auf manchen Macintosh-Computern DOS-Software eingesetzt werden kann. Ein Beispiel hierfür ist der Macintosh PowerBook Portable.

**Download** – Der Transfer von Daten und/oder Files von einem anderen Computer auf Ihren eigenen, normalerweise per Modem.

**Laufwerke** (Disk drives) – Computer werden mit Hilfe der auf Laufwerken befindlichen Information (Betriebssystem) zum Laufen gebracht. Man kann zwei Arten von Laufwerken unterscheiden, nämlich die Festplattenlaufwerke (hard disk drives) und die Diskettenlaufwerke oder Floppy disk drives. Die Harddisk befindet sich innerhalb des Computergehäuses und ist von außen nicht sichtbar. Der einzige äußerlich sichtbare Indikator ist ein kleines Licht, das Ihnen anzeigt, wann die Harddisk arbeitet – das heißt also, wann Informationen gespeichert oder abgerufen werden. Bei den meisten Computern erscheint nach dem Booten die Meldung »C:«, die dem Computer anzeigt, daß Sie von der Harddisk aus arbeiten werden. Die Harddisk hat normalerweise eine weitaus größere Speicherkapazität als Disketten, nämlich 20, 40, 50, 80, 120 oder mehr Megabyte.

**E-Mail oder Mail** – Ein weitverbreitetes Computersystem, das es verschiedenen Personen erlaubt, via Computer miteinander zu kommunizieren. Siehe Seite 326.

**Diskette oder Floppy Disk** – Eine Diskette oder Floppy Disk ist eine aus magnetischem Material bestehende Scheibe, die man in das Diskettenlaufwerk einlegt und auf der Computerdaten abgespeichert werden. Daten, die Sie über die Tastatur eingeben, werden auf der Diskette sozusagen »aufgenommen«. Im Gegensatz zur Harddisk, die fix eingebaut ist, werden Disketten nach Gebrauch aus dem Laufwerk genommen.

Wenn die Diskette wieder eingelegt wird, werden die gespeicherten Informationen wieder »abgespielt«, das gespeicherte Datenmaterial kann also am Computerbildschirm aufgerufen und erneut bearbeitet werden.

Disketten für PCs sind in zwei verschiedenen Größen erhältlich, nämlich mit einem Durchmesser von 3 1/2 (normalerweise als 3,5 bekannt) oder 5 1/4 Zoll (normalerweise als 5,25 bezeichnet). Alle tragbaren Computer arbeiten mit 3,5 Zoll-Disketten, aber man kann auch ein 5,25 Zoll-Laufwerk an einen Portable Computer anschließen, so daß Sie eine 5,25 Zoll-Diskette ebenfalls verwenden können, wenn jemand Ihnen eine schickt. Die meisten Büro-Computer haben Laufwerke für beide Arten von Disketten, weil früher die 5,25er-Disketten Standard waren und viele Leute, die ältere Geräte besitzen, immer noch mit dieser Diskettengröße arbeiten.

**LAN** – Ein Akronym für Local Area Network, also lokales Netzwerk. Software, die es erlaubt, für zwei oder mehrere Computer, die auf relativ engem Raum – also beispielsweise in einem Büro – beisammen stehen, dieselben Files, Drucker und Modems zu verwenden, indem sie mit einer gemeinsamen Harddisk, dem sogenannten »File server« (Daten Pool), arbeiten. Ein LAN ist für Mail-Systeme erforderlich, die mehrere Büros miteinander verbinden.

**On-line Services** – Ein On-line Service ist eine Sammlung von via Computer und Modem zugänglichen Informationen. Um diese Informationen nutzen zu können, muß man entweder Mitglied werden und für die Nutzungszeit zahlen, oder es handelt sich um kostenlose Systeme, die von manchen Bibliotheken oder staatlichen Stellen angeboten werden.

**Programm** – Siehe »Software«.

**Nur-Lese-Modus** – (Read Only Mode) Ein Modus, der ausschließlich das Lesen von Informationen von einem Computerfile erlaubt. Im Nur-Lese-Modus ist es nicht möglich, irgendwelche Änderungen in dem File vorzunehmen.

**Lese/Schreib-Modus** (Read/Write-Mode) – Die Möglichkeit, ein File zu lesen und Änderungen daran vorzunehmen.

**Reading Index** (Leseverzeichnis) – Manche Organizer-Programme beinhalten eine Index-Funktion, die Ihnen helfen kann, Informationen in Ihren CD-ROM- und Mail-Files nach Namen, Firma oder Schlüsselwort aufzurufen, so wie beispielsweise Informationen über kürzlich erfolgte Firmenfusionen.

**Software** – Eine Diskette oder ein Satz von Disketten, auf denen das elektronische Material gespeichert ist, das für die Ausführung verschiedener Aufgaben auf Ihrem Computer erforderlich ist. WordPerfect, Lotus 1-2-3 und Windows sind verschiedene Beispiele für Software.

**Upload** – Der Transfer von Daten und/oder Files von Ihrem Computer auf einen anderen, normalerweise via Modem oder über Telefonleitungen.

**Windows** – Peter H. Lewis erklärt in der New York Times: »Windows ist ein Betriebssystem [wenngleich manche Leute die Bezeichnung ›Betriebsumgebung‹ vorziehen], die das kryptische DOS-System von getippten Befehlen hinter einer grafischen Oberfläche verbirgt (8. 12. 91).«
Der Hintergrund ist folgender: Wie in der Diskussion über DOS erwähnt, benötigt jeder Computer ein grundlegendes Programm, Betriebssystem oder Operating system genannt, das es ermöglicht, andere Programme zu betreiben. Zwei

Betriebssysteme dominieren seit einigen Jahren den PC-Markt: MS-DOS (das System für IBM und IBM-Kompatible) und Macintosh.

MS-DOS wird über kryptische und manchmal komplizierte, getippte Befehle gesteuert, während für das Macintosh-System, das von vielen als bei weitem einfacher und benutzerfreundlicher empfunden wird, am Bildschirm erscheinende »Sub-Bildschirmbereiche«, sogenannte »Fenster« (engl. windows) charakteristisch sind, die man »öffnet« (Start eines Programms) oder »schließt« (Beenden eines Programms), indem man mit dem Cursor bestimmte Bildschirm-Funktionsfelder (graphische Symbole oder engl. »icons«) betätigt, so wie etwa eine kleine Abbildung (»icon«) einer Schreibmaschine als Symbol für ein Textverarbeitungsprogramm usw. Der Cursor wird mit Hilfe einer »Maus« bewegt, einer Art Cursor-Zeiger, der mit freier Hand durch Bewegung auf der ebenen Tischfläche gesteuert wird.

Das Macintosh-System wurde so populär, daß die Firma Microsoft, die das MS-DOS-Programm für IBM und IBM-Kompatible herstellt, ein neues Programm namens »Windows« (»Fenster«) entwickelte, das in vielerlei Hinsicht das Macintosh-System emuliert.

Microsoft Windows ist kein Betriebssystem, es ist kein grundlegendes Programm. Wie alle IBM- und IBM-kompatiblen Programme läuft es unter DOS. Es wird auch manchmal als »grafischer Betriebssystemaufsatz« bezeichnet, um es von einem echten Betriebssystem zu unterscheiden. Windows ist so populär geworden, daß andere Programme, wie beispielsweise Lotus 1-2-3, so ausgelegt sind, daß sie Windows-kompatibel sind; sie verwenden auch dieselbe optische Gestaltung und die »Icons« von Windows.

IBM hat jetzt sein eigenes grafisches Betriebssystem entwickelt, OS/2.

# Anhang 1: Wochenpläne

Es folgen neun Wochenpläne, die ich für Klienten erstellt habe,
und jeweils eine kurze Erklärung zu jedem Wochenplan.

| | Montag | Dienstag | Mittwoch | Donnerstag | Freitag |
|---|---|---|---|---|---|
| 9.00<br>9.30<br>10.00<br>10.30 | Ungestörte Arbeitssitzung, Papierarbeit, Planung, Schreiben von Berichten | | | | ↑ |
| 11.00<br>11.30 | Abteilungsmeeting | Meeting: D.L. | Meeting: S.J.P. | Meeting: R.M.D. | Meeting: A.B.L. |
| Mittag | Mittagessen/Kaffeehaus | Lesen/Mittagessen | Geschäftsessen | Geschäftsessen | Mittagessen/Kaffeehaus |
| 13.00<br>13.30<br>14.00 | »Offene Tür« | Ungestörte Arbeitssitzung | »Offene Tür« | Ungestörte Arbeitssitzung | »Offene Tür« |
| 14.30<br>15.00 | Termin: Bill Smith | Termin: Stan Wright | Termin: Steve King | Termin: Sue Wilkins | Termin: Alice Crane |
| 15.30<br>16.00 | Personalbewertungen | Telefonanrufe und Termine | Telefonanrufe und Termine | Personalbewertungen | Telefonanrufe und Termine |
| 16.30<br>17.00 | Besprechung: Marcy | | | | ↑ |

## Wochenplan 1: Nancy Darcy

Darcys Konflikt bestand darin, daß sie zwei widersprüchliche Jobelemente in Einklang bringen mußte: das Erledigen von Schreibtischarbeit und Projekten und die Arbeit mit Mitarbeitern und anderen Personen. Darcy plante einen Block ungestörter Arbeitszeit am frühen Vormittag zwischen 9.00 und 11.00 Uhr ein. Ihre »öffentliche« Zeit begann jeden Tag um 11.00 Uhr mit einem Mitarbeitermeeting. Andere Meetings, Besucher und Termine wurden zu einem Block am Nachmittag zusammengefaßt: Montag, Mittwoch und Freitag war von 13.00 bis 14.30 Uhr Zeit der »offenen Tür«, während der spätere Nachmittag Projekten mit niedrigerer Priorität, anderen Terminen und Telefonanrufen vorbehalten blieb.

| | Montag | Dienstag | Mittwoch | Donnerstag | Freitag |
|---|---|---|---|---|---|
| 9.00 | Reserviert für Anrufe nach London u.a. Telefonate | | | | ↑ |
| 9.30 | | | | | |
| 10.00 | Marketingmeeting; kurze Sitzung mit Rose (Sekr.) | Mit Rose Post durchgehen | | | ↑ |
| 10.30 | | | | | |
| 11.00 | Für Leute zu sprechen sein (Anrufe, Meetings, Termine etc.) | | | | ↑ |
| 11.30 | | | | | |
| Mittag | Mittagessen | Mittagessen | Mittagessen | Mittagessen | Mittagessen |
| 13.00 | Frei verwendbare Zeit | Frei verwendbare Zeit | Frei verwendbare Zeit | Ungestörte Arbeitssitzung: Planung, Briefe und Berichte schreiben etc. | Frei verwendbare Zeit |
| 13.30 | | | | | |
| 14.00 | | | | | |
| 14.30 | | | | | |
| 15.00 | | → | → | | |
| 15.30 | → | | | → | |
| 16.00 | | | | | |
| 16.30 | | | | | |
| 17.00 | | | | | → |

## Wochenplan 2: Patrick Hickok

Hickok, Vizepräsident einer Investmentfirma, brauchte einen einigermaßen flexiblen Zeitplan, weil ein Großteil seiner Arbeit Reaktionen auf unvorhergesehene, in letzter Minute eintreffende Nachrichten aus der Finanzwelt erforderte. Daher planten wir als den einzigen fixen zentralen Punkt seiner Vormittage die täglichen Telefonate mit London ein, die wegen des Zeitunterschiedes um 9.00 Uhr getätigt werden mußten, und ließen seine Nachmittage frei. Um ihm noch größere Flexibilität zu ermöglichen, reservierten wir einen Nachmittag pro Woche für reflektierende und konzeptionelle Arbeiten, anstatt zu versuchen, jeden Tag Zeit für diese Aktivitäten zu erübrigen.

| | Montag | Dienstag | Mittwoch | Donnerstag | Freitag |
|---|---|---|---|---|---|
| 9.00 | Ungestörte | | | | |
| 9.30 | Arbeitszeit: | | | | |
| 10.00 | Planung, | | | | ↑ |
| 10.30 | Schreiben etc. | | | | |
| 11.00 | Post mit Rosalie (Sekr.) | | | | ↑ |
| 11.30 | durchgehen; Rückrufe erledigen | | | | |
| Mittag | Mittagessen | Mittagessen | Mittagessen | Mittagessen | Mittagessen |
| 14.00 | Flexible Zeit: | George | Martha | John | Flexible Zeit |
| 14.30 | externe Meetings, | Ron | Alan | Joan | |
| 15.00 | ungestörte Arbeit, | | | | |
| 15.30 | Rückrufe etc. | Carol | | | |
| 16.00 | | | Bill | »Offene« Zeit | |
| 16.30 | | | | | |
| 17.00 | Nachfaßaktivitäten | | | | |
| 17.30 | kontrollieren, | | | | ↑ |
| 18.00 | nächsten Tag planen | | | | |

## Wochenplan 3: Craig Marshall

Dieser junge Vizepräsident einer Firma leitet eine relativ große Abteilung, und er verbringt einen großen Teil seiner Zeit damit, den Kontakt mit seinen Mitarbeitern aufrechtzuerhalten. Aber diese Meetings waren zufälliger Natur, und zu viele Angelegenheiten wurden erst in letzter Minute an ihn herangetragen – was dazu führte, daß zeitraubendes Troubleshooting überhandzunehmen begann. Deshalb reorganisierten Marshall und ich seinen Zeitplan, um dem doppelten Anspruch von mehr Kontrolle und mehr ungestörter Zeit gerecht zu werden.

| | Montag | Dienstag | Mittwoch | Donnerstag | Freitag |
|---|---|---|---|---|---|
| 9.00 | Meeting | | Papierarbeit | | Mitarbeitermeeting: Besprechung der vergangenen Woche |
| 9.30 | | | | | |
| 10.00 | Papierarbeit | | | | Papierarbeit |
| 10.30 | | | | | |
| 11.00 | Rückrufe tätigen | Meetings | Meetings | Meetings | Meetings |
| 11.30 | | | | | |
| 12.00 | Treffen mit Sekretärin: Woche planen | | | | |
| 12.30 | | | | | |
| 13.00 | Mittagessen | Mittagessen | Mittagessen | Mittagessen | Mittagessen |
| 14.00 | | | Rückrufe tätigen | | |
| 14.30 | | Meetings | | Meetings | Meetings |
| 15.00 | | | | | |
| 15.30 | Meetings | | Meetings | | |
| 16.00 | | | | | |
| 16.30 | Rückrufe tätigen | Rückrufe tätigen | | Rückrufe tätigen | Rückrufe tätigen |

## Wochenplan 4: Winston Reynolds

Reynolds, in einer Gesellschaft in leitender Stellung tätig, verbringt den Großteil seiner Zeit in Meetings: Aufsichtsratssitzungen, Direktionsmeetings, Komiteesitzungen, Hearings bei der Regierung in Washington. Er hat wenig reine Papierarbeit zu erledigen – aber das wenige, das er in dieser Beziehung zu tun hat, blieb auf der Strecke. Reynolds selbst entwarf einen imaginären Plan, wie er soviel Bürozeit erübrigen konnte, wie er brauchte. Die folgenden Kommentare sind meinem Bericht an ihn entnommen: »Ihr Zeitplan ist abwechslungsreich, und das mögen Sie auch so. Ich plädiere für Ihre Idee, am Montag, Mittwoch und Freitag vormittags eine halbe Stunde für Papierarbeit zu reservieren – plus jeden Tag einen Zeitblock für die Erledigung von Rückrufen. Die Idee besteht darin, mit Prozentsätzen zu jonglieren; manche Blocks werden gestrichen, andere nicht, so daß Sie die gute Chance haben, Ihre Papierarbeit zu bewältigen.«

|  | Montag | Dienstag | Mittwoch | Donnerstag | Freitag |
|---|---|---|---|---|---|
| 9.00 |  |  | Ungestörte Arbeits- | | Ungestörte Arbeits- |
| 9.30 | Telefonate | Meetings | sitzung: Projekte, | Meetings | sitzung: Projekte, |
| 10.00 |  |  | Schreiben etc. | | Schreiben etc. |
| 10.30 | Papierarbeit/Post |  |  |  |  |
| 11.00 |  | Papierarbeit | Papierarbeit | Papierarbeit | Papierarbeit |
| 11.30 |  |  |  |  |  |
| Mittag | Mittagessen | Mittagessen | Mittagessen | Mittagessen | Mittagessen |
| 14.00 |  |  |  |  |  |
| 14.30 |  |  |  |  |  |
| 15.00 |  |  |  |  | Nachbesprechung der |
| 15.30 |  |  |  |  | Woche: Überprüfen, ob alle |
| 16.00 | Telefonate | Meetings | Ungestörte Arbeitssitzung | Meetings | Routinearbeiten erledigt |
| 16.30 |  |  |  |  | worden sind (Schriftstücke, |
| 17.00 |  |  |  |  | Anrufe etc.) |
| 17.30 |  |  |  |  |  |

## Wochenplan 5: Patricia Workman

Workman ist eine junge Führungskraft in einer Gesellschaft, zu ihren Verantwortlichkeiten gehören administrative Tätigkeiten. Ihr Zeitplan unterteilt sich eher in Wochenblocks als in eine tägliche Routine. Um sie bei der Einhaltung dieses Zeitplans zu unterstützen, empfahl ich ihr die folgende Strategie (zitiert aus meinem Bericht): »Um zu verhindern, daß sich die Routinearbeiten zu stapeln beginnen, erledigen Sie die Papierarbeit jeden Tag um 11.00 Uhr. Ich schlage vor, daß Sie am Beginn jeder Woche den passenden ›Block‹ in Ihren Kalender eintragen (d. h. am Montag tragen Sie ›Telefonate‹ ein usw.). Sinnvoll scheint mir, wenn Sie Ihren Kalender einige Wochen im voraus planen.«

|  | Montag | Dienstag | Mittwoch | Donnerstag | Freitag |
|---|---|---|---|---|---|
| 9.00 | Eingangs-Box und Kalender überprüfen. Alle Routineaufgaben erledigen (2en & 3en), Nachfassen etc. Mindestens 2, aber nicht mehr als 5 substantielle Aufgaben für den Nachmittag auflisten |  |  |  |  |
| 9.30 |  |  |  |  |  |
| 10.00 |  |  |  |  |  |
| 10.30 |  |  |  |  |  | ↑ |
| 11.00 | Termine | »Offene Tür« | »Offene Tür« | Termine | »Offene Tür« |
| 11.30 |  |  |  |  |  |
| Mittag | Mittagessen | Mittagessen | Mittagessen | Mittagessen | Mittagessen |
| 13.00 | Ungestörte Arbeitssitzung für Prioritätsaufgaben auf der Vormittagsliste |  |  |  | ↑ |
| 13.30 |  |  |  |  |  |
| 14.00 |  |  |  |  |  |
| 14.30 |  |  |  |  |  |
| 15.00 | Meeting mit Sekretärin |  |  |  | ↑ |
| 15.30 |  |  |  |  |  |
| 16.00 | Nachbesprechung des Tages: Rückrufe tätigen, Begonnenes fertigstellen |  |  |  | ↑ |
| 16.30 |  |  |  |  |  |
| 17.00 |  |  |  |  |  |

## Wochenplan 6: Stuart Baker

Baker, eine junge Führungskraft bei einer landesweit tätigen Gesellschaft, hatte sehr viele Projekte zu erledigen und war für die Erstellung zahlreicher Strategiepapiere und Berichte verantwortlich. Er stand sich jedoch selbst im Weg, weil er versuchte, diejenigen Arbeiten, die die höchste Konzentration erforderten, morgens zu erledigen – also zu der Zeit des Tages, zu der er sein »Tief« hatte. Wir entwickelten einen realistischeren Tagesplan, der es ihm ermöglichte, seine persönliche Spitzenzeit, den Nachmittag, zu nutzen.

|  | Montag | Dienstag | Mittwoch | Donnerstag | Freitag |
|---|---|---|---|---|---|
| 9.00 |  |  |  |  |  |
| 9.30 | Ideen für Stories notieren |  | Ideen für Stories notieren | Ideen für Stories notieren |  |
| 10.00 |  |  |  |  |  |
| 10.30 | Anrufe erledigen |  |  |  |  |
| 11.00 |  | Redigieren | Anrufe | Anrufe | Redigieren |
| 11.30 |  |  |  |  |  |
| 12.00 | Post/»Zu erledigen«-Schachtel durchgehen (mit Angela); Kontrollmappen überprüfen etc. |  | Post/»Zu erledigen«-Schachtel durchgehen; Kontrollmappen überprüfen etc. | Post/»Zu erledigen«-Schachtel durchgehen; Kontrollmappen überprüfen etc. |  |
| 12.30 |  |  |  |  |  |
| 13.00 |  |  |  |  |  |
| 13.30 |  |  |  |  |  |
| 14.00 | Mittagessen | Mittagessen | Mittagessen | Mittagessen | Mittagessen |
| 14.30 |  |  |  |  |  |
| 15.00 | Aktionsbox; Termine |  | Aktionsbox; Termine | Aktionsbox; »Offene Tür« für Mitarbeiter |  |
| 15.30 |  |  |  |  |  |
| 16.00 |  | Redigieren |  |  | Redigieren |
| 16.30 | Lesen |  | Lesen | Lesen |  |
| 17.00 |  |  |  |  |  |

*Wochenplan 7:* **Marcia Surrey**

Surrey ist Redakteurin einer großen städtischen Zeitung, und ihr Job zerfällt in zwei Hauptbereiche – Redigieren und das, was sie selbst als »alles andere« bezeichnet; dazu gehören Papierarbeit, Lesen und das Sammeln von Ideen für Stories. Wir reservierten zwei Tage pro Woche ausschließlich für das Redigieren und entwickelten ein einigermaßen präzises Programm für Nicht-Redigiertage, um sicherzustellen, daß sie auch Zeit für »alles andere« fand.

| | Montag | Dienstag | Mittwoch | Donnerstag | Freitag |
|---|---|---|---|---|---|
| 8.00 | Wöchentliche Planungs- | | | | |
| 8.30 | sitzung/Henry | | | | |
| 9.00 | Ungestörte Arbeitszeit für | | | Nicht im Büro; Verkaufs- | Nicht im Büro; Verkaufs- |
| 9.30 | Papierarbeit, Telefonate etc. | | | gespräche, Termine etc. | gespräche, Termine etc. |
| 10.00 | Planungssitzung/ | »Offene Tür« für Mitarbeiter, | | | |
| 10.30 | Ellen | Rückrufe erledigen | | | |
| 11.00 | Flexible Zeit für Detailarbeiten, | | | | |
| 11.30 | Aufholen von Rückständen etc. | | | | |
| Mittag | Mittagessen | Mittagessen | Mittagessen | | |
| 13.00 | Ungestörte Arbeitszeit | | | | |
| 13.30 | für Korrespondenz, | | | | |
| 14.00 | Kostenvoranschläge, | | | | |
| 14.30 | Planung und komplexe | | | | |
| 15.00 | Projekte | | | | |
| 15.30 | | | | | |
| 16.00 | Briefe unterzeichnen, damit | | | | |
| 16.30 | die Sekretärin um 16.30 Uhr | | | | |
| | nach Hause gehen kann | | | | |
| 17.00 | Rückrufe tätigen | | | | |

## Wochenplan 8: John McDonough

Dieser Unternehmer ist der Besitzer einer kleinen, aber florierenden Firma, die Buntglas für künstlerische Zwecke entwirft und herstellt. McDonoughs Job beinhaltet eine große Fülle von Details, und er hatte Schwierigkeiten damit, mit seiner Arbeit auf dem laufenden zu bleiben und auch Zeit für seine zahlreichen außerhalb des Büros stattfindenden Verkaufsgespräche und die Reisen zu finden. Wir erarbeiteten einen relativ starren Tagesplan, der nicht einen, sondern drei Blocks mit ungestörter Arbeitszeit vorsah, um die vielen Tage zu kompensieren, an denen er nicht im Büro war.

| | Montag | Dienstag | Mittwoch | Donnerstag | Freitag |
|---|---|---|---|---|---|
| 9.00 | Papierarbeit | Verkaufsgespräche | Papierarbeit | Telefon | Papierarbeit |
| 9.30 | | | Termine (im Büro) | | Telefonarbeit |
| 10.00 | Ungestörte Arbeitssitzung: Planung | | | | |
| 10.30 | | | | | |
| 11.00 | | | | | |
| 11.30 | Arbeitsessen mit Vertretern | | | | |
| 12.00 | | | Mittagessen | Mittagessen | Mittagessen |
| 12.30 | | | | | |
| 13.00 | | | Flexible Zeit (bei Lesen, Planen, Troubleshooting, Terminen etc. auf den neuesten Stand kommen) | Verkaufsgespräche | Telefonarbeit |
| 13.30 | | | | | |
| 14.00 | Ungestörte Arbeitszeit: Budget/Verkaufsplanung; Aktionsbox | | | | |
| 14.30 | | | | | |
| 15.00 | | | | | |
| 16.00 | | | | | |
| 17.00 | | | | | Wochenrückblick |

## Wochenplan 9: Martin Garner

Garner ist Besitzer eines Feuerschaden-Reparaturdienstes und er hat, wie das bei Eigentümern kleiner Firmen oft der Fall ist, praktisch die alleinige Verantwortung für eine Reihe von Funktionen, darunter Finanzmanagement, Mitarbeitermanagement, Operations und Verkauf. Seine ursprüngliche Tagesliste war acht Seiten lang, so daß unsere erste Aufgabe darin bestand, diese Liste auf ein bewältigbares Ausmaß zu reduzieren. Garner begann damit, daß er sie in drei Kategorien einteilte: »hochrentable Aufgaben« (die er am liebsten möchte oder am besten beherrschte), »unbedingt Nötiges« und »alles andere«. Dann konzentrierte er sich auf die letzte Kategorie und eliminierte und delegierte so viele Aufgaben wie möglich. Seine letztendliche Aufgabenliste war besser bewältigbar und beinhaltete das Aufarbeiten der Post, Telefonate, wichtige Projekte (Budgetierung und Verkaufsplanung), externe Verkaufsgespräche und Kostenvoranschläge und Lesen. Als das erledigt war, wandten wir uns Garners Hauptproblem zu – sein Bedarf an im Büro verbrachter Zeit mußte mit den Erfordernissen externer Aufgaben in Einklang gebracht werden. Wir teilten seine Zeit auf einer wöchentlichen Basis ein, so daß ihm mindestens dreieinhalb Tage im Büro blieben. Wir rüsteten ihn auch mit einer Reiseaktentasche, einem Zellulartelefon und einem Fax für sein Auto aus, von wo aus er zwischen zwei Kundenbesuchen Papierarbeit und Diktate erledigen konnte; diese Praxis half ihm, die Zeit zu nutzen, die er bisher damit vertan hatte, zwischen Kunden und Büro hin- und herzupendeln.

# Anhang 2: Büro

## *Checkliste Büroutensilien*

Die folgende Liste gibt Ihnen einen Überblick über die Palette an
Ausrüstungsgegenständen, die Sie eventuell benötigen werden,
um optimale Effizienz im Büro zu gewährleisten.

- Adreßbuch und/oder Adreßkartei
- Terminkalender
- Anschlagbrett oder einige Quadrate Kork-Pinnwand
- Visitenkarten
- Taschenrechner
- Kalender/Planer
- Clipboard
- Uhr
- Computer und Zubehör (siehe Seite 374/375)
- Kopiergerät und Zubehör (siehe Seite 375)
- Fax und Zubehör (siehe Seite 375)
- Schreibtischunterlage
- Schreibtischlampe
- Diktiergerät(e) und Kassetten
- Wörterbuch und andere Nachschlagewerke: Fluglinienführer,
  Richtlinienhandbuch der Firma, Zinstabellen
- Aktenordner
- Schreibtischgestell für Ordner. Es gibt erweiterbare Plastik-
  gestelle, auf die man zusätzliche Elemente aufsetzen kann,
  wenn nötig, oder festere Metallgestelle mit fixen Unterteilungen.
- Eingangs- und Ausgangs-Box
- Brieföffner
- Highlighterstifte
- Blöcke: persönliche Notizblöcke, Notizblöcke mit Durch-
  schlagpapier, kleine Blöcke für rasche Notizen, größere Blöcke

– Büroklammern: klein und groß
– Bleistiftspitzer
– Bleistifte und Kugelschreiber
– Post-it-Block
– Weitergabeformulare und andere Büroformulare (Kapitel 3)
– Gummiringe: verschiedene Größen
– Lineal
– Schere
– Klebeband mit Halterung
– Sonderausrüstung: grafische Geräte etc.
– Spiral- oder Loseblattnotizbücher für die Generalliste
– Heftklammern, Klammermaschine und Klammernentferner
– Papier und Briefumschläge. Halten Sie einen Vorrat an
  DIN-A 4-Briefpapier und passende Kuverts bereit sowie
  kleineres Notizpapier für handgeschriebene Notizen.
– Telefon
– Telefonverzeichnis (Kartei)
– Telefonnotizhalterung: altmodische Papierdorne, Schachtel,
  kleines, unterteiltes Metallregal
– WEWA-Systemausrüstung: »Zu erledigen«-Schachtel/
  Mappe, Ablageschachtel, Weitergabemappen für Mitarbeiter
  und Kollegen
– Schreibmaschine oder elektronische Speicherschreibmaschine
  und Zubehör: Kohlebänder, Korrekturpapier, Tippex

## *Computer-, Fax- und Kopiergerätezubehör*

### Computer und Drucker

– AC-Adapter (Wechselstromadapter) für Portables
– Batterien für Portables
– Reinigungsutensilien für Bildschirm und Tastatur (Oberflächen)
– Druckluftbehälter, um Staub zwischen den Tasten und um die
  Diskettenlaufwerke wegblasen zu können (erhältlich in
  Computer- und Kamerageschäften)

- Papierhalter, um Papierblätter, deren Text bearbeitet werden muß, befestigen zu können
- Disketten
- Drucker, Punktmatrix: Endlospapier, Bänder, Einzelblatt-einzug-Option
- Drucker, Tintenstrahl: glattes Papier, Toner
- Drucker, Laser: passendes Papier, Toner

**Kopiergeräte**
- Papier
- Toner

**Faxgeräte**
- Toner
- Papier: »Faxpapier« oder glattes Papier

## *Schreibtisch*

*Nützliche Merkmale unter anderem:*
- Fläche klein genug, daß man die äußeren Kanten leicht errei-chen kann; tief genug, daß außerhalb Ihres unmittelbaren Arbeitsbereiches Platz für ein Ordnergestell und für stapelbare Schachteln bleibt.
- Relativ flache Schreibtischladen
- Mittlere Lade für Büroklammern und kleine Büroutensilien
- Leicht gleitende Laden
- Matte Schreibtischoberfläche. Oberflächen aus Glas oder anderen reflektierenden Materialien strengen die Augen an.
- Ausziehbare zusätzliche Arbeitsfläche
- Frontverkleidung, die die Beine verdeckt
- Seitliche Erweiterung oder »L« für Ausrüstung
- Absperrvorrichtung (wenn Sie vertrauliches Material haben)

## Einige Richtlinien zur Büroeinrichtung

- Haben Sie großzügigen Arbeitsraum geschaffen?
- Können Sie Papiere »in einem Schwung« durch das WEWA-System schleusen?
- Können Sie mit einer Drehung jedes Einrichtungselement erreichen, das Sie brauchen könnten?
- Sind diejenigen Dinge, die Sie am öftesten brauchen, leicht zugänglich?
- Verwenden Sie die Dinge auf Ihrem Schreibtisch oft genug, um den Platz, den sie beanspruchen, zu rechtfertigen?
- Allgemein: Können Sie Dinge leicht finden, Ausrüstung bequem erreichen und verwenden?

**Sessel.** Sollte bequem und höhenverstellbar sein und Räder und einen Drehmechanismus haben. Wenn Sie tippen, sollte der Sessel keine Armlehnen besitzen; abnehmbare Armlehnen sind jedoch günstig. Teurere Modelle haben Nackenstützen und lassen sich nach hinten kippen.

**Andere Sitzgelegenheiten.** Mindestens zwei Sessel für Besucher und/oder eine Couch. Sollten bequem sein, aber nicht zu niedrig oder zu weich.

**Beleuchtung.** Richtige Beleuchtung kann die Konzentration sehr stark beeinflussen. Positionieren Sie eine verstellbare Schreibtischlampe (biegsamer Ständer oder Arm mit Gelenken) so, daß Ihr Arbeitsbereich optimal ausgeleuchtet wird. Wenn möglich, stellen Sie Ihren Schreibtisch nahe ans Fenster, damit Sie bei Tageslicht arbeiten können.

**Andere Einrichtungsgegenstände.** Kleiner Konferenztisch und Sessel, Kaffeemaschine und Zubehör, kleiner Kühlschrank, Anrichte, Bücherschränke und/oder Regale.

# Bibliographie

## Allgemeines Management

Szuzanna Ardò: Das Einmaleins des Management. Langen-Müller, München 1989.

Albrecht Deykle: Management- und Controlling-Brevier. Management Service Verlag, Gauting 1992.

Peter F. Drucker: Erfolgreiches Management in Krisenzeiten. Heyne, München 1984.

OT: The Changing World of the Executive.

Peter F. Drucker: Innovationsmanagement für Wirtschaft und Politik. Econ, Düsseldorf u. a. [3]1986.

Peter F. Drucker: Die Zukunft managen. Management, Weltwirtschaft, Unternehmen, Arbeitswelt. Econ, Düsseldorf u. a. 1992.

Harold Geeneen u. Alvin Moscow: Manager müssen managen. Gedanken, Ansichten und Bekenntnisse eines Erfolgreichen. Verlag Moderne Industrie, Landsberg a. Lech [2]1990.

Andrew S. Grove: Die Kunst des Managements. Ideen, Prinzipien und Techniken aus dem Managementkonzept von Intel, einem der erfolgreichsten Mikroelektronikunternehmen der Welt. Markt und Technik, Haar b. München 1985.

OT: High Output Management.

John P. Kotter: Die Macht im Management. Verlag Moderne Industrie, Landsberg a. Lech 1986.

OT: Power in Management.

John P. Kotter: Überzeugen und Durchsetzen. Macht und Einfluß in Organisationen. Campus, Frankfurt a. Main 1987.

Adam Radzik u. Sharan Emek: Check-up für Manager. Verlag Moderne Industrie, Landsberg a. Lech 1992.

Peter Ulrich u. Edgar Fluri: Management. Eine konzentrierte Einführung. UTB, Bern [6]1992.

## Zeit- und Aufgabenmanagement

Kenneth Blanchard: Die Kraft positiven Führens. Integrität zahlt sich aus. Heyne, München 1988.

OT: The Power of the Ethical Management.

Kenneth Blanchard: Die Praxis des 01-Minuten Managers. Wie Sie die drei goldenen Regeln richtig anwenden. Verlag Moderne Industrie, Landsberg a. Lech 1991.

OT: Putting the One Minute Manager to Work.

Rolf Diehl: Zeit-, Intelligenz- und Leadership. Anleitung für Führungserfolg, Karriere und Lebensqualität. Junfermann Verlag, Paderborn 1992.

Maynad Gordon: Das Iaccoca Management. Verlag Moderne Industrie, Landsberg a. Lech 1986.

Hans Hass: Der Hai im Management. Instinkte steuern und kontrollieren. Ullstein, Berlin 1990.

Ben Heirs u. Peter Farell: Entscheidungsmanagement. So denken Sie professionell. Ullstein, Berlin 1990.

Günther Krüger: Selbstmanagement. Heyne, München 1991.

Michael Le Boef: Das oberste Erfolgsprinzip für Manager. Belohnungsstrategien und Aktionsprogramme zur Steigerung der Motivation. Verlag Moderne Industrie, Landsberg a. Lech [2]1992.

Hans G. Lettau: Auf neuen Wegen in die Zukunft. Acht Aspekte zeitgenössischer Unternehmensführung. Verlag Moderne Industrie, Landsberg a. Lech 1992.

Leon Martel: Auch morgen noch erfolgreich. Wie Sie Veränderung für Ihr Unternehmen erkennen und meistern. Haufe Verlag, Freiburg i. Breisgau 1986.

Winfried Pahl: Mehr Gewinn durch Controlling. Heyne, München 1992.

Lother J. Seiwert: Das Einmaleins des Zeitmanagement. Verlag Moderne Industrie, Landsberg a. Lech [8]1992.

Lothar J. Seiwert u. Hardy Wagner: Management mit Zeitplanbuch plus PC. Möglichkeiten und Grenzen persönlicher Zeitplanung mit einer aktuellen Übersicht der wichtigsten Anbieter. Gabal Verlag, Bremen [2]1991.

## Bürodesign und Planung

Manfred Th. Fischer: Arbeitsplatzgestaltung im Büro. Handbuch für die Büropraxis. Kiehl Verlag, Ludwigshafen 1982.

Klaus Hörig: Theoretische und konzeptionelle Grundlagen der Bürosystemplanung. Josef Eul Verlag, Bergisch-Gladbach 1990.

Heinz Schminke: Das Büro von morgen. Rationelle Organisation. Kostengünstige Ausstattung und leistungssteigernde Arbeitsplatzgestaltung. Heyne, München 1988.

## Computer- und Bürotechnologie

Dan Gookin: DOS für Dumme, Anfänger, Erste-Hilfekasten für ganz alltägliche Unfälle am PC. IWT Verlag, Vaterstetten 1992.

Karl-Heinz Koch: Computer 1 x 1 fürs Büro. Für die Arbeit am PC. Humboldt, München 1993.

Hans Schulze: Computereinsatz in Klein- und Mittelbetrieben. Probleme und Lösungen. Rowohlt, Reinbek 1993.

Gerd Tenzer: Büroorganisation, Bürokommunikation. Deckers Verlag, Heidelberg 1988.

# Register

**Knaur** Ⓑ

# Ratgeber Beruf

J. Michael Baerwald

**Stellensuche von A-Z**

Personalchefs fragen – Bewerber antworten

(83010)

Stephanie Winston

**Organisation im Büro**

Von Ablage bis Zeitplanung

(83008)

Manfred Haucke

**Mehr Erfolg am Telefon**

(83009)

Eva Dörpinghaus

**Mütter zwischen Familie und Beruf**

(83002)

Horst Biallo

**Von der Sekretärin zur Führungs- kraft**

(83003)